Dallmayer/Glossner/Haumer/Krätzschel
Die mündliche Prüfung zur Zweiten Juristischen Staatsprüfung

Die mündliche Prüfung zur Zweiten Juristischen Staatsprüfung

Kommunikation, Rhetorik und Prüfungsgespräch

von

Tobias Dallmayer
Richter am Oberlandesgericht
ehemaliger hauptamtlicher
Arbeitsgemeinschaftsleiter für
Rechtsreferendare

**Silke Glossner, LL.M.
(Georgetown)**
Richterin am Oberlandesgericht
hauptamtliche Arbeitsgemeinschafts-
leiterin für Rechtsreferendare

Christine Haumer
Richterin am Oberlandesgericht
ehemalige Referentin für
Referendarsausbildung

Holger Krätzschel
Richter am Oberlandesgericht
ehemaliger hauptamtlicher
Arbeitsgemeinschaftsleiter für
Rechtsreferendare
Richter am Bayerischen
Anwaltsgerichtshof

2021

C.H.BECK

www.beck.de

ISBN 978 3 406 76393 9

© 2021 Verlag C.H. Beck oHG
Wilhelmstraße 9, 80801 München
Druck: Druckerei C. H. Beck Nördlingen
(Adresse wie Verlag)

Satz: Uhl + Massopust GmbH, Aalen
Umschlaggestaltung: Druckerei C.H. Beck Nördlingen

chbeck.de/nachhaltig

Gedruckt auf säurefreiem, alterungsbeständigem Papier
(hergestellt aus chlorfrei gebleichtem Zellstoff)

Vorwort

Die Mündliche Prüfung beginnt mit … Ja, womit eigentlich genau?

Wenn die erste Frage gestellt wird? Mit der ersten Antwort? Mit Beginn des Vorgesprächs? Oder wenn Sie sich überlegen, welches Kostüm bzw. welchen Anzug Sie zur Prüfung tragen wollen? Als Juristen neigen wir nur allzu oft zu glauben, es käme ausschließlich auf die richtig zitierte Norm, die passende Begründung, die letzte BGH-Entscheidung oder zumindest das gerechte/ richtige Ergebnis an. Denn wenn Justitia blind ist, dann blicken doch auch die Prüfer in der juristischen Staatsprüfung nur auf das juristische Endergebnis?

Aber: Im Prüfungsraum trägt niemand eine Augenbinde. Es geht auch nicht nur um juristische Endergebnisse. Die Mündliche Prüfung ist viel mehr als das reine Abfragen von Ergebnissen: sie ist Gespräch und Wissensprüfung zugleich. Sie ist in ganz besonderem Maße eine Situation, in der Ihre kommunikativen Fähigkeiten mindestens genauso gefordert werden wie Ihre juristischen Fähigkeiten. Deshalb ist es wichtig, in der unmittelbaren Vorbereitung auf die Prüfung entsprechend zu trainieren – wobei zu vermuten ist, dass Sie Ihre juristischen Fähigkeiten in der Vergangenheit schon weit intensiver trainiert haben als eine professionelle Gesprächsführung.

Wir wollen Ihnen dabei helfen, sich auf diese besondere Situation vorzubereiten. Seit vielen Jahren veranstalten wir Kurse zur Vorbereitung auf die Mündliche Prüfung im Zweiten Juristischen Staatsexamen. Diese Kurse haben ihren Ursprung in unserer Zeit als Hauptamtliche Arbeitsgemeinschaftsleiter für Rechtsreferendare in München. Mit dem vorliegenden Buch wollen wir unsere Erfahrungen aus zwei Welten zusammenführen: Zusammen waren/sind wir nicht nur Hauptamtliche Leiter von Referendararbeitsgemeinschaften in München und Traunstein, sondern wir prüfen seit vielen Jahren in der Zweiten Juristischen Staatsprüfung. Es dürften so 50.000 bis 60.000 Klausuren sein, die wir insgesamt korrigiert haben und mehrere Monate, die wir in mündlichen Prüfungen verbracht haben, nicht selten als Vorsitzende von Prüfungskommissionen. Aus diesen Erfahrungen speist sich ein großer Teil dieses Buches. Wir sind aber auch seit vielen Jahren als Rhetorik- und Kommunikationstrainer für Rechtsreferendare tätig und halten Vorbereitungskurse für die Mündliche Prüfung ab, in deren Rahmen wir uns ganz bewusst der Kommunikation und Rhetorik widmen.

Als wir Kurse zur Vorbereitung auf die Mündliche Prüfung – erst für die Wiederholer, später dann für alle Referendare – entwickelten, wurde schnell klar, dass „Mehr Jura" kaum der Schlüssel zum Erfolg sein würde: Zu wenig Zeit stand zur Verfügung, zu groß die Stoffgebiete und, auch das, zu oft Defizite, die sich in der Kürze der Zeit nicht völlig ausgleichen ließen.

Bei der näheren Analyse der mündlichen Prüfungen waren wir mehr als überrascht. Die Stellen, an denen sich der weitere Verlauf der Prüfung entschieden hatte und die Möglichkeiten der Kandidaten, den Verlauf des Gesprächs zu ihren Gunsten zu beeinflussen, waren ganz andere, als wir erwartet hätten.

Für die Vorbereitungszeit auf das Mündliche gefällt uns besonders das Bild des Spitzensportlers. Dieser tüftelt und optimiert, um noch den letzten Bruchteil einer Sekunde herauszuholen oder um ein paar Zentimeter höher oder weiter springen zu können als seine Konkurrenten. Auch wenn es mitunter verpönt ist, die anderen Kandidaten als Konkurrenten zu bezeichnen: Niemand hindert Sie, Ihre eigene Vorbereitung genauso professionell wie ein Spitzensportler anzugehen.

Falls Ihre Prüfung schon recht bald ansteht, haben wir das Tüfteln schon einmal für Sie übernommen, damit Sie sich keine Gedanken darüber machen müssen, wo Sekunden oder Zentimeter gewonnen werden können. Wenn Sie noch mehr Zeit haben, bis Ihre Prüfung ansteht, umso besser: Vielleicht haben Sie noch Gelegenheit, sich in stressige und anstrengende Gesprächssituationen zu begeben, um zu trainieren. Vielleicht stehen Sie aber auch sehr kurz vor Ihrer Prüfung – dann helfen Ihnen unter Umständen die Checklisten im Anhang, die Ihnen noch die Tage vor der Prüfung vereinfachen sollen, ganz besonders.

Wie bei einem Spitzensportler geben wir Ihnen als Ihre Trainer auch Tipps für Ihren Vorbereitungsalltag. Kein Marathonläufer käme auf die Idee, am Tag vor seinem großen Wettkampf „noch mal eben so" zum Training einen Marathon zu laufen. Aber von Prüfungsteilnehmern hören wir immer wieder, dass sie bis zum Vorabend „gebüffelt" haben. Wenn Sie unser Buch gelesen haben, werden Sie erleichtert feststellen, dass Erholung und Entspannung für den Prüfungserfolg mindestens ebenso wichtig sind wie das Verständnis aktueller Rechtsprechung, vielleicht sogar wichtiger!

Vermutlich haben Sie schon anhand des Inhaltsverzeichnisses oder des Vorwortes gesehen, dass wir zur Examensvorbereitung ein ganz breites Spektrum von Fallgestaltungen abdecken.

Dahinter steht die Idee, dass ein gutes Ergebnis von mehr als den Antworten, die Sie im Prüfungsgespräch geben (können), abhängt. Eine umfassende Vorbereitung deckt möglichst viele Bereiche Ihres Lebens ab, um am Tag der Prüfung topfit zu sein. Deshalb werden einzelne Kapitel für Sie wichtiger sein als andere! Wer nur noch zwei Tage bis zur Prüfung hat, wirft vielleicht als erstes einen Blick auf unsere Checklisten (→ S. 203), um nichts Wichtiges zu vergessen, wenn er in Richtung Prüfung aufbricht. Andere haben das Buch vielleicht vor allem deswegen gekauft, weil wir uns auch mit Themen wie Prüfungsangst und der Wichtigkeit des ersten Eindrucks beschäftigen. Oder Sie wollen einfach die Atmosphäre von Prüfungsgesprächen kennen lernen und springen gleich zu den Prüfungsgesprächen. Deshalb gilt: Das Buch muss nicht von vorn bis hinten linear „durchgearbeitet" werden, wie Sie es üblicherweise aus der sonstigen juristischen Ausbildungsliteratur gewohnt waren. Springen Sie an die Stelle, die Ihnen aus Ihrer ganz persönlichen Sicht am wichtigsten erscheint! In der Praxis erleben wir immer wieder, dass die Teilnehmer eine Vielzahl von Gründen haben, in die Kurse zu kommen. Die einen sagen, sie wären eigentlich nur da, weil sie „furchtbare Angst" vor der Prüfung hätten, während andere schlichtweg nicht wussten, was sie im Vorgespräch erzählen sollten. Immer ist es unser Ziel, genau das Thema, das der jeweilige Prüfling mitbringt, „zu bearbeiten". Die Erfahrung lehrt, dass eine maßgeschneiderte Vorbereitung auf die Prüfung immer beim einzelnen Kandidaten ansetzt. Was für den einen selbstverständlich ist, hat der andere noch nie gehört. Und umgekehrt. Deswegen sollen Sie an den Stellen lesen, die Sie in der Vorbereitung gerade jetzt am meisten beschäftigen. Vielleicht werden Sie überrascht feststellen, dass wir an manchen Stellen, vor allem in den Kapiteln zur Kommunikation und Rhetorik YouTube-Videos verlinken oder Sie auf Podcasts hinweisen, um in stressigen Situationen zur Ruhe zu kommen. Es ist völlig in Ordnung, sich die Zeit zu nehmen, einen Podcast zum Umgang mit Prüfungsangst und Nervosität anzuhören, bevor man sich die Prüfungsgespräche anschaut! Nach unserer Erfahrung werden den individuellen Nöten und Bedürfnissen des einzelnen Kandidaten in der Vorbereitung viel zu wenig und zu selten Rechnung getragen, weswegen wir diesen Ansatz ganz bewusst gewählt haben.

Wann immer sich gravierende Abweichungen vom „normalen Prüfungsregime" ergeben, werden wir Sie also darauf hinweisen. Eins ist jedenfalls sicher: Gerade in
schwierigen Zeiten wird die optimale Vorbereitung auf die mündliche Prüfung noch
wichtiger!

Nur noch einen kleinen Hinweis: Wenn wir von Prüfer sprechen, meinen wir natürlich Prüfer und Prüferinnen, genauso wie bei Kandidaten und Kandidatinnen. Nur
manchmal haben wir uns erlaubt – vielleicht auch damit es auffällt – die weibliche
Form als den Regelfall zu nehmen.

Wenn Sie von diesem Buch profitieren können, wenn Sie „ein paar Zehntel mehr"
herausholen können, auch wenn wir dafür den Rahmen der klassischen juristischen
Ausbildung verlassen – dann haben wir mit diesem Buch alles richtig gemacht. Wir
wünschen Ihnen für die Mündliche Prüfung viel Erfolg!

München, im April 2021

Tobias Dallmayer
Silke Glossner
Christine Haumer
Holger Krätzschel

Inhaltsübersicht

Inhaltsverzeichnis

Literatur

Bruno/Adamczyk/Bilinski . . . . Körpersprache und Rhetorik, 2016
Dall. . . . . Die rhetorische Kraftkammer, 2012
Dall. . . . . Sicher präsentieren, 2014
Effer-Uhe/Mohnert . . . . Psychologie für Juristen, 2019
Fleindl/Haumer . . . . Der Prozessvergleich, Handbuch für Rechtsanwälte und Richter, 2016
Haft/Schliefen . . . . Handbuch Mediation, 3. Aufl. 2016
Kahnemann. . . . . Schnelles Denken, langsames Denken, 2016
Kelmer/Stein . . . . Mensch und Mitmensch im Experiment, 1978
Knape/Kramer/Till. . . . . Populisten – rhethorische Profile, 2019
Krüll/Schmid-Egger . . . . Körpersprache, 2. Aufl. 2019
Maldeghem/Till/Sentker . . . . . Rhetorik: Die Kunst der guten Rede – von Aristoteles bis heute, 2016
Rossié . . . . Rhetorik ist keine Kunst, sondern kein Problem, 2021
Scharlau/Rossié . . . . Gesprächstechniken, 2016
Schmid-Egger/Krüll. . . . . Körpersprache, Das Trainingsbuch, 2. Aufl. 2014
Schulz v. Thun. . . . . Miteinander Reden, 1–4, 2019
Verra, Hey. . . . . Dein Körper spricht!, 4. Aufl. 2016

1. Kapitel: Die Grundlagen

Noch bevor Sie die erste Antwort im Prüfungsgespräch geben, sind bereits entscheidende Weichen für den Prüfungsverlauf gestellt worden. Dafür müssen Sie sich innerlich und äußerlich vorbereiten. Wir zeigen Ihnen, worauf Sie achten müssen!

A. Der Ablauf der Prüfung im Überblick

Am Vortag der Prüfung packen Sie Ihre Tasche für die Prüfung mit den Dingen, die Sie mitnehmen müssen und möchten. Wenn Sie komplett gepackt haben, dann stellen Sie die Tasche auf die Seite und nehmen jetzt nichts mehr heraus. Auch Ihr Prüfungsoutfit legen Sie sich – mit geputzten Schuhen – bereits jetzt ohne Hektik bereit.

> **Anmerkung:**
> Im Anhang haben wir für Sie eine Packliste für den Prüfungstag zusammengestellt.

I. Anreise

An Ihrem Prüfungstag erscheinen Sie pünktlich, wie eingeladen. Dabei empfiehlt es sich, ca. fünfzehn bis dreißig Minuten vorher am Prüfungsort zu sein, damit Sie innerlich ohne Hektik „ankommen" können. Sicher haben Sie sich, wenn Ihnen der Prüfungsort nicht vertraut ist, bereits mit dem Anfahrtsweg und den Örtlichkeiten bekannt gemacht, vielleicht haben Sie auch, wenn und soweit dies möglich war, dort bereits eine oder mehrere Prüfungen als Zuhörer besucht.

> **Anmerkung:**
> Zur Zeit (wegen der Corona-Pandemie) ist es häufig nicht erlaubt, als Zuschauer an einer Prüfung teilzunehmen. Umso wichtiger ist es, dass Sie den Ablauf der Prüfung vor Ihrem geistigen Auge präsent haben und gegebenenfalls ein entsprechendes Seminar wenigstens digital besuchen.

Sollten Sie nicht in der Nähe des Prüfungsortes wohnen, so sollten Sie auch die Nacht in der Stadt Ihrer Prüfung verbringen, um Schwierigkeiten bei der Anfahrt, sei es mit dem öffentlichen Verkehr oder dem eigenen Fahrzeug zu vermeiden. Wenig verursacht so viel Stress wie ein Streik oder ein großer Unfall auf Ihrer Fahrstrecke, wenn Sie versuchen, pünktlich zu Ihrer mündlichen Prüfung zu gelangen.

> **Tipp:**
> Überlegen Sie sich rechtzeitig einen Plan B! Wenn die S-Bahn ausfällt, müssen Sie wissen, welchen Bus Sie nehmen. Und wenn Sie mit dem Auto anreisen, müssen Sie wissen, wo Sie garantiert einen Parkplatz finden! Für Ihre eigene innere Ruhe zur Prüfung ist die Vermeidung von Stresssituationen wichtig.

Sollten Sie deutlich zu früh vor Ort sein, nutzen Sie die gewonnene Zeit für einen kurzen Spaziergang, um Ihr Gehirn noch mit Sauerstoff zu versorgen. Das ist deutlich besser, als vor dem Prüfungsraum zu warten, sich von der Nervosität der Mitkandidaten anstecken zu lassen, minütlich aufgeregter zu werden und im Kopf all die Punkte zu erwägen, zu denen Sie meinen, nicht ausreichend vorbereitet zu sein. Kommen Sie innerlich an.

Tipp:
Das ist Ihr Tag. Von der Prüfungsendnote hängt Ihre berufliche Zukunft entscheidend ab. Deshalb ist es Ihre Entscheidung, ob Sie sich mit Ihren Mitprüflingen unterhalten oder sich lieber Ihre Kopfhörer aufsetzen und „abschalten". Machen Sie keine Kompromisse, die Sie hindern, Ihr wahres Potential abzurufen!

II. Ablauf der Prüfung (am Beispiel einer Prüfung des 2. Staatsexamens in Bayern)

1. Ankunft/Warten vor dem Prüfungsraum

Ab einem gewissen Zeitpunkt sind alle Kandidaten eingetroffen und warten vor dem Prüfungsraum, in dem die Vorsitzende die Vorgespräche führt. Die Vorsitzende wird die Kandidaten dann der Reihe nach hereinbitten. Nach dem Vorgespräch werden Sie noch einmal zum Warten nach draußen geschickt.

Mit Ausnahme der Vorsitzenden werden die Prüfer nach Ihnen eintreffen. Vielleicht ergibt sich auf dem Gang bereits die erste Gelegenheit, einzuschätzen, um welche Persönlichkeiten es sich bei Ihren Prüfern handelt. Die meisten grüßen freundlich – grüßen Sie freundlich zurück. Manche beginnen mit den Prüflingen ein Gespräch, um deren Nervosität zu lindern, manche bleiben still und ruhig etwas abseits stehen; aktiv sollten Sie dann kein Gespräch suchen. Mit Ausnahme des Vorsitzenden betreten auch die Mitprüfer den Prüfungsraum erst, wenn die Vorgespräche geführt sind. Entweder vor Beginn der Vorgespräche, spätestens aber nach diesen, bevor die Kommission sich zusammenfindet, besteht für Sie auch die Gelegenheit, Ihren Platz vorzubereiten und Gesetzesbücher und Schreibunterlagen auszubreiten. Sie können dabei auch ein Getränk auf den Tisch stellen. Sehen Sie dabei allerdings bitte davon ab, eine große 1,5 l-Plastikflasche auf den Tisch zu stellen, dies überfrachtet schnell den Arbeitsplatz und lenkt unnötig ab.

Anmerkung:
Natürlich besteht ein erhebliches Verständnis der Prüfer dafür, dass man in ca. 5 Stunden Prüfung etwas trinken muss. Alles andere wäre ja auch ungesund. Allerdings stammen Ihre Prüfer mit großer Wahrscheinlichkeit noch aus der Zeit, in der man auch eine Stunde Prüfung ohne Trinken „überlebt" hat. Nehmen Sie sich etwas zu trinken mit, aber nutzen Sie vor allem die Pausen zwischen den Prüfungen, um Ihren Durst zu löschen. Ungewöhnlich und letztlich auch ein Zeichen großer Nervosität ist es, wenn Sie jedes Mal etwas trinken, nachdem Sie im Prüfungsgespräch etwas gesagt haben. Das wirkt befremdlich- zumal Sie später als Anwalt und Richter nicht in jeder Besprechung oder Verhandlung etwas trinken können. In Gerichtsverhandlungen ist Trinken immer noch ungewöhnlich.

Auf Essen sollten Sie während der Prüfung vollständig verzichten. Dies ist zum einen unhöflich, zum anderen vermittelt es auch wenig den Eindruck eines Kandidaten, der auf das Berufsleben vorbereitet ist. Nützen Sie die Pausen zum Essen und zur Energiezufuhr.

2. Das Vorgespräch

Das Vorgespräch, welches der Vorsitzende der Prüfungskommission führt, dient mehreren Zielen. Zum einen soll Ihre Prüfungstauglichkeit festgestellt werden. Sie werden also gefragt, ob Sie fit und gesund sind oder ob damit zu rechnen ist, dass Sie in der Prüfung „umkippen".[1] Zum anderen soll sich der Vorsitzende ein Bild von Ihnen machen und Sie in der anschließenden Vorberatung den Mitprüfern vorstellen. Einen Teil dieses Bildes hat sich der Vorsitzende vor Beginn des Gesprächs schon aus Ihrer Personalakte verschafft. Das Oberlandesgericht, bei dem Sie als Rechtsreferendar angestellt sind, führt Ihre Personalakte. Diese wird zu den Prüfungen vorgelegt und hierin finden sich die Unterlagen, die für Ihre mündliche Prüfung von Interesse sein können (ausgedünnte Prüfungsversion). In der Akte befinden sich jedenfalls Ihre Bewerbungsunterlagen einschließlich Lebenslauf, sämtliche Stationsunterlagen (wo haben Sie die jeweilige Station verbracht?) sowie die dazugehörigen Zeugnisse. Nicht in der Prüfungsakte finden sich die Unterhefte Disziplinarangelegenheiten und Krankheiten, diese bleiben bei der aktenführenden Behörde.

Bereits vor dem Vorgespräch hat der Prüfungsvorsitzende die Akten gelesen und sich die für Kommission wichtigen Informationen angeeignet: Woher Sie kommen und wo Sie aufgewachsen sind, welche Schulen Sie besucht und mit welcher Abiturnote Sie abgeschlossen haben, wo Sie studiert haben, ggf. welche Auslandsaufenthalte Sie hatten und welche Note Sie in der Ersten Juristischen Staatsprüfung erreichen konnten. Dabei interessiert die Note der Staatsprüfung in der Regel mehr als die Universitätsprüfungsnote, weil bei dieser Prüfung eine bessere Vergleichbarkeit im Verhältnis zu anderen Prüfungskandidaten möglich ist. Die aus den Akten erhaltenen Informationen wird der Vorsitzende versuchen, im Vorgespräch zu ergänzen. Zu den Inhalten und Verhalten im Vorgespräch siehe unten unter → S. 40.

3. Vorberatung der Prüfer

Nach Abschluss der Vorgespräche findet sich die Prüfungskommission zusammen. Je nach Effektivität der Vorsitzenden kann diese – an sich kurze – Vorberatung zwischen 5 und 30 Minuten dauern. Hier beraten die Prüfer zunächst, in welcher Reihenfolge die Fächer geprüft werden; die übliche Reihenfolge in Bayern[2] ist Zivilrecht – Berufsfeld – Pause – Strafrecht und Verwaltungsrecht, wobei Abweichungen möglich sind. Manche Vorsitzende möchte ihr Fach als erstes geprüft wissen, um sich dann besser auf den weiteren Verlauf der Prüfung konzentrieren zu können.

Machen Sie sich hierzu nicht zu viele Gedanken: Sie können nicht beeinflussen, in welcher Reihenfolge die Fächer geprüft werden. Konzentrieren Sie sich also lieber auf die Dinge, die Sie beeinflussen können!

Nach Festlegung der Prüfungsreihenfolge stellt die Vorsitzende der Prüfungskommission die Kandidaten vor. Neben den „klassischen Informationen" wie schulische und universitäre Ausbildung wird sie auch die zusätzlichen Informationen weitergeben, die ihr der einzelne Prüfling geben wollte: Welche Vorstellungen hat der Prüfling über die weitere berufliche Entwicklung? Gerade die Frage, welche berufli-

---

[1] Bitte nehmen Sie deswegen diese Frage ernst. Natürlich wollen Sie die Prüfung hinter sich bringen und nicht jedes Unwohlsein am Prüfungstag bedeutet, dass Sie krank sind. Aber wenn Sie doch krank sein sollten, dann kommunizieren Sie es rechtzeitig! Und, keine Sorge: Auch vor Ihnen war schon jemand krank und musste zu einem späteren Zeitpunkt geprüft werden.

[2] Vgl. zum Ablauf und der Gewichtung der Mündlichen Prüfung in anderen Bundesländern, s. Anhang IV.

chen Vorstellungen der Kandidat/die Kandidatin hat, interessiert regelmäßig die Prüfungskommission besonders. Da die Prüfung des Zweiten Staatsexamens eine **Berufseinstiegsprüfung** darstellt (das Erste Staatsexamen ist hingegen eine universitäre Abschlussprüfung), ist es für die Prüfer vielfach von Bedeutung, welche beruflichen Vorstellungen der Kandidat hat (Siehe hierzu Inhalt des Vorgesprächs → S. 40). Hat sich aus dem Vorgespräch ein bestimmter Notenwunsch der Kandidatin ergeben, wird die Vorsitzende der Prüfungskommission diesen ebenfalls jetzt kommunizieren.

Im Anschluss hieran werden die Kandidaten in den Prüfungsraum gebeten. Die Sitzreihenfolge ist festgelegt, es gibt also keine freie Platzwahl; meist orientiert sich die Sitzordnung am Alphabet. Wenn Sie Ihren Arbeitsplatz nicht schon direkt nach Ihrer Ankunft einrichten konnten, erledigen Sie das jetzt. Konzentriert, aber in aller Ruhe. Nutzen Sie die Gelegenheit ruhig noch einmal, um (lautlos) tief durchzuatmen! Dann dürfen Sie Platz nehmen.

Jetzt beginnt die eigentliche Prüfung ...

4. Mündliche Prüfung: Erster Teil

Die Dauer der mündlichen Prüfung variiert von Bundesland zu Bundesland. Nach der bayerischen Prüfungsordnung[3] (vergleiche § 65 BayJAPO) ist für jeden Kandidaten eine mündliche Prüfungsgesamtzeit von 50 Minuten vorgesehen: 15 Minuten im Berufsfeld und ca. elf Minuten für die drei übrigen Fächer. Bei vier Kandidaten dauert damit beispielsweise die zivilrechtliche Prüfung insgesamt für alle Kandidaten 45 Minuten, bei fünf Kandidaten eine knappe Stunde. Für das Berufsfeld ergeben sich eine bzw. eineinviertel Stunden. In Nordrhein-Westfalen (vgl. §§ 55, 15 JAG NRW[4]) beträgt die Gesamtdauer des Prüfungsgesprächs je Prüfling ca. 30 Minuten. Davon entfallen maximal 12 Minuten auf den Aktenvortrag. Diese Dauer ist mit der Gesamtzahl der Prüflinge zu multiplizieren; deren Höchstzahl beträgt 6 Personen, §§ 55, 15 Abs. 1 JAG NRW.

5. Pause und Notenberatung erster Teil

Wenn Sie den ersten Teil der Prüfung überstanden haben, schließt sich eine Pause an. In Bayern findet die Pause nach der Prüfung der ersten beiden Fächer statt und beträgt etwa 20 bis 30 Minuten. Nutzen Sie diese Zeit, um Energie zu tanken. Sinnvoll ist hier eine langanhaltende Energiezufuhr (beispielsweise Müsliriegel oder Bananen), nicht aber schneller Zucker. Nach einer hohen Zuckerzufuhr fällt das Energielevel schnell ab. Das bedeutet, dass Ihnen unter Umständen für den zweiten Teil der Prüfung im wahrsten Sinne des Wortes nach dem „Zuckerhoch" die Luft ausgehen kann. Wir erleben es leider gar nicht selten, dass die Kandidaten im letzten Prüfungsfach „platt" sind und die Konzentration für einfachste Fragen nicht mehr aufbringen können. Bei der späteren Notenberatung wird allerdings nicht danach differenziert werden, ob der Kandidat es „wirklich" nicht gewusst hat oder nur erschöpft war.

---

[3] Vgl. zu den Prüfungsordnungen der Länder jeweils die Homepage der Prüfungsämter, s. Anhang IV.

[4] Gesetz über die juristischen Prüfungen und den juristischen Vorbereitungsdienst (Juristenausbildungsgesetz Nordrhein-Westfalen – JAG NRW).

> **Tipp:**
> Die Pause der mündlichen Prüfung ist keine Gelegenheit für Experimente! Trinken Sie das und essen Sie das, von dem Sie sicher wissen, dass es Ihnen guttut und Ihnen die notwendige Energie verschafft. Gerade in den Tagen und Wochen, die Ihnen zur unmittelbaren Vorbereitung auf die mündliche Prüfung verbleiben, können Sie Ihre Ernährungsstrategie trainieren.
>
> Denken Sie an unser Eingangsbeispiel des Spitzensportlers: Dieser nimmt Nahrung und Getränke im Zweifel exakt ausgewogen zu sich, um seine optimale Leistung abrufen zu können.

Während Sie Pause machen, beraten die Prüfer meist über die Noten der ersten beiden Prüfungsgespräche. Die Beratung läuft klassischerweise so ab, dass der Prüfer einen groben Gesamteindruck des Prüfungsgesprächs gibt, die Antworten kurz referiert, bewertet und einen Notenvorschlag unterbreitet. Dieser Vorschlag des Fachprüfers wird mit den Prüfungskommissionsmitgliedern beraten und die Noten werden **gemeinschaftlich** festgesetzt. Das bedeutet für Sie:

- Bei der Notenberatung wirken alle Prüfer mit, es entscheidet mitnichten der Fragesteller. Gerade für diese weiteren Mitglieder der Prüfungskommission wird der **Gesamteindruck** des Kandidaten entscheidend sein.

> **Praxistipp:**
> Ein Prüfer, dessen Fachgebiet das öffentliche Recht ist, entscheidet also beispielsweise bei der Note der Zivilrechtsprüfung mit. Da er in der Regel nicht das gleiche zivilrechtliche Fachwissen wie der Fachprüfer haben wird, wird seine Notengebung durch den Gesamteindruck mit beeinflusst. Das liegt in der Natur der Sache: ein Prüfer, der seit 20 Jahren beruflich hauptsächlich mit umsatzsteuerrechtlichen Fragen beschäftigt ist, ist vielleicht nicht mehr so mit den Feinheiten des Bereicherungsrechts vertraut. Ein solcher Prüfer wird mehr auf die Überzeugungskraft, die Art der Kommunikation, die Sicherheit im Entwickeln von Lösungen, die Argumentationsfähigkeit achten; sprich: die gezeigte „Gesamtkompetenz" gewinnt an Gewicht. Das ist richtig und gut so; denn ein guter Jurist, als der Sie sich in der Prüfung ja präsentieren wollen, wird sich lebenslang durch die juristischen Grundkompetenzen auszeichnen, weniger durch angelerntes Wissen.

- Die Prüfer nehmen den Eindruck, den Sie im ersten Teil der Prüfung gemacht haben, für die weitere Prüfung mit. Durch die erste Notenberatung haben die Prüfer ein erstes Ranking der Kandidaten vorgenommen (wer ist stärker, wer schwächer); man hat Sie vermutlich bereits in die ersten „Schubladen" sortiert (das ist vielleicht eine Kandidatin mit Potenzial für „vollbefriedigend", das ein Kandidat für weniger Punkte, etc.).

> **Praxistipp:**
> Punkten Sie beispielsweise im Berufsfeld zweistellig, wird man Ihnen eher die Beantwortung der schwierigeren (und damit punkteträchtigeren) Fragen zutrauen. Sie dürfen dann auch im weiteren Verlauf der Prüfung mit anspruchsvolleren Fragestellungen rechnen.
>
> Umgekehrt gilt aber auch: waren Sie vor der Pause schwächer, dann muss Ihr Ansatz jetzt sein, dass Sie den Prüfern beweisen werden, dass Sie in den anderen Prüfungsgebieten wesentlich besser sind. Jeder Kandidat hat stärkere und schwächere Fächer – wenn Ihnen das anfänglich geprüfte Zivilrecht vielleicht nicht so liegt, dann zeigen Sie, dass Sie nach der Pause im Strafrecht durchstarten wollen. Keinesfalls dürfen Sie sich „angezählt in eine Ecke" verkriechen.

6. Exkurs: Wofür bekommen Sie eigentlich Ihre Note in der mündlichen Prüfung?

Die mündliche Prüfung im zweiten Staatsexamen ist eine Berufseinstiegsprüfung. Das bedeutet, die Prüfer wollen sehen, ob Sie fähig und bereit sind, am nächsten Tag als künftiger Kollege, als Richterin, Rechtsanwalt, Justiziarin, Notar etc. Ihren Mann/Ihre Frau zu stehen. Was erwartet man von einem fertigen Juristen? Man erwartet sicher nicht, dass auswendig gelerntes Wissen abgespult wird. Im wirklichen Leben wird das leider auch nur selten gefragt sein. Man erwartet, dass Sie die Kernkompetenzen des Juristen zeigen. Der fertige Jurist kennt sich mit seinem Arbeitsmaterial aus und kann dieses richtig einsetzen. Aufgrund seiner Kenntnisse zur Gesetzessystematik kann er einschlägige Normen zur Beurteilung eines neuen Sachverhaltes heranziehen. Wesentliche Fähigkeit eines Juristen ist es, unbekannte Sachverhalte zu erfassen und zu beurteilen, im konkreten Fall auf abstrakte Normen zurückzugehen, diese zu subsumieren und deren Anwendbarkeit am konkreten Fall argumentativ zu unterlegen.

Bei schwierigen Fragen, auf die es keine leichten Antworten gibt, erwartet man vom fertigen Juristen, dass er in der Lage ist, unterschiedliche Argumente abzuwägen und zu reflektieren. Er soll mit guter Begründung das Problem einer Lösung zuführen. Daher kommt es für die Benotung im Examen auch gar nicht zwingend auf das richtige Ergebnis, sondern vor allem auf eine methodisch saubere Argumentation und juristische Arbeitsweise an. Gegebenenfalls muss der Jurist in der Lage sein, sich mit kritischen Gegenargumenten auseinander zu setzen und weitere Argumente für die von ihm vertretene Rechtsauffassung heranziehen. Das ist im Ergebnis nichts anderes, als was von Ihnen bereits in juristischen Examensklausuren erwartet wurde, jeweils bezogen auf einen konkreten Fall. Die Besonderheit der mündlichen Prüfung besteht darin, dass Sie all dies in einem kurzen Zeitraum mündlich für die Prüfungskommission erkennbar machen müssen. Das heißt, wenn Sie über eine Falllösung nachdenken, können Sie das nicht für sich und in Ruhe durchdenken, sondern Sie müssen Ihre Gedanken offenlegen und den Weg zur Lösung erläutern. Sie müssen für die Prüfung daher umstellen, von „Denken und Schreiben" auf „Denken und Sprechen".

7. Mündliche Prüfung: Zweiter Teil

Nach der Pause schließt sich der zweite Teil der Prüfung an. Dieser ist in manchen Bundesländern etwas kürzer; in Bayern ist etwa die längere Berufsfeldprüfung bereits vor der Pause erfolgt. Die Herausforderung im zweiten Teil der Prüfung wird sein, den „Spannungsbogen" bis zum Schluss durchzuhalten. Versuchen Sie also, bis zum letzten Moment der Prüfung präsent zu bleiben, auch wenn die Kräfte schon etwas schwinden. Das geht allen so; schließlich sind alle Kandidaten schon früh aufgestanden und kämpfen schon über Stunden. Wenn Sie sich bewusst vornehmen, am Ende der Prüfung noch einen guten Schlusspunkt zu setzen (und nicht nur den Eindruck vermitteln, Sie seien bloß froh, dass alles vorüber ist), können Sie sich noch einmal auf den letzten Metern von Ihren Mitbewerbern absetzen.

Praxistipp:
Die Erfahrung lehrt, dass manche Kandidaten schon rein physisch nicht bis zum Ende durchhalten können. Nicht selten liegt es wohl schlicht an einem Unterzuckerzustand – der darauf zurückzuführen ist, dass in der Pause Zuckerreiches verzehrt wurde, das aber nur einen kurzen „boost" geben konnte. Das folgende Tief ist dann allerdings umso tiefer. Ganz gefährlich ist der beliebte Traubenzucker – dieser – jedenfalls nach unserer Erfahrung – gibt wirklich nur für die folgende

Viertelstunde Schwung, bevor der Blutzuckerspiegel dramatisch fällt. Für eine Prüfung, die über Stunden geht, ist er also denkbar ungeeignet.

Auch hier gilt: Der Eindruck, den Sie in den letzten Prüfungsminuten hinterlassen, wird von den Prüfern mit in die anschließende Beratung genommen.

8. Notenberatung zweiter Teil/Bekanntgabe des Ergebnisses

Es wird wie bei der ersten Beratung vorgegangen; jeder Prüfer hat gleichen Einfluss auf die Notenvergabe. Nach den Einzelnoten wird die Endnote der Prüfung berechnet.

Die Prüfungsergebnisse werden üblicherweise allen Kandidaten bekannt gegeben, es sei denn, Sie haben sich im Vorgespräch dagegen ausgesprochen. Der Vorsitzende referiert die Einzelnoten und das Gesamtergebnis der Prüfung. Die Benotung wird nicht begründet. Für den Fall, dass Sie für eine Prüfungsanfechtung eine Begründung der Noten wünschen, müssen Sie dies im Anschluss an die Bekanntgabe der Noten beantragen, was aber tatsächlich selten zu beobachten ist.

Die Note wird sofort wirksam, Ihr Zeugnis bekommen Sie in der Regel wenige Tage nach Abschluss der Prüfung übersandt. Nach vollständigem Abschluss der Prüfungen erhalten Sie eine Platzzifferbescheinigung, aus der sich ergibt, wie Sie im Verhältnis zu allen Prüfungsteilnehmern abgeschnitten haben.

Praxistipp:
Nach der Änderung der bayerischen JAPO wird die Gesamtnote der mündlichen Prüfung wie folgt berechnet: Nach § 62 JAPO werden neun Klausuren schriftlich geschrieben. Für die mündliche Prüfung erhalten Sie nach § 66 JAPO insgesamt vier Einzelnoten, wobei die Note der Berufsfeldprüfung doppelt zählt. Die Gesamtnote der mündlichen Prüfung errechnet sich aus der Summe der Einzelnoten geteilt durch 5. Diese Note wird zum dreifachen Wert der schriftlichen Prüfung addiert und durch 4 geteilt.[5]

$$\text{Gesamtnote} = \left[\frac{\text{ZivilR} + (2 \times \text{Berufsfeld}) + \text{StrafR} + \text{ÖffentlR}}{5} + 3 \times \text{Note schriftliches Examen} \right] : 4$$

B. Die Kandidaten

Die Mündliche Prüfung beginnt spätestens in dem Moment, in dem die Vorsitzende der Prüfungskommission die Türe öffnet und Sie zum Vorgespräch hereinbittet. Noch bevor Sie *Guten Tag* sagen können, nimmt Ihre Gesprächspartnerin Sie wahr und sie bildet sich – genau wie Sie – einen ersten Eindruck. Die „Macht des ersten Eindrucks" (für den es keine zweite Chance gibt), ist oft beschrieben worden.

Im folgenden Kapitel geben wir Ihnen einen Überblick über grundlegende Fragen der Gesprächsführung und Kommunikation, die Ihnen helfen können, ab der „ersten Minute" erfolgreich zu sein. Unterschätzen Sie diesen Aspekt nicht, da im Bereich der Kommunikation vieles unterbewusst abläuft!

---

[5] Wie Sie sehen, hat sich beispielsweise das Gewicht der mündlichen Prüfung nach der bayerischen JAPO durch diese Änderung der Prüfungsordnung nochmals erhöht. Während bislang 11 Klausuren ¾ zur Gesamtnote beigesteuert haben, sind es jetzt nur noch 9 Klausuren, aber der Anteil der mündlichen Prüfung ist unverändert geblieben.

I. Der ausgeschlafene Kandidat

Auch auf die Gefahr hin, dass wir im nächsten Abschnitt wie Ihre Eltern klingen, wollen wir es riskieren, Ihnen ein paar Ratschläge zu geben, damit Sie am Tag Ihrer Prüfung in jeder Hinsicht fit sind. Bevor wir uns in den kommenden Abschnitten mit den ganz spezifischen Aspekten einer Prüfung beschäftigen, zunächst der banale Hinweis, dass aus einer ganzheitlichen Sicht der „ausgeschlafene" Kandidat stets im Vorteil ist.

Erfahrungsbericht:
Als wir noch ganz am Anfang der Wiederholer-Arbeitsgemeinschaft waren, hatten wir einen sehr interessanten Teilnehmer. Bevor er sich zum Jura-Studium entschlossen hatte, war er bereits approbierter Arzt gewesen. Sein Studium und später das Referendariat finanzierte er als Notarzt am Wochenende. Obwohl er fleißig und engagiert war, landete er in der Wiederholer-Arbeitsgemeinschaft.

In einem unserer Analysegespräche äußerte er mit einer gewissen Resignation, dass er nicht mehr wisse, was er noch (mehr) tun solle: Er habe schon zwischen den Examensklausuren jede Nacht bis 2 Uhr gelernt und es trotzdem nicht geschafft. Mehr gehe einfach nicht. Auf die Frage, warum er denn nicht früher aufgehört habe zu lernen und ins Bett gegangen sei, erklärte er, dass es immer noch eine BGH-Entscheidung gab, die er lesen wollte.

Vielleicht erkennt sich der ein oder andere von Ihnen in dieser Beschreibung zum Teil wieder. Als Juristen sind wir, was das Lesen von Entscheidungen, Zeitschriften, Büchern etc. angeht, niemals fertig. Selbst in kleinen Spezialgebieten wird mittlerweile so viel veröffentlicht, dass man kaum den Überblick behält.

Was also tun, wann aufhören?
In gewisser Weise liegt die Antwort auf der Hand: Man hört dann zu lernen auf, wenn der erwartete Ertrag (Punkte, Note) hinter dem zu erwartenden Einsatz zurückbleibt. Natürlich wissen wir aus Erfahrung, dass das leichter geraten als getan ist. Die Ursache dafür liegt darin, dass wir häufig die Früchte dessen, was wir säen, viel später ernten. Wer heute eine Lernpause macht, sich entspannt und überhaupt „auf sich achtet", profitiert davon nicht morgen oder übermorgen, ABER: Im Laufe der Zeit wird man profitieren.

Aus unserer Sicht sind es 4 Säulen, die Sie neben Ihrer unmittelbaren juristischen Vorbereitung im Blick behalten sollten:
• Ernährung,
• Schlaf,
• Sport und
• Entspannung.

Zu all diesen Themen gibt es ganze Bibliotheken, zur Hilfestellung geben wir Ihnen aber eine kurze Zusammenfassung und Empfehlung der wichtigsten Punkte (samt Quellenverweise, falls Sie die Themen vertiefen wollen).

1. Ernährung

Ein ganz heikles Thema: Die Meinungsstreitigkeiten der Ernährungswissenschaftlicher toppen die der Juristen und – so der Eindruck – hier herrschen wahre Glaubenskriege. Wir wollen uns aus diesen Diskussionen heraushalten, das ist nicht unsere Kernkompetenz. Deswegen interessiert uns Essen im vorliegenden Buch nur im Hinblick auf drei Aspekte:

- Ihr Frühstück soll Sie fit machen, damit Sie tagsüber gut lernen können.
- Ihr Abendessen soll so sein, dass Sie anschließend gut schlafen können und am nächsten Tag ausgeruht zurück an den Schreibtisch können!
- Und schließlich: Am Tag Ihrer Prüfung soll Ihre Verpflegung so sein, dass sie „funktioniert".

Was meinen wir damit? Nun, schon beim **Frühstück** scheiden sich die Geister: Frühstücken oder nicht, Smoothie oder Haferflocken oder doch lieber Croissant, Marmelade und Kaffee? Wir empfehlen Ihnen, Ihr Frühstück so zu gestalten, dass Sie genügend Energie aufnehmen, die Sie lange satt hält (damit Sie lernen können und nicht schon nach einer Stunde um den Kühlschrank herumschleichen), Sie aber auch nicht träge und müde macht. Haferflocken – oder modern: Porridge – scheinen dafür eine gute Wahl zu sein. Wenn Sie noch länger Zeit haben, bis Ihre Prüfung ansteht, probieren Sie sich durch und aus, was für Sie am besten funktioniert. Wenn Ihre Prüfung schon recht bald ansteht, dann können Sie auf eines der Rezepte zurückgreifen, die wir selbst ausprobiert und für lecker und gut befunden haben.[6]

Beim **Abendessen** achten Sie darauf, möglichst früh (18 Uhr) und leicht zu essen. Gemüse, Gemüse, Gemüse sind schon mal ein guter Anfang. Fisch geht auch. Schweinebraten und Knödel erst wieder zur Examensfeier.

In der heißen Vorbereitungsphase empfehlen wir Ihnen darüber hinaus, auf Alkohol und Kaffee bzw. schwarzen Tee zu verzichten: Ihr Schlafrhythmus wird gestört und Sie sind weniger leistungsfähig. Wenn Sie es schaffen, in den Tagen vor der Prüfung auf Kaffee zu verzichten, können Sie ihn aber vor der Prüfung trinken. Diese aus dem Sport bekannte Praxis verschafft Ihnen einen regelrechten „kickstart".
Was jedenfalls auf Ihren Speiseplan gehört: Kartoffeln, Hülsenfrüchte (alternativ Joghurt oder Quark), Obst und Gemüse, Nüsse, Vollkornbrote, Trockenfrüchte.
Für den Tag Ihrer Prüfung haben wir Ihnen schon an anderer Stelle Empfehlungen gegeben (→ S. 7 ff), deswegen hier noch einmal in aller Kürze: Ein Frühstück, das Sie mit Power für den Vormittag versorgt, ist ideal. Es spricht nichts gegen das oben schon erwähnte Porridge. Für die Pause in der Prüfung nehmen Sie Bananen oder Müsli-Riegel (ohne zugesetzten Zucker!). Achten Sie darauf, am Tag und während der Prüfung genügend Wasser zu trinken. Wenn Sie dehydrieren, sind häufig Kopfschmerzen und Konzentrationsschwäche die Folge.

> **Tipp:**
> Wenn Sie vor Ihrer Prüfung im Hotel übernachten, klären Sie vorher, ob dort Ihr bevorzugtes Frühstück am Prüfungstag angeboten wird! Sonst bringen Sie es sich einfach mit!

---

[6] https://www.youtube.com/watch?v=Lcwj7fUWTzg oder in der Variante zum Vorbereiten über Nacht: https://www.youtube.com/watch?v=slkt3tCnQ5Q.

2. Schlaf

Schlafen Sie ausreichend! 8 Stunden pro Nacht sind die Empfehlung. Es gibt spannende Forschungsvorhaben, die sich mit dem Thema Schlafdefizit beschäftigen.[7] Zu wenig Schlaf ist nach Ansicht vieler Wissenschaftler verantwortlich für das Entstehen bestimmter Krankheiten; dass wenig Schlaf zu wenig Leistungsfähigkeit führt, dürfte Allgemeinwissen sein. Noch wichtiger ist für Sie im Moment allerdings: In den unterschiedlichen Schlafphasen erfolgt die Übertragung von Wissen aus dem Kurzzeitspeicher (Hippocampus) in den Langzeitspeicher (Cortex). Damit Ihr Wissen also nicht nur am nächsten Morgen, sondern auch noch in der Prüfung abrufbar ist, heißt es: rechtzeitig ab ins Bett. Neben den erwähnten 8 Stunden Schlaf empfehlen Schlafforscher, möglichst einen festen Rhythmus einzuhalten. Sie sollten möglichst immer zur selben Zeit schlafen gehen und aufstehen. Außer in der Nacht nach Ihrer Prüfung, da wird ordentlich gefeiert.

3. Sport

Laufen, Radfahren, Schwimmen, Reiten, Wasserball, Rudern, Yoga, Pilates, Turnen, Tanzen, Nordic Walking, Gartenarbeit, Segeln, Bergsteigen, Fußball, Golf, Federball, Tennis, Tischtennis, Squash, Langlauf, Handball, Ringen, Judo … Machen Sie, was Sie wollen. Aber machen Sie es! Der analytische Teil Ihres Hirns benötigt Ruhepausen und es gibt nichts Schwierigeres, als bei einem hohen Puls zu denken: Intensiver Sport ist daher ideal zum Abschalten.

4. Entspannung

Zu guter Letzt ein paar Worte zum Thema Entspannung. Prüfungen sind naturgemäß Phasen der Anspannung. Kein Motor kann lange und dauernd auf Höchstleistung laufen. Deshalb muss Anspannung durch regelmäßige Phasen der Entspannung ausbalanciert werden. Unter Entspannung nach Lernanspannung verstehen wir nicht, dass Sie sich abends mit Alkohol, etc. „runterbringen", denn dann schlafen Sie schlechter. Auf die Gefahr hin, dass wir uns wiederholen: Wer schlecht schläft, kann am nächsten Morgen nicht lernen oder jedenfalls nicht so gut, wie Sie es nach einer Nacht guten Schlafs könnten.

Um zu entspannen, gilt die Empfehlung, dem „Geist freizugeben" sprich: gar nichts zu tun. Und in der Tat ist das ein faszinierender Gedanke, der uns wirklich gut gefällt.[8]

---

[7] Wenn Sie noch etwas mehr wissen wollen: Matthew Walker „Das große Buch vom Schlaf: Die enorme Bedeutung des Schlafs – Beste Vorbeugung gegen Alzheimer, Krebs, Herzinfarkt und vieles mehr" oder: https://www.youtube.com/watch?v=5MuIMqhT8DM.

[8] Inspiriert von: https://www.youtube.com/watch?v=qzR62JJCMBQ.

Ob Sie nun meditieren,[9] sich mit progressiver Muskelentspannung beschäftigen,[10] oder autogenes Training ausprobieren,[11] wir versichern Ihnen, dass Sie Ihre Zeit nicht verschwenden. Auch wenn es Ihnen heute vielleicht so scheinen mag, dass Sie lieber lernen und noch etwas länger „powern": Ihr Leben wird wahrscheinlich nach der Prüfung NOCH anstrengender und die Zeit, die Sie jetzt für die Suche nach der richtigen Entspannungstechnik verbringen, ist eine Investition in Ihre Zukunft.

II. Der erste Eindruck

Was soll eine juristische Berufseinstiegsprüfung mit dem ersten Eindruck zu tun haben? Schließlich haben Sie ca. 6 Jahre juristischer Ausbildung hinter sich, um im Prüfungsgespräch schwierige Fälle lösen zu können. Und doch – noch bevor Sie auch nur den ersten Satz sagen können, wirken Sie auf Ihre Umgebung. Sie hinterlassen einen ersten Eindruck.

Es gibt unterschiedliche Theorien zu der Frage, wie lange es dauert, bis sich unser Gegenüber einen ersten Eindruck von uns bilden kann. Auf die genaue Zeitspanne kommt es für unsere Zwecke nicht an, jedenfalls sind sich die Experten wohl einig, dass es weniger als eine Sekunde braucht, bis unser Gegenüber uns so wahrgenommen hat, dass sein Gehirn eine Bewertung beginnen kann. Und auch diese Bewertung vollzieht sich innerhalb weniger Sekunden. Ist sie abgeschlossen, sind wir bei unserem Gegenüber gleichsam „in eine Schublade" sortiert. Kommen wir da wieder raus? Selbstverständlich! Aber besser ist es doch, wir sind von Anfang an in der richtigen Schublade- nämlich in der, in der wir uns wohlfühlen!

Modell des ersten Eindrucks im Zeitverlauf[12]

Wenn wir dies in unseren Kursen erläutern, regt sich mitunter Widerstand. Ist es nicht ungerecht, dass das Ergebnis einer Einschätzung davon abhängen soll, wer den besseren Anzug trägt oder schöner frisiert ist? Müssten wir es nicht auf der rationalen Ebene viel besser wissen und uns von solchen Dingen frei machen, frei nach Faust[13]: *Der, weit entfernt von allem Schein, nur in der Wesen Tiefe trachtet?*

Die Frage verfehlt die Thematik: Niemand benachteiligt absichtlich einen Kandidaten wegen seines unpassenden Outfits und kein Prüfer nimmt sich vor, einer Kandidatin mit Perlenohrringen mehr Punkte zu geben. Es handelt sich um unbewusste

---

[9] ZB www.headspace.com.

[10] https://www.youtube.com/watch?v=Qz-3YHaeGb4.

[11] https://www.youtube.com/watch?v=Sh8GcYWoRdA.

[12] Janine Willis, Alexander Todorov, "First impressions: Making up your mind after a 100-ms exposure to a face", zitiert nach: https://pubmed.ncbi.nlm.nih.gov/16866745/; Moshe Bar, Maital Neta, Heather Linz "Very first impressions", zitiert nach https://pubmed.ncbi.nlm.nih.gov/16768559/. Rn. 351; Verra, S. 70 zitiert für die 250 Millisekunden Damásio: Descartes' Irrtum-Fühlen, Denken und das menschliche Gehirn, München 1994.

[13] Johann Wolfgang von Goethe, Faust, Der Tragödie erster Teil, Tübingen: Cotta. 1808, Seite 86.

Prozesse und selbstverständlich spricht aus Prüfersicht nichts dagegen, sich dieser Vorgänge unseres Denkens bewusst zu werden und gegen Stereotype gewappnet zu sein.[14] ABER: So sehr wir uns auch bemühen, uns nicht vom ersten Eindruck leiten lassen und von seiner Macht wissen: Wir können uns der Wirkung schlicht nicht entziehen.

Wir erläutern Ihnen einige psychologische Hintergründe später (siehe dazu → S. 24 ff.). An dieser Stelle aber schon einmal so viel: Der erste Eindruck ist letztlich ein Erbe der Evolution. Menschen mussten immer schon entscheiden, wie sie mit ihren Mitmenschen umgehen sollten. Drohte Gefahr, war vielleicht Flucht die bessere Wahl, waren sie in Sicherheit, konnte sich das Gesicht zu einem Lächeln verändern. Im Laufe der Zeit trat diese evolutionsbedingte Reaktion in den Hintergrund: Der aufgeklärte Mensch soll sich nicht von Äußerlichkeiten beeindrucken lassen, eine gute Rede an ihrem Inhalt, nicht an der äußeren Form festgemacht werden und damit wurde der erste Eindruck immer mehr Bestandteil unbewusster Abläufe.

Das richtige Frage lautet daher für die Prüfungssituation: Wenn es das Phänomen des ersten Eindrucks gibt, wie lässt sich hieraus Kapital schlagen? Überlegen Sie doch kurz einmal, welchen Eindruck Sie gerne hervorrufen würden, wenn sich die Türe zum Prüfungsraum öffnet.

1. Wie wollen Sie wirken?

Nicht nachdenken, gleich das folgende Arbeitsblatt ausfüllen!

In der Mündlichen Prüfung möchte ich wirken:

☐ _____

☐ _____

☐ _____

☐ _____

☐ _____

☐ _____

☐ _____

☐ _____

Vielleicht sieht Ihr Arbeitsblatt so aus:

In der Mündlichen Prüfung möchte ich wirken:
* *kompetent*
* *seriös*

---

[14] Letztlich dürfte es sich auch beim ersten Eindruck um Stereotype handeln (Anwältinnen tragen ein Kostüm, Anwälte eine Krawatte. Wenn ich zwei Menschen sehe, von denen einer eine Krawatte trägt, der andere nicht und ich müsste raten, wer von beiden der Anwalt ist, würde ich auf den mit der Krawatte tippen. etc).

- *freundlich*
- *engagiert.*

Nur falls Sie hingeschrieben haben: *Ist mir egal*, dürfen Sie die nächsten Seiten getrost überblättern.

2. Seien Sie authentisch!

Haben Sie sich schon einmal gefragt, ob Sie in der mündlichen Prüfung Ohrringe bzw. eine Krawatte tragen sollen?

Experiment:[15]
Versuchspersonen wurden Bildpaare vorgelegt. Auf einem Bildpaar war das Ohr einer Frau zu sehen, einmal mit, einmal ohne Ohrring. Die Versuchspersonen sollten nun entscheiden, welche der Frauen erfolgreicher sei und welche sie lieber als Freundin hätten.

Immerhin fanden 68 % der Probanden die Frau mit dem Ohrring erfolgreicher als die ohne und 63 % würden sie lieber als Freundin haben. Ganze 72 % empfanden sie gar als gepflegter als die Frau ohne Ohrring. Wohlgemerkt: Auf dem Foto war wenig mehr als das Ohr der Frau abgebildet! Lediglich 6 % der Probanden gaben übrigens an, sich zu der Frage allein anhand des Bildes nicht äußern zu können.

Was bedeutet das für Ihre Prüfung, Ohrringe ja oder nein? Mitunter haben wir Kursteilnehmerinnen, die uns sagen, dass sie sich mit Ohrringen – um im geschilderten Experiment zu bleiben – ganz unwohl, regelrecht verkleidet fühlen würden. Deshalb gilt:

Regel 1. Seien Sie authentisch!

Die wichtigste „Regel", die sozusagen vor der Klammer steht, lautet: Seien Sie authentisch! Machen (tragen) Sie die Dinge, die zu Ihnen passen und verbiegen Sie sich nicht.[16] Wer den ganzen Tag das Gefühl hat, verkleidet, nicht er/sie selbst zu sein, wird andere Dinge im Kopf haben als die Lösung eines konkreten Falles. Aber Authentizität heißt nicht, unbekümmert, unvorbereitet zu sein oder sich an keine Regel zu halten. Wie *Michael Rossié* es so wunderbar ausdrückt[17]:

> *„Wenn Sie mit authentisch meinen, mal unbekümmert loszulegen, so wie es gerade kommt, sich an keine Regeln zu halten und einfach mal Ihrem Gefühl zu folgen, dann müssen Sie schon sehr reich oder sehr attraktiv sein, damit das funktioniert."*

Was heißt das nun für die Prüfung:

- Nach unserer Meinung sollten Sie (als Frau!) **Ohrringe** tragen! Wenn 2/3 der Versuchspersonen die Frauen mit Ohrringen als erfolgreicher einschätzten als die ohne Ohrringe (und es müssen nicht notwendig Perlohrringe sein), warum sollten Sie diesen Effekt nicht nutzen? Natürlich kann Ihr Gesprächspartner zu dem 1/3 gehören, das mit Ohrringen nichts assoziiert. Andererseits: Sie sitzen vier Prüfern gegen-

---

[15] Kelmer/Stein „Mensch und Mitmensch im Experiment", S. 56 f.
[16] Siehe dazu für das Vorgespräch (→ S. 40).
[17] Rossié, Rhetorik, S. 31.

über. Aber selbst, wenn die Ohrringe ihre unterbewusste Wirkung verfehlen: Allein, dass Ohrringe keine positive Assoziation auslösen, heißt ja nicht, dass sie negativ bewertet werden. Im schlimmsten Fall haben Sie dann keinen Effekt. Fühlen Sie sich allerdings mit Ohrringen furchtbar unwohl, lassen Sie sie weg.

- Das heißt aber nicht, dass Sie ohne **Krawatte** in die Prüfung gehen sollen, es sei denn, Sie sind sehr reich oder sehr attraktiv! Bestimmte Kleidungsbestandteile werden schlicht erwartet.

Es gilt:

Regel 2. Machen Sie sich rechtzeitig vor der Prüfung vertraut mit Dingen, die Ihnen bislang nicht geläufig oder selbstverständlich sind!

Manchmal fühlt man sich auch (nur) deshalb verkleidet, weil es sich ungewohnt anfühlt. Wer immer in T-Shirt, Sneakers und Jeans unterwegs ist, wird sich mit Anzug, Lederschuhen und Krawatte natürlich am Anfang nicht wohl fühlen. Frauen, die immer nur in Sneakers umherlaufen, müssen sich an den eleganten Schuh zum Kostüm vielleicht auch einfach nur gewöhnen!

3. Von Kopf bis Fuß

In den vielen Jahren, die wir in den Staatsprüfungen prüfen, haben wir in puncto Auftreten und Garderobe die kuriosesten Dinge erlebt. *Leider* muss man sagen. Es gab Kandidaten, die im weißen Anzug zur Prüfung erschienen; es gab Damen, deren Kleider selbstgestrickt waren (oder so aussahen) oder Kandidaten, die demonstrativ ein Zeichen setzen wollten, dass ein Business-Outfit für eine Prüfung nicht relevant sein darf. Manche hatten ihre Kleidung absichtlich besonders ausgewählt; das schreiend türkisfarbene Oberhemd war „das Glückshemd", das Kleid mit dem freien Rückenausschnitt das Lieblingskleid. Trotzdem wirkte beides auf die Prüfer befremdlich. Andere hatten sich über ihre Kleidung offensichtlich weniger Gedanken gemacht und wohl das angezogen, was gerade im Schrank vorne lag.

Wir geben Ihnen im folgenden deswegen Ratschläge, die aus *unserer* Sicht geeignet sind, den ersten Eindruck eines Kandidaten, der sich gründlich auf den bislang wichtigsten Tag seines Berufslebens vorbereitet hat, hervorzurufen und zu unterstreichen. Uns ist dabei wichtig, dass Sie sowohl Regel 1 („Seien Sie authentisch!") als auch im Hinterkopf behalten, dass es hier nicht um persönliche Vorlieben geht. Persönlich ist es uns ganz egal, wie Sie sich kleiden, zumal in Ihrer Freizeit! Aber für die Mündliche Prüfung, bei der Sie sich als künftiger Jurist auf Augenhöhe mit den Prüfern präsentieren wollen, dürfen wir einige Tipps geben.

a) Anzug bzw. Kostüm. Der Anzug für die Herren ist obligatorisch. Er ist zunächst einmal nicht schwarz. Man sagt zwar, dass es besser ist, over- als underdressed zu sein, aber ein schwarzer Anzug sieht schon sehr nach Beerdigung aus. Und wenn die Mündliche Prüfung auch von der Stimmung abhängt, dann sollte dieser Eindruck doch vermieden werden. Es geht ansonsten alles, was Sie in der Garderobe eines erfolgreichen Anwalts vermuten würden: Anthrazit, navy, dunkelblau.

Wenn Sie Ihren Anzug schon seit einiger Zeit nicht mehr getragen haben, testen Sie rechtzeitig vor der Prüfung seinen Sitz. Wenn die Hose die ganze Zeit kneift, ist das ebenso unangenehm wie ein Sakko, das sich nicht mehr schließen lässt. Manchmal rutscht das Sakko stark nach oben, wenn der Kandidat sitzt. Dadurch entsteht der Eindruck, der Kandidat würde „in sich zusammensinken". Es hilft, das Sakko gelegentlich bewusst nach unten zu ziehen oder sich auf den hinteren Schoß zu setzen.

Für die **Damen** darf es ebenfalls ein Kostüm sein, auch ein Hosenanzug wirkt sehr professionell. Wählen Sie hierzu eine dunkle (defensive) Farbe; mit blau, anthrazit oder schwarz, also ein Outfit, in dem Sie professionell wirken, dann können Sie nichts falsch machen. Hinzu kommt, dass Frauen immer noch einen Tick professioneller wirken sollten, um als kompetent wahrgenommen zu werden (ja, das Leben kann unfair sein. Das kann man bedauern, aber im Moment auch nicht ändern).

b) Hemd und Bluse. Das **Hemd** für die Herren sollte einfarbig sein. Weiß oder blau sind in Anwaltskanzleien die vorherrschenden Farben und damit auch für die Mündliche Prüfung eine sichere Wahl. Häufig stellen wir fest, dass Freizeithemden in der Prüfung getragen werden. Diese verraten sich dadurch, dass sie zwar in der richtigen Farbe sind, aber der Kragen nicht über der Krawatte bleibt und Knöpfe gerne farbig sind. Investieren Sie also in ein klassisches Anzughemd; ein Button-down-Hemd trägt man in Europa nicht zum Anzug, verzichten Sie also darauf. Ob Sie das Anzughemd mit oder ohne Umschlagmanschette nehmen, bleibt Ihnen überlassen, es versteht sich aber hoffentlich von selbst, dass die Manschettenknöpfe ganz dezent sind.

Für die Damen ist die **Bluse** in der Regel das Mittel der Wahl. Unter dem Kostüm oder Hosenanzug tragen Sie eine dezente, einfarbige Bluse (nicht glänzend). Die Bluse wird so geknöpft, dass sie keine ungewollten Einblicke eröffnet! Auch ein gut gebügeltes (edleres) Shirt ist völlig in Ordnung, wenn Sie sich mit Blusen nicht wohlfühlen.

Tragen Sie Bluse und Oberhemd wenigstens einmal zur Probe. Gerade Synthetikstoffe haben die unangenehme Eigenschaft, schnell große Schweißflecken zu zeigen. Bedenken Sie bei der Blusenwahl auch stets: Es ist das Drama mancher Stoffe, dass sie bei besonderem Lichteinfall durchsichtig werden. Fragen Sie am besten einen lieben Menschen mit einem kritischen Blick, ob der Stoff und der Ausschnitt prüfungstauglich sind. Sie möchten niemanden in Verlegenheit bringen.

c) Krawatte. Es ist ja nicht schlimm, wenn Sie bislang ohne Krawatte durchs Leben gekommen sind. Und man ist auch kein schlechterer Jurist, wenn man ohne Krawatte am Schreibtisch sitzt. Aber wenn Sie im Arbeitsblatt oben Begriffe wie seriös, kompetent, zugehörig ausgefüllt haben, gehört eine Krawatte am Prüfungstag doch immer noch dazu.

> Experiment:[18]
> In dem oben geschilderten Experiment wurden übrigens nicht nur Bildpaare mit Frauenohren gezeigt. Es gab auch Bildpaare, auf denen Männer mit Fliege und Krawatte zu sehen waren. Hier ähnelten sich die Ergebnisse zu der Befragung mit den Ohrringen. Der Fliegenträger wurde als erfolgreicher angesehen als der Krawattenträger! Ein Mann ohne Krawatte wurde gar nicht erst abgebildet ...

---

[18] Natürlich zeigen die Experimente auch, dass sich Anschauungen im Laufe der Zeit ändern. Galt früher der Zigarrenraucher als erfolgreicher als der Zigarettenraucher (!), würde heute vielleicht der sportliche Nichtraucher mit dem Schrittzähler am Handgelenk als erfolgreicher eingeschätzt als der Raucher.

Wenn Sie bislang also ohne Krawatte ausgekommen sind, nutzen Sie die Zeit bis zum Beginn der Mündlichen Prüfung, um sich daran zu gewöhnen. Das beginnt gegebenenfalls damit, dass Sie lernen, sie zu binden.[19]

Das bewahrt Sie vor dem Schicksal des Kandidaten, der am Tag der Mündlichen Prüfung seine Krawatte mit einem einfachen Knoten (!) gebunden hatte und sich mit den Worten entschuldigte, üblicherweise binde seine Freundin ihm die Krawatte, die aber am besagten Tag das Haus bereits verlassen hatte. „Gut vorbereitet" ist jedenfalls etwas anderes.

Und: Tragen Sie die Krawatte ruhig ein paar Tage lang und Sie werden sehen, bald spüren Sie sie gar nicht mehr. Kein Grund also, sich in der Mündlichen Prüfung ständig im Kragen herumzufassen, um sich mehr Luft zu verschaffen.

Und wie soll die Krawatte aussehen? Eine oder zwei Farben, mehr nicht. Kein auffälliges Muster und keine dominierenden aggressiven Farben (rot!).

d) Schuhe, Strümpfe und Strumpfhosen. Im Gegensatz zu den Damen ist für die **Herren** die Wahl der richtigen Schuhe einfach. Klassische Anzugschuhe sind Lederschuhe in schwarz oder – je nach Farbe des Anzugs – in einem dunklen Braun. Achten Sie darauf, dass sich die Farbe der Schuhe und des Gürtels entsprechen, um einen harmonischen Eindruck hervorzurufen. Wichtig ist, dass Sie am Tag der Prüfung auf Glanz poliert sind. Zeigen Sie auch in diesem Detail, wie wichtig Ihnen der Tag ist. Mit Kniestrümpfen in gedeckten, zum Anzug passenden Farben, liegen Sie immer richtig.

Für die **Damen** gilt: Tragen Sie in der Prüfung gerne Absatzschuhe, diese wirken in der Regel, wenn sie 5–8 cm Absatzhöhe nicht übersteigen, professionell. Auch diese Schuhe sollten geputzt und am Absatz nicht abgeschlagen sein. Tragen Sie sonst nie Absatzschuhe, üben Sie das Gehen; vielleicht stellen Sie bei der Gelegenheit ja auch fest, dass ein kleiner Absatz sich positiv auf Ihre gesamte Haltung auswirkt. Man „geht" mit anderem Selbstvertrauen. Egal wie heiß es am Tag Ihrer Prüfung sein sollte, wenn Sie ein Kostüm als Outfit vorsehen, tragen Sie dazu auch Seidenstrümpfe.

e) Rasur, Frisur, Make up. Gehen Sie rechtzeitig vor der Prüfung zum Friseur (wenn diese öffnen dürfen). Es ist für Sie ein wichtiger Tag und auch Ihre Frisur sollen Ihrem Gegenüber diesen Eindruck vermitteln![20] Wenn Sie keinen Bart tragen, kommen Sie zur Prüfung gründlich rasiert. Wenn Sie einen Bart tragen, muss dieser gepflegt aussehen. Rasieren Sie sich am Abend oder zumindest nicht im Oberhemd, um Blutflecken am Hemd zu vermeiden.

---

[19] Es gibt auf youtube unzählige Anleitungen. Eine der besten ist unserer Meinung nach: https://www.youtube.com/watch?v=FZxwm47rTvk. Dort sehen Sie übrigens, wie der sog. *four-in-hand-knot* gebunden wird, der wegen seiner leichten Asymmetrie häufig eine gute Wahl ist.

[20] Gerade während des Corona-Lockdowns war zu beobachten, dass sich wegen der geschlossenen Friseure sowohl etliche Kandidaten als auch Prüfer mit ihrer Frisur unwohl gefühlt haben. Auch wenn es für die Prüfer um nichts geht in der mündlichen Prüfung, legen sie regelmäßig die gleiche Sorgfalt bezogen auf ihr Äußeres wie die Kandidaten an den Tag. Die Mündliche Prüfung ist ein wichtiges Ereignis, dem durch ein entsprechendes Äußeres Rechnung getragen wird.

Für die Damen empfiehlt es sich, seriös und zugleich feminin zu wirken. Das bedeutet ein zurückhaltendes Make-Up und eine für den künftigen Beruf angemessene Frisur. Wenn Sie einen Kurzhaarschnitt tragen, lassen Sie ihn auffrischen. Längere Haare binden Sie besser in einen Zopf oder stecken die Haare hoch. Grundsätzlich besteht bei Frauen mit langen Haaren das Risiko, dass sie sich bei Nervosität hinter ihren offenen Haaren verstecken (Haare als Schutzschirm) oder bei Unsicherheit mit ihren Haaren spielen. Besprechen Sie Ihr Outfit mit einer Frau, die im Berufsleben steht, damit Sie auf der sicheren Seite sind. Sie sollten die Kleidungsstücke nicht am Prüfungstag erstmalig anziehen, sondern einen längeren Testlauf durchführen.

f) Schmuck und Accessoires. Ansonsten empfehlen wir für den Tag der Prüfung bei den Accessoires Zurückhaltung zu üben. Tragen Sie nur, was zur Situation passt. Das sind ganz sicher ein (soweit vorhanden) Ehering und eine (schlichte) Uhr. Die **Herren** dürfen gerne ein Einstecktuch tragen, ein- oder zweifarbig, „flat fold".[21]

Für die Damen gilt auch wieder: defensiver Schmuck. Vermeiden Sie auch hier große auffällige Schmuckstücke, insbesondere auch solche, an denen Sie sich festhalten können. Auf den Vorteil von Perlohrringen wird verwiesen.

Wenn Sie den Eindruck eines gut vorbereiteten Kandidaten, der ab morgen (!) als erfolgreicher Anwalt oder ähnliches tätig sein wird, vermitteln wollen, schreiben Sie nicht mit einem billigen Werbekugelschreiber. Auch der edle Kolbenfüllfederhalter erwies sich nicht immer als beste Wahl, wie einer unserer Prüfungskandidaten erfahren musste, der sich im Laufe des Prüfungsgesprächs die Tinte sukzessiv im Gesicht verteilte.

g) Worüber keiner gerne spricht. Die Zeiten ändern sich. Vor 10–15 Jahren wäre es wohl noch unvorstellbar gewesen, in der Mündlichen Prüfung Männer mit Ohrringen oder Kandidaten aller Geschlechter mit Tattoos anzutreffen. Im Straßenbild ist das heute ganz normal. Gleichwohl sollten Sie bedenken, dass eine juristische Staatsprüfung üblicherweise auf der Prüferbank konservativer besetzt ist als die Durchschnittsbevölkerung. Deswegen würden wir Herren immer raten, am Prüfungstag auf Ohrringe zu verzichten. Kandidaten aller Geschlechter sollten Piercings herausnehmen. Tattoos sollten vollständig verdeckt sein.

4. Checkliste Prüfungsoutfit

Für die Damen:

- Kostüm (anthrazit, dunkelblau)
- Bluse
- Strumpfhose
- Schuhe
- Ohrringe

---

[21] https://www.youtube.com/watch?v=wf82IXcDVBg.

- dezente Halskette
- dezente Uhr
- Ehering (soweit vorhanden).

Für die Herren:

- Anzug dunkelblau oder anthrazit
- Anzugoberhemd weiß oder blau
- ein- oder zweifarbige Krawatte mit unauffälligem Muster
- Gürtel
- dunkle Kniestrümpfe
- schwarze Anzugschuhe (Leder), erstklassig geputzt
- dezente Uhr
- Ehering (soweit vorhanden).

III. Der rhetorische Werkzeugkasten

Wenn wir in unseren Kursen über den ersten Eindruck, aber auch ganz allgemein über das Thema Rhetorik sprechen, erleben wir häufig ganz unterschiedliche Reaktionen: Manche Teilnehmer beginnen zu nicken, als würden sie endlich verstehen, warum bestimmte Dinge in der Vergangenheit in eine bestimmte Richtung gelaufen sind, warum sie vielleicht hinter ihren (erhofften) Möglichkeiten geblieben sind. Andere Teilnehmer verschränken die Arme, runzeln ihre Stirn und der Widerspruch ist längst sichtbar, noch bevor sie sich melden, um ihn zu artikulieren. Während die Rhetorik in der Antike als Wissenschaft galt und die Erziehung zum guten Redner als Erziehungsziel galt (lange vor den Rechtswissenschaften),[22] hat sie in Deutschland spätestens seit der Aufklärung einen mitunter zweifelhaften Ruf. Sie wurde als Gegensatz zur Wahrheit und Authentizität angesehen.[23] Der Missbrauch der Rhetorik durch Diktatoren und Populisten tat ein Übriges, um einen zweifelhaften Ruf zurückzulassen.[24] Dass die Rhetorik für Juristen gleichwohl zum täglichen Handwerk gehört, ist indes offensichtlich. Versteht man sie nämlich als „Kunst zu Überzeugen" (und gerade nicht zu manipulieren), ist sie im Grunde ureigenster Bestandteil des Rechts. Die Durchsetzung des Rechts und die Akzeptanz von Rechtsnormen lebt zu einem großen Teil von der Qualität der Begründung, der Überzeugungskraft der Argumente. Deswegen sind Rhetorik und Kommunikation in der juristischen Ausbildung zu Recht verankert und es heißt in § 5a Abs. 3 S. 1 DRiG, auf den die jeweiligen juristischen Prüfungsordnungen der Länder Bezug nehmen, auch folgerichtig:

> *„Die Inhalte des Studiums berücksichtigen die rechtsprechende, verwaltende und rechtsberatende Praxis einschließlich der hierfür erforderlichen Schlüsselqualifikationen wie Verhandlungsma-*

---

[22] Vgl. eingehend Maldeghem/Till/Sentker/*Maldeghem*, S. 18 ff.

[23] So urteilte etwa Kant in seiner Kritik der Urteilskraft (1790), die Rhetorik sei eine »Kunst, sich der Schwäche der Menschen (…) zu bedienen« und deshalb »gar keiner Achtung würdig.« (*Immanuel Kant*, Kritik der Urteilskraft, Band V, S. 327). Ähnlich sodann auch Goethe, nach dem die Rhetorik das Aufwieglertum (!) fördere und als eine Technik anzusehen sei, mit der es dem Redner möglich sei, »gewisse äußere Vorteile im bürgerlichen Leben zu erreichen«. Er schimpfte dementsprechend über »verdammte Rednerkünste, die alles bemänteln, über alles hinweggleiten wollen, ohne das Rechte und Wahre auszusprechen.« (eingehend hierzu *Olaf Kramer*, Goethe und die Rhetorik, 2010).

[24] Vgl. eingehend Knape/Kramer/Till, Populisten – rhetorische Profile, 2019.

*nagement, **Gesprächsführung, Rhetorik**, Streitschlichtung, Mediation, Vernehmungslehre und **Kommunikationsfähigkeit.***"

Ähnlich dem ersten Eindruck erzeugt die Art, wie wir sprechen beim Empfänger ein unbewusstes Bild vom Redner. Wird mit fester, tiefer Stimme und einem deutlich wahrnehmbaren „Punkt" geantwortet, wird diese mit einem höheren Authentizitätsgrad wahrgenommen, der Sprecher wirkt souverän und kompetent. Am besten wird der Prüfer als Zuhörer mühelos die Antworten der Kandidaten nachvollziehen können und ein in sich logischer und verständlicher Vortrag steigert die Überzeugungskraft der fachlichen Argumente. Sie wissen ja, dass das die eigentliche Punkteschmiede ist.

Ziel in rhetorischer Hinsicht muss es daher sein, durch Ihre Stimme und Ihre Sprache einen souveränen und kompetenten Eindruck zu vermitteln und dadurch, quasi nebenbei, zu punkten. Gleichzeitig geht es darum, diese Elemente mit der Technik der juristischen Argumentation zu synchronisieren. Denn Sie werden sehen: Ein gutes Argument verliert an Wert, wenn es mit schwacher Stimme vorgetragen wird!

1. Stimme

Selbstverständlich wissen wir, dass Sie in den zwei Wochen, die Sie vielleicht noch bis zur Prüfung haben, nicht anfangen wollen/werden, Ihre Stimme zu verändern. Kann man das überhaupt und sollte man es überhaupt versuchen?

Ja und nein. Selbstverständlich können Sie an Ihrer Stimme arbeiten, wenn Sie meinen, dass es da ein Problem gibt. Aber darum geht es hier gar nicht. An dieser Stelle wollen wir Sie ermutigen, darüber nachzudenken, wie Sie in der Prüfung klingen wollen.

Praxistipp:
Stellen Sie sich noch einmal vor, dass Sie zum Arzt gehen und diesem Ihre Symptome schildern. Seine Diagnose trägt Ihnen der Arzt mit brüchiger Stimme vor und am Ende des Satzes hören Sie stets ein Fragezeichen. Sieht schlecht aus, was Ihre Heilungschancen angeht, oder?

Und eben dieses Muster erleben wir sowohl in unseren Kursen als auch in unseren Mündlichen Prüfungen immer wieder. Wenn sich Kandidaten bei ihrer Antwort unsicher sind, werden sie leise und kleiden ihre Antworten in Fragesätze. Deshalb lautet an dieser Stelle unsere Empfehlung zum Einsatz Ihrer Stimme:

Regel 3. Sprechen Sie mit fester Stimme laut und deutlich!

Sie sollen nicht schreien, aber Souveränität vermuten wir eher bei denjenigen, die sich trauen, ihren Mund aufzumachen und Stellung zu beziehen.

Sollten Sie sich hier unsicher fühlen, können Sie im Vorfeld Ihre Artikulationsfähigkeiten durch eine Übung trainieren: Um die eigene Aussprache zu trainieren und zu professionalisieren, nutzen Redner oder Sänger die bekannte und beliebte **Korkentechnik.**

Hierbei wird ein Korken oder hilfsweise der eigene Daumen zwischen die vorderen Zähne gelegt. Trotz des Korkens zwischen den Zähnen ist es das Ziel der Übung, die Aussprache eines Textes oder eines Abschnitts der Rede flüssig und deutlich zu sprechen, ohne zu nuscheln oder Wörter zu verschlucken. Lesen Sie sich juristische Texte vor dem Spiegel mit dem Korken vor. Im nächsten Schritt der Übung wird der Korken entfernt. Ohne Korken sprechen Sie gewohnt zuverlässig. Schon nach ein paar Wiederholungen wird sich die Artikulation und Aussprache, insbesondere von Fachbegriffen, deutlich verbessern.

2. Sprache

Juristen kurz vor dem Ende ihrer Ausbildung etwas über Sprache erklären zu wollen, erscheint auf den ersten Blick vielleicht überflüssig. Aber dennoch ist uns dieser Punkt besonders wichtig, denn

---

Regel 4. Reden ist nicht Schreiben!

Wenn Sie diese Regel beherzigen können, ist viel gewonnen. Aber das ist leichter gesagt als getan! Eine der wichtigsten Übungen in unseren Kursen besteht darin, die Teilnehmer „zum kurzen Satz" zu erziehen. Im Laufe Ihrer Ausbildung haben Sie überwiegend gelernt, sich schriftlich auszudrücken. Kleine Übung, Große Übung, Schwerpunktprüfung, Erste Juristische Prüfung, Zweite Juristische Staatsprüfung – immer ging es vor allem darum, Klausuren zu schreiben. Als Arbeitsgemeinschaftsleiter wissen wir, dass viele Referendare mehrere hundert Klausuren geschrieben haben, bevor sie sich der Zweiten Juristischen Staatsprüfung unterziehen. In den Übungsklausuren konnten sie alles trainieren, Aufbau und Gliederung ebenso wie Zeiteinteilung und Darstellung der Lösung. Und gerade beim Ausformulieren einer Lösung gehen Juristen häufig nach folgendem Schema vor:

Obersatz   Dem Kläger steht der geltend gemachte Anspruch aus einem Kaufvertrag gemäß § 433 Abs. 2 BGB zu,

Begründung   denn zwischen ihm und dem Beklagten ist am 4.3.2019 in den Geschäftsräumen des Klägers in München, Maximilianstraße ein mündlicher Kaufvertrag zustande gekommen, weil der Beklagte das wörtliche Angebot des Klägers (vgl. § 145 BGB) zwar nicht ausdrücklich, wohl aber konkludent dadurch angenommen hat, dass er gegen Übergabe der Taschenuhr den Kaufpreis in Höhe von 700 EUR entrichtet hat, was aus Sicht eines objektiven Dritten im Empfängerhorizont (§ 157 BGB) nur als Zustimmung zum Vertragsangebots des Klägers verstanden werden kann.

Raten Sie doch mal, wie viele Wörter dieser Satz enthält![25] Zugegeben, wir hätten auch zwei Sätze bilden können, aber solche Sätze sind in juristischen Texten gar nicht so selten. Derjenige, der den Inhalt nicht sofort versteht, hat aber die Möglichkeit, den Satz einfach nochmals zu lesen. Wenn wir aber so sprechen, verlieren wir unsere Zuhörer.[26] Die haben nicht die Möglichkeit, noch einmal zum Satzanfang zurückzuspringen. *Wenn Du es nicht einfach erklären kannst, hast Du es nicht gut genug verstanden*, soll Albert Einstein gesagt haben. Wir würden für die mündliche Prüfung daraus gerne unsere nächste Regel ableiten:

---

[25] Antwort: 96.
[26] Abgesehen davon würden wir Ihnen diesen Stil auch für die Klausuren nicht guten Gewissens empfehlen können. Schreiben Sie kürzere Sätze und vereinfachen Sie den Stil! Wissenschaftlichkeit erkennt man nicht daran, dass die Texte unverständlich sind!

> **Regel 5. Erkläre es einfach, damit Du verstanden wirst! Und verwende Beispiele!**

a) Einfach und kurz. Nach dem sog. Hamburger Verständlichkeitsmodell[27] sollen Texte, damit sie überzeugen können, einfach, kurz, strukturiert und anregend sein. Das Modell fasst in Worte, was den meisten von uns unbewusst schon klar war: Wir können leichter zuhören (aber auch schriftliche Texte erfassen), wenn die Sätze einfach und prägnant formuliert sind, anschauliche Beispiele beinhalten und den roten Faden erkennen lassen. Einfach meint dabei nicht nur die Wortwahl. Auch Satzbau und Satzlänge haben einen wesentlichen Einfluss auf das, was wir als *einfach* empfinden.

Juristische Gedanken und Falllösungen sind selten einfach. Um möglichst viele Informationen auf engem Raum unterzubringen, verwenden wir den Nominalstil, dh möglichst viele Substantive.

Nominalstil:
Die Weigerung des Angeklagten, Reue zu zeigen, ist bei der Strafzumessung zu seinen Lasten strafschärfend zu berücksichtigen.
5 Substantive, 17 Wörter

Im Gespräch formuliert man besser im Verbalstil:

Verbalstil:
Der Angeklagte zeigte keine Reue, deshalb ist er härter zu bestrafen.
2 Substantive, 11 Wörter

Immerhin wollen Sie, dass die Prüfer aktiv jede Information ihrer Antworten wahrnehmen. Trainieren Sie daher in der verbleibenden Vorbereitungszeit diesen Stilwechsel.

Einfach reden bedeutet aber auch:

> **Regel 6. Hauptsätze! Hauptsätze! Hauptsätze![28]**

Hauptsätze sind für unseren Gegenüber leichter zu verstehen als verschachtelte Nebensatzkonstruktionen. Hinzu kommt: Sie wollen mit Ihren juristischen Fähigkeiten überzeugen und Ihr Gehirn soll darauf seine gesamte Kapazität verwenden können. Wenn Sie sich sprachlich komplex ausdrücken, belegen Sie Kapazitäten Ihres Gehirns mit der Beherrschung der Satzstruktur.

Negativbeispiel:
Wegen des dem Kläger als Rechtsnachfolger des bei dem Unfall verunglückten Erblassers zustehenden Anspruchs gilt, ...

Wenn man sich schon beim Lesen konzentrieren muss, was gilt dann erst für einen Zuhörer! Mit wenigen Kunstgriffen können Sie Ihre Sprache leicht vereinfachen:
- Es gilt: Eine Aussage pro Satz.
- Meiden Sie doppelte Verneinungen.
- Das Verb kommt im Satz nach vorne.

---

[27] Schulz v. Thun, Miteinander reden, Bd. 1, S. 160 ff.
[28] Das Zitat wird Kurt Tucholsky zugeschrieben.

| Negativbeispiel: | Besser: |
| *Er ist nicht untalentiert.* | *Er ist talentiert.* |

Natürlich steht die Rhetorik nicht über der juristischen Präzision:

Der Beklagte war nicht bösgläubig, bedeutet etwas anderes als *Der Beklagte war gutgläubig.*

b) Anschaulich. Wenn wir Sie auffordern, sich einen Ball vorzustellen, hat jeder von Ihnen sofort ein Bild im Kopf: Tennisball, Fußball, Wasserball, Schneeball oder eine große, kleine, roten, grünen oder bunte Kugel. Ganz egal, was Sie sehen, Sie sehen etwas. Und vielleicht sehen Sie beim Wort Ball auch einen Faschingsball. Aber Sie sehen etwas.

Was spielt sich vor Ihrem inneren Auge ab, wenn Sie das Wort „Hypothek" hören? Irgendetwas? Abgesehen vom Strafrecht, das am ehesten anschaulich ist, ist die juristische Fachsprache wenig anschaulich. Wenn Sie das Wort „Baugenehmigung" hören, denken Sie wahrscheinlich automatisch an einen „Verwaltungsakt". Aber ein Bild haben Sie weder für das eine noch das andere. Die juristische Terminologie ist ihrem Wesen nach abstrakt, denn sie soll für eine Vielzahl von Einzelfällen Lösungen ermöglichen. Wie sollen wir es also anstellen, uns als Juristen anschaulich auszudrücken?

Wie würden Sie den Begriff „Hypothek" Schülern im ersten Schuljahr erklären?[29]
Als eure Eltern euer Haus gekauft haben, hatten sie dafür am Anfang nicht genügend Geld. Das Geld haben sie sich bei der Bank geliehen.[30] Damit die Bank nun sicher ist, dass sie ihr Geld zurückbekommt, haben eure Eltern mit der Bank vereinbart, dass eure Eltern der Bank jeden Monat Geld bezahlen, bis das gesamte Haus bezahlt ist. Aber wenn sie nicht bezahlen können, darf die Bank das Haus nehmen und verkaufen.[31]

Bevor Sie nun einwenden, dass Sie so in einer Prüfung ganz sicher nicht reden können: Richtig, so sollen Sie nicht reden. Ihr Gegenüber weiß schließlich, was eine Hypothek ist. Aber: Bei etwas Training stellen sich folgende Effekte ein:
• Sie formulieren anschaulicher und
• Sie assoziieren künftig schneller Bilder.

Beispiel:
Prüfer: *Was ist eine Stiftung?*
Kandidat: *Bei der Stiftung im zivilrechtlichen Sinne fallen mir als erstes diverse karitative Einrichtungen ein, die so organisiert sind. [Punkt – Pause – Blickkontakt]*

[Und währenddessen rattert Ihr Verstand und liefert Ihnen hoffentlich das nächste Stichwort; vielleicht hilft aber auch der Prüfer.]

Schon haben Sie über ein Bild einen Gesprächseinstieg gefunden! Das ist deutlich besser, als lähmendes und unangenehmes Schweigen, das unmittelbar Stress auslöst.

---

[29] Wenn Sie es selbst versuchen wollen, nehmen Sie sich einfachere, alltäglichere Begriffe vor. Gut eignen sich Begriffe wie „Kaufvertrag" oder „Schadensersatz".

[30] Natürlich wissen Sie als Jurist, dass das Geld nicht „geliehen", sondern aufgrund eines Darlehens ausgezahlt wurde. Aber denken Sie an den Horizont der Zuhörer.

[31] Sie haben Recht: Erstklässler werden jetzt wahrscheinlich traumatisiert sein von der Vorstellung, dass die Bank kommt und das Haus verkauft. Aber Sie sollen Ihr Denken dahin trainieren, dass man auch abstrakte Begriffe etwas anschaulicher erklären kann.

Diese Anschaulichkeit ist nicht nur für das Prüfungsgespräch, sondern auch für das Vorgespräch hilfreich.

Prüfer: *Welche beruflichen Pläne haben Sie?*

Negativbeispiel:
Kandidat: *Ich würde gerne Unternehmensjurist werden.*

Besser:
Kandidat: *Ich würde gerne in der Rechtsabteilung bei BMW arbeiten. Autos und Motoren haben mich schon von klein auf interessiert, aber ich selbst hatte nie so das technische Geschick. Aber nach meiner Wahlstation bei BMW bin ich mir sicher, dass das für mich das Richtige ist. Ich habe mit Ingenieuren zusammengearbeitet, die sich mit dem autonomen Fahren beschäftigen und es war richtig großartig. Die sich hieraus ergebenden Rechtsfragen würde ich gerne bearbeiten.*

Natürlich sehen Sie den Unterschied sofort und was noch wichtiger ist: Ihre Prüfer werden nach dem Vorgespräch ein Bild im Kopf haben (der Unternehmensjurist, der bei BMW sich mit dem autonomen Fahren beschäftigen will). Mag sein, dass Sie Ihren Namen nicht immer parat haben, aber das Bild wird Ihnen präsent sein.

c) Strukturiert

Zum Rücktrittsgrund: Ich prüfe zuerst, ob die Kaufsache bei Gefahrübergang mangelhaft war (§ 434 Abs. 1 BGB) und dann, ob die für die vorrangige (§§ 440, 323 Abs. 1 BGB) Nacherfüllung/Nachlieferung gesetzte Frist wirksam war und abgelaufen ist.

So einfach zeigen Sie auf, in welcher Reihenfolge Sie den Fall lösen wollen. Anders als in einem schriftlichen Text müssen Sie Struktur und Gliederung mündlich vermitteln. Vergleichen Sie es mit:

Es müsste zunächst eine wirksame Fristsetzung vorliegen.

Wenn Sie den letzten Satz hören, fragen Sie sich wahrscheinlich auch: Warum?

Unser Gehirn kann strukturierte Informationen leichter verarbeiten. Das liegt vielleicht daran, dass das „Alltagsgehirn" eher faul ist und nach bekannten Mustern sucht, um sich nicht übermäßig anstrengen zu müssen. Im ersten Fall weiß der Zuhörer, warum er zuhören soll. Die Gliederung wird in Worten dargestellt, der Aufbau verdeutlicht. Es geht um einen Rücktritt von einem Kaufvertrag, für den offenbar zwei Voraussetzungen vorliegen müssen, mit denen sich der Kandidat jetzt beschäftigt. In der zweiten Variante ist nur von einer wirksamen Fristsetzung die Rede. Der Zuhörer weiß einerseits nicht, wofür das wichtig sein könnte und andererseits lässt das Wort „zunächst" gänzlich offen, ob noch ein weiterer oder zehn weitere Punkte kommen. Das möchte ich aber schon wissen, bevor ich mich entscheide, weiter zuzuhören.

Der rote Faden, um den es hier geht, hilft uns beim Zuhören, die Gedankengänge des Redners zu verfolgen und selbst dann, wenn wir als Prüfer für einen kurzen Moment abgelenkt sein sollten – weil wir beispielsweise auf unserem Notenbegründungsblatt die Antwort notieren – gelingt es uns, zurück zu den Gedanken des Kandidaten zu finden.

d) Fachsprache. Es versteht sich von selbst, dass die beiden Punkte, die wir gerade erläutert haben, nicht auf Kosten der juristischen Genauigkeit gehen dürfen!

Die Entziehung der Fahrerlaubnis ist etwas anderes als die Einziehung des Führerscheins, im Zivilrecht ist es die einstweilige Verfügung, aber im öffentlichen Recht die einstweilige Anordnung. Und während man die zivilrechtliche Berufung beim Obergericht einlegt, wird sie im Strafrecht beim Ausgangsgericht eingelegt. Vorerbfolge ist etwas anderes als Ersatzerbfolge. Wenn Sie zu oft Nachrichten geschaut haben, glauben Sie vielleicht am Ende auch, dass im Strafrecht die Sicherheitsverwahrung angeordnet werden kann, obwohl es natürlich die Sicherungsverwahrung ist.

Häufig passieren Fehler und Ungenauigkeiten, wenn Sie müde werden und nicht mehr so konzentriert sind wie zu Beginn der Prüfung. Deswegen gehört in die fachliche Vorbereitung vor der mündlichen Prüfung eine kleine Begriffskunde, damit die Terminologie auch bei Müdigkeit und Stress sicher beherrscht wird.

IV. Vom Nutzen psychologischer Experimente

Ist es Ihnen gelungen, einen guten ersten Eindruck hervorzurufen, spricht einiges dafür, dass Sie davon noch länger profitieren können. Eigentlich liegt es auf der Hand, dass in der Mündlichen Prüfung auch psychologische Prozesse ablaufen, die die Entscheidungsfindung beeinflussen.

Damit Sie ein wenig besser verstehen, welche psychologischen Prozesse für den Verlauf und das Ergebnis der Mündlichen Prüfung eine Rolle spielen können, geben wir Ihnen hier einen kleinen Überblick.

1. Positive Teststrategie bei der Entscheidungsfindung

Was halten Sie von einem Kandidaten, der im Referendariat mehrere Klausuren mit 12 Punkten geschrieben, in einem Stationszeugnis 14 Punkte erhalten und schon mit seiner Promotion begonnen hat?

Klingt gut, oder? Sie haben wahrscheinlich keine Zweifel, dass er in der Prüfung ohne Schwierigkeiten in den oberen Bereich der Notenskala gelangen wird. Was hat Ihr Gehirn gemacht?

Aus den zur Verfügung stehenden Informationen sucht es mittels der sogenannten **positiven Teststrategie** bestätigende Hinweise für die oben vorgenommene Einschätzung. Wenn ein Kandidat im Bereich der Notenstufen oberes befriedigend/vollbefriedigend eingeschätzt wird, fällt es Prüfern leichter, diese Einschätzung in den Antworten der Kandidaten bestätigt zu finden, weil unser Gehirn auf eine allgemeine Bestätigungstendenz (positive Teststrategie) zurückgreift. Diese Strategie ist weniger anstrengend als der umgekehrte Weg, dh dass versucht wird, die aufgestellte These „ein Kandidat in der Notenstufe vollbefriedigend", zu widerlegen.

Am stärksten dürfte sich dieser Effekt im Hinblick auf die Noten der Klausuren auswirken.

> **Aus der Praxis:**
> Den Prüfern sind die Ergebnisse der schriftlichen Prüfung bekannt. Wenn es tatsächlich eine positive Teststrategie gibt, würde dies erklären können, warum sich Ergebnisse der mündlichen Prüfung häufig in diesem Bereich bewegen. Das wäre deswegen der Fall, weil die Prüfer versuchen würden zu bestätigen, dass das Ergebnis der Klausuren dem wahren Leistungsvermögen der Kandidaten entspricht. Ein andere, aus unserer Sicht ebenso plausible Erklärung ist aber, dass ein

Kandidat eben über das grundsätzliche Leistungsvermögen verfügt, das er in den Klausuren gezeigt hat.

2. Der Halo-Effekt

Die positive Teststrategie fällt mit einem weiteren Effekt zusammen: Der **Halo-Effekt** beschreibt das Phänomen, dass Menschen, die an einem anderen Menschen etwas gut finden, dazu neigen, auch Dinge, die sie am anderen gar nicht beobachtet haben, gut zu finden.[32] Menschen mit Charisma wird unterstellt, dass sie auch inhaltlich gute Leistung erbringen.

Wenn Sie sich fragen, wie in der Mündlichen Prüfung der Effekt der positiven Teststrategie und/oder der Halo-Effekt funktionieren können, stellen Sie sich das folgende Beispiel vor:

> **Beispiel:**
> Die Kandidatin, die dem Vorsitzenden gegenüber besonders höflich auftritt, hat eine durchschnittliche juristische Ausbildungsvita: 10 Semester Studium in Regensburg, Abschluss befriedigend, Referendariat ohne Besonderheiten, Klausurnoten aus allen Notenstufen. Vornote in den Examensklausuren: 7,2 Punkte.
>
> Höhepunkt ihrer Ausbildung war die Wahlstation bei der Generalanwältin am EuGH.

Wenn die Kandidatin den Effekt der positiven Teststrategie für sich nutzen möchte, sollte sie diesen (wahren) Fakt exponiert und ausführlich darstellen. Denn die unterschwellige Botschaft dürfte für die meisten sein: Wow, dafür muss man sicher wirklich gut sein (was stimmen kann, aber nicht muss). Nach den geschilderten Experimenten spricht einiges dafür, dass die Prüfer Bestätigung für die Hypothese – die Kandidatin ist gut – suchen und finden werden.

Und wenn der Prüfer zufällig auch in Regensburg studiert und an sein Studium eine positive Erinnerung und insbesondere einen guten Abschluss hat, kann es sogar sein, dass der Eindruck der Kandidatin durch diese Erinnerung des Prüfers ebenfalls positiv beeinflusst wird.

3. Der Anker- und der „weil"-Effekt[33]

> **Experiment:**
> Deutschen Strafrichtern mit einer Berufserfahrung von etwa 15 Jahren wurde ein Fall geschildert und sie sollten entscheiden, welche Strafe tat- und schuldangemessen ist. Bevor die Richter sich entschieden, welche Strafe sie verhängen würden, mussten sie allerdings einmal würfeln. Die Würfel waren, was die Richter natürlich nicht wussten, manipuliert, so dass entweder eine drei oder eine neun fiel.

So, wie wir Ihnen das Experiment schildern, ahnen Sie schon, dass beide Gruppen nicht zum selben Ergebnis gekommen sind. Als Richter, die selbst seit vielen Jahren Entscheidungen treffen, waren wir erstaunt, als wir das Ergebnis hörten. Diejenigen Kollegen, die eine drei gewürfelt hatten, verhängten eine Freiheitsstrafe von fünf Mo-

---

[32] Als Gegenstrategie wird empfohlen, sich immer wieder zu verdeutlichen, dass wir uns vor Schlussfolgerungen hüten sollen: *What you see is all there is!*
[33] Vgl. zum Ankereffekt: Haft/Schliefen, § 6 Rn. 28; Effer-Uhe/Mohnert, § 13 Rn. 476.

naten, diejenigen, die eine neun gewürfelt hatten, verhängten acht Monate Freiheitsstrafe. Eigentlich unvorstellbar und natürlich wissen Richter auf der intellektuellen Ebene, dass ein zufällig gewürfeltes Ergebnis nichts mit der Entscheidung in einem Strafprozess zu tun haben soll/darf/kann. Hat es aber und vergleichbare Experimente haben diesen Effekt bestätigt.

Dieser Effekt, den wir hier beschreiben, ist der sog. **Ankereffekt**, der zu den wenigen psychologischen Phänomenen gehört, die sich nicht nur experimentell dokumentieren, sondern tatsächlich messen lassen. Zusammengefasst bedeutet er, dass die Urteile von Menschen von Zahlen beeinflusst werden, die offenkundig keinen Informationsgehalt haben, geschweige denn mit einem konkreten Vorgang zu tun haben.

Vergleichbar ist der Effekt des Wortes „weil" und man ist eher zu Zugeständnissen geneigt, wenn eine Forderung begründet wird. Ein „weil" wirkt Wunder. Auch hierfür gibt es eine verblüffende Versuchsanordnung:

> **Experiment:**[34]
> Ein wissenschaftlicher Mitarbeiter sollte sich in der Bibliothek an der Warteschlange vor dem Kopierer an ahnungslosen Leuten vorbeidrängen. Dabei sollte er den wartenden Personen eine der drei folgenden Fragen stellen:
> - Frage 1: *Entschuldigung, ich habe hier 5 Seiten. Darf ich die bitte kopieren?*
> - Frage 2: *Entschuldigung, ich habe hier 5 Seiten. Darf ich die kopieren, weil ich es eilig habe?*
> - Frage 3: *Entschuldigung, ich habe hier 5 Seiten. Darf ich die kopieren, weil ich etwas kopieren muss?*
>
> Das Ergebnis war erstaunlich: Auf die erste Frage ohne Begründung ließen 60 % der Wartenden den Forscher vor. Die zweite Frage, also mit realistischer Begründung bekam sogar bei 94 % der Wartenden Zustimmung. Überraschend vor allem das Resultat auf die dritte Frage, also mit der eigentlich dämlichsten Begründung (*weil ich etwas kopieren muss*). Hier ließen 93 % der Leute den Forscher seine Kopien vor ihnen machen, kaum weniger als bei Frage 2.

Wir wollen hier nicht weiter in psychologische Details oder Experimente eindringen. Aber für Ihr **Vorgespräch**[35] dürfte auf der Hand liegen, dass Sie den Ankereffekt kennen und einsetzen sollten. Machen Sie sich an dieser Stelle bitte bewusst, dass fast jeder Kandidat im Vorgespräch den Wunsch nach einer Verbesserung äußert.

> **Beispiel:**
> Der Kandidat hat als Vornote 8 Punkte. Er strebt nunmehr 9 Punkte an und überlegt sich, wie dieses Ziel zu begründen ist. In unseren Kursen läuft das Vorgespräch oft nach dem folgendem Muster:
> Prüfer: *Was ist ihr Ziel für die heutige Prüfung?*
> Kandidat: *Ich möchte mich gerne auf 9 Punkte verbessern.*
> Prüfer: *Warum?*
> Kandidat *[Schulterzucken]*

Nach den geschilderten Experimenten können Sie für Ihr **Vorgespräch** nun praktisch beliebig nach passenden Ankern suchen und diese mit nachvollziehbaren Begründungen versehen. Wenn Sie einen Anker gesetzt und diesen mit dem „weil" Effekt verstärken wollen, können Sie beispielsweise mit den Noten Ihrer Arbeitsgemeinschaften, Ihrer Stationszeugnisse oder auch der Ersten Juristischen Staatsprüfung argumentieren:

---

[34] 1977 von Ellen Langer, Psychologin an der Harvard Universität: Vgl. Dall, Rhetorische Kraftkammer, S. 140.
[35] Vgl. zu Einzelheiten: → S. 40 ff.

> **Beispiel:**
> *Ich habe in allen Arbeitsgemeinschaften immer mehrere Klausuren geschrieben, die mit 12 Punkten (= Anker) bewertet worden sind. Das ist mein wahres Leistungsvermögen ...*

4. Kognitive Dissonanz

Vielleicht kennen Sie das Gefühl: Schon während Sie reden, spüren Sie, dass Sie nicht richtig liegen. Was könnte leichter sein, als sich zu korrigieren!? Unser Gehirn empfindet diese kognitive Dissonanz[36] (*ich sage „a", denke aber, „b" ist richtig*) als unangenehm. Diese „unvereinbaren Kognitionen" versucht der Mensch zu vermeiden. Das führt in Prüfungen mitunter dazu, dass die Kandidaten ihre Antworten auch dann noch verteidigen, wenn sie eigentlich spüren oder gar schon wissen, dass sie in Wirklichkeit auf dem Holzweg sind. Ganz nach dem Motto: Aus einer Sackgasse kommt man nur vorwärts raus.

Mit zwei einfachen Tricks vermeiden Sie die **kognitive Dissonanz**: Bevor Sie sich mit einer Antwort sprachlich festlegen, lassen Sie sich einen Rückweg offen und denken Sie zunächst (nur) laut nach! Sollte in einer Prüfung der Vertragstyp maßgeblich sein, gilt für die Antwortstrategie:

> **Negativbeispiel:**
> *Vorliegend kommt Kaufrecht zur Anwendung und nicht Werkvertragsrecht.*
>
> **Besser:**
> *Mein erster Gedanke ist der Kaufvertrag, weil der K für die Einbauküche im Ladengeschäft des V 20.000 EUR gezahlt hat. Ich würde in jedem Falle aber auch den Werk- und den Werkliefervertrag prüfen, denn schließlich werden beim Einbau der Küche auch Arbeiten durch Mitarbeiter des V ausgeführt, so dass ... [Punkt – Pause – Blickkontakt]*

Im Negativbeispiel wird der Kandidat unbewusst an seiner – oft aus dem Bauch heraus getroffenen – Einschätzung festhalten, diese verteidigen und das wird schnell unjuristisch. Nur mit der **offenen Antwortstrategie** fächert der Kandidat die Lösung auf. Sein Gehirn arbeitet in drei unterschiedliche Richtungen und hält sich verschiedene Optionen offen. Der Kandidat dieser Antwort wird nie das unbewusste Gefühl haben, sein Gesicht zu verlieren, wenn er im weiteren Verlauf der Prüfung eine Wahl trifft. Hinzu kommt, dass der Kandidat den Ball zum Prüfer zurückspielt, der die Prüfung mit folgenden Sätzen fortsetzen könnte:

> **Fortsetzung:**
> - Prüfer: *Dann beginnen Sie doch einmal mit dem Kaufvertrag!* Schon weiß der Kandidat, dass sein erster Impuls wahrscheinlich der richtige war. Mit dieser positiven Bestätigung geht die weitere Prüfung leichter von der Hand.
>   oder
> - Prüfer: *Fällt Ihnen vielleicht noch etwas ein?* Aha. Kaufvertrag, Werkvertrag, Werklieferungsvertrag sind es möglicherweise nicht. Weil sich der Kandidat noch nicht endgültig festgelegt hatte, ist das Gehirn flexibel für neue Ideen: *Man könnte auch noch an den Dienstvertrag denken.*

Auch die Frage des Prüfers **„Sind Sie sicher?"** kann zur kognitiven Dissonanz führen. Die Versuchung hier gleich mit „Ja" oder „Nein" zu antworten, ist groß und

---

[36] Haumer/Fleindl, Kapitel 6 Rn. 173.

schon sind Sie in die Falle getappt, haben sich festgelegt und sind daher in einer Sackgasse.

Durch die Frage *Sind Sie sicher?* wollen wir regelmäßig weder Ihre Standhaftigkeit prüfen noch Sie verunsichern (→ S. 69). Entweder ist das „durch die Blume" die Bitte nach einer vertieften Auseinandersetzung mit dem Problem bzw. dem Hinweis, dass ein zentrales Problem übersehen wurde. Dann wird es in der gleichen Bedeutung verwendet wie die Frage an den Mitprüfling *Sehen Sie das genauso?* (siehe dazu auch → S. 69). Oder der Prüfer möchte den Kandidaten davor bewahren, schnurstracks in Richtung Sackgasse zu manövrieren. Im letztgenannten Fall vermeiden Sie kognitive Dissonanz am besten so:

Beispiele:
* *Ich fasse noch einmal kurz zusammen: Wir hatten festgestellt, dass der Kläger das Urteil mit der Berufung anfechten kann. Jetzt geht es um die Frage, auf welche Gründe im Zivilrecht die Berufung gestützt werden kann. Grundsätzlich sind zwei Wege denkbar, nämlich ….* oder:
* *Wir waren gerade bei dem Tatbestandsmerkmal …* oder:
* *Die (Untreue) wird wie folgt definiert …* oder:
* *Das muss ich mir nochmal genauer anschauen: Voraussetzung für … ist (Prüfungsmaßstab).*

Indem der Kandidat auf sicheren Grund zurückkehrt und seine Gedanken noch einmal sammelt, gewinnt er Zeit, um das Problem erneut zu beleuchten.

Aber: Machen Sie das nur, wenn Anlass zu diesem Vorgehen besteht! Wer immer zusammenfasst, was bereits gesagt wurde, verschenkt wertvolle Redezeit!

V. Nervosität, Lampenfieber und Prüfungsangst

In diesem Kapitel beschäftigen wir uns mit einer Thematik, die bestimmt viele interessiert, über die aber die wenigsten gerne sprechen. In unseren Einzelcoachings, also unter vier Augen, hören wir hingegen oft, dass Lampenfieber und Prüfungsangst das wesentliche Motiv waren, um einen unserer Kurse zu besuchen. Spannend hieran ist zunächst, dass Kandidaten aller Notenstufen betroffen sind. Am unteren Ende der Notenskala offenbaren uns die Kandidaten, dass sie Angst haben, so kurz vor dem Erreichen der Ziellinie doch noch zu scheitern. Am anderen Ende der Notenskala erzählen uns Teilnehmer, dass sie Angst haben, in der Prüfung zu versagen und dann quasi als Hochstapler dazustehen, als hätten sie sich ihr Klausurergebnis erschlichen.

1. Prüfungsangst

Vorweg: Prüfungsangst ist ein schwieriges Thema. Leiden Sie an echter, wirklicher Prüfungsangst ist das eine Frage für den Spezialisten und wir wollen uns nicht anmaßen, Betroffenen hierzu Ratschläge zu geben. Wenn Sie an **echter** Prüfungsangst leiden, müssen Sie sich professionelle Hilfe suchen!

2. Nervosität und Lampenfieber

Aber nicht jede Nervosität und Aufregung vor der Prüfung fällt unter den Begriff der Prüfungsangst. Im nächsten Absatz soll es deswegen um die Nervosität gehen, die die meisten von uns kennen, die sich stressigen und anstrengenden Situationen aussetzen mussten: Lampenfieber, Prüfungsangst, Angst vor dem Blackout, extreme Nervosität hören wir häufig als Grund für ein Coaching.

Egal, ob man von Prüfungsangst, übergroßer Nervosität, extremer Aufregung oder eben Lampenfieber spricht, immer meint man eine körperliche Reaktion auf eine besondere Stresssituation. Denn genau darum handelt es sich bei der mündlichen Prüfung: Stress. Unter Stress erzeugt der menschliche Körper Adrenalin und Noradrenalin, um den Körper für Flucht oder Kampf zu befähigen. Evolutionsbedingt musste der Mensch bei einer erkannten Gefahr blitzschnell in der Lage sein, zu kämpfen oder davon zu laufen. In der Prüfungssituation helfen uns diese Fähigkeiten nicht wirklich weiter, es bedarf anderer Strategien. Gleichwohl ist es wichtig, sich immer daran zu erinnern, dass die mit Lampenfieber, Prüfungsangst etc. einhergehenden Symptome eine natürliche Körperreaktion sind. Und wenn es sich um eine natürliche Körperreaktion handelt, sind Sie nicht allein damit!

> Wäre es nicht wunderbar, wenn Sie zur mündlichen Prüfung gehen könnten und nicht aufgeregt wären? Wenn Sie in der Nacht zuvor tief und fest geschlafen hätten, nach dem Aufstehen keinerlei Nervosität verspürt, das Frühstück mit gesundem Appetit zu sich genommen hätten und auf dem Weg zum Prüfungsraum mit Freunden und Bekannten noch entspannt geplaudert hätten? Wäre das Ihr Traum vor der Prüfung?

Vielleicht wünschen Sie sich innerlich, Sie könnten Ihren Prüfungstag so angehen. Aber seien wir ehrlich: Die Aufregung und die Nervosität gehören dazu! Sie stehen vor dem (bislang) wichtigsten Tag Ihres Berufslebens. Die Anspannung und der Stress, die mit der Prüfung auf Sie zukommen, führen ganz selbstverständlich dazu, aufgeregt zu sein. Wir müssen (innerlich) schmunzeln, wenn wir im Vorgespräch die Kandidaten fragen, wie es ihnen geht und als Antwort erhalten: *Gut, aber ein bisschen aufgeregt. Wann, wenn nicht heute?* möchten wir in diesen Situationen antworten.

> **Regel 7. Es ist völlig normal, dass Sie am Tag Ihrer Prüfung aufgeregt sind!**

Zunächst ist Aufregung gut, denn sie hilft uns, mit der als stressig empfundenen Situation umzugehen. Auf körperlicher Ebene führt das ausgeschüttete Adrenalin zu besonderer Leistungsfähigkeit und wir können uns besonders fokussieren. Alltagssorgen treten in den Hintergrund und die Bewältigung der mündlichen Prüfung beherrscht uns ganz. Deswegen: Gehen Sie vor Beginn der Prüfung lieber noch einen Moment spazieren, statt mit den anderen Prüflingen zu sprechen. Wenn Sie in die Pause gehen, ist die zurückliegende Prüfung als Thema tabu!

3. Blackout

Die Sorge, einen Blackout zu haben, bewegt viele Kandidaten, das hören wir in unseren Seminaren immer wieder. Denken Sie über den Blackout bitte gar nicht lange nach! Nach unseren Erfahrungen in unseren Kursen und in mündlichen Prüfungen passiert der Blackout viel seltener, als Sie meinen!

Lassen Sie uns einfach gleich mit unserer Gegenstrategie anfangen. Bevor Sie weiterlesen: Wir werden Ihnen jetzt gleich eine Frage stellen – bitte notieren Sie den ERSTEN GEDANKEN, der Ihnen dazu einfällt! Für die Frage müssen Sie das Buch kurz umdrehen!

Was verstehen Sie unter einer Stiftung im Zivilrecht?

Wenn wir diese Frage in unseren Kursen stellen, ist die Reaktion vorhersehbar: Die Köpfe gehen nach unten, Blickkontakt wird vermieden und die Kandidaten beten, jetzt bloß nicht als Erster dran zu kommen. Wir alle kennen diese Fragen, von denen wir hoffen, dass unser Nachbar aufgerufen wird, weil uns partout nichts einfallen will. Ist das wirklich so? Fällt Ihnen zum Stichwort „zivilrechtliche Stiftung" nichts ein? Welchen Gedanken haben Sie sich notiert? Häufig ist es so, dass uns etwas einfällt, wir aber glauben, es ist jetzt bestimmt nicht das ist, was der Prüfer hören will. Diese tatsächliche oder vermeintliche Diskrepanz zwischen dem, von dem wir glauben, dass der andere es hören will und dem, was uns einfällt, läuft als innerer Dialog in unserem Kopf ab. Das behindert uns beim Nachdenken. Und je länger wir schweigen, desto lähmender die Stille. Wir sprechen dieses Thema noch bei den Einstiegsfragen (→ S. 62) an, aber auch hier ist das relevant: Die Mündliche Prüfung ist ein Gespräch, das sich entwickelt. Deswegen geht es nicht darum, die perfekte Antwort zu geben.[37] Es geht vielmehr darum, eine Antwort zu geben und dann hieraus ein Gespräch zu entwickeln.

Also, warum nicht einfach das sagen, was Ihnen als erstes eingefallen ist? Sie haben vier Jahre studiert und fast zwei Jahre Referendariat hinter sich – Ihnen fällt zu allem etwas ein! Und Sie haben noch Zeit, die geistige Flexibilität, die den Umgang mit diesen Fragen erleichtert, zu trainieren. Versuchen Sie doch einmal Übungen nach folgendem Muster:

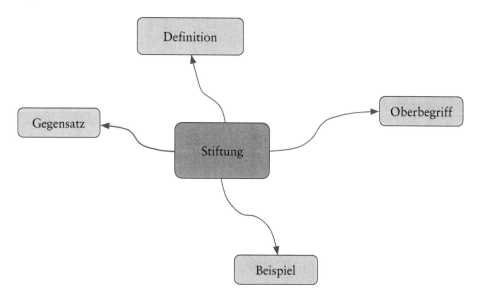

Sehen Sie, Sie können sich einfach Unterstichworte geben und Ihrem Gehirn helfen, zu funktionieren. Wenn Sie jetzt noch rhetorisch geschickt in die Antwort einsteigen, steht einer guten Gesprächsentwicklung nichts im Wege.

---

[37] Vor allem können Sie gar nicht wissen, was DIE perfekte Antwort ist. Die Schwierigkeiten entstehen überhaupt erst dadurch, dass so viele Kandidaten glauben, es gäbe „die perfekte Antwort". Die gibt es in der Regel nicht, denn der Prüfer erwartet gerade von Ihnen nicht, dass Sie die Definition aus einem Lehrbuch wiedergeben. Vielmehr erwartet der Prüferin, dass Sie eine Antwort entwickeln können.

> *Wenn ich den Begriff Stiftung höre, kommen mir sofort die gemeinnützigen Einrichtungen wie die Caritas in den Sinn. Deren Zweck besteht – wie schon erwähnt – regelmäßig in der Erfüllung gemeinnütziger Zwecke. [Punkt – Pause – Blickkontakt]*

An dieser Antwort ist nichts auszusetzen und Ihr Gesprächspartner ist wieder am Zuge.[38] Wenn Sie das in den Tagen oder Wochen bis zu Ihrer Prüfung trainieren, werden Sie nicht nur gedanklich flexibler, Sie werden auch Ihre mögliche Sorge vor dem Blackout minimieren. Und wenn Ihnen doch nichts einfällt? Ja und wenn schon, möchten wir antworten. Jeder „steht mal auf dem Schlauch". Kommunizieren Sie es charmant und die Situation ist bereinigt!

> Frage: *Von wann ist denn das BGB?*
>
> Antwort: *Das ist mir jetzt peinlich. Ich stehe gerade auf dem Schlauch. Ich weiß, das muss man wissen, aber im Augenblick fällt es mir einfach nicht ein.*[39]

Und dann denken Sie an die nächste Regel:

Regel 8. Die nächste Antwort ist immer die wichtigste!

---

4. Sicherheit ab der ersten Antwort

Wenn es Ihnen erst einmal gelungen ist, sicher in die Prüfung einzusteigen, geht anschließend vieles leichter von der Hand. Trotzdem ist unsere Erfahrungen aus Kursen und vielen Mündlichen Prüfungen, dass sich Kandidaten mit der ersten Antwort sehr schwer tun. Das liegt in erster Linie nicht am fehlenden Wissen, auf das es bei der ersten Antwort oft noch gar nicht ankommt. Vielmehr liegt es daran, dass Prüfer und Kandidaten unterschiedliche Erwartungshorizonte haben.

Gehen wir noch einmal einen Schritt zurück und verdeutlichen uns, dass der Sinn der Prüfung darin besteht, Ihre Eignung für einen juristischen Beruf (den Sie schon ab dem nächsten Tag ausüben könnten!) zu überprüfen. Diese Eignung hängt also nicht von einer „Masterantwort" in der Mündlichen Prüfung ab, vielmehr von den Fähigkeiten und Fertigkeiten, die Sie im Gespräch zeigen. Ebenso wenig wie Sie bei einem privaten Gespräch sofort mit der Tür ins Haus fallen (es sei denn, das Haus steht in Flammen), wird der Prüfer sofort zur schwierigsten Frage springen; im Gegenteil: Mit etwas „juristischem Smalltalk" wird das Prüfungsgespräch eingeleitet.

Mögliche Sätze, mit denen Sie Ihr Prüfungsgespräch beginnen könnten:

- *Um das Rechtsschutzziel des Mandanten zu verwirklich, denke ich an …*
- *Bevor ich mit der Prüfung der materiell-rechtlichen Anspruchsgrundlagen beginnen kann, benötige ich noch folgende Informationen vom Mandanten*

---

[38] Und in der Zwischenzeit rattert Ihr Gehirn natürlich weiter, indem es überlegt, wo eine Regelung zu finden sein könnte! Im Gesellschaftsrecht? Nein, da sind nur GbR und Gemeinschaft geregelt. Wo sonst? Das Vereinsrecht gibt es noch. Vielleicht steht da ja was …

[39] Natürlich darf das nicht Ihre Standardantwort für die nächsten 5 Stunden sein …

- *Voraussetzung für den Erfolg des Rechtsmittels ist dessen Zulässigkeit und Begründetheit. Zulässigkeit bedeutet jedenfalls das Abklären der folgenden Voraussetzungen ...*
- *Bevor ich die konkrete Strafbarkeit prüfe, möchte ich mögliche einschlägige Delikte sammeln ...*
- *Bevor ich eine konkrete Anspruchsgrundlage suche, ist die Festlegung des Vertragstyps notwendig.*

In der Mündlichen Prüfungen werden Sie vorwiegend mit offenen Fragen konfrontiert; das sind also Fragen, auf die man nicht mit einem einfachen ja oder nein antworten kann. Üben Sie, auf offene Fragen strukturiert zu antworten. Verbalisieren Sie also die Gedanken, die Sie zur juristischen Frage entwickeln. Denken Sie laut:

Der Mandant möchte sich vom Vertrag lösen. Bevor ich jedoch auf die Frage der Lösungsmöglichkeiten eingehe, denke ich darüber nach, ob hier überhaupt ein Vertrag zwischen dem Mandanten und dem X zustande gekommen ist. Diese Bedenken beruhen darauf, dass nicht der X, sondern der Z die Verhandlungen mit dem Mandanten geführt hat ...

Es genügt also gerade nicht, nur die Lösung zu präsentieren. Sie müssen auch darlegen, wie Sie diese unter Abwägung von pro und contra entwickelt haben. Wenn Sie an einer Stelle hängen, dann erklären Sie, warum Sie nicht weiterkommen. Sie sind sich gerade nicht sicher, ob eine bestimmte Tatbestandsvoraussetzung einer Norm anwendbar ist? Dann erläutern Sie, warum und lassen Sie die Kommission an Ihren Gedanken teilhaben.

Die juristische Argumentation macht das das eigentliche Wesen der mündlichen Prüfung aus. Sie müssen also laut denken!

Regel 9. Denken Sie laut!

C. Die Prüfer

Lassen Sie uns noch einen Blick auf Ihre Prüfer in der mündlichen Prüfung werfen. Es sind gar keine so unbekannten Wesen, von den man nichts weiß oder vor denen man gar Angst haben muss. Und in einem Punkt können Sie ganz sicher sein: Die meisten Prüfer, auch die älteren, haben zumindest noch das Gefühl im Gedächtnis, mit dem sie einst selbst in die Prüfung gegangen sind. Sie wissen also, wie Sie sich fühlen, und sie stehen im Leben und wissen deshalb auch, wie wichtig diese Prüfung für Sie ist, weil von der Note so viel abhängt. Vielleicht fällt Ihnen die Vorstellung, einem Prüfer auf Augenhöhe zu begegnen, schwer. Aber andererseits sollten Sie bedenken:

Für alles, was Sie fächerübergreifend an diesem Tag wissen, braucht es auf der anderen Seite 4 Prüfer, um mit Ihnen mithalten zu können!

Was gibt es bei Ihren Prüfern alles zu beachten?

I. Praktiker mit langjähriger Berufserfahrung

Prüfer in der Zweiten Juristischen Staatsprüfung sind ausschließlich Praktiker mit langjähriger Berufserfahrung. Sie arbeiten in der Praxis an Gerichten, in der Staatsanwaltschaft, der öffentlichen Verwaltung, in der Anwaltschaft oder sind Notare oder

Juristen aus dem Wirtschaftsleben. Typischerweise liegt der Schwerpunkt der beruflichen Herkunft der Prüfer im staatlichen Bereich. Der Hintergrund hierfür ist, dass sich eine fünf- oder sechsstündige Abwesenheit vom Arbeitsplatz in einem selbstständigen Beruf schwieriger gestalten und mit erheblichen Kosten verbunden sein kann. Für die Zweite Juristische Staatsprüfung gilt, dass die Prüfer typischerweise zehn Jahre Berufserfahrung aufweisen sollten. Meist prüft man zunächst als Prüfer im Ersten Staatsexamen und nach Ablauf von mehreren Jahren in der Zweiten Juristischen Staatsprüfung.

Zur Vorbereitung auf Ihre Prüfung sollten Sie sich mit der beruflichen Herkunft Ihrer Prüfer vertraut machen. In welchem Geschäftsbereich ist der Prüfer tätig, welche Zuständigkeit hat er/sie? Wo kommt er/sie her? Mit welchen juristischen Schwerpunktthemen hat Ihr Prüfer beruflich zu tun?

II. Woher nimmt der Prüfer seinen Fall?

Zur Erinnerung: Die mündliche Prüfung im Zweiten Examen ist eine Berufseinstiegsprüfung. Die erfolgreiche Kandidatin kann danach unmittelbar in der Praxis tätig werden, also werden Fälle geprüft, an denen sich diese Eignung zeigen soll. Der Prüfer muss wissen, ob die Kandidaten ihr Handwerkszeug beherrschen:

* Kann sie einen konkreten Sachverhalt unter eine abstrakte Norm subsumieren?
* Kann sie anhand des Gesetzestextes und mit dem vorhandenen Wissen eine vertretbare Lösung für einen Fall finden?
* Kann eine Rechtsfrage diskutiert werden und eine Lösung überzeugend vertreten werden?
* Wäre ein Mandant beim Prüfling als Anwalt in guten Händen?

Hat der Prüfer einen eigenen Fachbereich, in dem sich geeignete Rechtsfragen stellen, müssen Sie mit einem Fall aus der eigenen Abteilung des Prüfers am Landratsamt, dem Richterreferat oder der Rechtsanwalts- bzw. Notartätigkeit rechnen. Auch der Prüfer wird seine Vorbereitung effizient angehen. Wer sich in einer Behörde auf die kommunale Abgabenordnung oder das Baurecht spezialisiert hat, wird vermutlich kein Verfassungsrecht prüfen. Wer bei der Steuerfahndung arbeitet, wird lieber Wirtschaftsdelikte abfragen als Betäubungsmittelstrafsachen.

Solche Prüfer bilden häufig eigene Sammlungen interessanter Fälle, die extra für die Prüfungen aufbewahrt werden. Sollte also Ihr Prüfer einen prüfungsgeeigneten Fachbereich haben, sollten Sie diesen Schwerpunkt bei Ihrer Vorbereitung berücksichtigen. In den Protokollen können Sie gezielt nach beliebten Themenkomplexen (nicht: exakten Fällen) Ihres Prüfers suchen.

Gegenstand Ihrer Prüfung kann aber auch eine eher allgemeine, oft **tagesaktuelle Frage** sein, die gegenwärtig diskutiert wird. Aktuelle Fragestellungen, die „jeden Staatsbürger bewegen", sollten Sie im Blick halten und bei Ihrer Vorbereitung sich auch in rechtlicher Hinsicht bei den aktuellen Themen auskennen.[40]

---

[40] Im Jahr 2019 war der Abgasdieselskandal bei den Gerichten ein aktuelles Thema, man konnte also damit rechnen, dass dieses Thema auch Gegenstand der mündlichen Prüfung wird. 2020 begann die Corona-Pandemie und es ergaben sich für alle Rechtsbereiche eine Vielzahl von Rechtsfragen; über die Frage, ob im Gerichtssaal eigentlich mit einer Maske verhandelt werden darf, über die Frage von Betretungsverboten im öffentlichen Recht bis zu der Frage, ob ein Lockdown den Wegfall der Geschäftsgrundlage bei Gewerbemieten begründet. In diesen jeweils aktuellen Rechtsfragen sollten Sie sich auskennen.

Hat der Prüfer keine eigenen geeigneten Fälle finden können, wird er vielleicht den großen Fundus an interessanten Rechtsfragen in den aktuellen Entscheidungen nutzen, die in **juristischen Zeitschriften** veröffentlicht werden. Hier sollten Sie zunächst nur einmal die Aufsatzthemen sondieren, um zu sehen, welche Rechtsfragen eigentlich gegenwärtig Stand der aktuellen juristischen Diskussionen sind (zB Neuerungen in der Strafprozessordnung, aktuelle Entwicklungen im Baurecht, etc.). Hier bedienen sich Prüfer gerne mit Anregungen für Fälle, weil Gegenstand von Aufsätzen in der Regel kontrovers diskutierte Rechtsauffassungen sind, die sich gut in einen Fall einbauen lassen.

Auch die **aktuelle Rechtsprechung** wird gerne als Anregung für einen Fall verwendet. Gerade BGH-Entscheidungen bereiten in der Regel ein Rechtsproblem argumentativ gut auf; sie bilden eine dankbare Grundlage für einen Fall für die mündliche Prüfung. Bedenken Sie: damit ein Fall zum BGH gelangt, haben oft die Instanzgerichte zentrale Rechtsfragen unterschiedlich beurteilt.

Auch eine gewöhnliche **Tageszeitung** bietet reichlich Material für Fälle; das gilt insbesondere im Strafrecht. Dabei ist es oft der Lokalteil oder auch die Schlagzeilen der Boulevardmedien, die die schönsten Fälle ergeben.

Betrachtet man obige Auflistung näher, wird eines deutlich: Prüfungsfälle werden oft danach gewählt, ob eine bestimmte Rechtsfrage inmitten steht, über die man sich mit unterschiedlichen Argumenten gut austauschen kann – oder mit anderen Worten: über die sich gut streiten lässt. Der Fall muss genügend „Stoff bieten" für eine Rechtsdiskussion bzw. ein echtes Rechtsgespräch zu ermöglichen (das ja das Ziel einer mündlichen Prüfung ist).

> **Tipp:**
> Aus dem Vorgesagten ergeben sich konkrete Anhaltspunkte, wie Sie sich auf das jeweilige Fach vorbereiten können. Einzelheiten haben wir unten (→ S. 77) für Sie zusammengefasst.

1. Googlen Sie Ihren Prüfer

Es empfiehlt es sich nach dem gerade Gesagten, Ihren Prüfer zu „googlen". Gibt es Veröffentlichungen zu bestimmten Schwerpunktthemen? Hierzu können Sie vor allem mit dem Namen bei beck-online recherchieren, um etwaige Veröffentlichungen zu finden. In welchem Fachbereich befinden sich diese und passen sie mit dem geprüften Fach zusammen? Gibt es besondere fachliche Neigungen oder eine spezifische Vortragstätigkeit? An welchem Gericht/welcher Behörde ist der Prüfer tätig?

Stellen Sie beispielsweise fest, dass Ihr Prüfer Richter am Oberlandesgericht ist, sollten Sie herausfinden, in welchem Senat er/sie tätig ist. Aus dem zuständigen Senat erkennen Sie dann unter welchem Aktenzeichen Sie nach Entscheidungen dieses Senats suchen können.

> **Tipp:**
> Stellen Sie beispielsweise fest, dass Ihre Prüferin Mitglied im 9. Senat des Oberlandesgerichts München ist, können Sie mit den Suchparametern *OLG München 9 U*[41] bei Beck-Online oder Juris nach veröffentlichten Entscheidungen suchen. Dabei erkennen Sie, in welchem Rechtsgebiet sich Entscheidungen dieses Senats bewegen und Sie können sich mit diesen Entscheidungen vertraut machen. Wenn Sie das Aktenzeichen 9 U noch in Referenz zu BGH ZR setzen, können Sie erken-

---

[41] U ist das Aktenzeichen für zivilrechtliche Berufungen beim Oberlandesgericht. Eine Übersicht der Aktenzeichen finden Sie im Schönfelder im Anhang.

nen, ob der BGH unter Umständen anders als der 9. Senat des Oberlandesgericht München entschieden hat. Solche Entscheidungen sind regelmäßig veröffentlicht.

Mitunter nehmen Prüfer gerne eigene Entscheidungen, die aufgehoben wurden, zum Prüfungsgegenstand, um in eine Pro-und-Contra-Diskussion einzusteigen. Die berufliche Tätigkeit des Prüfers zeigt Ihnen auch einen möglichen prozessualen Schwerpunkt, dh bei einem Richter am Oberlandesgericht das Berufungsrecht oder bei einem Staatsanwalt in der Generalstaatsanwaltschaft die Beschwerde/das Klageerzwingungsverfahren nach § 172 StPO.

Sollte Ihr Prüfer in einem Ministerium arbeiten, so können Sie sich grundsätzlich auch im Internet Organigramme des jeweiligen Ministeriums verschaffen, um so den Fachbereich Ihres Prüfers zu erfahren. Warum sind diese Informationen interessant? Weil Sie Ihnen helfen, die Antwort auf die Frage zu erhalten, woher der Prüfer seine Prüfung nimmt.

2. Vorsicht mit den Protokollen!

Sicher sollten Sie sich Prüfungsprotokolle zu Ihren Prüfern verschaffen. Diese werden vom Referendarverein sowie von privaten Repetitorien angeboten. Welche Informationen liefert Ihnen ein solches Protokoll? Ein heikles Thema. Wir kennen kaum einen Kurs- oder Prüfungsteilnehmer, der sich nicht anhand der Protokolle seiner Prüfer informieren wollte, womit er in der Prüfung rechnen muss. Dagegen ist grundsätzlich nichts einzuwenden, aber vielleicht helfen Ihnen die nachfolgenden Hinweise im Umgang mit den Protokollen weiter. Wenn Sie die Zeit haben, lesen Sie erst die Hinweise und anschließend die Protokolle.

a) **Unbekannte Herkunft und unbekannte Qualität.** Prüfungsprotokolle bekommt man häufig in Protokollkursen und von verschiedensten Anbietern. Das Prinzip ist immer das Gleiche: Man erhält die Protokolle früherer Prüflinge und schreibt im Gegenzug nach der eigenen Prüfung ein Protokoll, das dann wiederum zukünftige Kandidaten erhalten. Dieses in der Vergangenheit praktizierte Prinzip geriet ein wenig in Turbulenzen, weil die Anbieter der Protokollkurse mit Einführung der DSGVO dafür Sorge tragen mussten, dass die persönlichen Daten der Prüfer in datenschutzkonformer Art und Weise verarbeitet werden. Die Zahl der verfügbaren Protokolle hat dadurch merklich abgenommen. Gleichwohl gibt es die Protokolle nach dem vorgenannten Muster immer noch.

Eigentlich eine gute Sache, oder? Man kann erfahren, was die eigene Prüferin so fragt und welche Antworten sie erwartet. Unsere Erfahrung: Grundsätzlich schon, die Protokolle wären eine gute Idee. Das „Problem" mit den Protokollen ist, dass Sie schlichtweg keinerlei Gewähr dafür haben, dass das, was darinsteht, auch den tatsächlichen Prüfungsverlauf nachzeichnet.

Beispiel aus einem Protokoll:
Der Prüfer wollte etwas zur Vor- und Nacherbfolge hören.

Wie wollen Sie mit dieser Information umgehen? Die §§ 2100 ff. BGB beackern in der Hoffnung, genau diese Paragrafen spielten auch in Ihrer Prüfung eine Rolle? Das ist dann am Ende leider doch so ähnlich, als würden Sie Lotto spielen – mit Normen statt mit Zahlen.

- **Einwand 1:** Woher weiß der Prüfling, dass der Prüfer etwas zur Vor- und Nacherbfolge wissen wollte? Wurde er dezidiert dazu geprüft? Oder weil zufällig das Stichwort gefallen ist? Von wem? Vom Kandidaten? Vom Prüfer?
- **Einwand 2:** Woher weiß der Prüfling, dass es dieses Stichwort war, dass in der konkreten Situation richtig war? Was, wenn es sich eigentlich um eine Frage zum Berliner Testament gehandelt hätte und die Antwort „Vor- und Nacherbfolge" falsch gewesen wäre? Sie sehen, dass die Protokolle schon thematisch in höchstem Maße subjektiv geprägt sind. Aber es geht noch weiter:
- **Einwand 3:** Der Kandidat ist mit dem Verlauf seiner Prüfung im Öffentlichen Recht höchst unzufrieden. Unmittelbar nach der Prüfung fertigt er ein Protokoll. Wollen Sie Ihre eigene Prüfung anhand dieses Protokolls vorbereiten?
- **Einwand 4:** Die Kandidaten wissen mit dem Fall wenig anzufangen, was den Prüfer im Laufe der Prüfung sichtlich ärgert. Im Protokoll findet sich später der Hinweis, dass der Prüfer einen schwierigen Fall geprüft hat und die Prüfungsatmosphäre sehr unangenehm war. Unabhängig davon, dass das Protokoll das Empfinden von nur 1 von 4 Kandidaten in der konkreten Prüfungssituation war: Hilft Ihnen das weiter? Beruhigt/beunruhigt es Sie zu wissen, dass ein schwieriger Fall in unangenehmer Atmosphäre geprüft wird?
- **Einwand 5:** Die Kandidatin hat in der Prüfung geglänzt. Von ihren Freunden wurde sie schon direkt nach der Prüfung mit Luftballons und Konfetti empfangen. Sie hat ihre Stelle in der Großkanzlei nun sicher, das Leben könnte gerade nicht schöner sein – wäre da nicht die lästige Pflicht, noch ein Protokoll zu schreiben. Aber nach dem zweiten Glas Sekt kann man auch das noch schnell erledigen, während die Mitbewohner schon mit den Füßen scharren, um mit der glücklichen Kandidatin endlich um die Häuser zu ziehen. Vermutlich wird diese Kandidatin die Prüfer in den Himmel loben … nur, was haben Sie nun davon?
- **Einwand 6:** Der Kandidat hat zu jedem Prüfer ein Protokoll zu fertigen. Der Vormittag war ungeheuer stressig, im Nachhinein verschwimmt alles in einem Nebel. Die paar Stichworte, die der Kandidat in der Prüfung auf einem Zettel festhielt, kann er nun selbst kaum lesen, geschweige denn, korrekt zuordnen. Wenn man nun aber das Protokoll schreiben muss und einem partout nix einfällt, dann liegt die Lösung vielleicht darin, frühere Protokolle abzuschreiben … der Aussagewert eines solchen Protokolls ist offensichtlich gering.

Damit wir uns an dieser Stelle nicht falsch verstehen: Sie können die Protokolle sehr wohl nutzen, aber nutzen Sie sie mit Bedacht. Wofür können solche Protokolle nun also nützlich sein?

b) Themeneingrenzung / Verhalten in der Prüfung. Vielleicht sehen Sie anhand der Protokolle Ihres Prüfers, dass dieser in den letzten 15 Prüfungen ausschließlich privates Baurecht geprüft hat. Da scheint es eine gute Idee zu sein, dem privaten Baurecht in der Vorbereitung eine Extraeinheit zu widmen.

Oder Sie lesen in den Protokollen, dass Ihr Prüfer stoisch von links nach rechts prüft und so lange bei einem Kandidaten verweilt, bis dessen Prüfungszeit aufgebraucht ist. Das ist für diejenigen, die ganz rechts sitzen, sicherlich eine sehr unangenehme Situation, aber auch eine hilfreiche Information. So wissen Sie, dass Sie ca. dreißig Minuten zum Zuhören verdonnert sind, gleichwohl zuhören und mitdenken müssen, um in Ihren zehn Minuten perfekt im Fall zu sein.

Wenn Sie allerdings umgekehrt schon aus dem Protokoll wissen, dass Ihr Prüfer ständig „durch die Kandidaten springt", dann nehmen Sie sich für diese Prüfung ganz besonders vor, geistig flexibel und präsent zu sein, damit Sie jeden Sprung mitnehmen können.

c) **Sie erfahren nichts über die Antwort.** Am Schluss dieses Kapitels die wichtigste Warnung, eingeleitet von der Regel:

> **Regel 10. Prüfer lösen ihre Fälle nicht auf!**

Diese Regel sollten Sie sich unbedingt zu Herzen nehmen, wenn Sie sich mit den Protokollen beschäftigen. Kaum ein Prüfer wird im Laufe der Prüfung zu erkennen geben, wie der von ihm gestellte Fall zu lösen gewesen wäre. Das wird immer wieder vergessen, wenn in Protokollen die Antworten auf bestimmte Fragen gelesen werden. Die gegebene Antwort stammt vom Ersteller des Protokolls, also vom Prüfling. Keinesfalls kommt sie direkt vom Prüfer; denn selbst wenn der Prüfer eine Lösung gegeben hat, muss sie der Prüfling in seinem Protokoll noch lange nicht richtig wiedergegeben haben. Die Lösung kann also richtig, falsch, neben der Sache, einfach, kompliziert, umständlich, kurzum: sie kann alles Mögliche gewesen sein. Diejenigen, die die Protokolle geschrieben haben, wissen es nicht und diejenigen, die geprüft haben, sagen es ihnen nicht. Deswegen ist es wirklich wichtig, dass Sie die Protokolle nur zu ganz ausgewählten Punkten (Themeneingrenzung beim Prüfer, Prüfungsreihenfolge uÄ) konsultieren.

d) **Wofür sind die Protokolle dann gut?** Durch die Protokolle können Sie sich einen Eindruck von der Persönlichkeit des Prüfers machen. Ist die Prüferin freundlich oder ungeduldig? Welche Art von Fragen stellt der Prüfer im Öffentlichen Recht? Welche Themengebiete fragt die Prüferin im Strafrecht besonders gerne ab? Wie tief werden Probleme aufbereitet? Gibt es Lieblingsfragen, Lieblingsprobleme, auf die man sich vorbereiten sollte? Für solche Fragen sind die Protokolle durchaus nützlich. Aus diesem Blickwinkel sollten Sie sie auch lesen, keinesfalls aber anhand von Protokollen die bereits einmal abgefragten Fälle lernen.

3. Besser als Protokolle lesen: Gehen Sie zuhören!

Es besteht grundsätzlich auch die Möglichkeit als Zuhörer an mündlichen Prüfungen teilzunehmen.[42] Prüft Ihr Prüfer in einem Termin mehrfach, können Sie sich auf diese Weise am einfachsten bereits ein Bild machen. Seien Sie nicht besorgt, dass ein Prüfer Sie wiedererkennen könnte und deswegen in der nächsten Prüfung „ganz andere Fragen" stellen wird. Ein Prüfer wandelt seine Prüfungen ohnehin regelmäßig ab. Der Umstand, dass Sie sich bereits eine Prüfung angehört haben, spricht für eine gründliche Vorbereitung und damit für Sie. Ein Zuhören dient ja nicht dem Erfahren des zu prüfenden Falles in der eigenen Prüfung, sondern einem Kennenlernen des Prüfers. Sie bekommen vor allem ein Gespür, wie dieser im Gespräch wirkt, welche Art von Fragen er stellt und Sie erkennen, wann und wie geholfen wird. Das sind alles Dinge, die Sie so nicht in den Protokollen finden können. Damit verschaffen Sie sich ein sicheres Gefühl.

---

[42] Dies ist zur gegenwärtigen Pandemielage leider nicht möglich, ist aber in normaleren Zeiten unabdingbar für Ihren Erfolg.

III. Prüfertypen

Prüfer sind natürlich sehr individuell. Auch bei dem gleichen Prüfer verläuft jede Prüfung anders. Es soll hier dennoch versucht werden, einige „klassische Prüfertypen" vorzustellen. Natürlich sind alle Prüfer – wie im Übrigen alle Menschen – Individuen und verhalten sich auch so. Es lassen sich aber bei den Prüfern durchaus Tendenzen erkennen, denen die einzelnen mehr oder minder stark folgen. Eine solche Tendenz können Sie gut auch den Prüferprotokollen entnehmen. Ganz selten werden Sie in der Prüfung die Reinform einen dieser Prüfertypen erleben. Solchen Prüfertypen begegnet man:

1. Der Perfektionist

Der Perfektionist bringt einen Fall mit, dessen Lösung er bis ins Einzelne ausgearbeitet hat. Fall und Lösung stehen in seinen Unterlagen. Man erkennt häufig den Perfektionisten daran, dass er ankündigt, „folgenden kleinen Fall" vorzustellen. Häufig schildert dieser Prüfer dann einen Sachverhalt von mehr als einer Schreibmaschinenseite, die Lösung wurde im Voraus im Detail entwickelt. Gegenstand der Prüfung sind dabei häufig bereits ergangene obergerichtliche Gerichtsentscheidungen. Im Prüfungsgespräch wird der Perfektionist immer auf die Linie seines vorbereiteten Falles zurückkehren, dieser ist bis zum Ende durchdacht, das Ergebnis des eigenen Durchdenkens auch für gut befunden. Dieser Prüfer leitet den Kandidaten sicher durch die Klippen des Rechtsgebirges und führt Sie immer wieder zum Ausgangsfall zurück. Bei ihm muss der Kandidat nicht befürchten, das falsche Fass aufzumachen.

Ihr Vorgehen: Schreiben Sie den Fall in Stichpunkten mit. Verständnisfragen zum Fall sind stets zulässig. Beginnen Sie bei der Prüfung nicht bei dem, was Ihnen als erstes einfällt, sondern überlegen Sie, was in einer Klausur als erstes zu prüfen wäre. Halten Sie sich an den von Ihnen gelernten Prüfungsaufbau.

2. Der „Lockere"

Der „Lockere" wirft dem Kandidaten erst einmal nur eine Frage oder einen Satz an den Kopf, was zunächst aussieht, als dürfe der Kandidat frei assoziieren. Er macht von der Beantwortung der Frage abhängig, wie es weitergeht. Man erkennt ihn daran, dass er gar keine Unterlagen dabei hat. Die Gefahr in der Prüfung ist für den Kandidaten, dass er in die „falsche" Richtung läuft oder gar „das falsche Fass aufmacht". Manchmal wird auch einfach eine Frage zum aktuellen Zeitgeschehen gestellt.

Ihr Vorgehen: Der Prüfer beginnt mit einer sehr knappen Falldarstellung und einer eher allgemeinen Fragestellung. Es ist damit zu rechnen, dass der Fall im Prüfungsverlauf weiterentwickelt wird und der Prüfer ein Prüfungsgespräch erwartet. Weichen Sie vom Fall ab, so kann es sein, dass dieser Weg weiterverfolgt wird und der Ausgangsfall letztlich immer weiter in den Hintergrund rückt. Alle Teilnehmer müssen daher konstant **in höchstem Maße** aufmerksam sein, um die Abweichungen der Mitprüflinge mit aufarbeiten zu können. Sie sind in diesen Prüfungen schneller vom StGB in der StPO und über das GVG, vielleicht noch die RiStBV zurück im StGB, als Sie es erwarten würden. Sie werden am Ende dieser Prüfung auch vermutlich nicht beurteilen können, was eigentlich die richtige Falllösung gewesen wäre.

3. Der „protokollfeste" Prüfer

Es gibt durchaus Prüfer, die immer wieder denselben Fall abfragen. Dies konnten Sie im Vorfeld vermutlich auch den Protokollen entnehmen (siehe dazu oben → S. 35). (Diese Prüfer sind nicht automatisch ein Heimspiel). Diese Prüfer haben einen Grundfall, den sie in unterschiedlichen Variationen in der Prüfung stellen. Und Sie können sich sicher sein: Der Prüfer kennt den Fall perfekt und bestimmt besser als Sie, egal wie lange Sie sich darauf vorbereitet haben.

Ihr Vorgehen: Sie sollten bei diesen Prüfern beachten, dass der Fall in allen Spielarten bereits durchdacht wurde und der Prüfer wird häufig den Fall schneller abfragen, als Sie es üblicherweise erwarten würden. Dogmatische Fehler, gerade bei Prüfungsschemata, wiegen hier besonders schwer und der Aufbau muss sitzen. Achten Sie auf geringfügige Abweichungen vom Fall und bleiben Sie gedanklich flexibel! Denn wenn der Prüfer seinen Fall gerade abgewandelt hat, sollten Sie nicht mehr über die Ausgangsvariante nachdenken. Sie sollten diesen Fall jedenfalls in allen Facetten und Randbereichen vorbereitet haben.

4. Der „Aktuelle"

Ihr Prüfer prüft gerne aktuelle Entscheidungen.

Ihr Vorgehen: Eine Vorbereitung auf diesen Prüfertyp ist nicht ganz einfach. Es macht wenig Sinn, alle relevanten Zeitschriften des vergangenen Jahres zu durchforsten. Es empfiehlt sich stattdessen, die Pressehinweise des Bundesgerichtshofs bzw. des Bundesverfassungsgerichts zu überfliegen, da hier auf einer Seite aktuelle Fälle zusammengefasst dargestellt werden. In diesen Pressemitteilungen wird die zentrale rechtliche Problematik auch bereits aufbereitet; das beschleunigt das Lesen und Erfassen. In klassischem Sinne „durcharbeiten" sollten Sie Entscheidungen tatsächlich nur in Einzelfällen. Wenn Sie das tun wollen, sind klassische Lernzeitschriften sinnvoller. Hier werden die Fälle entschlackt und aufbereitet; nach unserer Erfahrung hat zB die JuS ein glückliches Händchen, was Auswahl und Aufbereitung angeht. Ihr Vorbereitungsschwerpunkt sollte aber ganz klassisch bei Prüfungsschemata und Aufbaufragen liegen; mit diesen sind Sie nämlich für jede Fallgestaltung gewappnet.

An dieser Stelle noch eine **Warnung** für den Fall, dass Ihnen tatsächlich die abgefragte Entscheidung bekannt ist. Dass ein Fall unverändert in der Prüfung läuft, ist ohnehin sehr selten. Aber selbst, wenn dies einmal der Fall sein sollte: die Prüfer wollen nicht etwa nur ein „richtiges Ergebnis" hören, das ihnen schlimmstenfalls noch einfach hingeklatscht wird. Punkte gibt es für den Weg und die Begründung. Das muss noch nicht einmal die Begründung sein, die das Gericht dieser Entscheidung zugrunde gelegt hat – es kann auch eine eigenständige Argumentation entwickelt werden. Antworten Sie also nicht voreilig, sondern bauen Sie den Weg zur Entscheidung auch dann sauber auf, wenn Sie die Lösung schon kennen. Wie sonst auch gilt doch: Zweck der Prüfung ist es nicht, innerhalb von fünf Minuten ein Ergebnis zu bekommen, sondern im Prüfungsgespräch den Fall vertieft aufzubereiten. Bedenken Sie auch: mit einer ultraschnellen Lösung verbauen Sie nicht nur sich (und Ihren Mitprüflingen) den Weg zur Entwicklung der Problemstellungen. Sie machen dem Prüfer seinen Fall kaputt. So dürften Sie den Prüfer außerdem unter den Stress setzen, sich auf die Schnelle weitere Fragen auszudenken.

5. Der Unnahbare

Es gibt auch die Prüfer mit einem „Pokerface". Der überwiegende Teil der Prüfer erleichtert den Kandidaten die Prüfung durch Mienenspiel: ist die Antwort daneben, verzieht der Prüfer das Gesicht, ist sie gut, wird aufmunternd genickt, etc. Selbst wenn es nicht der Fragesteller selbst ist, der auf diese Arte und Weise hilft, dann sind es nicht selten die anderen Mitglieder der Prüfungskommission, die auf diese Art und Weise den Kandidaten kleine Hilfestellungen geben. Bei diesen Prüfern kann man sich bereits während der Antwort Feedback holen und sich auf diese Art und Weise immer wieder rückversichern. Halten Sie nach den ersten zwei Sätzen kurz inne (siehe dazu oben → S. 19) und nehmen Sie direkten Blickkontakt zu den Prüfern auf.

Es gibt sie natürlich auch, jene Prüfer, die keine Miene verziehen. Manche Prüfer geben bewusst kein Feedback, manche unterlassen es eher unterbewusst. Hier können Sie im Verhalten des Prüfers wenig Regung wahrnehmen und weniger abschätzen, ob Sie mit Ihren Antworten auf dem richtigen Weg sind. Was also tun?

Ihr Vorgehen: Sie ändern Ihre Vorgehensweise nicht. Sie antworten zunächst mit zwei Sätzen und halten kurz inne (siehe dazu → S. 65). Zum einen zwingen Sie den Prüfer auf diese Weise unter Umständen zu einer (wenn auch vielleicht) ungewollten Reaktion. Zum anderen kann es sein, dass ein anderes Mitglied der Prüfungskommission eine Rückmeldung gibt. Nicht zuletzt diszipliniert Sie diese Vorgehensweise zu strukturierten Antworten, was sich insgesamt ohnehin positiv in der Prüfung auswirkt. Nach der kurzen Pause, die Sie gut zum Luftholen und für einen Blickkontakt mit allen Prüfern nützen können, setzen Sie in Ihrem Prüfungsaufbau fort. Sind Sie gerade nicht an der Reihe, bietet es sich an, die Mitglieder der Prüfungskommission zu beobachten und deren Körpersprache wahrzunehmen. Auch können Sie hier gut Ihr weiteres Vorgehen kommunizieren: *„Zuerst prüfe ich vertragliche Ansprüche"*. **Punkt – Pause – Blickkontakt.** Will der Prüfer nämlich zuerst deliktische Ansprüche prüfen, muss und kann er intervenieren.

6. Der „Erzähler"

Manche Prüfer reden auch selbst ganz gerne in der Prüfung und nützen die Fragestellung an die Kandidaten für längere eigene Ausführungen. Dies ist manchmal bitter, weil die Redezeit der Kandidaten in der Mündlichen Prüfung nicht besonders lang ist. Mitunter erleben Sie dieses Phänomen bei Prüfern, die früher oder gerade selbst ausbilden oder die auf eine lange Berufslaufbahn zurückblicken. Selbst in der mündlichen Prüfung wollen diese Prüfer noch Dinge erklären und freuen sich, Ihnen etwas beibringen zu können.

Ihr Vorgehen: Bleiben Sie **freundlich** und werden Sie nicht ungeduldig. Versuchen Sie vor allem, aus der längeren Fragestellung die eigentlich gestellte Frage herauszuarbeiten und scheuen Sie sich nicht, Antworten, die der Prüfer fast selbst ausgesprochen hat, zu wiederholen. Wenn dieser Prüfertyp die Prüfung als ein angenehmes Gespräch wahrgenommen hat, wird die Benotung am Ende des Tages großzügig ausfallen. Lassen Sie den Prüfer auf jeden Fall ausreden!

D. Das Vorgespräch

Bevor wir den Ablauf und typische Fragestellungen des Vorgesprächs im Einzelnen beleuchten wollen, ein Wort zur Bedeutung des Vorgesprächs vorweg. Manche Kandidaten nehmen an, dass Vorgespräch habe in der zweiten Staatsprüfung keine wirkliche

Bedeutung, ein „Smalltalk" ohne Funktion. Dann vergeben Sie sich aber die Chance des „Ersten Eindrucks" und dieser kann durchaus den Ablauf der kommenden Stunden mitbestimmen. Der Vorsitzende stellt Sie den weiteren Prüfern vor und multipliziert daher seine ersten Bilder, die er von Ihnen gewonnen hat, zB *das ist ein zielstrebiger junger Mensch, der Rechtsanwalt werden möchte*". Oder: *„Ich habe eben eine junge Dame kennengelernt, die sich für das Urheberrecht begeistern kann, ein wenig nervös ist sie allerdings"; „ein tougher Bursche, der unbedingt in den Polizeidienst möchte"*, usw. Sie selbst werden als Prüfling auch mit einem bestimmten Gefühl aus der Prüfung gehen, die Ihre weitere Stimmung prägen wird. Ein interessantes Vorgespräch, bei dem Sie mit dem Prüfer „auf einer Wellenlänge lagen", wird Sie beflügeln. Ein Gespräch, bei dem Sie nicht wussten, was Sie sagen sollten, wird Sie wohl auch für den weiteren Verlauf des Tages hemmen.

Um die Erwartungshaltung des Vorsitzenden zu verstehen, rufen Sie sich zunächst noch einmal ins Gedächtnis, was das Ziel dieser Prüfung ist. Es handelt sich um eine *Berufseingangsprüfung* im Gegensatz zur sogenannten Abschlussprüfung als Wissensprüfung. Man will wissen, ob Sie für ein Berufsleben geeignet sind und in dieses entlassen werden können: Hat der Kandidat eine konkrete, realistische Vorstellung zu seiner weiteren Berufstätigkeit? Möchte er in den Staatsdienst oder die Anwaltschaft? Hat er sich bereits beworben oder zumindest mit den Bewerbungsvoraussetzungen befasst? Man wird von Ihnen regelmäßig einen sehr konkreten Plan erwarten. Machen Sie sich daher besser vor Ihrer Prüfung Gedanken, wo Sie beruflich hinwollen, wie es aus Ihrer Sicht nach der Prüfung weitergehen soll und bringen Sie das für das Vorgespräch so auf den Punkt, dass Sie daraus auch eine Erwartungshaltung in Bezug auf Ihre Prüfungsnote – Stichwort „Ankererffekt" – formulieren können, da bestimmte Arbeitgeber eben auch bestimmte Anforderungen an die Note stellen.

Fatal wäre es, in dieser Situation den Eindruck zu vermitteln, man lebe nach dem Grundsatz: *„Es wird sich alles schon irgendwie finden", „Kommt Zeit, kommt Rat"* oder lieber einmal eine einjährige Weltreise. Dies kann als mangelnde Berufsreife missverstanden werden. Auch wenn Sie das Examen noch einmal schreiben wollen, sollten Sie das nicht im Vorgespräch erwähnen und jedenfalls für die Prüfungssituation den Eindruck vermitteln, dass Sie aus dieser Prüfung das Optimum herausholen wollen und müssen.

Praxistipp:
Bedenken Sie: Prüfer setzen für mündliche Prüfungen viel Zeit und erheblichen Zusatzaufwand ein. Eine Teilnahme an der mündlichen Prüfung des 2. Staatsexamens bedeutet Abwesenheit vom eigenen Arbeitsplatz von 8 Uhr bis 15 Uhr – und das auch nur, falls das Büro am Prüfungsort ist. Da hört man als Prüfer nur sehr ungern, dass die Mühe und Energie, die man aufwendet, ohnehin für die Katz war – weil der Kandidat ja ohnehin noch einmal schreibt.

Gehen wir noch einmal im Geiste der Reihe nach der Prüfung durch. So banal das klingt – zunächst einmal betreten Sie den Prüfungsraum. Zielen Sie aber bereits ab diesen ersten Sekunden auf den „perfekten ersten Eindruck".

• Lächeln Sie freundlich, schauen Sie ihr Gegenüber freundlich an.
• Stehen Sie sicher mit beiden Beinen auf dem Boden, tänzeln Sie nicht, zappeln Sie nicht.
• Seien Sie fokussiert, erwidern Sie Blickkontakt.
• Warten Sie, bis Ihnen ein Platz angeboten wird.
• Nehmen Sie mit Haltung Platz, lassen Sie nicht auf einen Stuhl plumpsen.

• Unterbrechen Sie den Vorsitzenden nicht, aber antworten Sie freundlich, wenn Sie gefragt werden.

I. Typische Fragen im Vorgespräch

Mit welchen Fragen haben Sie im Vorgespräch zu rechnen? Nach der Prüfungsordnung dient das Vorgespräch zunächst einmal dazu, Ihre Prüfungstauglichkeit, also Ihre körperliche und psychische Leistungsfähigkeit festzustellen. Darüber hinaus möchte die Vorsitzende Sie wenigstens ein bisschen kennenlernen und auch später den anderen Prüfern diesen Inhalt des Vorgesprächs berichten. Es werden also Fragen gestellt, die dazu dienen, sich wenigstens einen knappen Eindruck von Ihnen zu verschaffen. Natürlich kann in den hier zur Verfügung stehenden fünf Minuten kein echtes Kennenlernen stattfinden, weswegen die Vorsitzende auch Ihre Referendarpersonalakte angesehen und sich wichtige Informationen bereits vorab verschafft hat. Vielfach werden also ritualisierte Fragen gestellt. Diese ermöglichen Ihnen aber auch, sich „für die Prüfung warm zu sprechen" und Nervosität abzubauen.

In diesem Kapitel geht es uns nicht darum, dass Sie sich intensiv vorbereiten, im Gegenteil: Zu viel Vorbereitung, gar Auswendiglernen führt dazu, dass Ihre Authentizität verloren geht. Rechnen Sie mit Fragen zu folgenden Themen; wenn Sie hier querlesen, werden Sie nicht auf dem falschen Fuß erwischt:

Regel 11. Es gibt nicht DIE richtige Antwort!

Wir wollen gar nicht erst versuchen, hier für Sie die richtigen Antworten zu geben oder Ihnen diese vorzugeben! Es gibt sie nicht, DIE eine richtige Antwort auf jede Frage! Es gibt immer viele persönliche Antworten- und die sind von Prüfungsteilnehmer zu Prüfungsteilnehmer verschieden. Was bei dem einen sympathisch und sehr ehrlich wirkt, wirkt beim nächsten vielleicht überheblich oder verkrampft. Ein Kandidat kann optimistische Notenwünsche mit ruhiger, fester Stimme kommunizieren, dem nächsten erscheinen Verbesserungen im Zehntelbereich verwegen und so klingt auch seine Stimme. Aus unserer Erfahrung als Prüfer, aber auch aus unseren Coachings, können wir Ihnen nur empfehlen: Bleiben Sie authentisch, sagen Sie, was Sie selbst prägt und ausmacht, was aber eine Vorbereitung nicht ausschließt.

Wie fühlen Sie sich heute?
Diese Frage soll erst mal das Eis brechen. An dieser Stelle können Sie auch gerne sagen, dass Sie nervös sind. Ein Prüfungskommissionsvorsitzender hat die Erfahrung aus vielen Prüfungen, er wäre verwundert, wenn Sie an dieser Stelle nicht nervös wären. Hier darf man also gerne sagen, dass man ein wenig aufgeregt, im Übrigen aber fit ist.

Sind Sie gesund/fit/sind Sie prüfungstauglich?
Diese Frage muss in irgendeiner Form kommen, denn nach der jeweiligen Prüfungsordnung der Länder muss geklärt sein, dass der Kandidat/die Kandidatin prüfungstauglich ist. Sollten Sie gesundheitliche Probleme haben, ist dies der Moment, um diese zu offenbaren. Immer wieder haben wir Kandidaten, die während ihres Referendariats oder ihrer gesamten Ausbildungszeit (länger) erkrankt waren. Es macht Sinn, Krankheiten oder Ausbildungshindernisse jedenfalls dann mitzuteilen, wenn

es notwendig ist, dass die Prüfungskommission darauf Rücksicht nimmt. Auch eine Schwangerschaft kann, soweit Sie das offenbaren wollen, an dieser Stelle mitgeteilt werden. Man wird Ihnen mit Verständnis begegnen. Gegebenenfalls wird man Ihnen eine weitere Pause anbieten bzw. können Sie um eine solche bitten. Insbesondere wenn Sie durch eine Krankheit gehindert waren, das Examen in Ihrer üblichen Leistungsfähigkeit zu absolvieren, können Sie hier an dieser Stelle auch auf Verständnis der Prüfungskommission setzen.

Woher kommen Sie bzw. wo sind Sie zur Schule gegangen?
Einen Teil dieser Informationen wird der Prüfungskommissionsvorsitzende bereits Ihrer Personalakte entnommen haben. Nicht alle Referendare sind am Prüfungsort oder in dem jeweiligen Bundesland des Prüfungsorts geboren und aufgewachsen. Man möchte Sie ein wenig besser kennenlernen.

Mit welcher Abiturnote haben Sie das Gymnasium abgeschlossen?
Die Abiturnote ist aus Sicht der Prüfungskommission auch ein Leistungskriterium. Wenig überzeugend ist in solchen Fällen die Antwort, das sei schon so lange her, das wisse man gar nicht mehr. Nicht immer findet sich die Abiturnote in den Personalakten, da sie in den eigengefertigten Lebensläufen komischerweise nicht immer enthalten ist. Das wirkt unprofessionell, da Ihre Abiturnote ein Teil Ihrer Ausbildung ist. War Ihre Abiturnote gut, dann teilen Sie sie sicherlich ohnehin gerne mit. War die Note nicht so gut, dann betonen Sie, dass Sie sich später im Leben steigern konnten, als Sie das gefunden hatten, was Sie bis heute begeistert.

Was waren die Gründe, warum Sie Jura studiert haben?
Auch das ist eine Frage, mit der Sie rechnen müssen. Prüfer im zweiten Staatsexamen sind üblicherweise Personen, die an ihrem eigenen Beruf Freude haben und die in der Regel auch einen wissenschaftlichen Ansatz in Bezug auf Rechtsfragen verfolgen. Bereiten Sie sich auf eine solche Frage vor, es fallen Ihnen bestimmt gute Gründe ein.
Wenig überzeugend ist die Antwort, *meine Eltern haben es gewollt.* Waren die Eltern Ihr Vorbild oder wollen Sie in elterliche Fußstapfen treten, dann wenden Sie das ins Positive: *Jura wurde mir in die Wiege gelegt, ich wollte nie etwas anderes, weil ...;* oder: *Ich war schon immer mit meinem Vater in der Kanzlei dabei, die Materie hat mich gereizt, denn ....*
Niemals antworten Sie *Mir ist nichts Besseres eingefallen.* Das gilt auch dann, wenn Sie diese Botschaft anders verpacken wollten, etwa *Für Medizin war die Note nicht gut genug, Mathe kann ich nicht, also habe ich mich für Jura entschieden.* Gehen Sie lieber in sich. Überlegen Sie sich, wann Sie das erste Mal bemerkt haben, dass Sie Jura faszinierend finden und warum war das so? Vielleicht haben Sie sich schon zu Schulzeiten für politische und/ oder wirtschaftliche Zusammenhänge interessiert? Vielleicht konnten Sie schon früh einen Einblick gewinnen in bestimmte juristische Fragestellungen, die Ihr Interesse für ein ganzes Studium geweckt haben? Sicher finden Sie hier überzeugende Antworten.

Wie fanden Sie Ihr Studium?
Auch zu dieser Frage können Sie authentische Antworten geben. Berichten Sie mit ein oder zwei Sätzen, was Ihnen an ihrem Studienort und/oder der Art und Weise des Studiums gefallen hat. An dieser Stelle können Sie schon erläutern, wie sich besondere fachliche Interessen entwickelt haben und aus welcher Motivation heraus Sie sich an

Ihrer Universität für einen bestimmten Schwerpunkt entschieden haben. Damit erhält Ihr Lebenslauf auch gleichsam einen „roten Faden": Wenn Sie sich schon an der Universität für das Kartellrecht begeistern konnten, ist für die Prüfungskommission leicht nachvollziehbar, dass Sie auf diesem Gebiet nun auch als Rechtsanwalt erfolgreich sein wollen – aber für die Bewerbung in der entsprechenden Anwaltsboutique mindestens eine vollbefriedigende Note benötigen.

Welche praktischen Erfahrungen haben Sie gemacht?
Gerade, wenn Sie interessante Praktika gemacht haben – eine solche Information kann der Vorsitzende in der Regel auch schon Ihrer Personalakte entnehmen – können Sie hier durch lebendige Antworten punkten. „Interessant" ist in diesem Zusammenhang nicht nur ein Praktikum bei der UNO in New York. Interessant ist auch ein Praktikum beim Familienrechtsanwalt, bei einer Immobilienverwaltung oder einem Landratsamt – wenn Sie nämlich erklären können, was Sie Besonderes erleben konnten und was Sie begeistert hat. Formulieren Sie dabei immer positiv, erläutern Sie, warum das Praktikum Sie persönlich weitergebracht hat.

Wo haben Sie das Referendariat abgelegt und wie hat es Ihnen gefallen?
Diese Frage erzielt vermutlich immer ihren Zweck, das Eis weiter zu brechen und Ihnen Sicherheit im Gespräch zu geben – zu Ihren verschiedenen Stationen im Referendariat können Sie immer ein wenig erzählen. Heben Sie in einem solchen Gespräch die positiven Aspekte und Erfahrungen hervor. Dies ist nicht der Zeitpunkt, sich weitschweifig über etwaige Defizite in der Ausbildung in den einzelnen Stationen zu beschweren.
   Gut klingt es immer, wenn Sie im Referendariat für sich ein berufliches Interesse entdecken oder bestärken konnten. (*Die Anwaltsstation hat mich noch einmal in meinem Berufswunsch bestätigt* oder *Ich habe gemerkt, dass Steuerrecht mir besonders liegt*). Wenn das bei Ihnen nicht der Fall sein sollte, dann könnten Sie zum Beispiel die Vorteile einer verschulten Ausbildung mit vielen engagierten Ausbildern hervorheben oder notfalls auch, dass der Unterricht im Klassenverband einen engeren Kontakt mit den Kollegen ermöglichte, den Sie genossen haben. Noch einmal: Das ist eher nicht der Ort und Zeitpunkt, eventuelle Mängel des Referendariats ausführlich zu beklagen.

Welche besonderen Interessengebiete haben sich entwickelt?
Diese Frage bietet für Sie die Chance, sich in positives Licht zu rücken. Bereiten Sie sich auf eine solche Fragestellung vor, damit Sie nachvollziehbare und überzeugende Antworten geben können. Selbst wenn Sie noch keine besonderen Interessengebiete entwickelt hätten, sollten Sie sich im Vorfeld der mündlichen Prüfung überlegen, welche Spezialgebiete für Sie zumindest interessant sind. Sollten Sie während des Referendariats promoviert haben, dann erläutern Sie das auch gerne. Aber: Antworten Sie hier kurz, es ist klassischer Smalltalk und bringt Sie nur ein kleines Stück voran.

Wo haben Sie die Wahlstation verbracht?
Jeder Prüfer weiß, dass die Wahlstation eine Möglichkeit in der Ausbildung ist, interessante Erfahrungen im Ausland zu machen. Den meisten Prüfern ist auch bewusst, dass diese Zeit nicht schwerpunktmäßig der inhaltlichen Ausbildung dient; trotzdem wollen die Prüfer nicht unbedingt von den besten Surfmöglichkeiten in der Bretagne hören. Gerade, wenn Sie eine Wahlstation mit Schwerpunkt Meer und Freizeitleben hatten, sollten Sie dennoch im Gespräch die inhaltlichen Aspekte dieser Ausbildung in den Vordergrund stellen.

Welche besonderen Hobbys/Interessen haben Sie?
Mit einer solchen Frage müssen Sie auch später in jedem Bewerbungsgespräch rechnen. Sollten Sie sich mit diesem Thema erstmalig im Vorgespräch auseinandersetzen, wäre es etwas spät. Vielmehr sollten Sie sich überlegen, welche besonderen Hobbys oder Interessen Sie aus der Masse der Bewerber abheben – sodass der Vorsitzende sie auch gegenüber den anderen Prüfern erwähnen wird. Ein Ehrenamt, eine Tätigkeit bei der Feuerwehr, in der Kirchengemeinde oder als Trainer im Sportverein hebt Sie aus der Masse heraus. Aber nicht jeder muss Kitesurfen oder Marathon laufen. Wenn Sie „normale Hobbys" haben, dann präsentieren Sie diese interessant. Statt *ich lese viel* sagen Sie: *Ich interessiere mich besonders für Autoren aus der Zeit der Weimarer Republik, lese gerne Kästner und Hans Fallada* oder *Ich lese gerne zeitgenössische Literatur, gerade ist es das neue Buch von Ferdinand von Schirach.* Es versteht sich von selbst, dass Sie nur Hobbys angeben, von denen Sie auch ein wenig Ahnung haben.

Sind Sie mit dem Ergebnis der schriftlichen Prüfung zufrieden?
Selbst wenn Sie mit einem Ergebnis von 15 Punkten schriftlich aus Ihrer Prüfung herausgegangen sind, sind Sie mit diesem nicht zufrieden! Ziel der mündlichen Prüfung sollte immer sein, sich zu verbessern und den Prüfern einen Anlass zu geben, Sie dabei zu unterstützen. Die schriftliche Prüfung ist aus Ihrer Sicht nur der 1. Schritt zu Ihrer Zielnote. Dieses Ziel sollten Sie auch zum Ausdruck bringen. Gegebenenfalls ist es sinnvoll, an dieser Stelle ein Argument zu haben, warum Sie gerade nicht zufrieden sind. Als mögliche Argumente bieten sich hier an: Ihre Ergebnisse des ersten Staatsexamens waren besser, Ihre schriftlichen Leistungen in der AG waren besser, Ihre Stationszeugnisse ließen ein besseres Abschneiden erwarten, Sie hatten sich aufgrund Ihrer sehr intensiven Vorbereitung mehr erhofft und erwartet. Eins muss beim Prüfer ankommen: Sie möchten sich mit der mündlichen Prüfung verbessern. Dies führt zu der weiteren Frage, welche Grenznote Sie für Ihre mündliche Prüfung nennen können (siehe unten → S. 47).

Haben Sie schon konkrete Vorstellungen, wie es für Sie nach der Prüfung weitergeht?
Unabhängig von der Frage, ob Sie wirklich direkt am Tag nach Ihrer mündlichen Prüfung mit Ihrer Berufstätigkeit beginnen wollen, sollten Sie jedoch genau dieses in der mündlichen Prüfung kommunizieren. Gehen Sie in die mündliche Prüfung mit einer konkreten Vorstellung. Machen Sie sich explizit Gedanken, wo Ihre berufliche Zukunft liegt und wie diese optimalerweise aussehen sollte.

Klären Sie vor dem Vorgespräch, welche Voraussetzungen diese berufliche Tätigkeit hat: wenn Sie Richterin werden wollen, sollten Sie wissen, mit welcher Note aktuell einstellt wird.

> **Praxistipp:**
> Klären Sie verlässlich, welche konkreten Anforderungen für eine erfolgreiche Bewerbung erforderlich sind. So laden in der Regel öffentliche Arbeitgeber erst ab einer bestimmten sog. Grenznote überhaupt zum Bewerbungsgespräch ein. Informieren Sie sich über diese Grenznote.

Holen Sie, wann immer möglich, Informationen über zukünftige Arbeitgeber ein und führen Sie ggf. auch schon konkrete Gespräche vor der mündlichen Prüfung, damit Sie in dieser eine Erwartungshaltung eines künftigen Arbeitgebers weitergeben können. Auch die großen Anwaltskanzleien erwarten eine bestimmte Notengrenze. Gerade wenn Sie in ihrer Anwaltsstation oder im Pflichtwahlpraktikum bei einer Anwaltskanzlei gearbeitet haben sollten, könnten Sie vor Ihrer mündlichen Prüfung bereits Gespräche zu einer späteren Berufstätigkeit dort führen bzw. sich mit Ihrem Ergebnis der schriftlichen Prüfung auf jeden Fall auch bewerben. Die mitgeteilten Anforderungen können Sie im Vorgespräch darstellen. (zB: *Ich würde gerne in den Bereich der inneren Verwaltung arbeiten. Diese erwarten allerdings eine Note aus der Notenstufe .... Oder: Bislang war ich in Nebentätigkeit für eine Kanzlei im Familienrecht tätig. Man würde mich zum Vorstellungsgespräch für eine feste Stelle einladen, wenn ich heute die 6,5 Punkte schaffe*).

Es gibt immer gute Gründe dafür, dass man bestimmte Notenstufen erreichen möchte –, dass sie von einem „in konkrete Greifnähe gerückten Arbeitgeber" verlangt werden, ist einer der überzeugendsten.

> **Praxistipp:**
> Diese Informationen sollten auch tatsächlich gut recherchiert und zutreffend sein. In einer mündlichen Prüfung gab es zwei Kandidaten, die beide im Vorgespräch angaben, in Verhandlungen mit einem großen bayerischen Automobilhersteller zu sein. Auf die Frage, welche Note erforderlich sei, damit der Autobauer die Bewerbungen in die engere Auswahl ziehen würde, gab die eine Kandidatin an, die Personalabteilung wolle 7,5 Punkte – während der andere Kandidat sagte, dass dieselbe Personalabteilung definitiv 8,5 Punkte als zwingende Voraussetzung für die Aufnahme in den Bewerberpool verlange.

Gibt es ein festes Berufsziel? Was sind die Voraussetzungen?
Unabhängig davon, ob Sie ein festes Berufsziel haben, sollten Sie sich ein solches jedenfalls für die Prüfung zurechtlegen. Die Prüfungskommission möchte Sie in wenigen Stunden als „fertigen Juristen" in die Welt entlassen. Man geht davon aus, dass Sie mit der mündlichen Prüfung die Voraussetzungen für ein festes Berufsziel geschaffen haben. Formulieren Sie für sich selbst vor der mündlichen Prüfung ein Berufsziel – egal, ob Rechtsanwalt, Richterin oder Staatsanwalt, Juristin in einem Unternehmen, Jurist in der Verwaltung, Juristin in einem Verband oder vielleicht auch Notarin.

Hier können Sie nun auch die Note nennen, die Sie erreichen wollen (siehe hierzu auch → S. 47). Eine Frage nach Ihrer Notenerwartung für die mündlichen Prüfung kommt in den meisten Vorgesprächen auf die eine oder andere Weise. Halten Sie klare Gründe parat, warum Sie eine bestimmte Notenstufe erreichen wollen. Rechnen Sie vorher aus, welche Gesamtleistung in der Mündlichen Prüfung hierfür erforderlich ist und kommunizieren Sie dies in passender Stelle auch im Vorgespräch.

> **Praxistipp:**
> An dieser Stelle kommt von Kandidaten in unseren Seminaren häufig die Frage: *Ich kann doch nicht eine bestimmte Note in den Raum stellen, was ist, wenn ich es nicht schaffe? Das wäre ja peinlich.*
>
> **Hierzu zwei Anmerkungen:**
> - Es ist notwendig, dass Sie für das Vorgespräch einen Anker (→ S. 25) setzen, wohin Sie eigentlich wollen. Die Prüfungskommission wird diese Grenznote vom Vorsitzenden im Vorgespräch erfahren und im Hinterkopf behalten. Man wird versuchen, Ihnen Fragen zu stellen, die es Ihnen ermöglichen, zu diesem Ergebnis zu gelangen.
> - Es gibt im Anschluss an die Prüfung keinerlei Bewertung Ihrer Hoffnungen und Erwartungen an die Prüfung. Sollten Sie es am Ende nicht geschafft haben, wird kein Mensch sagen: *Die Kandidatin hatte einen völlig falschen Eindruck erweckt, als sie gesagt hat, sie möchte diese Note erreichen* oder *Das war ja dreist von dem Kandidaten zu sagen, er würde sich gerne auf ein befriedigend verbessern.* Schlimmstenfalls wird die Kommission Sie bedauern, dass Sie Ihr Wunschziel nicht erreicht haben und dass es für die von Ihnen erstrebte Note dann eben doch nicht gereicht hat. Kein Mensch wird Ihnen sagen, es sei vermessen gewesen, es versucht zu haben.

Gibt es Dinge, die aus Ihrer Sicht die Kommission wissen sollte?
Hier sollten Sie vor allem Aspekte ansprechen, die aus Ihrer Sicht wichtig wären. Dazu gehört unter Umständen beispielsweise, ob Sie schon für eine Familie verantwortlich sind, oder ob Sie Krankheiten oder Todesfälle in der Familie hatten, die Sie an einer ordnungsgemäßen Vorbereitung für das Examen gehindert haben? Besondere psychische Umstände könnten auch an dieser Stelle erörtert werden.

> **Praxistipp:**
> Die Frage, ob man bestimmte prägende oder auch schlimme Ereignisse aus der Referendarzeit thematisieren soll, kommt tatsächlich öfter – und lässt sich nicht pauschal beantworten. Auf der einen Seite kann es hilfreich sein, zB wenn die Prüferkommission so beispielsweise einen starken Leistungseinbruch besser nachvollziehen kann. Auf der anderen Seite wühlen Sie natürlich für sich selbst ausgerechnet in der Prüfung eine sicherlich stark emotional besetzte Frage noch einmal auf. Das möchten Sie vielleicht für sich selbst nicht – Sie wollen es in dem Moment vielleicht lieber ausblenden und „die Prüfung durchziehen". Deshalb gilt auch hier: Seien Sie authentisch! Die Herangehensweise muss zu Ihnen passen!

Notenverbesserer
Sollten Sie das zweite Staatsexamen **dieses** Mal als Notenverbesser angetreten haben, sprechen Sie dies im Vorgespräch an. Erklären Sie, warum Sie das Examen wiederholt haben. Gute Gründe für einen reinen Verbesserungsversuch sind üblicherweise, dass Sie eine bestimmte Stelle erreichen wollten und dafür eine bestimmte Grenznote (zB für den Justizdienst) brauchten. Mögliche Ursache für einen unbefriedigenden ersten Versuch kann sein, dass Sie bei der Vorbereitung auf den ersten Versuch den Vorbereitungsaufwand unterschätzt haben; dann haben Sie im Nachhinein festgestellt, dass eine vertiefte Vorbereitung notwendig ist. Vielleicht konnten Sie sich aber auch nicht hinreichend auf das Referendariat konzentrieren, weil Sie durch andere Ereignisse gefordert waren; vielleicht haben Sie eine Familie gegründet, vielleicht mussten Sie plötzlich im elterlichen Betrieb anpacken, es gab unter Umständen Schicksalsschläge oder Krankheiten. Sollten Sie dagegen auf jeden Fall vorhaben, dass Examen wegen des Ergebnisses nochmal zu schreiben, weil Sie so unzufrieden sind, erwähnen Sie das besser nicht (siehe dazu oben → S. 45).

Ergänzungsvorbereitungsdienst
Sollten Sie das zweite Staatsexamen im ersten Versuch nicht bestanden haben, so sollten Sie auch dies im Vorgespräch ansprechen. Hier empfiehlt sich insbesondere ein reflektierter Zugang zu den Ursachen des gescheiterten ersten Versuchs. Erläutern Sie gerne, wo aus Ihrer Sicht die Gründe für das Scheitern im ersten Durchgang zu sehen waren und was Sie unternommen haben, um es trotzdem zu schaffen. Grundsätzlich haben Prüfer hohen Respekt vor Kandidaten, die trotz der erheblichen psychischen Belastung, ein Examen nicht bestanden zu haben, es im zweiten Anlauf auf jeden Fall in die Mündliche Prüfung geschafft haben. Jeder Prüfer hat zwei anstrengende Staatsexamen hinter sich, was eine Erfahrung ist, die man nicht vergisst. In der Regel besteht man, wenn man es in die mündliche Prüfung geschafft hat, diese auch.

II. Die Frage nach der Wunschnote

Eine sehr spannende Frage ist, wie offensiv Sie Notenziele oder Notenwünsche äußern können oder sollen. Manche Vorsitzende werden Sie gezielt nach der Wunschnote fragen. Andere hingegen werden mehr oder weniger bewusst darauf verzichten, dieses

Thema anzusprechen und fragen nicht nach einem Ziel. Sollte sich für Sie die Gelegenheit ergeben, über Ihre Wunschnote für die mündliche Prüfung zu sprechen, nutzen Sie diese.

> **Praxistipp:**
> Was machen Sie, wenn der Vorsitzende nicht nach Ihrer Wunschnote fragt? Auch solche Vorsitzenden gibt es immer wieder. Meist hat ein solches Prüferverhalten den Hintergrund, dass man den Eindruck vermeiden möchte, die Noten würden sich an etwas anderem als Ihrer Prüfungsleistung orientieren. Im Laufe des Vorgesprächs gibt es aber mehrere Gelegenheiten, bei denen Sie die Wunschnote – vielleicht auch nur geschickt im Nebensatz – einfließen lassen können. Es geht um Ihre berufliche Zukunft, da jedenfalls für den beruflichen Einstieg die Examensnote bei Juristen ein entscheidender Türöffner ist. Also dürfen Sie Ihre Erwartungen auch freundlich kommunizieren.

Eine Wunschnote zu nennen, erzeugt bei der Kommission einen Anker[43], der sich für Sie positiv auswirken kann. Dabei müssen Sie allerdings im Blick halten, dass Sie jedenfalls ein realistisches Verbesserungsziel brauchen. Dieses ist erheblich auch von Ihrer Einstiegsnote abhängig, also davon, ob Sie mit 3,72 oder 11,52 in die mündliche Prüfung gehen. Bei einem Ergebnis von 3,72 ist eine Verbesserung um einen bis eineinhalb Punkten rein rechnerisch realistisch möglich; je höher Ihre Note der schriftlichen Prüfung ausgefallen ist, desto schwerer wird es, sich in der Prüfung um mehr als einen halben Punkt zu verbessern. Ist das geäußerte Wunschergebnis zu ambitioniert, geht das Ziel zum einen Ohr rein, zum anderen raus und der Prüfer wird den Wunsch als unrealistisch verwerfen (oder, um im Bild mit dem Anker zu bleiben: Die Kette reißt, der Anker versinkt nutzlos im Meer). Also: Es mag rechnerisch möglich sein, sich von 6 (ausreichend) auf 9 (vollbefriedigend) Punkte zu verbessern, wenn man in allen Prüfungsteilen Bestnoten erzielt, realistisch ist es nicht.

Aus unserer Erfahrung können wir als weitere Grundregel sagen, dass das Ziel umso ambitionierter sein darf, je besser Ihre Begründung[44] dafür ist. Wer nach den Klausuren bei 7 Punkten steht, in der Ersten Juristischen Prüfung aber mit 9 Punkten abgeschnitten hat und dieses Ergebnis im Durchschnitt auch in den Stationen erzielen konnte, kann sein Wunschergebnis (9 Punkte) besser rechtfertigen als jemand, der 6 Punkte in der Ersten Juristischen Prüfung hatte und die Stationen „mit ach und Krach" gemeistert hat. Im ersten Falle hatte jemand unter Umständen Pech, im zweiten Fall Glück. Das soll nicht heißen, dass wir dem ersten Kandidaten empfehlen würden, 9 Punkte als Wunschnote zu nennen. Aber wenn es sein Ziel ist, wäre die persönliche Notenvergangenheit ein plausibler Begründungsansatz.

Fragen Sie sich also ganz persönlich, warum Sie sich auf ein bestimmtes Ergebnis verbessern möchten. Denn einfach nur „mehr Punkte haben" zu wollen, ist zu wenig. Denn mehr Punkte sind „always nice to have" und zwar für jeden Prüfungskandidaten. Überlegen Sie sich eine Begründung, die wirkt!

> **Aus der Praxis:**
> Über die Jahre haben wir viele Beispiele gehört, bei denen wir uns dachten: Ja, den ambitionierten Punktewunsch kann man nachvollziehen. Eine Kursteilnehmerin wollte erst nicht so richtig raus mit der Sprache, warum sie sich unbedingt 6,5 Punkte erhoffte. Erst nach einigem Zögern offenbarte sie, dass sie alleinerziehende Mutter war, aber einen guten Job wollte, um ihrem Kind eine gute Zukunft ermöglichen zu können. Nachdem die Dame sich bisher bereits tapfer und tüchtig durch das Referendariat gekämpft hatte, waren die Prüfer diesem Punktewunsch gegenüber auf-

---

43 Vgl. zum Ankereffekt oben → S. 25.
44 Vgl. „Weil"-Effekt oben → S. 25.

geschlossen. Wir hatten Kandidaten, die „lebenslang schon blaulicht- affin" waren, also schon immer bei Feuerwehr und Rettungsdienst aktiv, und nun so gerne in den Polizeidienst wollten; welcher Prüfer wird es da leichtfertig übers Herz bringen, sich zwischen den Kandidaten und dessen Traumberuf zu stellen? Oder auch der Kandidat, der mit über 13,6 Punkten (!) in ein Coaching kam und auf die Frage, was man sich denn noch mehr wünschen könne, antwortete: *„Im Ersten Examen war ich Platzziffer 1, jetzt bin ich Platzziffer 4. Das ertrage ich nicht."* Zu speziell, meinen Sie? Im Gegenteil! Es geht um Sie, Ihre Zukunft, Ihre Pläne – und jeder hat seine ganz individuellen Gründe, was er erreichen möchte.

Damit wir uns nicht falsch verstehen: Nur weil es Ihnen gelingt, im Vorgespräch Ihren Notenwunsch plausibel zu vermitteln, bedeutet dies (natürlich) nicht, dass Sie Ihre Wunschnote auch erreichen werden. Umgekehrt aber gilt: noch viel schwieriger wird es, die Wunschnote zu erreichen, wenn Sie diese schon nicht plausibel begründen können.

Aus der Praxis:
Nicht oft, aber hin und wieder begegnen wird in unseren Kursen Kandidaten, die bei der Simulation des Vorgesprächs über das ganze Gesicht strahlen und erklären, dass sie mit ihrer Note zufrieden sind. Ein wunderbarer Zustand! Aber verbessern werden sich diese Kandidaten dann wahrscheinlich nur noch unerheblich.

III. Beispiel eines typischen Vorgesprächs

Vorsitzender: Herzlich willkommen, wie geht es Ihnen heute?[45]
   Danke, gut, ein bisschen nervös.

Vorsitzender: Fühlen Sie sich fit?
   Bis auf ein wenig Schlafmangel geht es mir gut.

Vorsitzender: Ich will mit Ihnen ein paar Fragen besprechen, auch um Sie den Mitgliedern der Prüfungskommission vorzustellen.
   Ja, gerne.

Vorsitzender: Wo sind Sie denn aufgewachsen und zur Schule gegangen?
   Ich komme aus Weilheim und bin dort auch zur Schule gegangen, am Schiller-Gymnasium habe ich das Abitur gemacht.

Vorsitzender: Mit welchem Schnitt haben Sie denn Ihr Abitur gemacht?
   Ich habe das Abitur mit einem Schnitt von 1,8 abgelegt.

Vorsitzender: Wie kam es dann zum Studium Jura?
   Nach einem Jahr Work und Travel in Australien habe ich mich entschieden, Jura zu studieren.

---

[45] Diese Frage ist nicht nur *small talk* am Anfang. Der Vorsitzende muss sich von Ihrer Prüfungstauglichkeit überzeugen.

Anmerkung:
Diese Antwort greift zu kurz, weil sie die gestellte Frage nicht beantwortet. Besser wäre folgende Antwort: Nach einem Jahr Work und Travel habe ich mich für Jura entschieden, weil ich bereits während der Schule ein großes Interesse für Rechtsfragen entwickelt habe. Gerade bei dem Fach Wirtschaft- und Recht habe ich bemerkt, dass mich die Rechte von Vertragsparteien fasziniert haben. Ich hatte auch immer wieder in den Medien Gerichtsprozesse verfolgt.

Vorsitzender: Was gefiel Ihnen im Studium besonders?

Besonders gut gefiel mir tatsächlich die Thematik meines Schwerpunktbereichs Medizinrecht. Das Zusammenspiel von medizinischen und rechtlichen Fragen begeistert mich. Ich habe auch mein Praktikum in einer Kanzlei mit diesem Schwerpunkt absolviert. Spannend fand ich, wie kleine Fehler in einer Behandlung enorme Auswirkungen auf den Patienten haben können. Überrascht war ich, mit welchen Themen Mandanten hier tatsächlich zum Anwalt gehen.

Anmerkung:
Auch hier bietet die Fragestellung Gelegenheit, etwas auszuholen. Greifen Sie etwas heraus, überlegen Sie, warum es Sie interessiert hat und liefern Sie jedenfalls ein Argument zur Begründung. Gestalten Sie Ihre Ausführungen als kurze Geschichte, die gut im Gedächtnis bleiben kann.

Vorsitzender: Wie fanden Sie das Referendariat in München?

Das Referendariat in München war gut.

Anmerkung:
Auch hier könnten Sie noch etwas ausholen und Informationen zu Ihrer Ausbildung geben. Beispielsweise könnten Sie ergänzen: Besonders gut hat mir die Zeit bei der Staatsanwaltschaft gefallen. Ich war einer allgemeinen Abteilung zugeteilt und durfte vielfach den Sitzungsdienst übernehmen. Das fand ich sehr interessant, da ich hier die Tätigkeit als Staatsanwalt in echt erleben konnte.

Vorsitzender: Welche Interessen haben Sie außerhalb von Jura?

Ich engagiere mich ehrenamtlich als Fußballtrainer für eine Jugendmannschaft, die von mir betreuten Jungs spielen in der F- Jugend in der Kreisliga. In meiner Freizeit reise ich gerne.

Anmerkung:
Jede Form von ehrenamtlicher Tätigkeit hebt einen Bewerber aus der Masse ab und macht sich daher „gut"; aber auch andere interessante Hobbys und Interessen können Sie hier natürlich anbringen. Beschreiben Sie diese so, dass sich der Zuhörer ein Bild machen kann.

Vorsitzender: Jetzt haben Sie ja einen Schnitt von 7.21 schriftlich erreicht. Wie sehen Sie dieses Ergebnis?

Naja, besonders zufrieden bin ich damit nicht, ich hoffe, mich heute zu verbessern.

Anmerkung:
Diese Antwort greift sicher zu kurz. Besser wäre hier: Mit dem Ergebnis der schriftlichen Arbeiten bin ich nicht zufrieden, da es meinen Leistungsstand aus meiner Sicht nicht zutreffend wiedergibt. In meinen Arbeitsgemeinschaften hatte ich durchschnittlich im Ergebnis 9 Punkte in Klausuren, auch im Staatsteil meines ersten Examens war ich deutlich besser (hier haben Sie dann bereits den Anker für 9 Punkte gesetzt). Auch hier können Sie bereits zu den Erwartungen eines künftigen Arbeitgebers überleiten, um Ihre Wunschnote zu kommunizieren.

Vorsitzender: Wollen Sie dann das Examen nochmal wiederholen?[46]

Ja, wenn es heute nicht reichen sollte.

> **Anmerkung:**
> Von dieser Antwort kann nur abgeraten werden. Wenn Sie im Vorgespräch zu verstehen geben, dass Sie die Prüfung ohnehin wiederholen wollen, werden auch die Prüfer diese mündliche Prüfung unterbewusst weniger ernst nehmen. Durch eine solche Aussage entwerten Sie Ihre eigene Leistung an diesem Tag vorab und schaffen auch bei den Prüfern eine Stimmung, dass es in Bezug auf Sie heute nicht darauf ankommt, das Beste heraus zu holen.

Vorsitzender: Wie soll es denn nach der Prüfung weitergehen?

Ich würde gerne in der Kanzlei anfangen, in der ich auch schon meine Anwaltsstation abgeleistet habe.

> **Anmerkung:**
> Dieser Plan klingt nicht ausgereift. Eine solche Antwort lässt erkennen, dass Sie sich gerade noch keine konkreten Gedanken über Ihre Berufstätigkeit nach Abschluss Ihres Examens gemacht haben. Für Ihre Prüfung sollten Sie ein Berufsziel entwickeln. Welche Note brauchen Sie, um dieses Ziel zu erreichen? Diese Notengrenze sollten Sie im Vorgespräch kommunizieren und damit einen Anker setzen.
>
> **Besser:**
> *Ich habe bereits Gespräche mit dem Personalreferenten der Kanzlei geführt, bei der ich meine Wahlstation verbracht habe. Man sieht eine Einsatzmöglichkeit für mich im Bereich Medizinrecht, die ich sehr interessant fände. Als Einstellungsvoraussetzung wurde mir aber ein Examensschnitt von 9 Punkten kommuniziert.*

Vorsitzender: Haben Sie hier schon konkrete Verhandlungen geführt?

Nein, das wollte ich im mit meinem fertigen Abschluss erst machen.

> **Anmerkung:**
> Hier vergeben Sie eine wichtige Chance! Wenn Sie bereits mit Ihrer Kanzlei Gespräche geführt hätten, wüssten Sie, welche Einstellungskriterien diese Kanzlei verlangt. Tatsächlich ist in der Regel jedenfalls die Note für Gehaltsverhandlungen mit der Kanzlei entscheidend. Für das Vorgespräch wäre es besser, Sie sagen: Ich habe Gespräche bereits geführt, in der Kanzlei würde man grundsätzlich ein 2. Examen mit einem Schnitt von 8 Punkten erwarten. Hiermit haben Sie einen soliden Anker gesetzt. Diese Erwartung kann der Vorsitzende an die Kommission weitergeben. Besonders sinnvoll wäre es, Sie hätten ausgerechnet, welche Gesamtnote Sie für die mündliche Prüfung brauchen.
>
> Sie könnten hier also noch anführen, dass Ihnen bewusst ist, dass Sie insgesamt für dieses Ziel 10,4 Gesamtnote der mündlichen Prüfung brauchen, dass Sie sich diese Leistung aber zutrauen. Und wieder haben Sie einen Anker für die Kommission gesetzt.

Vorsitzender: Liegt Ihnen noch was auf dem Herzen?

Nein, da fällt mir jetzt gar nichts mehr ein.

> **Anmerkung:**
> Diese sehr allgemein gehaltene Frage soll einfach die Gelegenheit geben, noch bestehende Punkte anzusprechen, die bisher nicht genannt werden. Vielleicht stellen Sie die Frage, ob Sie Getränke während der Prüfung trinken dürfen, wenn es Sie zuvor beschäftigt hat. Oder Sie nutzen die Gelegenheit, um sich charmant für das angenehme Vorgespräch (wenn es das war!) zu bedanken. Wirkt Wunder!

---

[46] Allerdings ist diese Frage in der Praxis eher selten.

E. Das Prüfungsgespräch

Ca. 6.000 Stunden dürften die meisten Kandidaten, die sich der Mündlichen Prüfung unterziehen, gelernt haben, bis die Prüfung ansteht. Zivilrecht, Strafrecht und Öffentliches Recht ebenso wie das Wahlfach und Nebengebiete haben Sie sich erschlossen. Das versetzt Sie in die Lage, so ziemlich jeden Fall zu lösen, wie Sie in Ihren Klausuren unter Beweis gestellt haben. Und wieviel Zeit haben Sie für das Erlernen und Trainieren einer professionellen Gesprächsführung verwendet? Nach der Erfahrung in unseren Vorbereitungskursen müssen wir sagen: Zu wenig.

Mitunter wird Unvorbereitet sein auch mit Authentizität verwechselt, aber das ist ein Trugschluss. Ab Tag Eins **nach** der mündlichen Prüfung gehört professionelle Gesprächsführung unter Druck zu Ihrem Tagesgeschäft und Sie werden in Ihrer Berufstätigkeit Situationen erleben, in denen Ihnen die mündliche Prüfung im Nachhinein doch gar nicht so schwer erscheint.

Wir können es nicht oft genug unterstreichen: Die mündliche Prüfung ist Prüfung und Gespräch zugleich.

Für den Prüfungscharakter der mündlichen Prüfung benötigen Sie die juristischen Kenntnisse, die Sie sich während Ihres Studiums und Referendariats angeeignet haben und für die wir Ihnen in den Kapiteln 3 und 4 dieses Buches viele Ratschläge geben. Für den Gesprächscharakter der mündlichen Prüfung brauchen Sie hingegen Fertigkeiten im kommunikativen Bereich.

> **Aus der Praxis:**
> Kommunikation ist dabei selbstverständlich mehr als die verbale Kommunikation. Wir kommunizieren auch (und häufig) mehr auf der non- und paraverbalen Ebene.

I. Der praktische Nutzen von Kommunikationsmodellen

Sie müssen keine unterschiedlichen Kommunikationsmodelle kennen oder gar verstanden haben, um die mündliche Prüfung erfolgreich zu absolvieren. Im Grunde wird in den Modellen auch (nur) etwas abgebildet, was viele Menschen unterbewusst ohnehin wissen. Grundsätzliche Kenntnisse darüber, wie Kommunikation wirkt, sind für Ihr Verständnis vom Gesprächsverlauf aber hilfreich. Nach Schulz von Thun[47] – 4-Ohren-Modell hat jede Nachricht 4 Seiten, neben der (inhaltlichen) Sachebene beinhaltet jede Botschaft auch eine Selbstoffenbarung, eine Beziehungs- und Appellebene. Auf der Sachebene findet der Informationsaustausch statt. Bei der Selbstoffenbarungsebene sollte es Ihnen gelingen, Sicherheit und Kompetenz zu transportieren. Und auf der Beziehungsebene agieren Sie freundlich und respektvoll gegenüber den Prüfern. Nur die Sachebene hat dabei tatsächlich etwas mit dem gelernten Wissen zu tun. Deshalb lohnt es sich auch, vor der eigenen Prüfung einmal zum Zuhören zu gehen! Sie werden selbst erleben, dass so viele Informationen transportiert werden, dass es sich lohnt, auf alles zu achten, nicht nur auf die konkrete (sprachliche) Äußerung des Gegenübers.

---

[47] https://www.schulz-von-thun.de/die-modelle/das-kommunikationsquadrat.

Nach der Eisbergtheorie[48] kann sich unterhalb der Wasseroberfläche entweder ein Schneeball oder ein Eisberg verbergen. Bei einem Eisberg sind bekanntlich 6/7 unter Wasser verborgen. Gemeint ist also, dass für die sich „im sichtbaren Bereich" abspielende Kommunikation viele Faktoren maßgeblich sind, die auf den ersten Blick nicht offen zutage treten. Sicherlich sind die Beispiele zwischenmenschlicher Begegnungen auch bei Ihnen zahlreich, bei denen das Gesprächsergebnis ganz maßgeblich mitbeeinflusst wurde von dem, was nicht offen ausgesprochen wurde – wenn nicht, versuchen Sie einmal, die Aufgabenteilung im gemeinsamen Haushalt neu zu besprechen, nachdem Sie den gemeinsamen Jahrestag oder den Geburtstag Ihres Gegenübers vergessen haben.

Nun ist die mündliche Prüfung allerdings ein Fachgespräch. Viele Tücken, die sonst im Bereich der zwischenmenschlichen Kommunikation auftauchen, spielen hier eine geringere Rolle; auch sind solche Prüfungsgespräche von Haus aus weniger mit Emotionen auf beiden Seiten beladen. Aber Fallstricke gibt es gleichwohl und auch in der mündlichen Prüfung spielt viel auf der Ebene der non- und paraverbalen Kommunikation:

Aus der Praxis:
- Ein Mitprüfer legt bei der Antwort des Kandidaten seine Stirn in Falten, ein anderer schüttelt den Kopf.
- Ein Kandidat hört die Frage und fängt an, hektisch im Schönfelder zu blättern.
- Eine andere Kandidatin zieht am Ende ihrer Antwort jedes Mal die Stimme nach oben und jede ihrer Antworten klingt, als setzte sie am Satzende Fragezeichen.
- Ein weiterer Kandidat bildet Schachtelsätze, bei denen weder die Prüfer noch der Kandidat am Ende wissen, womit der Gedanke begonnen hat.
- Ein Prüfer lässt den Kandidaten nicht ausreden und fällt ihm wiederholt ins Wort.
- Ein Kandidat entgegnet dem Prüfer: *Aber Sie haben doch gerade gesagt …?*

Beispiel:
Auf die Frage, wo gegen ein Zivilurteil des Landgerichts Berlin eine Berufung einzulegen sei, antwortet die Kandidatin mit leiser Stimme, niedergeschlagenem Blick und einem artikulierten Fragezeichen am Ende: *Ans Kammergericht?*

Wie viele Punkte kann die Kandidatin mit dieser Antwort wohl ernsthaft erwarten? Die Prüfungskommission wird ihr unterstellen, dass sie sich nicht souverän in stressigen Situationen behaupten kann; schlimmstenfalls wird man ihr unterstellen, sie habe das richtige Ergebnis nur zufällig geraten.

Wir wollen Ihnen zeigen, dass das Prüfungsgespräch so viel mehr ist als das – hoffentlich – präzise und richtige Beantworten von fachlichen juristischen Fragen. **Kompetenz, Souveränität, Zugehörigkeit** – viele der Eigenschaften, die Sie oben auf Ihrem Arbeitsblatt „Wie will ich wirken"[49] vermerkt haben, werden von Ihnen auf unterschiedlichen Wegen transportiert.

Aber auch Ihre Prüfer „verraten" auf den nicht offen zutage liegenden Ebenen einiges über sich. Solche Erkenntnisse gilt es sich in der Prüfung bewusst zu machen, um das eigene Verhalten entsprechend daran auszurichten. Sind die Prüfer zufrieden mit Ihrer Antwort oder der Ihrer Kollegen? Könnte es nach Meinung der Prüfer schneller gehen? Oder sind die Prüfer durch unklare Gedankenführung eines Prüflings gerade verwirrt, hat der Geprüfte seine Zuhörer bereits „verloren"? Sie werden sehen:

---

[48] Rossié S. 18.
[49] Vgl. oben → S. 12.

Auch im Bereich der Kommunikation gibt es etliche Tipps, die Ihnen helfen werden, so gut wie möglich abzuschneiden.

II. Positive Stimmung als Erfolgsfaktor gelungener Kommunikation

Sie werden sehen, wenn es Ihnen selbst gut geht und in der Prüfung eine positive Atmosphäre herrscht, vielleicht sogar einmal gelacht wird, profitieren davon alle. Sie haben es zum Teil selbst in der Hand, für gute Stimmung im Prüfungsraum zu sorgen. Bereits in der Woche vor Ihrer Prüfung sollten Sie sich in eine mental positive Stimmung bezüglich Ihrer Prüfung bringen.

> **Hilfestellung und Praxistipp:**
> Wie verbringen Sie am besten die Zeit vor der Prüfung? In der Checkliste im Anhang „Vor der Prüfung" (siehe unten → S. 203) haben wir hier für Sie einiges an Ideen zusammengestellt.

Überlegen Sie sich einige Situationen, in denen Sie beruflich oder privat eine schwierige Lage gemeistert haben. Ihren größten Lieblingserfolg merken Sie sich ganz besonders, damit Sie sich diesen kurz vor der Prüfung wieder ins Gedächtnis rufen können.

> **Praxistipp:**
> Sie glauben, so einfach sei der Mensch doch nicht gestrickt, dass man sich nur durch ein paar wenige gute Gedanken in eine bessere Stimmung bringen könnte? Dann stellen Sie sich doch einmal einen Moment lang einen Kaiserschmarrn bei einer Hüttenrast beim Skifahren vor – oder eine Waffel aus Kindertagen mit viel Puderzucker, aus der Hand auf dem Weihnachtsmarkt. Das Gegenteil klappt übrigens auch: beim Stichwort „zahnärztliche Wurzelbehandlung" geht die Grundstimmung bei den allermeisten Menschen automatisch in den Keller.

Am Prüfungstag sind Sie trotz Ihrer verständlichen Nervosität positiv motiviert. Es ist Ihr großer Tag! Sodann: Kommen Sie im Prüfungsraum ganz bewusst an. Nehmen Sie die Atmosphäre auf!

> Anleitung: Mentaler Kompetenzzustand
>
> - Wenn Sie Ihren Sitzplatz im Prüfungsraum eingenommen haben, halten Sie aktiv einen Moment inne.
> - Richten Sie sich bewusst auf, aktive Körperhaltung, gerader Rücken.
> - Spüren Sie, wie Ihre Füße (beide Füße!) fest auf dem Boden stehen und Sie auf dem Stuhl sitzen. Sie haben sich nun gleichsam „geerdet".
> - Atmen Sie tief ein und aus. Legen Sie dazu ruhig unauffällig die rechte Hand auf den Solarplexus, das ist das Nervengeflecht in der Körpermitte unter dem Brustkorb.
> - Entspannen Sie noch einmal alle Körperteile, ganz bewusst auch Ihr Gesicht.
> - Rufen Sie sich nun einen persönlichen Erfolg ins Gedächtnis. Lassen Sie diese Situation vor Ihrem inneren Auge noch einmal entstehen.
> - Legen Sie mental den Schalter um: „Showtime" – Zeit für Sie, zu glänzen.
> - Lächeln Sie.

Üben Sie das vorher, damit Sie in der Prüfung darauf zurückgreifen können. Bedenken Sie, es ist völlig normal, aufgeregt und nervös zu sein. Dies ist auch wichtig, damit das Gehirn ausreichend durchblutet ist und Sie zu geistigen Höchstleistungen in der Lage sind. Wären Sie nicht aufgeregt, könnten Sie keine Höchstleistung abrufen – und würden hinter Ihren Möglichkeiten bleiben. Jeder Schauspieler braucht Lampenfieber- oder er lässt in seiner Leistung nach.

III. Das Verlassen der Komfortzone

Die mündliche Prüfung bringt Sie aus Ihrer Komfortzone und versetzt Sie in eine Situation, in die Sie sich freiwillig vermutlich nicht begeben würden. Eine solche Situation erzeugt Stress, viel Stress. Die natürliche Reaktion des Menschen, die uns noch aus den Steinzeittagen geblieben ist, wäre an dieser Stelle, die Flucht oder Konfrontation zu suchen.[50] Beides ist in Ihrer konkreten Situation ausgeschlossen. Weglaufen oder Angreifen ist in Prüfungen keine erfolgversprechende Option. Sie müssen also weg von diesen einfachen Reflexen unserer Vorfahren aus der Steinzeit zurück auf die Ebene des rational handelnden, vernunftbegabten Menschen. Anders als Steinzeitmenschen riskieren wir auch nicht, vom Angreifer tödlich verletzt oder verspeist zu werden. Wir können der Gefahr also ins Auge blicken und diese aktiv angehen. Drehen Sie die unangenehme Situation in eine angenehme. Intuitiv sagen Sie jetzt vielleicht, es ist gar nicht Ihre Aufgabe, in einer solchen Situation für eine gute Stimmung zu sorgen. Tatsächlich ist es aber eine Aufgabe für Sie in Ihrem ganz eigenen Interesse – Sie haben es selbst in erheblichem Maß in der Hand, eine gute Stimmung herbeizuführen, in der alle entspannt interagieren können. Eine angenehme Gesprächsatmosphäre führt dazu, dass auch die Prüfer sich wohler fühlen. Wer sich wohlfühlt, entspannt, wird nachsichtiger mit Fehlern anderer und am Ende großzügiger mit der Benotung. Die Prüfungskommission wird solche Gespräche, bei denen man sich freundlich begegnet und den Dialog sucht, immer als angenehmes Gespräch auf Augenhöhe wahrnehmen.

> **Praxistipp:**
> Stellen Sie sich nur einen kurzen Moment die Gruppe der Prüfer bei der Notenberatung vor, wenn die Stimmung schlecht war, weil es ein zähes Gespräch war, die Kandidaten einen ganzen Vormittag lang feindlich oder unglücklich geschaut haben. Nun visualisieren Sie die Stimmung einer Prüfung, in der das Gespräch einem fast schon heiteren Ping-Pong-Spiel glich, bei der die Teilnehmer freundlich und entspannt Fragen und Antworten hin und her wechselten. Wo wird es am Ende die besseren Noten geben?

Zur Herstellung einer positiven Stimmung haben wir ein paar Empfehlungen für Sie: Wichtig ist für Sie eine positive Grundhaltung, die von Innen kommt. Letztlich müssen Sie die Veranstaltung „rocken" wollen. Soviel Selbstkontrolle können Sie sich gar nicht selbst auferlegen, dass nicht im Laufe von 5 Stunden Ihre innere Einstellung für die Prüfer spürbar wird. Meistens wird sie ohnehin ab der ersten Minute spürbar. Im Laufe der Prüfung weiß man, wen nur die Angst antreibt, wer den Willen hat, durchzukommen und wer sich bereits aufgegeben hat. Was Sie denken, wie Sie zu anderen Menschen stehen, auch zu Ihrem Gegenüber, strahlen Sie auch aus. Sie entscheiden mit Ihrer inneren Einstellung zu sich selbst und zu den anderen darüber, wie der Tag verlaufen wird – und auch wieviel Energie Sie hineinstecken müssen.[51]

Die Prüfung ist eine angenehme Situation insofern, als Sie endlich Ihre langandauernde Berufsausbildung zu Ende bringen können. Seien Sie stolz auf sich, weil Sie den größten Abschnitt, nämlich 75 % Ihres 2. Examens, nach dem schriftlichen Teil ohnehin bereits bewältigt haben! Das ist keine Selbstverständlichkeit. Sie haben be-

---

[50] Kahnemann, Teil I/8.
[51] Vergleiche Scharlau/Rossié, Gesprächstechniken, 3. Aufl., S. 89.

reits ein abgeschlossenes Studium hinter sich gebracht, als Sie das erste Staatsexamen bestanden haben. Überlegen Sie nur einen Moment lang, wie viele Ihrer ehemaligen Kommilitonen aus den Anfangssemestern, die aufgegeben haben, für Ihre Situation das letzte Hemd geben würden. Gehen Sie deswegen mit Selbstvertrauen und Selbstsicherheit in die Prüfung. Stellen Sie sich vor, wie gut es Ihnen gehen wird, wenn die Prüfung vorbei ist. Nutzen Sie positive Visualisierung[52] für sich. Diese gute Stimmung transportieren Sie auch ins Prüfungsgespräch.[53]

Eine positive Grundstimmung in Bezug auf die Prüfung werden Sie auch in Ihrer Gesprächshaltung transportieren. Gehen Sie mit einer positiven Grundstimmung in die Prüfung und nehmen Sie auch gegenüber den Prüfern eine freundliche Grundhaltung ein.

Regel 12. Schauen Sie freundlich!

Vielleicht wollen Sie hier innerlich anmerken, dass Sie eine Prüfungssituation alles andere als positiv ansehen; dass Prüfungen für Sie purer Stress sind und schon immer waren. Immer schon fühlen Sie sich bereits tagelang zuvor nervös, sind mit sich selbst kaum je zufrieden. Der österreichische Psychologe Viktor Frankl hat hierzu den schönen Satz geprägt: *„Man muss sich auch von sich selbst nicht alles gefallen lassen."*

Für die mündliche Prüfung kommt es maßgeblich darauf an, dass Sie gut über juristische Fragen und Themen sprechen und Ihre juristische Arbeitstechnik mündlich unter Beweis stellen können. Wenn an Sie eine Frage gerichtet wird, müssen Sie im Examen „Farbe bekennen". Das zutiefst menschliche Verhalten, vorsichtshalber in Deckung zu gehen, bringt Sie in der Prüfung nicht weiter. Im Gegenteil: Sie müssen von vornherein aus der Deckung kommen und aktiv das Gespräch steuern. Machen Sie sich unbedingt bewusst, dass Sie in der mündlichen Prüfung durch eine aktive und zugewandte Körpersprache „Antwortbereitschaft" signalisieren können. Das einzige Risiko, dass Sie eingehen, ist, dass Sie vielleicht einmal nicht die hundertprozentig passende Antwort parat haben. Wenn Sie sich aber in Ihr Schneckenhaus zurückziehen, werden auch viele Fragen, bei denen Sie hundertprozentig hätten punkten können, an Ihnen vorüberziehen. Dann hatten Sie an dieser Stelle keinen Stress, aber ganz sicher auch keine Punkte! Sie wollen mit einem guten Gewissen aus der Prüfung gehen – und sei es, dass Sie sich wenigstens nicht vorwerfen müssen, nicht alles versucht und gegeben zu haben!

IV. Körpersprache und nonverbale Kommunikation in der Prüfung

Denken Sie bereits im Vorfeld der Prüfung immer mal wieder über Ihre Körpersprache nach, denn sie verrät – auch in der Prüfung – sehr viel und wie beim ersten Eindruck trägt sie dazu bei, dass sich Prüfer eine Meinung bilden, ohne sich dessen immer be-

---

[52] Dall, Sicher Präsentieren, 6.2.
[53] Bitte verstehen Sie diesen Ratschlag nicht als „extra", also etwas, was Sie neben der fachlichen Vorbereitung stemmen sollen/müssen. Gerade wenn es Ihnen nicht leichtfällt, eine positive Grundhaltung zum Prüfungsgespräch zu entwickeln ist die Arbeit an dieser Stelle wichtige und effektive Vorbereitungszeit. Sie wird Sie am Ende nicht weniger anstrengen als die Lektüre einer BGH-Entscheidung!

wusst zu sein. Wer ständig mit verschränkten Armen dasitzt und so eine gewisse Abwehrhaltung zeigt, kann schnell Abhilfe schaffen wenn es ihm bewusst wird.

Oben haben wir Sie gebeten, den Fragebogen „Wie wollen Sie in der Prüfung wirken?" (siehe oben Arbeitsblatt – Wirkung) auszufüllen. Sie haben also nun eine Vorstellung davon, welches Bild Sie konkret in der Prüfung vermitteln möchten und das wird Elemente der Souveränität, der Kompetenz und weiteres umfassen.

Sie kommunizieren vieles über die Körpersprache, was Sie vielleicht eigentlich nicht preisgeben wollten. Körpersprache erzählt etwas über die innere Haltung und über die Emotionen eines Menschen. Je positiver Ihre innere Haltung in der Prüfung ist, umso mehr werden Sie das auch vermitteln. Die Körpersprache ist eine unverfälschte Sprache. Fakt ist auch: Wir kommunizieren ständig über Körpersprache, auch wenn uns das zumeist nicht bewusst ist.[54]

Unsere Körpersprache kann bereits den „ersten Eindruck" beeinflussen. In den ersten Sekunden einer Begegnung nehmen wir viele Dinge unbewusst wahr. Wir registrieren intuitiv Aussehen, Kleidung, Mimik, Körperhaltung und den Klang der Stimme des anderen.[55] Das Abschätzen des ersten Eindrucks war vor vielen Jahrtausenden wichtig, denn die Menschen mussten schnell beurteilen können, ob sie Freund oder Feind begegnen. Das Abschätzen des ersten Eindrucks ist daher im Unterbewussten verankert und läuft automatisch ab[56].

Stellen Sie sich doch kurz vor, eine Ihnen nicht näher bekannte Person betritt den Raum, Sie begrüßen sich, sprechen kurz miteinander und setzen sich. Die Körperhaltung dieser Person ist kraftlos, der Händedruck fühlt sich an, als schüttelten Sie einen toten Fisch; während Ihrer ganzen Begegnung blickt Ihr Gegenüber zu Boden. Bereits aufgrund dieser kurzen Begegnung haben Sie schon eine wenig vielversprechende Vorstellung von Ihrem Gegenüber. Ein lascher Händedruck ist den meisten Menschen sehr unsympathisch, hängende Schultern wirken wenig dynamisch, ein Blick zu Boden lässt auf einen schüchternen Menschen schließen.

Demgegenüber stellen Sie sich vor, eine Ihnen nicht näher bekannte Person betritt den Raum, lächelt, gibt Ihnen mit Schwung und Körperspannung die Hand, wartet kurz, bis ihr ein Platz angeboten wird und sieht Sie erwartungsfroh an. Dabei sitzt sie gerade, aber unverkrampft Ihnen gegenüber. Wie wird die Prüfung verlaufen?

So ist die Gesprächssituation beim Vorgespräch. Ihr Verhalten in diesem kurzen Gespräch wird bereits vieles über Sie verraten. Sie haben nur eine Chance auf einen guten ersten Eindruck (vgl. oben → S. 11). Wie wollen Sie sich in der Prüfungssituation präsentieren? Auf welche Aspekte sollten Sie hier besonders achten?

1. Körperhaltung

Die Körperhaltung ist sicherlich das augenfälligste Moment der Körpersprache und schon beim Betreten des Prüfungszimmers wird diese, zumindest unbewusst, registriert. Die Körperhaltung spiegelt die innere Haltung eines Menschen wider und für eine Prüfung ist eine leicht angespannte und konzentrierte, aber offene und aufgeschlossene Haltung zu empfehlen: Ein gerader Rücken, die Schultern hinten, ein direkter und aufmerksamer Blick unterstreichen Aufgeschlossenheit und Souveränität. Ihr Gegenüber wird den Eindruck gewinnen, dass Sie in der Lage sind, die eigene

---

[54] Krüll/Schmid-Egger, Körpersprache, 2. Aufl., Kap. 1.
[55] Bruno/Adamczyk/Bilinski, Körpersprache und Rhetorik, 3. Aufl., S. 18.
[56] Vgl. Kahnemann, Teil I/8.

Meinung zu vertreten, aber offen genug sind, um die Meinungen anderer zu berücksichtigen.[57]

Vermeiden Sie eine geschlossene Körperhaltung, also eine Haltung, bei der Sie ihren Körper schützen, sich klein machen oder die Arme vor dem Oberkörper verschränken. Eine solche Körperhaltung signalisiert Desinteresse, in einer Prüfungssituation auch Angst oder Nervosität, also Attribute, die nicht mit einem Menschen in Verbindung gebracht werden sollten, für den der heutige Tag ein außergewöhnlich wichtiger ist. Passen Sie besonders auf, dass Sie sich nicht an Gegenständen festhalten oder eine Schutzmauer bilden. Arbeiten Sie deswegen lieber schon in der Vorbereitung daran, Präsenz zu zeigen. Wer es noch nicht getan hat, schaut sich noch einmal Amy Cuddys Ted Talk an.[58]

2. Mimik

Im Gegensatz zur Körperhaltung betrifft die Mimik einzelne Elemente des Gesprächs. Sind die Lippen verkniffen oder lächeln Sie? Schauen Sie grimmig oder fragend bzw. verunsichert? Bejahen Sie ein Tatbestandsmerkmal mit fragenden Augen, wird das sicherlich nicht als Statement wahrgenommen, schlimmstenfalls entsteht der Eindruck, Sie würden raten, bestenfalls sind Sie unsouverän.

Neben der Bekräftigung der fachlichen Antwort können Sie mit Ihrer Mimik die Stimmung der Prüfung erheblich beeinflussen. Ein Prüfer, der in eine Wand grimmiger Gesichter blickt, wird sich laufend fragen, was er denn den anderen nun eigentlich gerade angetan hat; damit sind mentale Kapazitäten beim Prüfer belegt, die sinnvollerweise auf die Wahrnehmung des Inhalts Ihrer Antworten gerichtet sein sollten. Ihr Ziel sollte immer eine positive Grundstimmung in der Prüfung sein. Ein offener direkter Blick wirkt aufgeschlossen. Auf diese Weise vermitteln Sie das Gefühl, dass Sie sich wohl fühlen und konzentriert sind. Ein offener Blick löst auch beim Gegenüber ein positives Gefühl aus. Lächeln Sie die Prüfer an, werden diese zurücklächeln, das schafft eine angenehme Prüfungsatmosphäre. Sie können sich in der Prüfung daran erinnern, in dem Sie sich einen Post-it mit einem ☺ vor sich auf den Tisch kleben.

> **Aus der Praxis:**
> Unvergessen ist der Kandidat in unserem Seminar, der die Prüferin so grimmig anschaute, als würde er verschiedene Arten erwägen, sie umzubringen. Auf diesen Gesichtsausdruck bei der Videobetrachtung angesprochen meinte er, dass ihn das auch erschreckt habe und er sich seines Ausdrucks nicht bewusst gewesen sei.

---

[57] Bruno/Adamczyk/Bilinski, Körpersprache und Rhetorik, 3. Aufl., S. 28.
[58] https://www.ted.com/talks/amy_cuddy_your_body_language_may_shape_who_you_are?referrer=playlist-the_most_popular_talks_of_all.

3. Gestik

Gestik begleitet die gesprochene Sprache, unterstreicht den Inhalt des Gesagten und verstärkt ihn damit; Menschen mit wenig Gestik wirken unbeteiligt und kraftlos. Die Gestik beginnt in der Prüfungssituation damit, dass Sie (abgesehen von einer Pandemiesituation) der Prüfungskommissionvorsitzenden die Hand geben, ein erster, nicht unwichtiger Eindruck.

Grundsätzlich gilt: Denken Sie über Ihre Gestik nicht nach! Sie ist bei den meisten Menschen (unbewusst) völlig angemessen. Unter Stress ändert sich das manchmal, darauf können Sie etwas achten: Meiden Sie in der Prüfungssituation jedoch weit ausholende, zappelnde und ausschweifende Gestik, da dies Nervosität und mangelnde Souveränität zum Ausdruck bringt. Eine entspannte, aber präsente Körperhaltung wird auch durch die Gestik unterstützt. Die Hände legen Sie am besten locker auf dem Tisch, keinesfalls werden sie unter dem Tisch versteckt. Versteckte Händestellen signalisieren auf der unbewussten Ebene „Gefahr"!

Vermeiden Sie typische **Nervositätsgesten**: Das Spielen mit den Haaren, Ohrringen oder einem Stift, das Klicken eines Kugelschreibers, das Festhalten an einer Halskette oder das Streichen des Barts (dies ist eine der Kehrseiten der aktuellen Bartmode) sind regelmäßig unterbewusste Gesten, die einem positiven Eindruck in der Prüfung gegensteuern, da Sie das von Ihnen Gesagte negativ konnotieren. Die Hand in der Nähe des Mundes oder am Hals sind Schutzgesten[59], die unter anderem Verunsicherung zeigen.

Regel 13. Achten Sie auf Ihre Hände!

Vergessen Sie die Füße nicht, falls diese sichtbar sind: Die Füße sind als Extremität am weitesten vom Gehirn entfernt und stellen einen guten Stimmungsbarometer dar. Innere Unruhe kann zu einem Fußzappeln führen; ein Unwohlsein kann bewirken, dass Sie in einer möglichen „Flucht"-Haltung auf Ihrem Stuhl sitzen (Belastung liegt auf dem Fußballen, so dass Sie jederzeit aufspringen könnten).

4. Ein nützlicher Irrtum

Vielleicht sind Sie beim Blättern durch ein Buch für Rhetorik und Kommunikation schon einmal über die sog. Mehrabin-Formel/Graphik[60] gestoßen.

---

[59] Krüll/Schmid-Egger, S. 26.
[60] http://www.kaaj.com/psych/smorder.html.

Der erste Eindruck

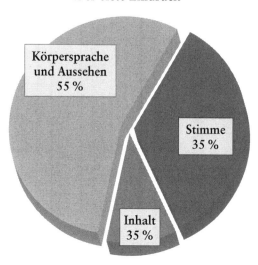

Diese „Formel" wurde lange Zeit dahin interpretiert, dass der Inhalt dessen, was wir sagen, nur 10 % des Eindrucks bestimmt, den unser Gegenüber von uns bekommt. Stattdessen sollte dieser erste Eindruck ganz überwiegend von non-verbalen und stimmlichen Eindrücken abhängen.

Mehrabin selbst hat später klargestellt, dass das eine Fehlinterpretation seiner Forschungsergebnisse sei. Das von ihm ermittelte Verhältnis treffe nur dann zu, wenn der Inhalt des Gesagten und die non-verbalen Signale nicht übereinstimmen.

Beispiel:
Der Redner kommt mit hängendem Kopf und eingefallenen Schultern an der Wand entlang in den Raum geschlichen. Als er das Podium erreicht, sagt er mit unsicherer, nervöser Stimme: *Meine Damen und Herren, ich freue mich außerordentlich, heute vor Ihnen zu reden.*

Das Publikum würde ihm nicht glauben, zu deutlich strahlt seine Körpersprache Unsicherheit und Energielosigkeit aus. In diesen Fällen „funktioniert" also die Mehrabin-Formel. Ist der Auftritt hingegen stimmig, kommt der Redner also schon energiegeladen, mit freudestrahlendem Gesicht in den Raum, nehmen Sie ihm selbstverständlich ab, dass er sich freut, vor Ihnen zu sprechen.

Wofür ist das wichtig? Nun, beim Ablauf der mündlichen Prüfung haben Sie gelernt, dass Sie die längste Zeit in Ihrer Prüfung schweigen werden. Abhängig von der Zahl der Kandidaten werden Sie über 75 Prozent oder auch über 80 Prozent der Zeit schweigen. Und in dieser Zeit wirkt allein Ihre Körpersprache und Ihr Äußeres! Wer als kompetenter und souveräner Kollege wahrgenommen werden möchte, der muss auch in dieser Prüfungsphase entsprechend positiv und aktiv wirken: Kommentieren Sie die Antworten Ihrer Kollegen weder durch Gesten noch durch Ihre Mimik, strahlen Sie stattdessen Präsenz aus und erholen Sie sich nicht lümmelnd im Stuhl. Wenn es Ihnen gelingt, nicht nur tatsächlich zuzuhören, sondern auch nach außen so wirken, als würden Sie zugewandt zuhören, kann es Ihnen egal sein, ob Mehrabins Studienergebnisse falsch verstanden wurde oder nicht. Sie werden in jedem Falle davon profitieren. Berufliche Kompetenz zeigen Sie durch aufmerksames Zuhören!

5. Stimme und Tonfall

Die Mimik und Gestik unterstreichen den Sinngehalt ihrer Aussage körperlich, die **Stimme** und der **Tonfall** wirken auf akustischer Ebene: Einer klaren und wohlklingenden Stimme hört man gerne zu, eine ruhige und klare Sprechart vermittelt Souveränität und einen klaren Standpunkt. Eine lebhafte Sprechweise und eine bunte Sprachmelodie erleichtert die Aufmerksamkeit für die Zuhörer.

Eine gehetzte oder schrille Stimme verringert die Aufnahmebereitschaft bzw. erzeugt im schlimmsten Fall Aversionen beim Zuhörer, leises Sprechen weist auf mangelnde innere Überzeugung oder Unsicherheiten hin und eine zittrige Stimme signalisiert Unsicherheit. Eine zu hohe oder zu tiefe Stimme verringert die Glaubwürdigkeit: Eine zu hohe Stimme vermittelt Überspannung und wirkt daher abschreckend; eine zu tiefe Stimme kann Bequemlichkeit oder Selbstverliebtheit signalisieren und wirkt bei langsamen Sprechtempo ermüdend.[61] Häufig wird man unsicher, wenn man den Eindruck hat, die eigene Stimme zittert, was wiederum weitere Nervosität erzeugt ..., ein Teufelskreis.

Sie können Ihre Stimme, leichter als Sie meinen, beeinflussen: Das gezielte Betonen von Worten verhindert eine zittrige Stimme; ein kurzes Husten (bitte nicht räuspern, da das die Stimmbänder schädigen kann) kann eine belegte Stimme frei machen. Eine Lockerungsübung vor der Prüfung kann helfen, Spannungen, die sich auf die Stimme schlagen können, abzubauen. Lockern Sie die Schultern, schnalzen Sie mehrfach mit der Zunge und atmen Sie mehrfach tief ein und aus, das verbessert die Artikulation. Erzwingen Sie ein Gähnen (mit der Zunge über das Innere der Schneidezähne fahren), dann wird Ihre Stimme tiefer.

Regel 14. Beachten Sie Sprechtempo und Sprachmelodie!

---

6. Allgemeine Gesprächsregeln

Grundsätzlich eine Selbstverständlichkeit, aber die Erfahrung lehrt ihre Notwendigkeit, daher der Hinweis: Halten Sie im Prüfungsgespräch die allgemeinen Gesprächsregeln und die gewöhnlichen Höflichkeitsformen ein. Wenn Sie im Vorgespräch von der Prüfungskommissionsvorsitzenden hereingebeten werden, dann warten Sie ab, ob Ihnen die Hand angeboten wird und setzen sich erst dann, wenn Ihnen Platz offeriert wird. Das Gespräch beginnt die Prüfungskommissionsvorsitzende. Sie unterbrechen nach Möglichkeit nicht und lassen ausreden. Diese Regeln gelten für das gesamte Prüfungsgespräch. Lassen Sie den jeweiligen Sprecher auch dann ausreden, wenn er langatmig die Fragen stellt, auch wenn Ihnen bereits die Antwort unter den Nägeln brennt. Und bei Nachfragen beginnen Sie Ihren Satz nicht mit einem „Aber"!

Regel 15. Lassen Sie den Prüfer ausreden!

---

7. Verständigungshindernisse

Versuchen Sie im Prüfungsgespräch Verständigungshindernisse zu vermeiden. Wie können diese entstehen? Sie können sich einfach **akustisch** ergeben. Das bedeutet, die

---

[61] Bruno/Adamczyk/Bilinski, Körpersprache und Rhetorik, 3. Aufl., S. 44.

Lautstärke des Senders und die Hörfähigkeit des Empfängers passen nicht zusammen; das passiert gerade in hohen Räumen in alten Gerichtsgebäuden oder Ähnlichem, die mancherorts gerne für Prüfungen genutzt werden. Gerade wenn Sie mit älteren Prüfern zu tun haben, ist es notwendig, dass Sie so laut und so deutlich sprechen, dass die Prüfer Sie auch verstehen können. Es ist Ihre Aufgabe dafür zu sorgen, dass Sie verstanden werden. Sie wollen ja gehört werden. Gerade wenn der Prüfer weiter weg[62] sitzt, müssen Sie deutlich artikulieren. Auf Bitten eines Prüfers, das gerade Gesagte zu wiederholen, reagieren Sie immer freundlich und nie genervt.

a) **Sprachliche Missverständnisse.** Vermeiden Sie auch **sprachliche** Verständigungshindernisse. Diese können sich dadurch ergeben, dass Sie einen Dialekt sprechen, der vom Prüfer nicht geteilt wird. Starker Dialekt kann im Prüfungsgespräch ein Hindernis sein. Sie brauchen sich nicht zu verstellen und jede Dialektwendung unterdrücken. Sie können sich aber bemühen, hochdeutsch oder besser gesagt schriftdeutsch zu sprechen; jedenfalls sollten Sie deutlich sprechen.

Ein weiteres Hindernis kann auftreten, wenn Sie nicht die notwendigen Fachausdrücke verwenden. Die mündliche Prüfung zielt darauf ab, Ihre Eignung für den juristischen Beruf festzustellen, Sie sollten daher in der Lage sein, einen Fall einschließlich der entsprechenden Fachbegriffe zu lösen. Die Verwendung von Alltags- oder Umgangssprache ist nicht das was von einem künftigen Kollegen erwartet wird. Gibt der Prüfer vor, dass die Großmutter im Erbrechtsfall die Erblasserin ist, dann sprechen auch Sie nicht von der „*Omma*".

b) **Emotionale Missverständnisse. Emotionale** Verständigungshindernisse. Angst und Stress können die Kommunikation in der Prüfung beeinträchtigen und verhindern, dass das von Ihnen Gesagte beim Prüfer ankommt. Üben Sie Techniken, um eine etwaige Nervosität in den Griff zu bekommen, diese haben wir unter → S. 28 ff. beschrieben.

V. Ihre Prüfung

Nach vielen allgemeinen Erwägungen zum Prüfungsgespräch geht es jetzt um die eigentliche Prüfung. Der Vorsitzende der Prüfungskommission stellt Ihnen die Prüferbank vor, gibt die Reihenfolge der Prüfung bekannt und erteilt dem ersten Fachprüfer das Wort. Sie haben Ihr Gesetz vor sich aufgeschlagen und schauen den Prüfer gespannt an.

1. Fallschilderung

Die Prüfung beginnt entweder mit einer Fallschilderung oder einer allgemeinen Einstiegsfrage.

a) **Allgemeine Einstiegsfrage.** Allgemeine Einstiegsfragen betreffen sehr oft aktuelle Ereignisse, neue Gesetzesvorhaben, in Kraft getretene Reformen, gegenwärtige Debatten oder eine allgemein gehaltene Frage. Damit will man erkennen, ob Sie neben

---

[62] Das war in den Jahren 2020/2021 zu beobachten, wegen des Infektionsrisikos saßen Prüfer und Kandidaten jeweils mindestens 2 m auseinander. Zusätzliche akustische Belastung tritt durch häufige Lüftungsintervalle ein.

vertieftem Wissen auch aktuelle Ereignisse juristisch beurteilen können und informiert sind. Diese Fragen verursachen bei den Kandidaten vergleichsweise viel Stress, völlig zu Unrecht, wenn Sie die auf → S. 77 ff. beschriebene Vorbereitungsempfehlung durchgearbeitet haben.

Anmerkung:
Legendär ist die Prüfung, bei der der Prüfer mit folgendem Satz begann: *Mit wem lässt sich das Bundesverfassungsgericht am ehesten vergleichen?* Auf diese Frage gibt es weder richtige noch falsche Antworten! Die Frage ist ein vermeintlich salopper Einstieg, um ins Gespräch zu kommen.

b) Der konkrete Fall. Der geschilderte Fall unterscheidet sich vom Detailgrad erheblich und, abhängig vom Prüfertyp (siehe hierzu oben → S. 37 ff.), wird entweder ein langer und genau vorbereiteter Fall geschildert oder als Falleinstieg in wenigen Sätzen ein sehr allgemein gehaltener Fall gewählt, der im Lauf des Prüfungsgesprächs fortgeschrieben wird. In der Regel wird eine bestimmte Rolle, die Sie gedanklich einnehmen sollen, vorgegeben, zB die Anwaltsrolle, die Notarrolle und natürlich auch die Rolle des Gerichts.

Seien Sie beim Mitschreiben zurückhaltend und hören Sie lieber dem Prüfer aufmerksam zu, damit Sie in der Lage sind, nach Ende der Fallschilderung ein fachliches Gespräch zu beginnen.

Empfehlung zum Mitschreiben:
Sie sollten sich Daten, wie Jahreszahlen oder Beträge, notieren und die Art und Anzahl der am Fall beteiligten Personen bildhaft skizzieren. Halten Sie dabei unbedingt den Blickkontakt aufrecht!

Beispiel:
Prüfer: *Stellen Sie sich vor, Sie sind Rechtsanwältin und zu Ihnen kommt ein neuer Mandant. Er schildert Ihnen, dass er Vermieter einer Blumenhandlung ist und obwohl der Mietvertrag seit 1.4. des Vorjahres läuft, hat der Mieter noch immer die vereinbarte Mietkaution nicht entrichtet. Der Mandant möchte wissen, was er tun kann. [Zu Kandidatin A]: Was meinen Sie?*

- So oder ähnlich: Fünf Prüfungskandidaten blicken nach unten oder schreiben noch, während Kandidatin A schon aufgerufen worden ist. Die Aufgerufene fängt mit aufgeregter Stimme zu reden an, blickt dabei in den Schönfelder, in dem sie hektisch und ziellos blättert und am Ende des Gedankens wandert die Stimme nach oben.
- Wie wirkt diese Situation auf Sie? Sprechen wir die Kursteilnehmer darauf an, rechtfertigen diese sich regelmäßig damit, sie müssten mitschreiben, schließlich wüssten sie nicht, wie lang der Fall ist. Und auch im Schönfelder/Sartorius/etc. müsse man blättern, schließlich müsse die Prüfung ja Normbezug haben.

ABER: Stellen Sie sich vor, Sie gehen als Patient zum Arzt. Während Sie ihm Ihre Symptome schildern, schreibt er konzentriert mit. Sobald Sie aufgehört haben zu reden, nimmt er das dickste Buch aus seinem Regal und fängt an, darin zu blättern. Sie würden hoffentlich Reißaus nehmen. Kann man diese Situationen wirklich vergleichen? Ja, man kann, man muss sogar, wenn man etwas lernen will, da es um professionelle Gesprächsführung geht!

Schauen Sie sich den Fall noch einmal an! Der Fall ist so kurz, dass ein Mitschreiben überhaupt nicht angezeigt ist, da die wenigen relevanten Informationen des Falls aus – „Gewerbemietvertrag und nicht gezahlte Kaution, was kann der Vermieter tun?" – bestehen. Das ist die Zusammenfassung des Falles, der damit im Bereich des Schuldrechts Besonderer Teil irgendwo zwischen dem 3. und 5. Semester angesiedelt sein könnte. Keine Rocket-Science für Juristen, keine Erkrankung, bei der es um Leben und Tod geht, um das Beispiel Ihres Arztes fortzusetzen. Warum also schreiben Sie mit? Warum schauen Sie nicht Ihren Prüfer an und denken schon nach, während der Fall noch geschildert wird?

Regel 16. Hören Sie dem Prüfer aufmerksam zu! Schreiben Sie nur zentrale Informationen auf.

Die Mündliche Prüfung ist ein **Prüfungsgespräch**. Verhalten Sie sich deswegen so, wie Sie sich auch bei anderen Gesprächen verhalten. Sie werden feststellen, dass Sie aufgrund des durch die Prüfung verursachten Adrenalinausstoßes auch noch Jahre nach Ihrer mündlichen Prüfung den Fall im Detail parat haben, ohne dass Sie sich Ihrer Notizen bedienen müssten. Also bleiben Sie ruhig, notieren Sie nur das Wesentliche und stellen Sie Blickkontakt mit Ihrem Prüfer her, wenn dieser mit der Fallschilderung fertig ist.

2. Antwortstrategien

Sie sollten nochmal kurz innehalten und überlegen: **Wie wollen Sie wirken?** Was wollen Sie transportieren? Sie stehen am Ende einer sehr langen Ausbildung und es gilt, den letzten Schritt vor Ihrer eigentlichen Berufstätigkeit zu tun. Sie können morgen als Staatsanwalt, Rechtsanwalt oder Richterin bzw. als Unternehmensjuristin anfangen, dh: Sie sind geeignet, die künftige Kollegin zu sein, sie wollen daher kompetent, souverän und überzeugend wirken. Holen Sie sich das entsprechende Bild vor Ihr geistiges Auge → so müssen auch Ihre Antworten klingen.

a) **Gesprächsrahmen.** Nach der Fallschilderung wird der Prüfer einen Kandidaten aufrufen und die meisten Prüfer beginnen entweder links oder rechts außen, meist mit einem schwächeren Kandidaten, weil sich zu Beginn eines Falles meist die einfacheren Fragen ergeben. Hängt ein Kandidat oder überzeugt mit seiner Antwort nicht, wird die Frage für gewöhnlich weiter- oder freigegeben und der Prüfer kehrt im Anschluss meist zu dem Kandidaten zurück. Alle Kandidaten sollen in etwa die gleiche Redezeit erhalten und während einer durchschnittlichen Prüfung kommt man erfahrungsgemäß zwei- bis dreimal zu Wort.

Hinweis:
Eine gute Prüfung und die Fragen sollten so gestaltet sein, dass das ganze Spektrum der Notenskala ausgeschöpft werden kann, dh es gibt auch Fragen der Notenkategorie *sehr gut* (auch wenn man zu diesen nur selten gelangt). Der Prüfer wird den Schwierigkeitsgrad der gestellten Fragen bei jedem Kandidaten steigern, um das Notenspektrum auszuschöpfen, beginnt aber angesichts der knappen Prüfungszeit bei den Kandidaten für die obersten Platzziffern nicht mit Fragen der Notenstufe ausreichend (und umgekehrt):
- Kandidaten missverstehen dieses Vorgehen als **Vornotenorientierung.** Es macht aber einfach keinen Sinn, bei einem Kandidaten, der ums Bestehen zittert, mit einer Frage der Notenstufe *vollbefriedigend* zu beginnen, das wäre psychisch fatal.
- Es ist völlig normal, dass Sie eine Frage nicht beantworten können und vielleicht war das ja schon die „14 Punkte" Frage? Hätten Sie eine gute Antwort auf alle Fragen, müssten Sie auch 18 Punkte erzielen. Das bedeutet für die Prüfung: **Die nächste Frage ist die wichtigste der Prüfung.**

b) Jetzt sind Sie dran! Sie haben den Fall gehört, erhalten die erste Frage und die Prüferin erwartet eine Antwort. Dabei werden in der Regel offene Fragen gestellt.

> **Anmerkung:**
> Kurze, offene Fragen sind gefährlich, da diese leicht verunsichern und erfahrungsgemäß haben Kandidaten größere Schwierigkeiten mit den Fragestellungen, die mehrere Prüfungsansätze eröffnen. Man weiß nicht sofort, worauf der Prüfer hinaus will und das verunsichert in der Prüfung leicht. Betrachten Sie kurze offene Fragen als eine Einladung für ein Gespräch, bei dem Sie ein bisschen die Richtung beeinflussen können.
>
> **Tipp:**
> Fangen Sie keinesfalls unkritisch mit dem an, was Ihnen zuerst in den Kopf gelangt, da hier meist die größte Unsicherheit besteht. Denken Sie vielmehr laut und gehen in der Arbeitsweise vor, die Sie auch in Klausuren einsetzen: An welchem Punkt Ihres klassischen Prüfungsschemas befinden Sie sich?

aa) Rollenverständnis zeigen. Beginnen Sie mit der Antwort, die der von Ihnen in der Prüfungssituation gerade eingenommenen Rolle entspricht. Sollen Sie in die Rolle eines Anwalts schlüpfen, wären die klassisch ersten Schritte: [Unterzeichnen der Vollmacht, Klärung der Gebühren], Ermittlung des Rechtsschutzziels, Klärung des Sachverhalts, Rechtliche Bewertung. Schon haben Sie einen wunderbaren Einstieg und der Anfang verliert seinen Schrecken.

Sollen Sie den Mandanten beraten, überlegen Sie sich die nächsten Schritte des Anwalts. Welche Vorschrift würde ein Anwalt zunächst prüfen? Begründen Sie die von Ihnen vertretenen Ansichten, am besten mit dem Gesetz oder sonst einem guten Argument. Denken Sie hierbei laut und erläutern Sie beispielsweise, dass Sie zunächst die materielle Rechtslage prüfen, um anschließend prozessuale Schritte zu erwägen. Stellen Sie Struktur dar, da Sie anders als in der schriftlichen Prüfung eine Gliederung sprachlich vermitteln müssen.

bb) Von Beginn an – Jurist sein. Argumentieren Sie juristisch und vermeiden Sie rein menschliche oder ideologische oder sentimentale Erwägungen. Warten Sie nicht zu lange mit Ihrer Antwort auf eine gestellte Frage, da längere Gesprächspausen sehr schnell bei Ihnen zu Stress führen können, und Sie vermeiden solche Gesprächspausen, indem Sie sich disziplinieren, laut und schrittweise denken, den Prüfer also an Ihrem Denken teilhaben lassen. Und dann holen Sie sich von ihm ein Feedback ab.

c) Satz Punkt Satz Punkt Pause Blickkontakt! Jetzt gehen wir ziemlich ins Detail. Ihre Antworten sollten Sie, gerade am Anfang des Prüfungsgesprächs, in folgender Grundstruktur geben:

> *Sie sagen zwei Sätze als Antwort auf die gestellte Frage. Mit der Sprachmelodie gehen Sie nach unten. Sie holen sich Feedback ab, indem Sie die Prüfer anschauen und setzen dann ihre Antwort fort. Die* **Sprachmelodie** *Ihrer Antwort sollte so aussehen:*
>
>
>
> Satz   Punkt   Satz   Punkt – Pause – Blickkontakt

aa) Nachrichtensprecher. Wenn Sie einen Hauptsatz (mit maximal einem kurzen Relativsatz bilden), setzen Sie als Satzzeichen einen Punkt. Bevor Sie fragen: Nein, der Punkt wird nicht mitgesprochen, aber er muss das sein. Wenn Sie einem Nachrichten-

sprecher zuhören, werden Sie dies fast in Perfektion erleben: Ein Gedanke wird abge-
lesen. Die Stimme geht nach unten, so dass der Zuhörer ganz instinktiv weiß, dass der
Gedanke zu Ende ist. Jetzt schaut der Nachrichtensprecher nach oben und simuliert
so eine tatsächliche Gesprächsatmosphäre.

Genauso sollen Sie auch in der mündlichen Prüfung agieren, wobei Sie allerdings
am Anfang keine Antwort vorlesen, sondern von Anfang an mit Blickkontakt agieren.
Nur wenn Sie dies beherzigen, kommen Sie in eine Gesprächssituation.

bb) Zwei-Satz-Strategie

> **Beispiel:**
> *Der Kläger könnte einen Anspruch auf Pflichtteilsergänzung gemäß § 2325 BGB haben. Voraus-*
> *setzung dafür wäre, dass er überhaupt zum Kreis der Pflichtteilsberechtigten gehört. Das prüfe*
> *ich jetzt.*

Jetzt könnten Sie natürlich einwenden, dass wir gegen unsere eigene Regel verstoßen,
weil die Antwort ja aus 3 Sätzen besteht. Aber es geht uns natürlich auch nicht darum,
dass Sie sich nach 2 Sätzen auf die Zunge beißen und partout nicht weitersprechen
wollen. Wir wollen Sie ermutigen, kurze und klare Gedanken zu formulieren, die aufgrund ihrer Satzmelodie dem Gesprächspartner ermöglichen, mit Ihnen in ein echtes
Gespräch zu kommen (siehe dazu unten → S. 68).

cc) So besser nicht

> **Zum Vergleich:**
> Stellen Sie sich doch einmal den umgekehrten Fall vor: Der Kandidat senkt am Ende des Gedan-
> kens die Stimme nicht, sondern hebt sie und lässt sie in der Schwebe. Außerdem blickt er ununter-
> brochen in den Schönfelder.

Wenn wir das Beispiel analysieren, fallen zuerst die sog. **Hochschlüsse** auf. So bezeichnet man das Beenden des Gedankens mit nach oben gezogener Stimme. Sie wissen,
was das bedeutet. Richtig! Der Gedanke ist noch nicht abgeschlossen, vielmehr wird
der Redner den Satz gleich fortsetzen. Ein höflicher Prüfer wird jetzt das tun, was höf-
liche Menschen eben tun: Warten! Sie unterbrechen keinen Redner, dessen Gedanke
noch nicht abgeschlossen ist. Und der Prüfer wird den Kandidaten umso weniger unterbrechen, wenn dieser keinen Blickkontakt hält. Das würde ja die Unhöflichkeit verstärken. Es kann also sein, dass sich jemand um Kopf und Kragen redet, ohne dass wir
die Chance gehabt hätten, zu helfen.

dd) Belohnung: Feedback vom Prüfer. Beantworten Sie die gestellte Frage, indem Sie

mit ein bis zwei Hauptsätzen antworten (siehe dazu oben → S. 66).[63] Diese zwei
Sätze ermöglichen Ihnen den ersten Falleinstieg. Nach den zwei Sätzen machen Sie die
Pause, indem Sie mit der **Satzmelodie bewusst nach unten gehen**, um auch das Satzende im Gespräch deutlich zu machen. Spätestens jetzt, falls Sie nicht die gesamte Zeit
bereits Blickkontakt gehalten haben, blicken Sie zum Prüfer auf und schweigen. Der
Prüfer, der ein Gespräch mit Ihnen führen möchte, wird nun eine Reaktion auf das
von Ihnen Gesagte zeigen. Dies kann darin bestehen, dass er nickt, eine zustimmende

---

[63] Dabei gehen wir an dieser Stelle nicht auf die inhaltlichen Antworten ein, sondern wesentlich
ist, wie Sie das Gespräch führen.

Äußerung von sich gibt oder mit der nächsten Frage weitermacht. Das ist Ihr Feedback! Machen Sie diese Pause nicht und reden Sie einfach ohne Punkt und Komma weiter, wird der Prüfer wahrscheinlich zunächst zuhören, um zu sehen, wohin Sie reisen. Ein höflicher Prüfer wird Sie nicht unterbrechen, sondern Sie ausreden lassen und es besteht das Risiko, dass der Kandidat wertvolle Redezeit vergeudet oder sich um Kopf und Kragen redet.

Regel 17. Achten Sie auf Feedback durch den Prüfer!

Anmerkung: Hin und wieder kommt in unseren Seminaren an dieser Stelle der Einwand, dass bei Verwendung dieser Zweisatz-Technik das Risiko besteht, dass die Frage an den nächsten Kandidaten weitergegeben wird. Das kann natürlich sein. Andererseits ist nicht anzunehmen, dass, wenn Sie mehr als zwei Sätze, insbesondere eine Vielzahl von Schachtelsätzen von sich geben, Ihre Antwort mehr Substanz haben wird, als wenn Sie mit normalen Haupt- und Nebensätzen eine gestellte Frage beantworten. Es kann der Prüfer entscheiden, ob ihm die Antwort reicht oder ob noch eine weitere vertiefende Frage gestellt werden muss. Sie können auch nach den zwei Sätzen fragen, nach Blickkontakt, ob Sie weitermachen, beispielsweise eine gerade angesprochene Anspruchsgrundlage prüfen sollen. Wichtig ist jedenfalls, dass Sie im Gespräch mit dem Prüfer bleiben, dies setzt Blickkontakt voraus. Die mündliche Prüfung ist kein Abhaken von Antworten, sondern es soll zu einem tatsächlichen Prüfungsgespräch kommen. Der Prüfer wird sicher nicht deswegen allein zum nächsten Kandidaten springen, weil Sie eine kurze Gesprächpause eingelegt haben, auch wenn es eine klassische Gesprächsstrategie von Politikern ist, wenn sie Fragen vermeiden wollen, einfach keine Gesprächpausen bzw. nur Pausen an unerwarteten Stellen zu machen. Die Situationen sind aber nicht vergleichbar.

d) Ehrlicher Blickkontakt. Ehrlicher Blickkontakt bedeutet, aktiv in die Augen der anderen Person zu blicken und nicht nur pro forma in deren Richtung zu schauen[64] und das gilt natürlich auch Ihrem Prüfer gegenüber. Das Fatale beim unechten Blickkontakt ist, dass er dem Gegenüber sofort auffällt!

Sind Sie gerade nicht am Zug, sollten Sie auch Blickkontakt mit den anderen Mitgliedern der Prüfungskommission aufnehmen, da das zur Gesprächsatmosphäre beiträgt und Ihnen die Gelegenheit gibt, deren Körpersprache wahrzunehmen.

e) Antworten Sie nicht mit einer Frage. Natürlich sind Sie unsicher, ob Ihre Antwort zutreffend ist oder nicht. Aber das kommunizieren Sie verbal und nicht durch ein gesprochenes Fragezeichen am Ende Ihres Gedankens.

Beispiel:

So nicht: *Ein Kaufvertrag?* (Stimme geht ganz nach oben)

---

[64] Martin Dall, Die rhetorische Kraftkammer, S. 262.

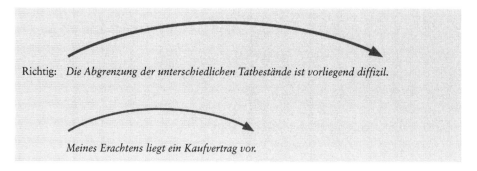

Richtig: *Die Abgrenzung der unterschiedlichen Tatbestände ist vorliegend diffizil.*

Meines Erachtens liegt ein Kaufvertrag vor.

Bedenken Sie: Gegenstand der mündlichen Prüfung ist, ob Sie für einen juristischen Beruf geeignet sind, ob Sie also mit Überzeugung Ergebnisse vertreten und zu ihnen stehen können. Insbesondere, wenn der Prüfer mit einer Nachfrage eine Vertiefung wünscht, bleiben Sie im Ton überzeugend, gehen mit der Satzmelodie nach unten, um auch das Ende Ihrer Ausführungen zu kennzeichnen.

Wandert aber Ihre Sprechmelodie nach oben, wie es bei Fragen typisch ist, bringen Sie hierdurch Ihre Unsicherheit zum Ausdruck und es ist, als würden Sie am Ende formulieren: *Bitte bestätigen Sie die Richtigkeit meiner Antwort!* ABER: Das Gesagte wird inhaltlich nicht besser, wenn es als Frage formuliert wird, eine falsche Antwort nicht schlimmer, wenn sie sicher vorgetragen wurde. Es entspricht aber dem Berufsbild eines Juristen, Antworten im „Brustton der Überzeugung" zu geben. Deshalb sollten Sie für die mündliche Prüfung das Fragezeichen aus Ihrer Sprechmelodie streichen. Ausrufungszeichen sind natürlich in Ordnung, aber in erster Linie gilt:

Regel 18. Machen Sie einen Punkt!

---

f) Argumentieren Sie! Wir hatten schon ganz am Anfang, als wir Ihnen den Ablauf der Prüfung dargestellt haben, erläutert, wofür Sie in der mündlichen Prüfung Punkte bekommen. Es sind die Aspekte, die einen guten Juristen ausmachen und von anderen Berufsgruppen unterscheiden. Auch ein Nichtjurist kann nämlich das Ergebnis auf eine Fallfrage im Internet recherchieren. Er wird dazu auch eine Reihe von brauchbaren Ergebnissen finden.

Auch wenn es schon ein wenig abgedroschen klingt: Das Ergebnis allein macht nicht den Juristen aus: Ein guter Jurist kann mit seinem Handwerkszeug umgehen. Sie prüfen, wie auch in der Klausur, die Anwendung von Normen auf Sachverhalte. Dafür haben Sie Techniken erlernt und Wissen angesammelt. Das kann zu manchen Punkten ganz einfach sein, hier sollten Sie von vertiefter Argumentation absehen (das ist das „unproblematisch", das Sie in der Mündlichen Prüfung wie auch in der Klausur nicht mehr vertiefen).[65] Gelegentlich kann die Frage der Anwendung des Tatbestandsmerkmals einer Norm schwer und unklar sein, da wissen Sie die Antwort nicht sofort.

Das sind die Stellen in der Klausur oder der Prüfung, bei denen viele dazu neigen, einen großen Bogen zu machen, weil man auch die Antwort nicht sofort griffbereit hat. Das sind aber die interessanten Stellen in der Klausur und der mündlichen Prüfung. In diese Stellen müssen Sie in der Klausur hinein (also dahin, wo es gefühlt wehtut, weil bei Ihnen eine Unsicherheit besteht, welches das richtige Ergebnis ist) und in

---

[65] In der Klausur würde die Anmerkung „unproblematisch" stehen.

diese Punkte müssen Sie auch in der mündlichen Prüfung. Und für diese Tätigkeit, das „Subsumieren" eines Sachverhaltes unter eine Norm, gibt es in der mündlichen Prüfung Punkte. Da kommen Sie an den Punkt in Ihrem Fall, an dem Sie begründen müssen, warum Sie ein bestimmtes Tatbestandsmerkmal einer Norm auf diese konkrete Sachverhaltskonstellation anwenden wollen. Weil das in der Regel auch der Punkt ist, der den Prüfer dazu gebracht hat, diesen Fall zu wählen, müssen Sie hier Ihr juristisches Handwerkszeug herausholen und das von Ihnen gefundene Ergebnis nachvollziehbar begründen.

Dazu setzen Sie die von Ihnen in den vergangenen 7–8 Jahren erlernten Argumentationstechniken ein. Die von Ihnen gewählten Argumente vertreten Sie in der mündlichen Prüfung überzeugt. Sinnvoll ist es auch, sich in der Argumentation mit etwaigen Gegenargumenten bereits auseinander zu setzen. Der Prüfer wird Ihre Argumentation unter Umständen, wie es unter Juristen üblich ist, zusätzlich mit etwaigen Gegenargumenten verproben.

Exkurs: Juristische Argumentation in der mündlichen Prüfung:
Sie haben, wenn Sie jetzt kurz vor Ihrer mündlichen Prüfung stehen, insgesamt ungefähr 7 Jahre juristische Ausbildung hinter sich. Für die mündliche Prüfung sollten Sie daher Ihr Handwerkszeug beherrschen. Deshalb „Nur zur Wiederholung" – wie legen Sie ein Tatbestandsmerkmal einer Norm aus?

Auslegung von Normen
- Auslegung nach dem allgemeinen Wortsinn oder der Bedeutung des Tatbestandsmerkmals nach dem üblichen **Sprachgebrauch.**
- **Systematische Auslegung** – in welchem Kontext steht die Norm, welcher Sinnzusammenhang besteht zu den anderen Normen des Abschnitts?
- Auslegung nach dem **Gesetzeszweck** (teleologische Auslegung). Welchen Zweck hat der Gesetzgeber mit der Norm verfolgt, welche Rechtsgüter sollen geschützt werden?
- **Historische** Auslegung (Entstehungsgeschichte der Norm).

g) *Sind Sie sicher?* Mit dieser Frage können wir in unseren Kursen wirklichen Stress auslösen. Was soll man antworten? Versetzen Sie sich doch einmal in die Rolle eines Prüfers und versuchen die Zielrichtung der Frage zu ermitteln: Der Kandidat war gerade an einem zentralen Punkt der Prüfung und er hat die Kernproblematik entweder bereits insgesamt verkannt oder vorschnell erledigt. Die Frage ist damit gleichbedeutend mit: Haben Sie nicht ein Problem übersehen? Oder (die Antwort war oberflächlich): Prüfen Sie genauer? Jedenfalls ist das KEINE Ja/Nein Fragestellung, sondern die Aufforderung zum wiederholten und vertieften Prüfen. Meiden Sie hierbei – das haben wir Ihnen schon im Kapitel über die kognitive Dissonanz (→ S. 27) erläutert – eine schnelle Festlegung mit Ja oder Nein, da Sie dann nur diese Einschätzung verteidigen werden und Sie verbauen sich die Chance, sich zu korrigieren.

h) *Sehen Sie das auch so?* Und schon ist Ihre Frage beim Kollegen. Während der nächste Kandidat schon seine Antwort formuliert, denken Sie vielleicht noch darüber nach, ob jetzt gerade etwas schief gegangen ist. Lassen Sie sich von diesem procedere nicht verunsichern! Die Weitergabe einer Frage bedeutet nicht, dass Ihre Antwort falsch war! Es kann sehr gut sein, dass der Prüfer mit Ihrer Argumentationslinie einverstanden war. Vielleicht haben Sie auch bereits genug gesagt und der Prüfer will den anderen Kandidaten nun ihre Redezeit einräumen. Grübeln Sie also nicht, was den Prüfer bewogen hat, mit dem nächsten Kandidaten fortzufahren. Bleiben Sie aufmerksam und verfolgen Sie die Prüfung des Kollegen gedanklich mit, um sich jederzeit wieder einbringen zu können.

Wenn nun die Frage: *Sehen Sie das auch so?* bei Ihnen landet: Es gilt letztlich das oben zu *Sind Sie sicher?* Ausgeführte entsprechend: Die Frage zielt darauf ab, an dem entsprechenden Punkt des Falles eine vertiefte Problembearbeitung zu beginnen und ein Mitprüfling soll vielleicht ein weiteres, unter Umständen auch Ihrer Ansicht widersprechendes Argument liefern. An diesem Punkt der Prüfung sind Sie bei einer Rechtsfrage, deren Lösung nicht klar auf der Hand liegt, hier ist Argumentation möglich und nötig und die offene Fragestellung lädt zur Diskussion ein.

Meiden Sie hierbei – das haben wir Ihnen schon im Kapitel über die kognitive Dissonanz (→ S. 27) erläutert – eine schnelle Festlegung mit Ja oder Nein, da Sie dann nur diese Einschätzung verteidigen werden. Kommen Sie aber zu einem anderen Ergebnis als der Vorredner, scheuen Sie sich nicht, eine andere Auffassung zu vertreten (die mündliche Prüfung ist ein Einzelwettkampf!).

i) Arbeiten Sie nicht vor. Das ist eine komfortable Situation, denken Sie sich, Sie sind in der Prüfung zu fünft und der Prüfer fängt bei der Kollegin an, die auf der ganz anderen Seite sitzt, bis zu Ihnen sind noch 3 weitere Kollegen dran. Nun können Sie ja in aller Ruhe die Falllösung durchdenken, im Gesetz nach den einschlägigen Normen suchen und warten, bis die Prüfung zu Ihnen kommt.[66] Das ist ein Denkfehler! Wichtig ist, dass Sie zu jeder Zeit in die Prüfung des Kollegen einsteigen können. Es gibt Prüfer, die geben die Frage frei, die vom Kollegen nicht beantwortet werden konnte. Es gibt Prüfer, die springen in der Prüfungsreihenfolge. Und es gibt Prüfer, die einem Kandidaten folgen, wenn er einen abwegigen Weg beschreitet. Es kann sein, dass der Kandidat, der vor Ihnen geprüft wird, als letzten Gedanken in der Zivilrechtsprüfung, die sich bislang in den Tiefen des Kaufrechts zutrug, das Stichwort *ZPO* äußert. Und schon sind Sie im Prozessrecht an der Reihe. Bis also die Prüfung zu Ihnen kommt, wird sich der Fall anders entwickeln, als Sie glauben und Sie stehen, wenn die Frage zu Ihnen kommt, auf dem Schlauch.

Regel 19. Sie müssen jederzeit in der Lage sein, die an Ihren Nachbarn gestellte Frage zu beantworten!

---

j) Freigegebene Fragen. Wie gehen Sie mit freigegebenen Fragen um? Wir stellen häufig fest, dass sich Kandidaten „wegducken". Wenn wir das dann ansprechen, hören wir als Grund mitunter, dass sich der Kandidat nicht „100%ig sicher" war und deshalb nicht drankommen wollte. Aber Sie wissen ja, wie das mit den 100%igen Sicherheiten im Leben ist. Naturgemäß ist das Fragespektrum so groß, dass es tatsächlich Fragen gibt, von denen Sie wirklich keine Ahnung haben. Wenn sich die Prüfung ihrem Ende entgegen neigt und die 16-Punkte-Jackpot-Frage gestellt wird, dann bleibt Ihr Gesichtsausdruck neutral und Sie im Modus „mitdenken", denn vielleicht liefert ein Mitprüfling oder der Prüfer noch ein Stichwort, mit dem Sie etwas anfangen können. Das erkennen Sie daran, dass in dieser Situation fast immer geschlossene Fragen gestellt werden, zB *Auf wen geht diese Theorie zurück?* oder *In welcher Entscheidung hat das BVerfG entschieden, dass …?*.

---

[66] Als Prüfer erkennt man Kandidaten, die so arbeiten, unter anderem daran, dass Sie alle zur Verfügung stehenden Finger als Lesezeichen im Schönfelder etc. haben, damit jede Antwortalternative abgedeckt ist. Merken Sie sich: Es gibt mehr potentielle Prüfungsverläufe, als Sie Finger zur Verfügung haben!

Aber wenn es sich um eine freigegebene Frage „mittendrin" handelt, zB *Wer hat eine Idee?* oder *Wie könnte man argumentieren?*, erwecken Sie stattdessen ruhig den Eindruck, dass Sie aufgerufen werden und die Frage beantworten wollen. Oft sind es auch hier keine entweder-oder-Fragen, sondern Sie können mit Ihrem normalen Handwerkszeug punkten. Und unterschätzen Sie nicht den Effekt, den Ihr Engagement an dieser Stelle bei der späteren Notenberatung haben kann bzw. wird.

Üblicherweise kann der Prüfer bei freigegebenen Fragen nur einen Kandidaten aufrufen. Wenn Sie aber gezeigt haben, dass Sie die Antwort geben können, dann bleibt bei dem Prüfer jedenfalls unterbewusst hängen, dass Sie die Antwort gewusst hätten. Signalisieren Sie also, auch wenn Sie die Antwort nicht 100 % wissen, die Bereitschaft, die Frage zu beantworten.

k) Kommunizieren Sie Ihre Denkprozesse. Anders als bei Klausuren können Sie in der mündlichen Prüfung Ihre Lösungen nicht friedlich auf einem Skizzenblatt entwickeln und dann eine fertige, abschließend durchdachte sorgsam ausformulierte Lösung anbieten. In der Mündlichen Prüfung müssen Sie auch den Weg zum Ergebnis transparent machen und die Lösung im Gespräch mit dem Prüfer entwickeln. Dies erfordert etwas Übung, wenn Sie bisher eher zu den schweigsameren Teilnehmern Ihrer Ausbildungsarbeitsgemeinschaft gehört haben. Diese Technik können Sie gut mit Kollegen in einer Lerngruppe üben. Erklären Sie den Weg zur Lösung, wie Sie einsteigen, welche Normen Sie heranziehen wollen, welche Sie ausscheiden und lassen Sie den Prüfer an diesen Gedanken teilhaben.

Anmerkung: Bleiben Sie bei einer juristischen Arbeitsweise. Unterlassen Sie das hektische Suchen eines Schlagworts im Sachverzeichnis. Wenn Sie eine Norm wirklich nicht finden sollten, spricht nichts dagegen zu sagen:
- *Ich suche eine Norm, die ich systematisch bei xy verorten würde. Um mir den Suchprozess zu erleichtern, suche ich kurz über das Inhaltsverzeichnis der ZPO.*
- *Ich bin mir sicher, dass das in den 800ern steht, ich muss kurz blättern.* Sie werden sehen, dass es Prüfern häufig zu müßig ist, Ihnen beim (nervösen) Blättern zuzuschauen und sie werden aushelfen. *Schauen Sie vielleicht einmal in § 888 ZPO.*

l) Umgehen mit Unsicherheiten. Erhebliche Unsicherheit tritt ein, wenn die Frage gestellt wird und Sie keine sofortige Antwort wissen. Jede Sekunde, die verstreicht, ohne dass Sie eine Antwort geben, klingt vermutlich laut in Ihrem Ohr, während Sie fieberhaft nach einer Antwort suchen. Jeder Teilnehmer hat Angst vor einem Blackout. Es gibt mehrere Tipps, wie man in der Prüfung gut damit umgehen kann. Siehe zum allgemeinen Umgang mit Lampenfieber oben (→ S. 28), bezogen auf das konkrete Prüfungsgespräch können folgende Ansätze helfen:

Tipp 1: Sie unterbrechen den Blackout, wenn Sie sich sprechen hören. Das gelingt Ihnen beispielsweise, in dem Sie die Frage umformulieren:

Formulierungsbeispiel:
Sie als Vermieter eines Blumengeschäfts möchten nun rechtliche Schritte gegen Ihren Mieter einleiten, nachdem dieser die vereinbarte Mietkaution nicht entrichtet hat.

Sie können sich auch Standardsätze merken, die Sie in den meisten Situationen anbringen können. *Voraussetzung des Anspruchs ist die Erfüllung der Tatbestandsvoraussetzungen, ich blicke kurz in die Norm, …"*

Tipp 2: Gehen Sie vor wie in einem Klausurprüfungsschema. Das sind eingeübte Vorgänge, auf diese können Sie gut zurückfallen.

> **Formulierungsbeispiel:**
> *Zunächst möchte ich klären, welche Anspruchsgrundlage für die Mietkaution besteht und in einem weiteren Schritt kann ich die prozessuale Umsetzung überprüfen.*

Tipp 3: Auch eine Wiederholung des letzten Gedankens bringt Sie wieder in den Gesprächsfluss:

> **Formulierungsbeispiel:**
> *Wie ich soeben sagte, ...; Den letzten Punkt würde ich gerne noch erläutern/vertiefen ...*

Tipp 4: Das funktioniert auch, wenn Sie das zuletzt von Ihrem Vorredner Gesagten wiederholen, damit Ihnen der Punkt im Prüfungsschema bewusst wird, an dem die Prüfung steht. Letzte Sätze bleiben einem in der Regel im Gehör.

> **Formulierungsbeispiel:**
> *Der Kollege hatte einen vertraglichen Anspruch verneint, mit der Begründung ... In einem nächsten Schritt prüfe ich nun deliktische Ansprüche.*

Tipp 5: Schildern Sie, wo Sie sich gerade innerhalb des Falles sehen

> **Formulierungsbeispiel:**
> *Bisher wurden folgende Delikte geprüft. Anhaltspunkte für eine Strafbarkeit haben sich nicht ergeben. Prozessuale Folge wäre jetzt ...*

Tipp 6: Gehen Sie im Schema eine Stufe höher

> **Formulierungsbeispiel:**
> *Weitere Voraussetzung für den Anspruch wäre ...; Allgemeiner betrachtet ...; Weitere mögliche Delikte wären ....*

Tipp 7: Bereiten Sie einen allgemeinen Notfall-Einstiegssatz vor, wie zB:

> **Formulierungsbeispiel:**
> *Wesentliche Voraussetzung für die Umsetzung des Begehrens ist eine Anspruchsgrundlage. Dabei würde ich nach folgendem Schema vorgehen.*

Tipp 8: Seien Sie ehrlich und sagen Sie, dass Sie gerade den Faden verloren haben oder an dem Punkt jetzt nicht weiter wissen. Das passiert immer wieder, auch den Besten und ist für Prüfer nachvollziehbar.

> **Formulierungsbeispiel:**
> *Es tut mir leid, da stehe ich jetzt gerade auf dem Schlauch; Das einzige was mir dazu einfällt ...; Leider komme ich an diesem Punkt nicht weiter ...*

Tipp 9: Nehmen Sie es mit Humor. Wenn es irgendwie möglich ist, lächeln Sie, nehmen sich das letzte Stichwort, das Ihnen noch bewusst ist, und machen dort weiter.

> **Formulierungsbeispiel:**
> *Da scheint mir die Frage des Gesamtschuldnerausgleichs im Hals stecken geblieben zu sein ...*

m) Vorlesen von Normen? Vielfach wird empfohlen, wenn man nicht weiter weiß, die Norm vorzulesen, mit deren Prüfung man gerade beschäftigt ist. Davon ist abzuraten. Wie bereits oben unter Abschnitt A dargestellt, haben Sie in der mündlichen Prüfung eine Redezeit von etwa zehn Minuten. Einen Teil dieser Redezeit verwendet bereits der Prüfer, um seinen Fall zu schildern und Fragen zu stellen. Einige Prüfer sind durchaus redselig, so dass auch hiervon Ihre Redezeit verkürzt werden kann. Wenn Sie nun diese geringe Redezeit für das Vorlesen einer Norm verwenden wollen, so fassen Sie sich diesbezüglich wenigstens knapp. Manchmal ist es notwendig, vor allem, wenn einem der Normtext nicht bewusst ist, die Vorschrift zu lesen. Das können Sie selbstverständlich auch laut tun, vor allem gibt Ihnen das auch Zeit zum Nachdenken und es entsteht keine gesprächsfreie Pause. Beschränken Sie sich aber auf das Vorlesen der Passage, die für die Falllösung notwendig ist.

n) Melden? Häufige Frage in unseren Seminaren ist: *Darf man sich melden?* Ja, man kann in der Prüfung zum Ausdruck bringen, dass man zu diesem Thema etwas beitragen kann und nein, Sie melden sich nicht schnipsend mit erhobenem Arm, wie in der Schule. Sie können bereits allein durch Ihre Körperhaltung zum Ausdruck bringen, dass Sie die Antwort auf die gestellte Frage wissen. Sie setzen sich etwas aufrechter hin und zeigen bereits durch diese verstärkte Körperspannung, dass Sie aktiv an der Prüfung mitwirken wollen. Sie können ggf. die Hand vor den Oberkörper heben, um zu signalisieren, dass Sie gerne etwas beitragen wollen. Deutlicher dürfen Sie allenfalls auf freigegebene Frage reagieren.

Unsere Regeln noch mal zur Wiederholung und Zusammenfassung:

Regeln für das Prüfungsgespräch

1. Seien Sie authentisch!
2. Machen Sie sich rechtzeitig vor der Prüfung vertraut mit Dingen, die Ihnen bislang nicht geläufig oder selbstverständlich sind!
3. Sprechen Sie mit fester Stimme laut und deutlich!
4. Reden ist nicht Schreiben!
5. Erkläre es einfach, damit Du verstanden wirst! Und verwende Beispiele!
6. Hauptsätze! Hauptsätze! Hauptsätze!
7. Es ist völlig normal, dass Sie am Tag Ihrer Prüfung aufgeregt sind!
8. Die nächste Antwort ist immer die wichtigste!
9. Denken Sie laut!
10. Prüfer lösen ihre Fälle nicht auf!
11. Es gibt nicht DIE richtige Antwort!
12. Schauen Sie freundlich!
13. Achten Sie auf Ihre Hände!

---

14. Beachten Sie Sprechtempo und Sprachmelodie!
15. Lassen Sie den Prüfer ausreden!
16. Hören Sie dem Prüfer aufmerksam zu! Schreiben Sie nur zentrale Informationen auf.
17. Achten Sie auf Feedback durch den Prüfer!
18. Machen Sie einen Punkt!
19. Sie müssen jederzeit in der Lage sein, die an Ihren Nachbarn gestellte Frage zu beantworten!

o) So nicht!

aa) Schlampige Körperhaltung. Sitzen Sie in der Prüfung aufmerksam und konzentriert. Das bedeutet, dass Sie am vorderen Stuhlbereich sitzen, Sie haben eine gespannte Körperhaltung. Dies erzeugt bei den Prüfern den Eindruck von wacher Präsenz und Konzentriertheit, die Sie in der Prüfung kommunizieren wollen. Vermeiden Sie jedes schlampige Sitzen. Allein durch die Körperhaltung können Sie auch signalisieren, dass Sie zu einem Thema etwas wissen. Sie rutschen auf dem Stuhl noch ein kleines bisschen mehr vor und richten sich etwas mehr auf.

bb) Fehlender Blickkontakt. Stellen Sie sich vor, Sie führen ein Gespräch mit einem Bekannten und nach einigen Sekunden stellen Sie fest, dass dessen Blick abschweift und Sie nicht ansieht, weder während Sie sprechen, noch wenn er spricht. Was denken Sie? Fehlender Blickkontakt verhindert echte Kommunikation. Informationen, die Sie verbal losschicken, haben keine Chance Ihr Gegenüber wirkungsvoll zu erreichen.[67] Gerade, wenn Sie nervös sind, fällt bewusster Blickkontakt mit anderen Menschen schwer, denn direkter Blickkontakt sagt aus, dass Sie sich wohl und sicher fühlen und hierdurch erhalten Sie Präsenz. Durch Blickkontakt können Sie die Körpersprache der Prüfungskommission wahrnehmen und die Reaktion auf Ihr Gesagtes wirkt sich positiv auf Ihr Sprechtempo aus.

cc) Nervositätsgesten (Herumspielen mit Stift, Bart, Haaren Schmuck). Werfen Sie einen kurzen Kontrollblick auf Ihre Hände, und überprüfen Sie, ob die Hände ruhig sind Sie hierdurch souverän wirken. Vermeiden Sie insbesondere Übersprungshandlungen, wie hektisches Blättern im Gesetz, spielen mit den Haaren oÄ.

dd) Schnelles Sprechen ohne Pausen. Es ist für Zuhörer schwierig, wenn Sie sich nicht an die Punkt – Pause – Blickkontakt-Technik halten und stattdessen „ohne Punkt und ohne Komma" reden. Ursache für zu schnelles Sprechen ist häufig Nervosität[68]. Das Ziel der Prüfung ist aber ein Prüfungsgespräch, bei dem ein Austausch des Fachprüfers mit den einzelnen Kandidaten stattfinden muss und ein solcher erfolgt bei zu schnellem Reden nicht. Wenn Sie merken, dass Sie zu schnell werden, betonen Sie das von Ihnen Gesprochene deutlicher, damit werden Sie von ganz allein langsamer. Sprechen Sie auf den Punkt, also das Satzende hin. Atmen Sie kurz durch und beginnen erst dann den nächsten Satz. Dadurch stellt sich ein langsameres Sprechtempo ein.[69]

---

[67] Martin Dall, Überzeugend Präsentieren, Abschnitt 6.3.
[68] Krüll/Schmid-Egger, Körpersprache, S. 38.
[69] Martin Dall, Rhetorische Kraftkammer, S. 237.

ee) Unsicherheitsfloskeln. Verzichten Sie auf Füllwörter, die Unsicherheit zum Ausdruck bringen, wie *eigentlich* oder *ich bin mir nicht sicher*. Gleiches gilt für die Verwendung von Konjunktiven. Zwar müssen Sie in der Regel in der Mündlichen Prüfung die Falllösung wie bei einem Gutachten entwickeln, der Konjunktivstil ist dennoch dem ersten Examen vorbehalten. Denken Sie daran, Ihre Prüfer sind alle Praktiker, die gewohnt sind, das Ergebnis voran zu stellen, wie es dem Urteilsstil entspricht. Zudem wird eine schlechte Aussage nicht dadurch besser, dass Sie sie in ein schlechtes oder unsicheres Licht (mit Konjunktiv) rücken. Sie jedenfalls sollten in der Prüfung von der Richtigkeit Ihrer Antworten überzeugt sein und dies auch zum Ausdruck bringen (auch wenn Sie es vielleicht tatsächlich nicht sind, sollte es nicht jeder bemerken).

ff) Schachtelsätze. Vielfach erleben wir Prüfungen, in denen der Kandidat einen Satz anfängt und sich über eine Vielzahl von Nebensätzen zu einem Ergebnis hinarbeitet. Unterbewusst hat das sicher die Ursache, dass man zu Beginn des Satzes noch nicht weiß, was man eigentlich sagen will bzw. die Sorge, dass einem das Wort wieder entzogen wird. Für den Zuhörer ist das unangenehm, da man dem gesprochenen Wort dann nicht mehr leicht folgen kann. Sie verlieren den Zuhörer, der Ihr Prüfer ist und vergeben auch hier die Chance auf Punkte. Konzentrieren Sie sich auf kurze Sätze, bei deren Beginn Sie auch schon wissen, wie er enden soll. Vermeiden Sie Bindewörter wie *und*, *außerdem*, sondern machen Sie stattdessen einen Punkt. Machen Sie Pausen zwischen den Sätzen, damit Sie die notwendige Zeit zum Denken haben. Außerdem ist es hilfreich, in die Sache grammatikalisch einfach einzusteigen: Eine doppelte Verneinung am Satzanfang macht ein vernünftiges Satzende schon außerhalb einer Prüfung schwierig. Denken Sie daran: Ihr Gehirn soll sich zu 100% darauf konzentrieren (können), die fachlich zutreffende Antwort zu geben. Das klappt nicht, wenn es schon 20% seiner Kapazität für die Grammatik aufwenden muss.

gg) Verzicht auf Fachsprache. Die mündliche Prüfung ist ein Fachgespräch, das bedeutet, Sie sollten auch Fachsprache sprechen. Flapsige Ausdrücke oder Umgangssprache haben in der mündlichen Prüfung nichts zu suchen.

hh) Stimme ohne Modulation. Für Zuhörer ist langes Sprechen ohne jegliche Modulation der Stimme anstrengend. Variation der Stimme wird als selbstbewusst und sympathisch eingeschätzt. Achten Sie daher auf Ihre Tonhöhe, Lautstärke und das Sprechtempo, damit Sie im Gespräch interessanter klingen.

ii) Trinken nach jedem gesprochenen Satz. Natürlich erwartet niemand von Ihnen, dass Sie fünf Stunden Prüfung ohne Getränk durchstehen. Aber bitte trinken Sie nicht nach jedem Satz. Es bietet sich immer der Übergang zwischen den Fächern und natürlich die Pause in der Mitte der Prüfung an.

2. Kapitel: Fachliche Vorbereitung

Im ersten Teil des Buches haben wir unser Augenmerk auf die Prüfungsvorbereitung in rhetorischer, kommunikativer und mitunter auch psychologischer Hinsicht gelegt.

Natürlich sollen Sie auch lernen, sich auf das Prüfungsgespräch als **Fach**gespräch vorzubereiten. Wie diese Vorbereitung am besten aussieht, hängt von verschiedenen Faktoren ab, in erster Linie davon, wie viel Zeit Sie noch haben, bis Ihre Prüfung ansteht. Je kürzer die verbleibende Vorbereitungszeit ist, desto wichtiger ist es, sich zunächst einen Überblick zu verschaffen, bevor Sie an irgendeiner Stelle ins Detail gehen!

Regel 20. Überblick vor Detailwissen!

In der mündlichen Prüfung wird in der Regel kein Detailwissen (Ausnahme ggf. die Berufsfeldprüfung) abgefragt, sondern es wird geprüft, ob Sie Ihr Handwerkszeug beherrschen. Hinzu kommt, dass Sie in der mündlichen Prüfung Ihre üblichen Hilfsmittel für die schriftliche Prüfung (jedenfalls in Bayern) nicht verwenden dürfen, sondern als Hilfsmittel nur Ihre Gesetze mitnehmen dürfen. Das bedeutet grundsätzlich, dass Sie bezogen auf Hilfsmittel so gestellt sind, wie Sie sich auch für Ihr erstes Examen vorbereitet haben. Der Wissensstand des ersten Staatsexamens wird vorausgesetzt, zusätzlich kommt das Prozessrecht aus dem Referendariat hinzu. Sie müssen Ihr Wissen in der mündlichen Prüfung anders einsetzen. Wichtig ist ein breites Verständnis, ein Sich-Auskennen, Spielen mit den Normen, notwendig ist nicht so sehr ein Tiefenwissen in den einzelnen Rechtsgebieten.

Hinzu kommt, dass Sie im Hinblick auf die Frage, woher die Prüfer Ihre Fälle nehmen, über die aktuellen Tendenzen in der Gesetzgebung und dem aktuellen Zeitgeschehen informiert sein sollten.

A. Berufsfeld

Wenn in Ihrem Bundesland ein Berufsfeld geprüft wird, dann gelten noch die folgenden Überlegungen für Sie: Wir hatten Ihnen oben (→ S. 11) schon erläutert, wie wichtig der jeweilige Eindruck ist, den Sie in den ersten beiden Prüfungsfächern – und hierzu zählt das Berufsfeld jedenfalls- vor der Pause für die erste Notenberatung der Prüfer ist. Es ist deswegen unbedingt erforderlich, dass Sie im Berufsfeld sicher und souverän erscheinen. Decken Sie das Berufsfeld in der Vorbereitung in der ganzen Bandbreite ab. Nichts ist – für alle Beteiligten – ärgerlicher, als wenn zB im Berufsfeld „Arbeits- und Sozialrecht" (sic!) der angekündigte Prüfer im Arbeitsrecht gegen einen aus dem Sozialrecht ausgetauscht wird- und die Kandidaten zwar die letzten 10 BAG-Entscheidungen vorwärts und rückwärts aufsagen können, aber im Sozialrecht nicht einmal die Grundbegriffe beherrschen.

Deswegen gilt – sozusagen vor die Klammer gezogen:

> **Regel 21. Bereiten Sie die Berufsfeldprüfung besonders gründlich vor!**

B. Materielles Recht

Wiederholen Sie das materielle Recht aus allen Prüfungsgebieten. Hier müssen Sie natürlich nicht alle Lehrbücher nochmal vertieft durcharbeiten, wie sollte das auch funktionieren? Es genügt, wenn Sie das materielle Recht auffrischen, in dem Sie Ihre Karteikarten oder Schemata, die Sie sich bereits für das 1. Examen angefertigt haben, wiederholen. Legen Sie einen besonderen Schwerpunkt auf **Aufbau** und **Definitionen**, da Sie ja in der mündlichen Prüfung anders als in der Klausur keine Hilfestellung durch Kommentare mehr haben.

C. Verfahrensrecht

Wiederholen Sie das Verfahrensrecht insbesondere anhand der Unterlagen, die Sie sich in Ihrer AG, insbesondere den Einführungslehrgängen angefertigt haben. Legen Sie ein besonderes Augenmerk auf **Grundsätze und Klagearten,** also Zulässigkeitsfragen zu Klagen, Rechtsmitteln und Rechtsbehelfen der jeweiligen Verfahrensordnungen, da erfahrungsgemäß in der mündlichen Prüfung Fälle in prozessrechtliche Gestaltungen eingebettet sind. Besonders häufig werden in mündlichen Prüfungen Möglichkeiten des einstweiligen Rechtsschutzes abgefragt. Die Voraussetzungen sollten Sie vertieft lernen. Auch hier sollten Sie etwaige erforderliche Definitionen beherrschen.

Machen Sie sich in allen Verfahrensarten den Instanzenzug und jeweilige Zuständigkeitsvoraussetzungen bewusst und wiederholen Sie diese. Sorgen Sie dafür, dass Sie in den jeweiligen Prüfungsgebieten zudem sicher in den juristischen Begrifflichkeiten sind.

Anmerkung: Gutes Beispiel hierfür ist im Bereich des Strafverfahrensrechts die Unterscheidung in unterschiedliche Verdachtsbegriffe. So ist Voraussetzung für die Einleitung eines Ermittlungsverfahrens das Vorliegen eines „Anfangsverdachts", demgegenüber benötigen Sie für § 112 StPO einen „dringenden Tatverdacht", wohingegen für die Anklage ein *hinreichender Tatverdacht* ausreicht, § 170 StPO. Sie sollten in der mündlichen Prüfung in der Lage sein, diese Begrifflichkeiten sicher und zutreffend zu verwenden und diese auch ggf. definieren zu können. Ungenauigkeiten bei fachbezogenen Begrifflichkeiten schaden Ihnen in der Prüfung in der Regel sehr, da diese dem prüfenden Praktiker als Selbstverständlichkeiten sehr geläufig sind.

D. Aktuelles Zeitgeschehen

Informieren Sie sich zu allen Rechtsgebieten über aktuelle Entwicklungen, insbesondere Gesetzesvorhaben. Diese könnten Sie beispielsweise bei *Beck-Online* über den Reiter „*Fachnews*" in den jeweiligen Rechtsgebieten recherchieren. Hilfreich ist sind auch die Seiten des Bundesjustizministeriums bzw. die Seiten der jeweiligen Landesministerien.

Behalten Sie die aktuelle Rechtsprechung im Auge, entweder mit gesonderten Rechtsprechungsübersichten entsprechender Zeitschriftenanbieter oder indem Sie regelmäßig die Pressemitteilungen des BGH, BVerwG, BVerwG und der für Sie zuständigen Oberlandesgerichte bzw. Verwaltungsgerichte ansehen. Entscheidungen, die in Ihren Prüfungsstoff passen, können Sie kurz scannen, um zu sehen, ob eine neue Rechtsentwicklung gegeben ist. Es ist dabei gar nicht erforderlich, dass Sie die Entscheidungen von A – Z durcharbeiten. Es genügt, wenn Sie sich bei den Entscheidungen die Frage stellen, wo denn eigentlich der Punkt war, an dem die rechtliche Unsicherheit bestand.

E. Denkgeschwindigkeit erhöhen

Lesen Sie bis zu Ihrer mündlichen Prüfung aktiv Zeitung und informieren Sie sich über aktuelle Probleme und Themen. Stellen Sie sich dabei immer die Frage, wie ein solches Thema in einem Prüfungsfall aufbereitet werden könnte. Viele Themen, die zu Ihrem Prüfungszeitpunkt aktuell sind, können auch in einer mündlichen Prüfung untergebracht werden. Trainieren Sie Ihr juristisches Denken:

Nehmen Sie ein Ereignis, welches Gegenstand des aktuellen Tagesgeschehens ist und in den Medien diskutiert wird. 2021 ist das beispielsweise die Corona-Pandemie. Fragen Sie sich in einem weiteren Schritt, wenn Sie ein Prüfer wären, welche Fallgestaltungen würden Ihnen zu diesem aktuellen Zeitgeschehen bezogen auf Ihre Prüfungsgebiete einfallen? Welchen Fall könnte man dazu entwickeln?

Aktuelles Beispiel:

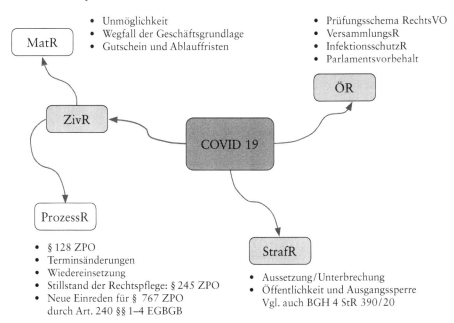

F. Rollendenken einüben

Bereiten Sie sich auf das Einnehmen unterschiedlicher Rollen, also prozessualer Perspektiven in dem jeweiligen Fachgebiet vor. Es kann von Ihnen jederzeit erwartet werden, dass Sie die Rolle des Gerichts oder die Anwaltsrolle einnehmen. Sie sollen dann etwa ein Problem aus dem Blickwinkel der Prozessbevollmächtigten des Klägers oder der Beklagten einnehmen. Im öffentlichen Recht wird auch gerne nach den Perspektiven der Behörden gefragt. Im Strafrecht kommt die Rolle des Staatsanwalts, des Richters, des Strafverteidigers sowie des Ermittlungsrichters in Betracht. Allen Rollen ist gemein, dass Sie diese flexibel in allen Stadien des jeweiligen Verfahrens wahrnehmen können müssen; ein Staatsanwalt wird ja nicht nur im Ermittlungsverfahren tätig, sondern hat auch eine wesentliche Rolle in der Hauptverhandlung.

Aus der jeweiligen Rolle können sich unterschiedliche Interessen und Rechte ergeben, mit denen Sie sich vertraut machen müssen. Hinzu kommen die reinen Beratungsfälle, bei denen Sie die Rolle des beratenden Anwalts oder eines Notars einnehmen müssen. Die Besonderheiten solcher Prüfungen ist auch, dass in der Regel sowohl einerseits materiell-rechtliche Fragen besprochen werden müssen als auch eine konkrete Umsetzung des materiell-rechtlichen Begehrens im Raum steht. Sie werden dann etwa „als Rechtsanwalt" gefragt, welche rechtlichen Schritte eingeleitet werden sollten.

G. Checkliste

Zeit bis zur Prüfung	Was tun?
6 Monate Zeit	Wiederholen Sie den Prüfungsstoff anhand Ihrer Karteikarten und Übersichten unter Einschluss des aktuellen Zeitgeschehens. Simulieren Sie Prüfungen mit Kollegen und üben Sie gezielt das juristische Sprechen.
3 Monate Zeit	Konzentrieren Sie sich bei Ihrer Vorbereitung vor allem auf das Wiederholen von Definitionen und Schemata sowie prozessuale Fragen. Beobachten Sie die aktuelle Rechtsprechung. Lesen Sie aktiv Zeitung unter dem Gesichtspunkt: Wie könnte man daraus einen Prüfungsfall konstruieren!
1 Monat Zeit	**Lernen Sie vertieft das Berufsfeld, wenn Sie dies noch nicht getan haben.** Wiederholen Sie gezielt die Unterlagen aus Ihren Einführungslehrgängen. Üben Sie Tenorierung für alle Verfahrensarten.
2 Wochen Zeit	**Lernen Sie vertieft das Berufsfeld, wenn Sie dies noch nicht getan haben.** Wiederholen Sie vor allem Definitionen und üben Sie das Assoziieren zu aktuellen Themen.
3 Tage Zeit	**Wiederholen Sie das Berufsfeld.** Sie wiederholen nur noch die Definitionen und Schemata, die es bisher nicht in Ihr Langzeitgedächtnis geschafft haben.
1 Tag Zeit	Sie machen überhaupt nichts Juristisches mehr, sondern sorgen für geistige Entspannung bei ggf. körperlicher Betätigung.

3. Kapitel: Prüfungsgespräche

Mit den folgenden Beispielen für Prüfungsgespräche – die jeweils als „echte" Prüfungen im mündlichen Teil der Zweiten Juristischen Staatsprüfung abgehalten wurden – wollen wir Ihnen zunächst einmal den Ablauf und Inhalt einer solchen Prüfung verdeutlichen. Die Antworten sind klassischen Prüfungsgesprächen nachempfunden und unter didaktischen Gesichtspunkten ausgewählt worden. Sie dienen dazu, typische Stolperfallen aufzuzeigen und stellen keine „Musterlösung" dar in dem Sinne, dass man nur wie dargestellt hätte antworten können. Aus pädagogischen Gründen wurden möglichst keine juristisch falschen Antworten aufgenommen, damit Sie im Rahmen Ihrer Vorbereitung nichts Falsches im Gedächtnis speichern. Wenn wir aus didaktischen Gründen hiervon abgewichen sind, haben wir das stets deutlich gemacht.

Zur besseren Orientierung und für Ihre persönliche Schwerpunktsetzung haben wir eine Einschätzung des Schwierigkeitsgrads und die zentralen Themen der jeweiligen Prüfung den Prüfungsgesprächen vorangestellt, sodass Sie ganz gezielt Prüfungen heraussuchen können – etwa, wenn die Vorbereitungszeit knapp ist. Außerdem geben wir zu Beginn stets eine kurze Charakterisierung des jeweils dargestellten Prüfertyps. Es gibt natürlich eine große Bandbreite an Prüfern, aber in gewisse Kategorien lassen sie sich doch einordnen und für jeden dieser Typen gibt es eine „passende" Strategie, die wir Ihnen dann gerne anhand der Prüfung verdeutlichen wollen. Die folgende Darstellung soll sich also nicht darin erschöpfen, den Prüfungsverlauf nachzuzeichnen. Wir haben die Darstellung um hilfreiche Ideen, Hintergründe, Tipps und Tricks ergänzt.

Zum Aufbau und zur Darstellung der Prüfungsgespräche

Die Fragen des Prüfers werden in Fettdruck dargestellt, die Antworten sind nicht formatiert. Die Anmerkungen, in denen wir Ihnen zeigen wollen, was Prüfer an präsentem Wissen und Fähigkeiten zur Problementwicklung erwarten, sind grau hinterlegt. Weiterführende Hinweise haben wir auch in den Fußnoten aufgenommen. Um den Lesefluss nicht zu sehr zu unterbrechen, sind manche der Antworten länger, als sie es in einem Prüfungsgespräch wären. Wir haben aber insbesondere bei diesen längeren Antworten stets versucht, zu verdeutlichen, wie wichtig Sprechpausen sind. Halten Sie stets den Blickkontakt zu den Prüfern und treten Sie mit diesen in einen Dialog. Es liegt auch in der Natur der Sache, dass die Prüflinge in unseren Texten alle „druckreife Antworten" geben – von Ihnen kann das so natürlich nicht erwartet werden.

Sie werden beim Lesen der praktischen Beispiele schnell erkennen, dass im mündlichen Gespräch die sukzessive Entwicklung eines Falles und die Herausarbeitung der rechtlichen Problematik für den Prüfungserfolg zentral sind. Anhand der Beispiele wollen wir Ihnen auch typische Fehler, Fehlerquellen und Fallen verdeutlichen. Ungeschickte Antworten lösen wir in den Anmerkungen auf und geben in den Fußnoten Hinweise zur zielführenden weiteren Lektüre. Wir zeigen Ihnen klassische Fallstricke bezogen auf Antworttechnik und Gesprächsführung – und zeigen Ihnen aber auch gleich, wie Sie sich mit ein paar Kniffen unauffällig aus Sackgassen wieder herausmanövrieren können (sofern Sie nach der Lektüre überhaupt noch hineingeraten).

Am Ende des Tages gilt aber auch und immer: Etwas nachzulesen ist das eine, etwas selbst auszuprobieren das andere. Alles, was wir Ihnen hier theoretisch erläutern, sollten Sie am besten in eigener Anschauung erleben. Schauen Sie sich, wo immer möglich, andere Prüfungen an! Vielleicht erleben Sie dort auch die Situation, die wir als „Günther-Jauch-Momente"[70] bezeichnen: Dem hinten sitzenden Zuschauer fällt die Antwort auf eine gestellte Frage häufig sofort ein, der vorne sitzende Prüfling kommt einfach nicht auf die Lösung, mag sie noch so naheliegend sein. Unter Stress steht man eben manchmal auch auf dem Schlauch! Die Bewältigung solcher Stress-Situationen gilt es daher zu trainieren. Gehen Sie daher auch, wann immer möglich, zu Trainings und Simulationen[71]. Einen der wichtigsten Auftritte Ihres Lebens sollten Sie geübt haben. Schließlich gilt: keine große Theaterpremiere ohne Generalprobe! Die notwendige Sicherheit gewinnt man erst beim aktiven Tun; alles, was man schon einmal gesehen und erfahren hat, verliert seinen Schrecken, auch Prüfungen. Bei einem Prüfungstraining können Sie außerdem die Interaktion mit den Prüfern und den Mitprüflingen erfahren und ihre eigene Strategie optimieren.

A. Prüfungsgespräch Zivilrecht:
Anwaltsperspektive – Produkthaftung – Vergleich

Schwierigkeitsgrad: mittel
Themengebiete: Juristisches Allgemeinwissen/Produkthaftungsrecht/Konflikt-
                        lösung durch Vergleich
Prüfertyp: sprunghaft; lässt sich vom Prüfling leiten/verlangt auch wirt-
                        schaftliche Überlegungen/typische Praktikerin.

Prüferin: Zum „Aufwärmen" möchte ich gerne von Ihnen den Namen des Bundesjustizministers oder den Justizminister eines Bundeslandes Ihrer Wahl wissen.

> **Anmerkung:**
> Zum Einstieg in eine mündliche Prüfung fragen viele Prüfer „juristisches Allgemeinwissen" ab. Wichtig: Dabei geht es dem Prüfer regelmäßig darum, einen angenehmen Einstieg in die Prüfung zu gestalten. Aus der Prüferperspektive sind das Fragen, die jeder Kandidat unproblematisch beantworten kann. Der Prüfer möchte also eigentlich den Kandidaten hier eine Chance geben, mit einer korrekten Antwort in das Prüfungsgespräch zu starten, auch um Nervosität abzubauen.
>
> Für die Vorbereitung der mündlichen Prüfung heißt das, dass Sie natürlich wenigstens die Namen der für das jeweilige Prüfungsfach relevanten Minister auf Bundes– und auf Landesebene parat haben.

[Der Prüfling überlegt lange, blickt hilfesuchend der Reihe nach alle Prüfer an.]
    Also, das tut mir leid, auf solche Fragen habe ich mich gar nicht vorbereitet. Das weiß ich nicht.

> **Anmerkung:**
> Hier hat der Prüfling gleich mehrfach ungeschickt agiert. Zum einen fehlt es natürlich am Grundwissen (siehe oben). Zum anderen hätte der Prüfling nicht sagen sollen, dass er sich auf solche Fragen nicht vorbereitet hat, zumal dieser Gesichtspunkt eher zum Bereich der Allgemeinbildung rechnet. Besser wäre es, zu formulieren, dass die Antwort in der Aufregung entfallen ist: *„Jetzt*

---

[70] Die Bezeichnung beruht auf der Fernsehquizsendung „Wer wird Millionär?", die von Günther Jauch moderiert wird.
[71] Prüfungskurs der Autoren: www.trialog-rhetorik.de.

stehe ich vor lauter Aufregung gerade auf dem Schlauch, der Name liegt mir auf der Zunge und fällt mir nicht ein."

[Die Kandidatin, an die die Frage weitergegeben wurde, antwortet nun:]

Aktuell[72] gibt es eine Ministerin für Justiz und Verbraucherschutz, das ist Frau Christine Lambrecht von der SPD. Sie möchte sich für mehr Verbraucherschutz einsetzen.

Anmerkung:
Diese Kandidatin hat geschickter agiert und gleich noch zu verstehen gegeben, dass sie sich auch mit den aktuellen Gesetzesvorhaben[73] beschäftigt hat. Dies werden die Prüfer sicherlich positiv vermerken. Gegebenenfalls entspannt sich hieraus ein Gespräch über laufende Gesetzesvorhaben, bei dem die Kandidatin mit wenig Aufwand sicher noch weitere Punkte holen könnte.

Fall: Michael Müller sucht Sie als Rechtsanwältin bzw. Rechtsanwalt auf. Er berichtet Ihnen Folgendes: Sein Vater, Viktor Müller, ist vor 6 Wochen an einem Herzinfarkt verstorben. Wenige Tage vor seinem Tod hatte der Vater einen kleinen Sturz mit dem Elektrofahrrad des Herstellers und Weltmarktführers „Bikemate Bastards" aus Berlin-Mitte erlitten. Auch wenn weiter nichts passiert ist, wurde doch bei dem Unfall die 30.000 EUR teure Armbanduhr des Viktor zerstört. Ursache des Unfalls war, dass der Metallrahmen des Fahrrades aufgrund eines Fabrikationsfehlers während der laufenden Fahrt auf ebenem Gelände auseinanderbrach.

Das Elektrofahrrad hatte Viktor erst vier Monate vorher im Fahrradladen „Rudis Radlshop" in Berlin gekauft. „Rudis Radlshop" ist inzwischen insolvent. Herr Müller möchte das Geld nicht einfach „verschenken", andererseits belastet ihn diese Geschichte sehr und er hat für eine Auseinandersetzung weder Zeit noch Nerven. Er möchte am liebsten eine schnelle und einfache Lösung, auch um abschließen zu können.

Prüferin: Was würden Sie als Rechtsanwältin oder Rechtsanwalt mit Michael Müller im Hinblick auf die zerstörte Armbanduhr nun besprechen?

Ich würde zunächst prüfen, welche Ansprüche von wem geltend gemacht werden können. In einem weiteren Schritt ist dann zu überlegen, wie und wo diese Ansprüche realisiert werden können.

Anmerkung:
Schon durch diese kurze Antwort hat der Kandidat gezeigt, dass er systematisch und strukturiert arbeitet. Er weist darauf hin, dass der Fall eine materiell-rechtliche Seite und eine zivilprozessuale Seite hat (übrigens: diese Antwort passt in vielen Fallkonstellationen gut, denn die meisten Fälle haben eine materiell-rechtlich und eine prozessuale Komponente). Das ist eine gute Strategie für einen Prüfling, der zu beiden Aspekten etwas zu sagen weiß; seine Antwort signalisiert dieses. Selbst wenn er nun nicht mehr zu beiden Aspekten befragt wird, sondern auch andere Prüflinge antworten werden, wird sich bei den Prüfern der Eindruck festgesetzt haben, er beherrsche beides.

Allerdings: Die Formulierung der Antwort überlässt es dem Prüfer, zu bestimmen, wie es nun weitergeht.

---

[72] Stand: Februar 2021.
[73] Das rechnet zum unerlässlichen Teil Ihres Vorbereitungsprogramms (siehe hierzu → S. 77). Der beck-Verlag bietet unter *www.beck-online.de* den Reiter „beck-aktuell", in dem die laufenden Gesetzgebungsvorhaben vorgestellt werden. Auf der Seite des Justizministeriums (www.bmj.de) sind die Gesetzesvorhaben umfassend dargestellt. Die für die mündliche Prüfung relevanten Reformen sind in den meisten Fällen sehr überschaubar (achten Sie auf Änderungen von ZPO, BGB, StGB, StPO). Es erfordert nicht viel Zeit, sich einen Überblick – mehr ist nicht erforderlich – zu verschaffen.

Die Empfehlung lautet daher:
Wenn der Kandidat gerne das materielle Recht prüfen würde, könnte er den Prüfer sogar noch stärker „steuern": *Ich würde nun mit der Prüfung der materiellen Rechtslage beginnen.* Punkt – Kurze Pause – Blickkontakt. Dann müsste der Prüfer aktiv widersprechen, wenn er eine andere Prüfungsreihenfolge wünscht *(Nein, beginnen Sie bitte mit der prozessualen Seite).* Das machen die Prüfer eigentlich ungern, die meisten lassen gewähren – und so kann man sich das „Lieblingsprüfungsgebiet" sichern. Die Frage zum Prozessrecht ginge dann an einen anderen Kandidaten.

Es ist zunächst an vertragliche Ansprüche, sodann an gesetzliche Ansprüche zu denken.[74] Ein vertraglicher Anspruch könnte gegen den Verkäufer bestehen. Nachdem „Rudis Radlshop" inzwischen insolvent ist, macht es in wirtschaftlicher Hinsicht wenig Sinn, diese Richtung weiter zu verfolgen? *[Blickkontakt zum Prüfer]*

Anmerkung:
Die Antwort hat der Kandidat geschickt als Frage enden lassen. Einerseits erscheint es tatsächlich unwirtschaftlich, einen Anspruch gegen einen insolventen Vertragspartner durchsetzen zu wollen; eine längere Analyse des Anspruchs gegen den Verkäufer könnte daher letztlich eine Themaverfehlung sein (Anwaltsrolle!). Andererseits weiß der Kandidat nicht, was der Prüfer an juristischer Prüfung hören möchte. Am besten also, er spielt ihm den Ball zurück. So kann der Prüfer klarstellen, in welche Richtung die Prüfung weitergehen soll.

Ein Vorgehen gegen den solventen Hersteller des Fahrrades ist hingegen sinnvoll, denn es liegt ein Fabrikationsfehler des Fahrrades vor. Es wäre also zu überlegen, ob Michael Müller gegen den Hersteller „Bikemate Bastards" einen Anspruch entweder nach dem Produkthaftungsgesetz oder nach § 823 Abs. 1 BGB hat.

Anmerkung:
Wo es mehrere Anspruchsgrundlagen gibt, ist es empfehlenswert, diese quasi als „Einleitung" zu benennen. Dadurch zeigt der Prüfling, dass er den notwendigen Überblick besitzt.

[Die Prüferin wendet sich nun an eine weitere Kandidatin:]
    Prüferin: **Das sind interessante Überlegungen, die der Kollege gerade angestellt hat. Würden Sie ebenso in die Prüfung einsteigen wollen?**

Anmerkung:
Eine solche Rückfrage eines Prüfers *Sehen Sie das ebenso? Würden Sie das genauso prüfen?* ist ein Hinweis darauf, dass der Prüfer mit der Antwort des Vorgängers wohl nicht ganz glücklich ist. Die Antwort des Vorgängers war nicht gelungen, da dieser Kandidat ein Prüfungsthema – die Anspruchsinhaberschaft von Michael Müller – unterstellt hatte, das so noch nicht erarbeitet wurde. Der wichtige Zwischenschritt der Erbenstellung wurde einfach ausgelassen.

Ich würde zunächst prüfen wollen, ob der Anspruch dem Mandanten Michael zusteht. Weil Viktor zwischenzeitlich verstorben ist, fällt die Forderung ja zunächst ein-

---

[74] Auch hier zeigt der Kandidat bei der Wahl der einschlägigen Anspruchsgrundlage (vertragliche, quasivertragliche oder gesetzliche Ansprüche) ein strukturiertes und systematisches Vorgehen. Das ist in dem konkreten Prüfungsgespräch sinnvoll, da diverse Anspruchsgrundlagen in Betracht kommen. ABER: Übertreiben Sie es nicht, setzen Sie deutliche Schwerpunkte. Sollten erkennbar vertragliche Ansprüche einschlägig sein (oder auch ausscheiden), verbalisieren Sie das schon hier.

mal in den Nachlass. Ich würde also beim Mandanten zunächst einmal genauer nachfragen, wer der oder die Erben des Viktor geworden sind.

Prüferin: Wie kann man denn ganz grundsätzlich Erbe werden?

Aufgrund gesetzlicher oder gewillkürter Erbfolge. Die gewillkürte Erbfolge ist vorrangig, daher würde ich den Mandanten fragen, ob Viktor zu Lebzeiten ein Testament geschrieben hat.

Prüferin: Ein Testament? Wirklich?

Gemeint war eine letztwillige Verfügung. Denn ein Erblasser kann natürlich sowohl durch Erbvertrag als auch durch Testament, ggf. auch ein gemeinschaftliches Testament mit einem Ehegatten oder Lebenspartner, die „letzten Dinge regeln".

> **Anmerkung:**
> Hier hat sich der Prüfling kurzzeitig und ohne Not dadurch in Bedrängnis gebracht, dass er vorschnell den spezifischen Ausdruck „Testament" verwendet hat. Hüten Sie sich davor, „aus der Hüfte zu schießen". Sie dürfen – und sollten sogar – kurz nachdenken, bevor Sie antworten. Auf die Nachfrage hat sich der Kandidat souverän korrigiert. Er hat nun den korrekten Oberbegriff der „letztwilligen Verfügung" genannt und sodann noch einmal neu erläutert, wie ein Erblasser agieren kann.

Prüferin: Wenn es keine letztwillige Verfügung gibt und der Mandant Michael der einzige Abkömmling seines unverheirateten Vaters ist, was gilt dann?

Dann ist Michael als Sohn und leiblicher Abkömmling zum gesetzlichen Alleinerben seines Vaters geworden. In den Nachlass fallen natürlich auch Forderungen des Verstorbenen gegen Dritte, hier also der Anspruch gegen den Fahrradhersteller. Die Norm weiß ich jetzt gerade nicht auswendig, würde aber in den erbrechtlichen Regelungen des BGB suchen. *[Kandidat fängt an zu blättern]*

Prüferin: Das reicht mir schon, die exakte Norm brauchen wir jetzt nicht. Machen Sie bitte weiter mit dem Anspruch bezüglich der teuren Armbanduhr.

> **Anmerkung:**
> Das ist für eine mündliche Prüfung keine untypische Reaktion eines Prüfers. Der Prüferin kam es hier auf das Prinzip an, nicht auf den konkreten Paragrafen.
>
> Ganz generell: Viele Prüflinge haben Angst davor, in der Prüfung eine Norm nicht zu kennen oder diese nicht zu finden. Diese Angst ist unberechtigt. Im Vordergrund steht immer das Rechtsgespräch, keine „Abfrage von Normen". Wenn Sie eine Norm suchen möchten, deren Standort Sie nicht sicher kennen, dann „nehmen Sie den Prüfer mit auf die Suche". Das kann dann zB so aussehen: *Ich suche jetzt im BGB bei den erbrechtlichen Normen … oder: Ich gehe jetzt in das Gerichtsverfassungsgesetz zu den Bestimmungen über die sitzungspolizeilichen Maßnahmen …*
>
> Wenn Sie hingegen nur stumm blättern, besteht zum einen die Gefahr, dass Sie im falschen Gesetz oder bei den falschen Paragrafen unterwegs sind. Außerdem entsteht eine unschöne Stille, die alle Prüflinge zusätzlich unter Stress setzt. Der Prüfer hat dann noch nicht einmal die Chance, helfend einzugreifen, weil er nicht weiß, ob Sie überhaupt Hilfe benötigen und wo Sie suchen.

Prüferin: Die Kollegin hat vorhin das Produkthaftungsgesetz gleichrangig neben dem § 823 Abs. 1 BGB genannt. Das war richtig; aber wie kommt es denn zu dieser Parallelität der Anspruchsgrundlagen?

Nun, neben dem Produkthaftungsgesetz steht die Haftung nach § 823 Abs. 1 BGB. Die Rechtsprechung hatte zu dieser Norm bereits früh und schon vor dem Inkrafttreten des Produkthaftungsgesetzes die sog. Produzentenhaftung im Rahmen der deliktischen Haftung entwickelt. Während das Produkthaftungsgesetz eine Gefährdungshaftung regelt, setzt eine Haftung nach § 823 Abs. 1 BGB Verschulden voraus.[75]

Prüferin: Warum gibt es denn das Produkthaftungsgesetz überhaupt? Auf wessen Vorstoß kam es zu diesem Gesetz?
Oh, ich kann jetzt nicht sagen, wessen Idee das konkret war. Was ich feststellen kann, ist, dass das Gesetz den Erwerber des Produktes schützen soll, also seine Rechte stärkt.

Anmerkung:
- Prüflinge, die gerade nicht geprüft werden, neigen vielfach dazu, über den weiteren Prüfungsverlauf zu mutmaßen und gedanklich Fallvarianten durchzuspielen nach dem Motto: „Wenn jetzt mein Sitznachbar gerade das Produkthaftungsgesetz prüft, werden von mir Ausführungen zu § 823 Abs. 1 BGB erwartet." Das wäre indes ein Fehler. Denn wenn die Prüfung dann doch nicht den erwarteten weiteren Verlauf nimmt (und man vielleicht noch einmal zum Produkthaftungsgesetz ausführen soll), dann wird man völlig aus der Bahn geworfen. Bleiben Sie am besten stets beim aktuell Geprüften dabei, um jederzeit reagieren zu können. Insbesondere bei den Prüfertypen, die schnell die Themen wechseln oder sich von den Antworten der Kandidaten auf andere Gebiete leiten lassen – so wie hier – ist das „kriegsentscheidend".
- Sinnvoll hingegen ist: Wenn Sie einen guten Gedankenblitz haben, notieren Sie sich diesen, gehen dann aber sofort wieder geistig zurück ins Prüfungsgespräch.

Prüferin: Wenn Sie sich einmal die großen Gesetzesänderungen gerade im BGB der letzten Jahre anschauen und insbesondere jene, die den Endverbraucher schützen wollen – woher kamen denn solche Impulse?
Sie meinen den Einfluss durch die Europäische Union. Da gibt es beispielsweise Richtlinien, die von den nationalen Gesetzgebern umzusetzen sind, zB im Fernabsatzrecht. Eine Richtlinie legt ein von den Mitgliedsstaaten zu erreichendes Ziel fest. Es ist jedoch Sache der einzelnen Länder, eigene Rechtsvorschriften zur Verwirklichung dieses gemeinsamen Ziels zu erlassen.

Anmerkung:
Hier sehen Sie ein Beispiel für eine gelungene Interaktion eines Kandidaten mit der Prüferin, der bei diesem Thema nicht ganz sattelfest war. Der Kandidat gibt der Prüferin hier zu verstehen, dass er die konkrete Antwort zwar nicht weiß, aber noch nicht bereit ist, aufzugeben. Der Prüfer kann dann mit einer kleinen Hilfestellung den Prüfling zurück auf die richtige Bahn lenken. Auch mit Hilfestellung war sich der Prüfling nicht sicher, ob das Produkthaftungsgesetz auf eine Richtlinie zurückgeht. Einmal mehr hat er aber die Antwort auf die konkrete Frage geschickt umgangen.[76]

Prüferin *[lächelt]*: Tatsächlich geht auch das Produkthaftungsgesetz auf eine europäische Richtlinie zurück. Welche Anspruchsgrundlage würden Sie denn nun zuerst prüfen?

---

[75] Einen guten Überblick über die Problematik kann man bereits durch die Lektüre des Palandt gewinnen, Palandt/*Sprau* BGB § 823 Rn. 170 ff.

[76] Das tut es natürlich: Das Produkthaftungsgesetz vom 15.12.1989 (BGBl. 1989 I 2198) setzt die Richtlinie RL 85/374/EWG (ABl. EG 1985 L 210, 29) zur Angleichung der Rechts- und Verwaltungsvorschriften der Mitgliedstaaten über die Haftung für fehlerhafte Produkte vom 25.7.1985 um. Wer mehr nachlesen möchte, dem sei der Aufsatz von *Fuchs/ Baumgärtner*, Ansprüche aus Produzentenhaftung und Produkthaftung, JuS 2011, 1057 empfohlen.

Das Produkthaftungsgesetz setzt für einen Anspruch gegen den Hersteller des Produkts kein Verschulden voraus, daher würde man diesen voraussetzungsärmeren Anspruch vorrangig prüfen.

Prüferin: Dann prüfen Sie doch bitte zunächst diesen Anspruch.
Mit der Beschädigung der Uhr liegt eine Sachbeschädigung im Sinne des § 1 Abs. 1 S. 1 ProdHaftG vor. Es ist auch, wie von § 1 Abs. 1 S. 2 ProdHaftG verlangt, eine andere Sache als das fehlerhafte Produkt selbst, beschädigt worden. Wann eine andere Sache vorliegt, bestimmt sich nach der Verkehrsauffassung; hier liegt aber kein Problem, denn die Uhr ist offensichtlich nicht in irgendeiner Form Teil des Fahrrades gewesen. Die Uhr ist auch gewöhnlich für den privaten Gebrauch bestimmt und vom Geschädigten gewöhnlich hierfür hauptsächlich verwendet worden.
Ein Ausschluss der Ersatzpflicht nach § 1 Abs. 2, 3 ProdHaftG liegt offensichtlich nicht vor. *[Prüfling liest den Gesetzestext laut.]*
„Eine Ersatzpflicht des Herstellers ist nach § 1 Abs. 2 ProdHaftG ausgeschlossen, wenn er 1. Das Produkt nicht in den Verkehr gebracht hat, 2. nach den Umständen davon auszugehen ist, dass das Produkt den Fehler, der den Schaden verursacht hat, noch nicht hatte, als der Hersteller es in den Verkehr brachte …"
[Prüfling will den gesamten Normtext vorlesen, die Prüferin unterbricht ihn daraufhin mitten im Satz.]

> **Anmerkung:**
> Das erlebt man leider relativ oft in Prüfungen. Kandidaten lesen – statt einer konzisen Antwort – einfach den Normtext vor. Das ist in doppelter Hinsicht ungut: Zum einen entsteht bei Prüfer der Eindruck, der Kandidat könne sich nicht auf die Schnelle auf das Wesentliche fokussieren. Zum anderen kostet das Vorlesen des Textes (den der Prüfer ja auch vor sich liegen hat) schlicht wertvolle Prüfungszeit. Besser ist es also, den Normtext still selbst zu lesen und dann die Antwort zusammenzufassen. Den Gesetzestext lesen können die Prüfer schließlich selbst.

Prüferin *[wendet sich an die nächste Kandidatin]*: **Was prüfen Sie nun, wenn also ein Ausschluss nach § 1 Abs. 2, 3 ProdHaftG offensichtlich nicht gegeben ist?**
Die nächste zu prüfende Voraussetzung wäre das Vorliegen eines Fehlers im Sinne des § 3 ProdHaftG. Danach liegt ein Fehler vor, wenn das Produkt nicht die Sicherheit bietet, die unter Berücksichtigung aller Umstände erwartet werden kann, sog. sicherheitsrelevanter Fehlerbegriff. Insbesondere kommt es bei diesen Umständen an auf die Darbietung, den Gebrauch, mit dem man billigerweise rechnen kann und den Zeitpunkt des Inverkehrbringens. *[Punkt – Pause – Blick zu den Prüfern]*
Ein solcher Fehler kann gegeben sein in Gestalt eines Konstruktions-, Fabrikations- oder Instruktionsfehlers. Hier lag offensichtlich zum maßgeblichen Zeitpunkt des Inverkehrbringens ein Fabrikationsfehler vor. Das Fahrrad bietet nicht die Sicherheit, die unter Berücksichtigung aller Umstände berechtigterweise erwartet werden kann: Bei einer Fahrt auf ebener Strecke – die typische Verwendung eines Rads, dh die entsprechende Standardbelastungssituation – ist der Metallrahmen gebrochen. Diesen Punkt könnte ich noch weiter ausführen?

> **Anmerkung:**
> Ein Fehler des Fahrrades liegt nach der Sachverhaltsangabe offensichtlich vor. Hier auf die Voraussetzungen des § 3 ProdHaftG weiter einzugehen, ist nicht veranlasst.
>
> Es gilt der Grundsatz: Die Zeit im Blick behalten und durch gutes Zeitmanagement in die höheren Punktebereiche vordringen. Würde man zum Fehlerbegriff zu lange ausführen, würde wertvolle

Prüfungszeit mit Unwesentlichem gefüllt. Die höheren Notenbereiche, zu denen man sich im Laufe einer Prüfung vorarbeitet, wären dann ggf. nicht mehr zu erreichen. Auch fragt sich die Prüferkommission eventuell, ob der Geprüfte in der Lage ist, Wesentliches von Unwesentlichem zu trennen. Ist man sich unsicher, ob weitere Ausführungen zielführend sind, sollte man es so handhaben wie der Kandidat und nachfragen, ob eine weitere Vertiefung gewünscht ist.

Prüferin: Danke, das reicht an dieser Stelle. Sagen Sie mir lieber noch etwas zum Anspruchsgegner.

Der Anspruchsgegner ist der Hersteller. Der Hersteller sind die in § 4 ProdHaftG Genannten, das wäre hier unproblematisch die Firma Bikemate Bastards als Endhersteller im Sinne des § 4 Abs.1 S. 1 Alt. 1 ProdHaftG.

Prüferin: Wie wäre der Fall denn nun nach dem Produkthaftungsgesetz zu entscheiden, wenn der Hersteller sich erfolgreich darauf zurückziehen kann, dass es sich bei dem Fahrrad um einen sog. Ausreißer handelt? Vielleicht zunächst einmal die Frage: Was ist denn eigentlich ein „Ausreißer"?

Ausreißer sind Fabrikationsfehler, die trotz aller zumutbaren Vorkehrungen für den Hersteller nicht vermeidbar waren.[77] Auch wenn es sich bei dem Fahrrad um einen Ausreißer handeln sollte, wäre dieses für die Haftung nach dem ProdHaftG irrelevant. Weil es sich bei der Haftung nach dem ProdHaftG um eine Gefährdungshaftung handelt, haftet der Hersteller auch bei einem perfekt organisierten Produktionsablauf und damit eben auch für einen Ausreißer. Nur im Rahmen des § 823 Abs. 1 BGB, wo es auf ein Verschulden ankommt, haftet der Hersteller in einem solchen Fall nicht.

Prüferin: Ist der Schaden hier im vollen Umfang zu ersetzen?

Anhaltspunkte für eine Haftungsminderung nach § 6 ProdHaftG sehe ich hier nicht.

Allerdings – und darauf ist der Mandant hinzuweisen – ist die Selbstbeteiligung des Geschädigten nach § 11 ProdHaftG zu beachten. Im Falle einer Sachbeschädigung hat der Geschädigte bis zu einer Höhe von EUR 500,– den Schaden selbst zu tragen.

Anmerkung/ Weiterführung:
Diese mündliche Prüfung beschränkt sich auf einen Sachschaden. Weitere mögliche Problemstellungen in diesem Zusammenhang wären:
- Die Frage nach dem Ersatz von Personenschäden, wenn zB der Vater Viktor bei seinem Sturz vom Fahrrad auch verletzt worden wäre, § 8 S. 1 ProdHaftG. Bei Personenschäden ist der Haftungshöchstbetrag in § 10 ProdHaftG zu sehen.
- Die Frage nach einem Schmerzensgeldanspruch für den Vater Viktor, § 8 S. 2 ProdHaftG. Weil das ProdHaftG eine Gefährdungshaftung und keine Verschuldenshaftung normiert, käme allein die Ausgleichsfunktion des Schmerzensgeldes zum Tragen, nicht die Genugtuungsfunktion. Anschließend könnte ein Prüfer zB weiter die Vererblichkeit eines Schmerzensgeldanspruchs thematisieren.

Prüferin: Das heißt, diese EUR 500,– bekommt der Mandant nicht ersetzt?

Nun, man könnte überlegen, ob er diesen Betrag nicht doch noch nach § 823 Abs. 1 BGB ersetzt verlangen kann. Wie vorhin schon ausgeführt, stehen die Normen des Produkthaftungsgesetzes neben § 823 Abs. 1 BGB, schließen einen solchen Anspruch also nicht aus.[78]

---

[77] Palandt/*Sprau* BGB § 823 Rn. 174.
[78] MüKoBGB/*Wagner* ProdHaftG § 11 Rn. 1, 2.

Prüferin: Dann prüfen Sie doch jetzt bitte noch den Anspruch nach § 823 Abs. 1 BGB.
Eine Rechtsgutsverletzung im Sinne des § 823 Abs. 1 BGB liegt mit der Sachbeschädigung vor. Diese Rechtsgutsverletzung geht kausal auf die Verletzung einer Verkehrssicherungspflicht des Anspruchsgegners zurück. Die Pflichtverletzung wurde durch den Anspruchsgegner verschuldet.

Prüferin: Erläutern Sie doch bitte den Begriff der Verkehrssicherungspflicht noch genauer.
Verkehrssicherungspflichten sind deliktische Verhaltenspflichten. Nach diesen gilt: Derjenige, der eine Gefahrenlage – gleich welcher Art – schafft oder andauern lässt, ist dazu verpflichtet, die notwendigen und zumutbaren Vorkehrungen zu treffen, um eine Schädigung anderer möglichst zu verhindern.
Der Hersteller eines Produkts hat danach seinen Betrieb so einzurichten, dass bei Konstruktion, Fabrikation und Instruktion eines Produkts der jeweilige Stand von Wissenschaft und Technik eingehalten wird.
Darüber hinaus haftet der Hersteller nach § 823 Abs. 1 BGB auch bei einem Verstoß gegen die Produktbeobachtungspflicht. Er muss ab dem In-Verkehr-Bringen eines Produktes dieses im Auge behalten, ob sich bislang unbekannt gebliebene Gefahren neu manifestieren und dann handeln.[79] Das hat der BGH in der berühmten „Apfelschorfentscheidung" so entschieden.

Prüferin: Worum ging es denn in der „Apfelschorfentscheidung"?[80]
Da muss ich jetzt leider passen.

> **Anmerkung:**
> Zu hoch gepokert! Hier hat der Kandidat so glänzend begonnen und sich dann selbst in eine Sackgasse manövriert. Das Produkthaftungs- bzw. Produzentenhaftungsrecht ist offensichtlich grundsätzlich ein Thema, das dem Kandidaten liegt und mit dem er punkten kann. Nur begab sich der Kandidat dann wirklich „ohne jede Not" auf dünnes Eis. Die Prüferin hatte gar nicht nach bestimmten BGH-Entscheidungen gefragt, sondern wollte eigentlich den konkreten Anspruch des Mandanten geprüft lassen. Eine konkrete Entscheidung des BGH zu nennen, ohne deren Inhalt zu kennen, ist ungeschickt, denn Sie provozieren entsprechende Nachfragen. Beziehen Sie sich also nur dann auf konkrete Urteile, wenn Sie deren Inhalt auch zuverlässig kennen.

Prüferin: Wer trägt hier im Rahmen des § 823 Abs. 1 BGB die Beweislast für die Fehlerhaftigkeit des Produkts?
Für die Beweislast gilt, dass der Geschädigte nur darlegen muss, dass das Produkt in objektiv fehlerhaftem Zustand die Herstellersphäre verlassen hat und das fehlerhafte Produkt für den Schaden ursächlich geworden ist. Hintergrund ist, dass der Geschädigte normalerweise keinen Einblick in den Produktionsprozess hat. Kann sich der Hersteller hier aber wirklich erfolgreich auf einen Ausreißer berufen, dann haftet er im Rahmen der deliktischen Haftung nach § 823 Abs. 1 BGB tatsächlich nicht.

---

[79] Palandt/*Sprau* BGB § 823 Rn. 175.
[80] BGH NJW 90, 906 (Apfelschorf-Derosal). In dieser – lesenswerten – Entscheidung entwickelte der BGH wesentliche Grundsätze der Produktbeobachtungspflicht. Danach hat der Hersteller die Pflicht, sein Produkt auch nach dem In-Verkehr-Bringen im Blick zu halten, um künftige Gefährdungslagen zu erkennen und abzuwenden (zB, dass ein Pestizid seine Wirksamkeit verliert). Eine solche Pflicht kennt das ProdHaftG nicht.

Anmerkung:
Fragen zur Beweislast stellen beliebte Annexfragen dar.

Geht man von einem „Ausreißer" aus, kann der Mandant die EUR 500,– unter keinem denkbaren Gesichtspunkt ersetzt bekommen. Im Rahmen der Haftung nach dem ProdHaftG ist diese Eigenbeteiligung nach § 11 ProdHaftG zu berücksichtigen. Nach § 823 Abs. 1 BGB haftet der Hersteller mangels Verschuldens für diesen Betrag nicht.

Prüferin: Warum, meinen Sie, gab die Europäischen Richtlinie diese Selbstbeteiligungsgrenze für das Produkthaftungsgesetz vor? Welche Intention stand da dahinter?
Nun, gewisse Bagatellschäden muss man eben selbst tragen. Dadurch sollen auch die Gerichte von Bagatellklagen entlastet werden. Für Deutschland gilt das aber wegen § 823 Abs. 1 BGB nur in eingeschränktem Maße.

Prüferin: Sie nennen eben die Arbeitsbelastung der Gerichte, das ist ein guter Ansatz. Fällt Ihnen sonst noch ein Grund ein?
Wenn man immer jeden Bagatellschaden ersetzt verlangen könnte, dann würde das für den einzelnen Geschädigten nicht viel ausmachen. Beim Hersteller aber würden sich die Schadenspositionen kumulieren, er müsste sich vielleicht gegen dieses Risiko versichern. Das würde das Produkt am Ende für den Verbraucher wieder teurer machen.

Anmerkung:
Lassen Sie sich nicht verunsichern: Die letzte Frage hat einen hohen Schwierigkeitsgrad und der Kandidat befindet sich bereits in der Notenstufe „gut". Die meisten Prüfungskommissionen sehen es gern, wenn ein Kandidat auch Gespür für wirtschaftliche Zusammenhänge beweist. „Schwierig" sind solche Überlegungen nicht anzustellen; hier ist gefordert, dass der Kandidat bereit ist, auch wirtschaftliche Folgen jenseits des rein Juristischen zu wägen. Die Prüferin honoriert es, wenn die Kandidaten wirtschaftliche Überlegungen anstellen (Stichwort: Berufseinstiegsprüfung).

Prüferin: Nachdem eben schon das Stichwort „Gericht" fiel, lassen Sie uns doch noch einmal überlegen, wie der Mandant am besten zu seinem Geld kommt. Dieser möchte ja, weil ihn die Sache so belastet, eine möglichst schnelle und einfache Lösung.
Man könnte Klage erheben. Das ProdHaftG trifft keine Sonderregelung zum Gerichtsstand. Nachdem keine streitwertunabhängigen Zuständigkeiten bestehen, wäre die Klage vor dem Landgericht zu erheben. Denn der Streitwert läge hier bei 30.000 EUR abzüglich der Eigenbeteiligung nach § 11 ProdHaftG von 500,– EUR, die man nicht einklagen würde. Dann liegt der Streitwert also bei 29.500,– EUR (§ 3 ZPO).
Als örtlicher Gerichtsstand kommt neben dem allgemeinen Gerichtsstand des § 17 ZPO auch der besondere Gerichtsstand der unerlaubten Handlung nach § 32 ZPO in Betracht.

Anmerkung:
Eigentlich hat der Prüfer mit seiner Frage versucht, den Prüfling gleich auf die richtige Spur zu setzen *(der Mandant möchte eine schnelle und einfache Lösung)*. Der Prüfling ist dann allerdings gleich in Richtung einer Klageerhebung „gestartet" und hat zu Dingen ausgeführt, nach denen eigentlich nicht gefragt worden war. Dabei hat er dem Prüfer auch keine Möglichkeit (etwa: durch eine Sprechpause) gegeben, steuernd einzugreifen.

Zum Hintergrund/ Weiterführung:
Überlegungen, die man ganz grundsätzlich anstellen kann, wenn nach den Möglichkeiten eines Mandanten gefragt wird, einen Anspruch geltend zu machen, wären zB
- Der Versuch einer außergerichtlichen Einigung oder eines Vergleichs; letzter kann einen Vollstreckungstitel im Sinne des § 794 ZPO darstellen (zu den Voraussetzungen des Anwaltsvergleichs: § 796a ZPO).
- Ein Vollstreckungsbescheid nach einem Mahnverfahren, §§ 688 ZPO ff. Wichtig: ein Mahnbescheid allein genügt für den Mandanten noch nicht, denn vollstreckt werden kann nur aus dem Vollstreckungsbescheid. Weil das ein Fehler ist, der häufig passiert, der Tipp, hier vorsichtig zu formulieren: erst der Vollstreckungsbescheid ist ein vollstreckungsfähiger Titel. Voraussetzung des Mahnverfahrens ist nach § 688 Abs. 1 ZPO, dass ein Anspruch auf Zahlung einer bestimmten Geldsumme besteht und kein Fall des § 688 Abs. 2 ZPO vorliegt. Wenn nicht mit einem Bestreiten durch den Gegner zu rechnen ist, dann ist das Mahnverfahren der schnellste Weg zu einem Titel, § 794 Abs. 1 Nr. 4 ZPO. Wo allerdings mit einem Bestreiten durch den Gegner gerechnet werden muss, ist mit einem Widerspruch gegen den Mahnbescheid bzw. einem Einspruch gegen den Vollstreckungsbescheid zu rechnen, sodass dann gleich Klage erhoben werden sollte.
- Eine Klage im Urkundsverfahren. Das Urkundsverfahren nach §§ 592 ff. ZPO bietet ebenfalls einen im Vergleich zu einer normalen Klage schnelleren Weg zu einem Urteil und damit zu einem vollstreckbaren Titel. Es sind dort allerdings nur bestimmte Beweismittel zugelassen, § 595 ZPO.

Prüferin: Gut, es muss ja vielleicht nicht gleich die Klage sein, die auf ein Urteil zielt. Vielleicht in dem Zusammenhang der Hinweis, dass der BGH in den letzten Jahren, wenn nicht Jahrzehnten, kaum noch zentrale Entscheidungen zur Produkthaftung zu fällen hatte. Es mag ja vielleicht daran liegen, dass alle Produkte so viel besser geworden sind, sodass niemand mehr Grund zur Klage hat. Oder können Sie sich noch einen anderen Grund vorstellen, warum es kaum aktuelle obergerichtliche Entscheidungen zur Produkthaftung gibt?

Ach so, natürlich. Die meisten namhaften Hersteller wollen nicht über Jahre in öffentlichkeitswirksame Prozesse hineingezogen werden, über die dann vielleicht noch viel in der Presse oder in den sozialen Medien berichtet wird. In vielen Fällen werden sie sich lieber mit den Geschädigten einigen und im Gegenzug Stillschweigen vereinbaren. Das ist letztlich wohl billiger, als nach einem Prozess viel Geld in Imagekampagnen oder ähnliches stecken zu müssen. Nur wenn grundsätzliche Fragen zu klären wären, würde ein Hersteller vielleicht ein Verfahren bis zum BGH bringen. *[Prüferin nickt zustimmend]*

Daher würde ich als Rechtsanwalt mit Herrn Müller auch besprechen, ob man nicht gleich einen Vergleich mit dem Hersteller anstreben sollte. Man könnte sich vor Gericht vergleichen oder einen Anwaltsvergleich anstreben.

Prüferin: Was sind denn die Vorteile eines Vergleichs für die Parteien?[81]

Die Parteien können ihr Schicksal bei einem Vergleich „selbst in die Hand nehmen", den Inhalt ihrer Einigung selbst frei bestimmen und so eine gesichtswahrende Lösung finden. Der Vergleich bietet die Möglichkeit einer schnellen Lösung für den Konflikt, was der Mandant hier am liebsten möchte. Demgegenüber kann sich ein Zivilprozess im Hinblick auf die Beweisaufnahme (Stichwort: Sachverständigengutachten) und den Instanzenzug über mehrere Jahre hinziehen.

---

[81] Vgl. hierzu etwa *Huber*, Grundwissen: Zivilprozessrecht- Prozessvergleich, JuS 2017, 1058; *Schultheiß*, Der Prozessvergleich- typische Fallkonstellationen im Assessorexamen, JuS 2015, 318. Die Vorteile eines Vergleichs sollte man auswendig kennen.

Prüferin: Wie könnte man den Gegner zum Vergleichsschluss motivieren? Welchen Inhalt könnte ein solcher Vergleich haben?

Nachdem der Mandant eine möglichst schnelle Regelung und Bezahlung möchte, könnte man einen entsprechenden Anreiz für den Gegner schaffen. Das kann so aussehen, dass man sich etwa auf einen Schadenersatz von 28.000,– EUR einigt, von dem aber nur 25.000,– EUR sofort zu bezahlen sind. Die restliche Forderung wird erlassen, wenn dieser Betrag von 25.000,– EUR sofort auf dem Konto des Mandanten eingegangen ist. Das nennt man „Druckvergleich". Bezahlt der Hersteller den Betrag indes nicht so schnell, dann bleiben die vollen 28.000,– EUR fällig. Allerdings muss man damit rechnen, dass man diesen Betrag notfalls zwangsvollstrecken muss, wenn der andere nicht freiwillig leistet.

Ein Vergleich lässt auch Raum für Zwischentöne: Neben der inhaltlichen Einigung würde sich im vorliegenden Fall eine „Geheimhaltungsvereinbarung" anbieten, das wäre hier für den Fahrradhersteller interessant. Damit das Stillschweigen tatsächlich gewahrt wird, könnte man das mit einer Vertragsstrafe bewehren.

Man kann auch mit einer „Abgeltungsklausel" regeln, dass mit dem Vergleich sämtliche gegenseitige Ansprüche der Parteien als abgegolten und erledigt gelten.

Prüferin: Kann man Dritte am Vergleichsabschluss beteiligen?

§ 794 Abs. 1 Nr. 1 ZPO besagt, dass man in einen Vergleich auch Dritte einbeziehen kann, die nicht Partei des Zivilprozesses sind. Auf diese Art und Weise kann man also sogar einen vollstreckungsfähigen Titel gegen Dritte erlangen.

Prüferin: Wo ist denn der Vergleich ganz grundsätzlich geregelt? Was sind die Voraussetzungen?

§ 779 BGB gibt eine Legaldefinition des Vergleichs. Bei einem Vergleich handelt es sich um einen gegenseitigen Vertrag, durch den ein Streit oder eine Ungewissheit über ein Rechtsverhältnis im Wege eines gegenseitigen Nachgebens der Parteien beseitigt wird. Nach § 779 Abs. 2 BGB steht der Ungewissheit eines Rechtsverhältnisses gleich, wenn die Verwirklichung eines Anspruchs unsicher ist.

> **Anmerkung:**
> Denken Sie daran: Punkt – Pause – Blickkontakt!

Erforderlich ist ein gegenseitiges Nachgeben. Im Unterschied zum Erlass nach § 397 BGB muss wirklich ein beiderseitiges Aufgeben von Ansprüchen gegeben sein. Die Anforderungen an das gegenseitige Nachgeben sind allerdings nicht besonders hoch. So müssen nicht etwa beide Vergleichsparteien zu gleichen Teilen nachgeben. Ausreichend für ein Nachgeben des Klägers wäre etwa der Verzicht auf die vorgerichtlichen Kosten.

Prüferin: Und was ist dann ein Prozessvergleich?

Der Prozessvergleich hat eine Doppelnatur. Neben das eben dargelegte materiell-rechtliche Rechtsgeschäft tritt hier noch die Prozesshandlung, die unmittelbar den Rechtsstreit beendet.[82]

Prüferin: Müssen denn die Parteien in einem Anwaltsprozess in der Verhandlung anwesend sein, damit ein wirksamer Prozessvergleich geschlossen werden kann?

> **Anmerkung:**
> Diese Frage kommt recht harmlos daher. Tatsächlich stecken in dieser Frage gleich mehrere Themen. Der Prüfling kann schnell Punkte mitnehmen, wenn er hier zunächst einen Überblick gibt – und sodann den Prüfer aktiv zu dem Themenfeld steuert, das er selbst bevorzugt.

Zunächst einmal gilt generell, dass auch ein Prozessvergleich nicht zwingend in einer mündlichen Verhandlung geschlossen werden muss. Zum anderen ist es eine Frage der anwaltlichen Prozessvollmacht, was der Rechtsanwalt in der Verhandlung darf oder nicht darf.

Zunächst zum Abschluss des Prozessvergleichs:

> **Anmerkung:**
> Denken Sie daran: Punkt – Pause – Blickkontakt!

Ein Prozessvergleich kann in der Güteverhandlung oder in der streitigen Verhandlung geschlossen werden, das sagt § 278 ZPO. Das Gericht soll ja in jeder Lage des Verfahrens auf eine gütliche Einigung hinwirken, § 278 Abs. 1 ZPO. *[Punkt – Pause – Blickkontakt zu den Prüfern]*

§ 278 Abs. 6 ZPO regelt zusätzlich, dass ein Prozessvergleich auch geschlossen werden kann, wenn die Parteien entweder selbst dem Gericht einen schriftlichen Vergleichsvorschlag unterbreiten oder beide einen Vergleichsvorschlag des Gerichts annehmen. Das Zustandekommen eines solchen Vergleichs stellt das Gericht dann durch Beschluss ohne mündliche Verhandlung fest, § 278 Abs. 6 S. 2 ZPO. Dann müssen weder die Parteien noch ihre Anwälte vor Gericht erscheinen.

---

[82] Zur Rechtsnatur des Prozessvergleichs s. Thomas/Putzo/*Seiler* ZPO § 794 Rn. 3.

Die Prüferin wendet sich an den nächsten Kandidaten: Darf denn generell der Rechtsanwalt für den Mandanten, der nicht im Gerichtssaal mit dabei ist, einen Prozessvergleich abschließen?

> **Anmerkung:**
> Die „Rechnung" des ersten Prüflings ist aufgegangen. Der Prüfer wendet sich mit dieser Frage, die der erste Prüfling nur andeuten musste, an den nächsten Kandidaten. Auch der erste Prüfling wird aber einen Pluspunkt bei der Prüfungskommission für das Problem erhalten, ohne dass er hierzu vertieft ausführen musste.

Nach § 278 Abs. 3 ZPO soll für die Güteverhandlung sowie für weitere Güteversuche eigentlich das persönliche Erscheinen der Parteien angeordnet werden.

> **Anmerkung:**
> Das ist nicht die Antwort auf die Frage der Prüferin!

Prüferin: Aber wenn das persönliche Erscheinen nun einmal nicht angeordnet wurde oder die Parteien nicht erschienen sind?
    Dann kommt es auf die Vollmacht des Prozessvertreters an. Ich würde nun in die Regelungen zur Prozessvollmacht des Rechtsanwaltes hineinsehen, dh die §§ 80 ff. ZPO. § 81 ZPO bestimmt, dass die Prozessvollmacht zu allen den Rechtsstreit betreffenden Rechtshandlungen ermächtigt einschließlich der Beendigung des Rechtsstreits durch einen Vergleich.

> **Anmerkung:**
> Der Kandidat kennt die Antwort auf diese Frage nicht auswendig, zieht sich aber nun aus der Affäre. Er baut die Lösung Schritt für Schritt auf. Die Antwort auf die nächste Frage findet er mit Hilfestellung. Ein besserer Kandidat hätte § 83 ZPO allerdings gleich genannt.

Prüferin: Warum fragen denn dann die Richter in den Zivilprozessen noch sooft bei den Parteivertretern nach, ob diese auch für den Vergleichsabschluss bevollmächtigt sind? Schauen Sie noch einmal in den Gesetzestext hinein.
    Das hängt mit § 83 ZPO zusammen und in dieser Vorschrift ist geregelt, dass die Möglichkeit für den Mandanten Vergleiche abzuschließen, von der Prozessvollmacht ausgenommen werden kann.

Prüferin: Was gilt eigentlich für die Kosten eines Prozessvergleichs?
    Die Parteien können im Vergleich die Kostentragung selbst regeln. Treffen sie im Vergleich keine Regelung, sieht § 98 ZPO vor, dass die Vergleichskosten als gegeneinander aufgehoben anzusehen sind.

Prüferin: Was versteht man denn unter Kostenaufhebung?
    Das bedeutet, dass die gerichtlichen Kosten von beiden Parteien je zur Hälfte getragen werden. Jede Partei trägt außerdem ihre außergerichtlichen Kosten selbst.

> **Anmerkung:**
> Die Prüferin deckt in ihrer Prüfung ein weites Feld juristischer Themen ab und wandert gleichsam mit den Antworten der Prüflinge mit. Das gibt jedem Prüfling zumindest die Möglichkeit, auf einem Teilbereich zu glänzen. Gerne greift die Prüferin Stichworte auf, die die Prüflinge ihr geben.

Der kleine Fall vom Anfang diente der Prüferin nur als Einstieg in eine umfassende juristische Diskussion. Das fordert den Kandidaten einiges an geistiger Beweglichkeit ab.

Empfehlung:
Der Kandidat muss ständig präsent bleiben, um den schnellen Themenwechseln folgen zu können. Keinesfalls dürfen Sie bei solchen Prüfertypen „im Voraus denken", dh sich mit möglichen Folgefragen befassen. Haben Sie einen guten Einfall, notieren Sie sich ein Stichpunkt, kehren dann aber wieder unmittelbar zur Prüfung zurück.

Prüferin: Nehmen wir in unserem Fall also an, der Hersteller verpflichtet sich in einem Prozessvergleich einen Betrag von 28.000 EUR an den Mandanten zu bezahlen. Der Hersteller bezahlt im Folgenden aber nicht. Was kann der Mandant tun?
Ein gerichtlicher Vergleich stellt einen Titel dar, aus dem vollstreckt werden kann. Das ergibt sich aus § 794 Abs. 1 Nr. 1 ZPO.[83] Der Mandant kann dann den Gerichtsvollzieher losschicken.

Prüferin: Sie wollen also den Gerichtsvollzieher beauftragen?
Nun, das war etwas flapsig formuliert. Der Gerichtsvollzieher wird tätig, wenn in bewegliches Vermögen vollstreckt wird. Heutzutage ist die Zwangsvollstreckung in Mobilien oft wenig erfolgversprechend und man holt zunächst Informationen über den Schuldner ein, um zu schauen, in welche Vermögenswerte – Immobilien, Mobilien, Forderungen – man sinnvollerweise vollstrecken kann. Bei der Zwangsvollstreckung in Forderungen wäre beispielsweise das Vollstreckungsgericht zuständig (§ 828 ZPO) und nicht der Gerichtsvollzieher.

Anmerkung:
Die Prüferin wollte eigentlich nur hören, dass der gerichtliche Vergleich einen Titel, § 794 Abs. 1 Nr. 1 ZPO, darstellt. Der hinzugefügte laienhaft klingende Satz des Prüflings, *den Gerichtsvollzieher loszuschicken*, hat die Prüferin zu einer Nachfrage provoziert. Zwar hat der Prüfling gut pariert; es ist offensichtlich, dass der Prüfling die Wendung wirklich nur umgangssprachlich und nicht aus Ahnungslosigkeit verwendet hat.

Das Gebot der Stunde muss aber sein, sich stets um eine präzise Ausdrucksweise zu bemühen, um solche Situationen zu vermeiden. Ganz grundsätzlich gilt: Viele Prüfer greifen die Antworten der Kandidaten auf (die Prüfer „gehen mit dem Kandidaten mit"), sodass Sie durchaus bestimmte Nachfragen „provozieren" können, wenn Sie auf dem entsprechenden Gebiet fit sind. Wäre dies die Intention des Prüflings hier gewesen, dann hätte er darauf hinweisen können, dass das zuständige „Vollstreckungsorgan" zu beauftragen ist.

Prüferin: Was wären hier die Voraussetzungen einer erfolgreichen Zwangsvollstreckung?
Die Zwangsvollstreckung wird auf Grund des Titels durchgeführt. Ganz grundsätzlich braucht es einen Titel, eine Klausel, eine Zustellung und den entsprechenden Antrag beim zuständigen Vollstreckungsorgan. Allerdings muss ich das hier für den Fall gleich spezifizieren: Ist der Titel ein Prozessvergleich, bedarf es keiner Klausel.

Prüferin: Warum sagen Sie, dass die Mobiliarzwangsvollstreckung generell „heutzutage oft wenig erfolgversprechend" sei?

---

[83] Aus einem Anwaltsvergleich könnte unter den Voraussetzungen des § 796a ZPO vollstreckt werden.

Das liegt an unseren veränderten gesellschaftlichen und wirtschaftlichen Gegebenheiten. Den Lohn trägt man heute beispielsweise nicht mehr in der Lohntüte nach Hause. Es werden also nicht mehr die realen Geldscheine gepfändet, sondern üblicherweise die Forderung gegen den Arbeitgeber oder gleich das Konto des Arbeitnehmers. *[Punkt – Pause – Blickkontakt]*

Fahrzeuge – egal ob im Fuhrpark eines Unternehmens oder bei einem Privaten – werden heute oft nicht mehr gekauft, sondern geleast. Sie stehen dann also nicht im Eigentum des Schuldners. Bei Warenlagern, Maschinen, etc. muss man daran denken, dass diese oft unter Eigentumsvorbehalt gekauft wurden oder dieser zur Sicherheit etwa für Darlehen an Banken oder andere Kreditgeber übereignet wurden. *[Punkt – Pause – Blickkontakt]*

Schlussendlich ist heutzutage der Wertverfall neu angeschaffter Gegenstände groß. Einen gebrauchten Fernseher oder ein Mobiltelefon, selbst wenn diese Gegenstände in der Anschaffung teuer waren, wird man wenige Monate nach Kauf kaum gewinnbringend versteigern können. § 803 Abs. 2 ZPO sagt ja, dass die Pfändung zu unterbleiben hat, wenn von der Verwertung des Gegenstandes ein Überschuss über die Kosten der Zwangsvollstreckung nicht zu erwarten ist.

> **Anmerkung:**
> Hier sehen Sie noch einmal sehr schön, wie die Prüferin mit dem Prüfling „mitgegangen" ist. Der Prüfling hat einen richtigen weiterführenden Hinweis gegeben, der dann Anlass für eine Nachfrage war. So konnte der Prüfling die Prüferin auf „seine Wiesen locken" und mit schönem Wissen hier noch einmal punkten. Mit dem Hinweis auf § 803 Abs. 2 ZPO konnte der Prüfling auch einen guten Schlusspunkt mit einer Norm setzen.

B. Prüfungsgespräch Zivilrecht: Anwaltsperspektive – Werkvertragsrecht

Schwierigkeitsgrad: mittel
Themengebiete: Aktuelle Gesetzesänderungen / Werkvertragsrecht / Zivilprozessrecht
Prüfertyp: Ungeduldig, schnell, lässt sich vom Prüfling leiten, Praktikerin

Prüferin: Bevor ich jetzt mit meinem Fall anfange, möchte ich mit Ihnen zunächst etwas Aktuelles besprechen. Zum 1.1.2020 gab es mehrere Änderungen in der ZPO. Welche Änderungen fallen Ihnen ein und wo wirken sich diese aus?

> **Anmerkung:**
> Die Prüferin beginnt nicht mit einer Fallfrage, sondern fängt mit einem aktuellen Thema an. Auf solche Fragen müssen Sie vorbereitet sein; Sie sollten nicht das erste Mal in der mündlichen Prüfung über aktuelle Gesetzesvorhaben oder neue Gesetze stolpern.
>
> **Empfehlung für die Vorbereitung:**
> - Bereits beim Einsortieren der Ergänzungslieferungen erfahren Sie von erfolgten Gesetzesänderungen; fällt Ihnen hier etwas auf, das klassische Examensmaterien betrifft, notieren Sie sich das Thema sofort für eine gezielte Vorbereitung
> - Zu den größeren Gesetzesänderung finden Sie auch in allen gängigen juristischen (Ausbildung-) Zeitschriften entsprechende Aufsätze und Übersichten.
> - Soweit Sie über einen beck-online Zugang verfügen, finden Sie unter der Rubrik „Aktuelles" Hinweise zu noch laufenden und bereits abgeschlossenen Gesetzesvorhaben.

- Eine ausgesprochen dankbare Informationsquelle ist auch die Seite des Bundesministeriums der Justiz www.bmj.de. Dort werden neben beschlossenen Gesetzesänderungen auch die geplanten Reformen vorgestellt, samt einer – für die Prüfung dankbaren – Darlegung des Reformbedarfs nebst entsprechenden Reaktionen aus der Praxis auf das Gesetzesvorhaben.

Ich glaube, da ist etwas Neues über die Revision geregelt worden. *[Kandidat lächelt verlegen]*

Anmerkung:
Auch wenn Sie das Thema nicht vorbereitet haben: eine solche unjuristische Antwort ist niemals ausreichend noch hilft sie Ihnen weiter.

Besser:
Ich weiß, dass es eine Änderung im Rahmen der Zulässigkeit der Revision gab. Die Revisionsvorschriften finden sich ab § 542 ZPO, ich blättere kurz zu den Vorschriften …

Und jetzt wäre es für Sie nicht mehr schwer, die geänderte Vorschrift zu finden: Sie erkennen bereits am Aussehen der Papierseiten die entsprechende Ergänzungslieferung; auch in den Fußnoten sieht man auf den ersten Blick die maßgebliche Jahreszahl „2020".

[Prüferin gibt die Frage an die nächste Kandidatin weiter:]
Es wurde mit der Gesetzesänderung zum 1.1.2020 die Beschwer für die Nichtzulassungsbeschwerde in § 544 Abs. 2 Nr. 1 ZPO dauerhaft auf EUR 20.000,– festgelegt. Die weiteren Voraussetzungen für die Revision haben sich nicht geändert.

Prüferin: Das ist richtig, inwiefern war dies jetzt eine Besonderheit?
Bisher war diese Wertgrenze nur als vorübergehende Grenze vorgesehen und stand daher auch nicht in der ZPO, sondern in § 26 Nr. 8 EGZPO. Die dortige Wertgrenze für die Beschwer bei der Nichtzulassungsbeschwerde betrug ebenfalls EUR 20.000,–. Diese Regelung galt jedoch immer nur für bestimmte Zeiträume und war mit einem „Ablaufdatum" versehen, das Letzte war der 31.12.2019. Nunmehr hat sich der Gesetzgeber für eine dauerhafte Regelung ohne zeitliche Grenze entschieden.

Prüferin: Vielen Dank *[und an den nächsten Kandidaten gerichtet]:* **Fällt Ihnen noch eine andere neue Regelung ein?**
Im Zusammenhang mit dem Mahnverfahren wurde in § 697 Abs. 2 ZPO ein neuer Satz 2 eingefügt: *[Kandidat liest laut vor]* „Soweit der Antrag in der Anspruchsbegründung hinter dem Mahnantrag zurückbleibt, gilt die Klage als zurückgenommen, wenn der Antragsteller zuvor durch das Mahngericht über die Folge belehrt oder durch das Streitgericht auf diese Folge hingewiesen wurde." Hier wurde durch den Gesetzgeber klargestellt, dass eine auf den ursprünglichen Mahnantrag nur teilweise erfolgte Anspruchsbegründung wie eine Klagerücknahme wirkt. Dieses Vorgehen mancher Antragsteller hatte vorher zu Unklarheiten geführt, welcher Gegenstand eigentlich anhängig ist.

Prüferin: Sehr schön *[und wendet sich an einen weiteren Kandidaten]:* **Fällt Ihnen noch etwas ein?**
Eine weitere Änderung findet sich in § 44 Abs. 4 ZPO bezogen auf Befangenheitsanträge. Nach dem Wortlaut des neu eingefügten S. 2 muss ein Ablehnungsgesuch unverzüglich angebracht werden.

Prüferin: Inwiefern ist das bemerkenswert?

Anmerkung:
Die Antwort griff ein wenig kurz. Hier hat sich der Kandidat nur auf das Nennen einer Vorschrift (die unproblematisch der ZPO nach dem Inhaltsverzeichnis entnommen werden kann) beschränkt. Nachdem er aber nicht wissen kann, ob die Prüferin auf diese Vorschrift hinauswollte oder eine andere Norm im Blick hatte, hätte er zumindest nonverbal abklären sollen, ob weitere Ausführungen angezeigt sind. Offensichtlich hat die Prüferin aber an dieser Stelle die Stoffsammlung abgeschlossen und will eine Neuregelung im Prüfungsgespräch vertiefen.

Besser:
Ich kann hierzu noch genauer ausführen oder weitere Reformaspekte anführen. [Punkt – Pause – Blickkontakt]

Gegenstand der Norm ist die Ablehnung des Richters wegen Befangenheit. Ein Grund für die Befangenheit kann entweder zu Beginn des Verfahrens oder aber auch im Lauf des Verfahrens eintreten. Mit der Verpflichtung zur unverzüglichen Rüge muss ein Ablehnungsgesuch jetzt im Prozess ohne prozesswidriges Verzögern nach Kenntniserlangung geltend gemacht werden. Mit dieser Regelung soll eine Verzögerung von Verfahren durch Ablehnungsgesuche verhindert werden.

Eine vergleichbare Regelung gab es schon länger in der Strafprozessordnung, genauer gesagt in § 25 StPO. Mit der Einfügung des Tatbestandsmerkmals der „Unverzüglichkeit" zwingt man die Prozessbeteiligten dort, sofort zu reagieren. Diese Verfahrensbeschleunigung wollte der Gesetzgeber auch im Zivilprozess etablieren.

Anmerkung:
Sie werden von allen Prüfern der Prüfungskommission benotet. Wenn Sie einen solchen Schlenker mühelos unterbringen können, wird sich der strafrechtliche Prüfer das sicherlich notieren und in die Notenberatung einbringen.

Prüferin: Sehr schön! Wenn ein Ablehnungsgesuch nach § 44 Abs. 4 S. 2 ZPO zu spät erfolgt, welche Folge hat das dann?
Von der Gesetzessystematik müsste ein solches Gesuch eigentlich als unzulässig abgelehnt werden. Die Frage der Frist betrifft üblicherweise die Zulässigkeit. Dem Gesetzeswortlaut ist aber eine genaue Folge, ob das Gesuch unzulässig oder unbegründet ist, nicht zu entnehmen.

Prüferin: Was würden Sie dann sagen?
Dafür, dass es eine Zulässigkeitsfrage ist, spricht meiner Auffassung nach, dass mit dieser Regelung Verfahrensverzögerungen vermieden werden sollen. Ein unzulässiges Ablehnungsgesuch kann auch durch den abgelehnten Richter selbst verworfen werden; andernfalls muss nach § 45 Abs. 1 ZPO das Gericht, dem der Abgelehnte angehört, ohne dessen Mitwirkung, die Entscheidung über die Begründetheit des Antrags treffen. Kann der abgelehnte Richter selbst entscheiden, geht das natürlich schneller, als wenn die Kollegen die Entscheidung treffen müssen.[84]

---

[84] So sieht das auch die überwiegende Meinung beispielsweise Zöller/*Vollkommer* § 44 Rn. 11a; *Schultzky* MDR 2020, 1; OLG Brandenburg BeckRS 2020, 18875; aA BeckOK ZPO/*Vossler*, 39. Ed. 1.12.2020, ZPO § 44 Rn. 20.

Anmerkung:
Die Antwort ist in Ordnung. Um aber die höheren Punkteregionen zu erklimmen, wäre ein präziseres Arbeiten am Gesetz notwendig.

Besser:
In der ZPO ist die Verwerfung eines Ablehnungsgesuchs durch den Abgelehnten, anders als in anderen Verfahrensordnungen, nicht geregelt. Die Rechtsprechung hat aber schon immer Ausnahmen gemacht, wonach über rechtsmissbräuchliche Ablehnungsgesuche der Abgelehnte entscheiden darf. Klassisches Beispiel hierfür war die Ablehnung zum Zweck der Prozessverschleppung und genau das war das Reformthema.

Prüferin *[geht weiter zum nächsten Kandidaten]*: **Gilt diese Vorschrift auch für andere Ablehnungen?**
    Kandidat (ratlos): Ich bin mir nicht darüber im Klaren, worauf Sie rauswollen?

Anmerkung:
Manchmal ist es tatsächlich schwer zu erkennen, worauf Prüfer hinaus möchten. Hier könnten Sie beispielsweise vom Konkreten auf das Allgemeine zurückgehen und eine Antwort einleiten mit dem Satz: *Wir waren gerade bei der Befangenheit von Richtern, weitere Beteiligte am Zivilprozess sind die Parteien, die Prozessbevollmächtigten und natürlich auch die Beweismittel, wie Sachverständige und Zeugen.* Auf ein zustimmendes Nicken der Prüferin könnten Sie dann weiter ausführen, dass auch der Sachverständige ein objektives Beweismittel sein soll und daher auch die Möglichkeit einer Ablehnung besteht nach § 406 ZPO.

Prüferin: Wer kann denn noch abgelehnt werden?

Anmerkung:
Sollte dieser Kandidat den Fehler begangen haben und während der Prüfung im Gesetz nur nach weiteren Änderungen der ZPO zum 1.1.2020 gesucht haben und nicht der Prüfung aufmerksam gefolgt sein, so dürfte sich das hier rächen. Tatsächlich sollten Sie immer in der laufenden Prüfung mitdenken, damit Sie eine Frage auch anstelle Ihres Mitprüflings beantworten können (→ S. 70).

Auch der gerichtliche Sachverständige kann nach § 406 ZPO abgelehnt werden. Für die Ablehnung des Sachverständigen dürfte es aber auf § 44 Abs. 4 S. 2 ZPO nicht ankommen. Für Sachverständige gilt bereits § 406 Abs. 2 S. 2 ZPO, wonach Ablehnungen nach Ernennung des Sachverständigen nur möglich sind, wenn der Antragsteller glaubhaft macht, ohne sein Verschulden gehindert gewesen zu sein, den Ablehnungsgrund früher geltend zu machen.

Prüferin: Muss der gerichtliche Sachverständige auch „unverzüglich" abgelehnt werden?

Anmerkung:
Das ist schon eine sehr vertiefende und schwere Frage und die Beantwortung kann eher nur von guten Kandidaten erwartet werden.

Für die Ablehnung des Sachverständigen gilt grundsätzlich § 406 Abs. 2 ZPO, der die Vorgehensweise vorgibt. Die 2-Wochen-Frist ist allein in § 406 Abs. 2 S. 1 ZPO genannt, der nicht für spätere Ablehnungen gilt. Meines Erachtens müsste man auch hier „Unverzüglichkeit" fordern, da auch auf die Vorschriften der Richterablehnung Bezug genommen wird. Letztlich greift hier der gleiche Gedanke, dass mit der Ablehnung das Risiko erheblicher Verfahrensverzögerungen einhergeht.

Anmerkung:
Hier können Sie guten Gewissens „alles" vertreten, sofern die Argumentation in sich stimmig und konsequent ist. Die Frage wurde offensichtlich vom Gesetzgeber nicht bedacht. Das Verfahren ist in § 406 ZPO geregelt, man könnte daher genauso gut argumentieren, dass das Verfahren zur Ablehnung des Sachverständigen einschließlich Beschwerdemöglichkeit abschließend geregelt ist und dass zudem auf ein Verschulden abgestellt wird. Hätte der Gesetzgeber das Verfahren über die Sachverständigenablehnung mit der Änderung vom 1.1.2020 mitregeln wollen, hätte er einen entsprechenden Passus bei der Sachverständigenablehnung aufnehmen können.

Prüferin: Vielen Dank, das lässt sich gut hören. Machen wir nun mit einem Fall weiter:

Fall: Ein Mandant kommt zu Ihnen als Rechtsanwalt und schildert folgenden Fall:

„Ich habe 2013 einen Auftragnehmer mit der Errichtung eines Blechdachs an einem Einfamilienhaus beauftragt. Das Dach wurde errichtet, ich habe die Arbeiten Dezember 2013 abgenommen.

Es kam in der Folgezeit zu Mängeln am Dach: Im Januar 2016 habe ich Undichtigkeiten in der Blechfalz festgestellt. Auch war das Dach wegen ungenauer Arbeiten am Dachfalz an einigen Stellen nicht dicht. Deswegen habe ich Kontakt mit dem Auftragnehmer aufgenommen. Dieser schickte einen Mitarbeiter, der noch im Februar 2016 die schadhaften Stellen großflächig ausgebessert hat. Gemeinsam haben wir am 1.3.2016 ein Protokoll über eine Gewährleistungsabnahme erstellt, in dem es heißt: „Alle undichten Stellen wurden neu verfalzt." Am 15.3.2016 habe ich noch vom Auftragnehmer einen Brief bekommen: „Unsere Mängelbeseitigung ... ist abgeschlossen. Alle Mängel ... wurden behoben. ..."

Es zeigten sich nun aber im März 2020 erneut Undichtigkeiten. Ich habe bereits einen Brief an den Auftragnehmer geschrieben und ihn unter Fristsetzung zur Mängelbeseitigung aufgefordert. Er schrieb mir zurück, das sei jetzt „zu lange her" und er sei dazu nicht mehr verpflichtet. Ich habe in meiner Not das Dach jetzt für etwa EUR 8.000,– reparieren lassen".

Prüferin: Herr/Frau Rechtsanwalt, was kann ich tun? Bitte fragen Sie mich alles was Sie noch wissen müssen.

Anmerkung:
Das ist eine ganz klassische Einstiegsfrage im Zivilrecht. Der Kandidat muss aus der Rolle des Rechtsanwaltes heraus klären, was das Rechtschutzziel des Mandanten ist. Im Folgenden wird entweder nur die materielle Rechtslage zu überprüfen sein oder es sollen auch prozessuale Schritte diskutiert werden. Zur Analyse des Rechtsschutzziels müssen Sie den maßgeblichen Sachverhalt klären. Hierzu dürfen Sie ohne Weiteres die Fragen stellen, die Ihnen noch einfallen (aber: übertreiben Sie es nicht). Wichtig ist, dass Sie sich bewusst in die Anwaltsperspektive begeben und dieser Rolle gerecht werden.

Ich würde meinen Mandanten zur Klarstellung noch mal fragen: Sie möchten von Ihrem früheren Auftragnehmer Ersatz der EUR 8.000,– für die Reparatur des Daches, also Mangelbeseitigungskosten erhalten?

[Die Prüferin nickt zustimmend.]

Ich würde zunächst materiell-rechtlich prüfen, welche Anspruchsgrundlagen in Betracht kommen. Sodann wäre zu prüfen, ob solche Ansprüche im Hinblick auf den Zeitablauf noch durchsetzbar sind. In einem weiteren Schritt kann ich dann die prozessuale Umsetzbarkeit untersuchen.

> **Anmerkung:**
> Dies ist die klassische Weichenstellung in den meisten Prüfungsfällen. Anders als im ersten Examen, in dem Sie in der Regel nur ein materiell-rechtliches Gutachten erstellen müssen, ist im Zweiten Staatsexamen die prozessuale Umsetzbarkeit von Ansprüchen (also das „Wie" der Tätigkeit als Rechtsanwalt) von entscheidender Bedeutung.
>
> Bisher hat sich der Kandidat nicht festgelegt, sondern kann das weitere Vorgehen von einem Feedback der Prüferin abhängig machen. Erfolgen keine weiteren Vorgaben durch den Prüfer dürfen Sie einfach weitermachen. Sie verschenken nichts, wenn Sie durch rhetorische Kurzpausen dem Prüfer jedenfalls die Möglichkeit zum Intervenieren geben, also: Punkte – Pause – Blickkontakt.

Zunächst ist also zu klären, welche Anspruchsgrundlagen in Betracht kommen. Ich denke hier an §§ 634 Nr. 2, 637 BGB, da die Mandantschaft Selbstvornahmekosten geltend macht.

[Kandidat hält kurz inne, Blickkontakt, keine weitere Reaktion.]

Voraussetzung ist, dass der zwischen der Mandantschaft und dem Auftragnehmer geschlossene Vertrag einen Werkvertrag darstellt. Das ist unproblematisch zu bejahen.

Prüferin: Wieso das?

> **Anmerkung:**
> Mit diesem Satz *Das ist unproblematisch zu bejahen* haben Sie nur das Ergebnis und keine weitere Begründung genannt. Hier vergeben Sie, auch wenn diese Stelle im Prüfungsaufbau eine einfache ist, unnötig die Chance, Punkte mitzunehmen. Hier musste die Prüferin die Begründung durch eine Nachfrage extra einfordern.
>
> Gewöhnen Sie sich für die Prüfung an, **keinen Satz ohne** *weil* zu sagen. So zwingen Sie sich selbst zu Begründungen. Besser ist es also, Sie antworten gleich wie folgt:

Das Vorliegen eines Werkvertrages kann man hier unproblematisch bejahen, weil mit dem Auftrag ein Werkerfolg geschuldet war. Der Werkerfolg war in der Errichtung eines neuen Dachs zu sehen. Mit dem Werkvertrag verspricht der Unternehmer nicht die Eigentumsverschaffung an einem von den Wünschen des Bestellers unabhängig vorgefertigten Gegenstand, sondern die Erstellung eines den vertraglichen Vorgaben genügenden Werks.

Prüferin *[an den nächsten Kandidaten]*: **Was ist denn das entscheidende Kriterium des Werkvertrags im Unterschied zum Kaufvertrag?**

> **Anmerkung:**
> Auf diese Frage kann der nächste Kandidat nur gut reagieren, wenn er die gesamte Prüfung bereits aufmerksam verfolgt hat und an jeder Stelle in das Prüfungsgespräch einsteigen kann. Bleiben Sie also an der Prüfung „dran".
>
> Gegenstand von Prüfungen im Zivilrecht ist häufig die Abgrenzung von Vertragstypen, dies sollten Sie bei Ihrer Vorbereitung berücksichtigen.

Anders als beim Kaufvertrag verpflichtet sich der Werkunternehmer zur Schaffung eines Erfolgs. Inhalt des Kaufvertrages ist die Übereignung und Übergabe eines bereits fertiggestellten mangelfreien Gegenstandes, dh Vertragsgegenstand ist – anders als beim Werkvertrag- nicht die Herstellung eines individuellen Werkes nach den Wünschen des Bestellers.

Prüferin: Was wäre bei einem Vertragsschluss nach dem 1.1.2018 zu beachten?

Für Verträge nach dem 1.1.2018 wäre zu prüfen, ob es sich bei dem Vertrag um einen Bauvertrag handelt, denn hierfür sieht das Gesetz im Kapitel 2 des Untertitels 1 spezielle Regelungen vor.

Prüferin: Welche Regelungen gelten für den vorliegenden Vertrag?

Dies richtet sich nach Art. 229 EGBGB, § 39. Hier ist festgelegt, ab wann die neuen Vorschriften des Bauvertragsrechts gelten. Für den vorliegenden Vertrag, Vertragsschluss war ja im Jahre 2013, gelten noch die alten Vorschriften.[85]

> **Anmerkung:**
> Hier könnte die Prüfung jetzt auch einen ganz anderen Weg nehmen, wenn über das neue Bauvertragsrecht[86] gesprochen werden soll.

[Prüferin nickt zustimmend]

Weitere Voraussetzung für einen Anspruch aus §§ 634 Nr. 1, 637 Abs. 1 BGB ist das Vorliegen eines Werkmangels. Ein solcher ist nach § 633 Abs. 1 BGB anzunehmen, wenn eine Abweichung der Ist- von der Sollbeschaffenheit vorliegt. Das würde ich bejahen, da das errichtete Dach eine Undichtigkeit aufweist. Auch die Anforderungen an § 637 Abs. 1 BGB sind erfüllt, da wirksam eine Frist gesetzt wurde.

Prüferin: Welches Problem könnte sich hier stellen?

Hier stellt sich die Frage, ob der Anspruch verjährt ist. Die Verjährung für Gewährleistungsansprüche im Werkvertrag richtet sich nach § 634a BGB. Hier unterscheidet man zwischen der Verjährung nach § 634a Nr. 1 (Regelverjährung, Werkvertrag) und Nr. 2, Verjährung bei einem Bauwerk.

Prüferin *[an den nächsten Kandidaten]*: **Machen Sie hier bitte weiter!**

Verjährung nach § 634a Nr. 2 BGB kommt dann in Betracht, wenn es sich um Arbeiten an einem Bauwerk handelt. Das Dach ist ein Bauwerk.

Prüferin: Wie kommen Sie darauf?

> **Anmerkung:**
> Hier hat der Kandidat zu oberflächlich gearbeitet; er hätte zunächst den Begriff des „Bauwerks" definieren müssen, um anschließend festzustellen, dass es sich um ein Bauwerk handelt. Die Einordnung als „Bauwerk" bereitet vielen Kandidaten Schwierigkeiten. Allgemeine, häufiger verwendete Begriffe sollten Sie samt Definitionen in der mündlichen Prüfung beherrschen. Hinzu kommt: Die Prüfung wurde von einem Mitglied eines Bausenats am Oberlandesgericht gehalten. An dieser

---

[85] Wortlaut Art. 229 EGBGB § 39.
Auf ein Schuldverhältnis, das vor dem 1. Januar 2018 entstanden ist, finden die Vorschriften dieses Gesetzes, des Bürgerlichen Gesetzbuchs und der Verordnung über Abschlagszahlungen bei Bauträgerverträgen in der bis zu diesem Tag geltenden Fassung Anwendung.
[86] Dieses ist in vielen Prüfungsordnungen als Prüfungsstoff enthalten: Nach § 18 Abs. 2 BayJAPO sind beispielsweise Pflichtfächer im bürgerlichen Recht das Schuldrecht ohne Abschnitt 8, Titel 2, 11, 15, 18, 18 und 25), so dass neben dem Werkvertragsrecht auch das neue Bauvertragsrecht Prüfungspflichtstoff ist.

Stelle zahlt es sich natürlich aus, sich auf den/die konkrete/n Prüfer/in vorzubereiten. Werk- und Bauvertragsrecht gehören bei einem solchen Prüfer sicherlich in den Vordergrund der Prüfungsvorbereitung.

Faustformel:
Sind Tatbestandsmerkmale nicht ad hoc ohne genauere Prüfung zu bejahen, muss durch den Kandidaten ein Obersatz gebildet, der Prüfungsmaßstab (regelmäßig die Definition) ermittelt und der Fall subsumiert werden.

Der Bauwerksbegriff in § 634a BGB ist selbstständig auszulegen und bezeichnet eine unbewegliche, durch Verwendung von Arbeit und Material in Verbindung mit dem Erdboden hergestellte Sache.[87] Das Haus ist ein Bauwerk.

Prüferin: Geht es hier denn um das ganze Haus?
Zum Bauwerksbegriff rechnen auch Teile hiervon, sodass die Herstellung einzelner Bauteile zum Bauwerk rechnen, unabhängig davon, ob sie als äußerlich hervortretende, körperlich abgesetzte Teile in Erscheinung treten. Auch das Dach ist ein solcher Gebäudeteil.[88]

Prüferin: Sind Sie da sicher?

Anmerkung:
Anders formuliert würde die Frage lauten: Warum ist das so? Das Ergebnis, also die Lösung allein, reicht für eine gute Leistung nicht aus, hier muss der Kandidat eine Begründung für sein gefundenes Ergebnis liefern. Häufig wird eine solche Frage bei noch nicht ausreichender Argumentation auch an einen anderen Kandidaten weitergegeben (siehe zur häufigen Frage: *sind Sie sicher* → S. 69).

Wir waren gerade bei dem Begriff des Bauwerks und der Frage, ob ein Dach hierunter fällt: Telos der langen Verjährungsfristen ist, dass sich Mängel an Bauwerken häufig erst nach Ablauf der kurzen Verjährungszeit zeigen, da sie meist *versteckt* sind. Auch liegt die Lebensdauer von Bauwerken deutlich über der von beweglichen Werken. Genau das trifft bei dem Teil „Dach" zu. Ob es dicht ist und möglicherweise Wasser an versteckten Stellen eindringt, das nach und nach das Mauerwerk durchweicht oÄ kann sich im Einzelfall erst spät zeigen. Also ja, das Dach ist ein Bauwerk.

Prüferin: Vielen Dank *[an den nächsten Kandidaten]*: **Wie sieht es denn jetzt mit der Verjährung aus?**
Die Ansprüche sind grundsätzlich verjährt, denn der Vertragsschluss datiert auf das Jahr 2013, die Arbeiten wurden im Dezember 2013 auch abgenommen. Der Lauf der Verjährungsfrist beginnt mit der Abnahme nach § 634a Abs. 2 BGB, so dass Verjährung mit dem Dezember 2018 eingetreten ist. So wie Sie vorher den Fall geschildert haben, ist die Leistung im Dezember 2013 abgenommen worden.

Prüferin: Das wäre ja ärgerlich, kann man gar nichts machen?
Ich könnte nun in einem nächsten Schritt prüfen, ob eine Hemmung der Verjährung eingetreten ist. Ich frage mich, ob es ein Fall von § 203 BGB oder § 204 BGB sein könnte?

---

[87] Palandt/*Sprau* BGB§ 634a Rn. 10; BeckOK BGB/*Voit* § 634a Rn. 6.
[88] Ständige Rechtsprechung BGH VII ZR 38/15, NJW 2016, 2645.

Anmerkung:
Hier wird die Unsicherheit des Kandidaten offensichtlich, da auf die Frage der Prüferin mit einer Frage geantwortet wird. Das kann gelegentlich in Prüfungen zu deutlichen Abfuhren kommen, wie *Das dürfen Sie mich nicht fragen, Sie sind schließlich der Anwalt.* Wenn der Prüfer die Prüflinge zu Beginn auf die Möglichkeit, ergänzende Fragen zu stellen, hinweist, sind damit immer Fragen zum Sachverhalt gemeint. Nicht gemeint ist offensichtlich, dass der Prüfling den Prüfer nach der rechtlichen Lösung des Falls fragt.

Besser:
Die Hemmung der Verjährung ist in den §§ 203 ff. BGB geregelt. Ich gehe die Vorschriften im Einzelnen durch.

Prüferin: Dann prüfen Sie doch diese Vorschriften bitte.
Anhaltspunkte für eine Hemmung der Verjährung könnten sich aus § 203 BGB ergeben. Dies würde voraussetzen, dass zwischen dem Bauherrn und dem Unternehmer Verhandlungen über den Anspruch erfolgt sind. Hier hat der Unternehmer sich aber gleich nach der Mangelanzeige im Jahr 2016 bereit erklärt, den Mangel zu beseitigen. Ein Verhandlungszeitraum wäre bestenfalls für 3 Monate anzunehmen. § 203 BGB scheidet daher aus.
Für eine Hemmung durch Rechtsverfolgung gemäß § 204 BGB gibt es keine Anhaltspunkte, da es zu keiner Rechtsverfolgung gekommen ist. Dann weiß ich es leider auch nicht.

Prüferin *[zum nächsten Kandidaten]*: **Fällt Ihnen dazu noch etwas ein?**
Man könnte hier an § 212 BGB denken, Neubeginn der Verjährung. Ich blättere mal zu dieser Vorschrift und prüfe, ob diese greift.

Anmerkung:
Der Kandidat geht hier geschickt vor, weil er seine eigenen Regieanweisungen laut anspricht. Dadurch gewinnt er Zeit zum Denken und „verliert" die Prüferin nicht. Wichtig ist in der Prüfung, dass Sie Ihre Denkprozesse laut kommunizieren (→ S. 71)

In § 212 BGB ist der Neubeginn der Verjährung ist geregelt. Hier heißt es, dass die Verjährung erneut beginnt, wenn der Schuldner dem Gläubiger den Anspruch in „anderer Weise anerkennt". Ein Problem könnte hier sein, ob durch die Gewährleistungsarbeiten der Anspruch „in anderer Weise anerkannt" wurde. Das hätte aber sehr weitreichende Konsequenzen.

Anmerkung:
Nehmen Sie sich Zeit, eine Vorschrift, die geprüft werden soll und Ihnen nicht völlig geläufig ist, vollständig zu lesen. Verfallen Sie dazu nicht in Schweigen, sondern geben Sie sich quasi selbst **Regieanweisungen**, in dem Sie zB sagen: *Ich muss die Vorschrift kurz vorlesen.* Um den Gesprächsfaden nicht abreißen zu lassen, machen Sie also Ihre Gedanken, die Ihnen zu dem Problem einfallen, transparent. Sie müssen nicht sofort alle Lösungen parat haben, sondern können diese im Gespräch entwickeln.

Prüferin: Das klingt sehr interessant, dann prüfen Sie das.
Dann müsste der Auftragnehmer den Anspruch also in anderer Weise anerkannt haben. Ich bin mir dabei nicht sicher, welche Anforderungen an ein solches in anderer Weise anerkennen zu stellen sind.

Ich kenne den Begriff des Anerkenntnisses aus § 781 BGB, die Begrifflichkeiten deklaratorisches und konstitutives Anerkenntnis. Aus dem Verfahrensrecht gibt es noch
das Anerkenntnisurteil.

Prüferin: Können Sie diese Begrifflichkeiten abgrenzen?

Das konstitutive Schuldanerkenntnis erzeugt eine vom Schuldgrund gelöste selbständige eigene Forderung. Demgegenüber ist das deklaratorische Schuldanerkenntnis die Bestätigung einer bestehenden Schuld. Soweit ich weiß, fällt nur das konstitutive Schuldanerkenntnis unter § 781 BGB. Das deklaratorische Schuldanerkenntnis ist
nach hM ein einseitiger Feststellungsvertrag, der aber der Form des § 781 BGB nicht
bedarf.[89]

Prüferin: Schön, vielen Dank – hilft uns diese Abgrenzung jetzt in unserem Fall weiter?

Ich habe Bedenken, die Anforderungen beispielsweise an ein deklaratorisches Anerkenntnis auf die Tatbestandsvoraussetzung des § 212 BGB zu übertragen.
Es muss wohl weniger als ein deklaratorisches Anerkenntnis sein, eher eine tatsächliche Bestätigung, dass man vom Bestehen bzw. der Berechtigung der Forderung ausgeht. Nach der Rechtsprechung ist der Begriff des Anerkenntnisses iSd § 212 BGB das
rein tatsächliche Verhalten des Schuldners gegenüber dem Gläubiger, aus dem sich das
Bewusstsein vom Bestehen des Anspruchs unzweideutig ergibt.

Prüferin: Welchen Zweck verfolgt die Vorschrift? Kann man tatsächlich voraussetzen, dass die Parteien hier eine Art Vertrag im Sinne eines deklaratorischen Anerkenntnisses schließen?

Ich würde mir den Wortlaut der Vorschrift ansehen. Hier heißt es eindeutig, dass
„der Schuldner dem Gläubiger gegenüber den Anspruch anerkennt". Dies wäre nach
meiner Auffassung auf jeden Fall von Vertrag im Sinne einer Feststellungsverein-

---

[89] Zur Vertiefung: Das abstrakte Schuldanerkenntnis begründet eine eigene Anspruchsgrundlage
und ist an die Form der §§ 780, 781 BGB gebunden. Das deklaratorische oder kausale Schuldanerkenntnis stellt keine eigene Anspruchsgrundlage dar, sondern wirkt auf eine bestehende Schuld ein. Es
wurde letztlich in Anlehnung an den Vergleich als einseitiger Feststellungsvertrag entwickelt und ist
daher nicht mit besonderen Formvorgaben versehen (vgl. Palandt/*Sprau* BGB § 781 Rn. 3). Wie der
Vergleich soll das deklaratorische Anerkenntnis erfordern, dass zwischen den Parteien im Moment
des Abschlusses Streit oder Ungewissheit über das Schuldverhältnis herrsche. Waren sich die Parteien
über das Bestehen der Forderung einig, kommt ein deklaratorisches Anerkenntnis nicht in Betracht
(vgl. BeckOGK/*Albers*, 1.1.2021, BGB § 781 Rn. 20). Zu unterscheiden sind beide vom sofortigen Anerkenntnis nach § 93 ZPO und dem Anerkenntnisurteil. Schön für das Examen aufbereitet finden Sie
die Thematik bei *Dastis*, Examenswissen zum Schuldanerkenntnis, JuS 2018, 330.

barung klar zu unterscheiden. Man wird meiner Auffassung nach schon wegen des Wortlauts andere Anforderungen an ein solches Anerkenntnis stellen müssen.

Prüferin *[an den nächsten Kandidaten]*: **Was meinen Sie?**

> **Anmerkung:**
> Die Weitergabe der Frage an den nächsten Kandidaten mit der Einleitung *Was meinen Sie dazu* oder *Sehen Sie das auch so?* ist üblich in Prüfungen und zielt jedenfalls auf eine vertiefte Auseinandersetzung mit dem aufgeworfenen Problem ab (→ S. 69).

Ich denke, aufgrund der Einseitigkeit sind die Anforderungen geringer als an ein Anerkenntnis im Sinne von § 781 BGB und auch anders als bei einem deklaratorischen Anerkenntnis. Ich denke, aus dem Verhalten des Schuldners muss zum Ausdruck kommen, dass er den Anspruch für berechtigt hält. Folge des Anerkenntnisses wäre ja hier, dass die Verjährung der Gewährleistungsansprüche erneut beginnt. Das ist aus meiner Sicht eine sehr weitreichende Wirkung. Deswegen muss das Verhalten des Schuldners aber in etwa das Gewicht einer Willenserklärung haben, da es Rechtswirkungen erzeugt. Vielleicht kann man Rechtsbindungswillen auch als eine Form von Vertrauenstatbestand denken.

Prüferin: Was meinen Sie denn hier mit „Rechtsbindungswillen"?
Ich meine damit, dass die Erklärung jedenfalls so gestaltet ist, dass der Schuldner sich rechtlich verbindlich daran festhalten lassen muss. Das ist in Abgrenzung zu einer bloßen Gefälligkeitshandlung zu sehen. Der Wille muss darauf gerichtet sein, sich im Hinblick auf die Erreichung eines bestimmten Zwecks rechtlich zu binden.[90]

Prüferin: Wie wäre das denn zu ermitteln?
Entscheidend wäre, wie sich das Verhalten der Beteiligten bei Würdigung aller Umstände mit Rücksicht auf die Verkehrssitte darstellt. Das wäre dann anhand objektiver Kriterien zu ermitteln.[91] *[Punkt – Pause – Blickkontakt]*
Konkret auf den Fall bezogen würde ich meinen, dass hier vertrauensbildende Umstände vorliegen. Der Auftragnehmer hatte nach der von ihm als Mangelbeseitigung wahrgenommenen Unternehmerleistung ein bestätigendes Anschreiben an den Mandanten gesendet. Das Anschreiben genügt im Erklärungsgehalt und „Schuldbewusstsein" den Anforderungen an § 212 BGB. Der Mandant ist davon ausgegangen, dass der Auftragnehmer damit meint, dass ein Mangelbeseitigungsanspruch zu Recht bestand und er diesen erfüllt hat. Darauf muss sich der Mandant auch verlassen können, dies ist mit dem § 212 BGB bezweckt.[92]

---

[90] MükoBGB/*Bachmann* § 241 Rn. 168.
[91] BGH NJW 2009, 1141.
[92] Die Prüfung basiert auf einer Entscheidung des Oberlandesgerichts München v. 8.9.2016 – 28 U 1483/16, BeckRS 2016, 136786: Zur Vertiefung: Das Anerkenntnis erfasst die sich aus der eigentlichen Mangelursache ergebenden Ansprüche, nicht nur die erkannten Mangelerscheinungen. Der Neubeginn der Verjährung umfasst also auch alle Ursachen, die dem Mangelsymptom zu Grunde liegen. Ob sich der Bauträger tatsächlich bewusst war, ein Anerkenntnis abzugeben, kann dahinstehen. Entscheidend ist, wie das Verhalten des Bauträgers nach dem objektiven Empfängerhorizont zu verstehen ist. Für ein verjährungsunterbrechendes Anerkenntnis genügt nach § 208 BGB aF ein tatsächliches Verhalten des Schuldners gegenüber dem Gläubiger, aus dem sich das Bewusstsein vom Bestehen der Forderung unzweideutig entnehmen lässt und angesichts dessen der Gläubiger darauf vertrauen darf, dass sich der Schuldner nicht auf die Einrede der Verjährung berufen wird. Unschädlich ist, dass das

Prüferin *[wendet sich an einen anderen Kandidaten]*: **Sehen Sie das auch so?**

> **Anmerkung:**
> Die Frage ist hier nun als Einladung zum Argumentieren weitergegeben. Man könnte jetzt die Argumente herausarbeiten, die gegen die Annahme eines Anerkenntnisses sprechen. Andererseits können auch die Argumente vertieft werden, die für die oben genannten Auffassung sprechen.

Ich sehe das wie der Kollege, denn erst mit dieser Leistung hat der Besteller eine mangelfreie Leistung erhalten, die Leistung ist erstmals mangelfrei erbracht. Ich halte es daher für angemessen, dass ab diesem Zeitpunkt auch die Verjährung tatsächlich neu beginnt. Zuvor hatte der Besteller nur eine mangelhafte Leistung erhalten.

Prüferin: Das klingt sehr überzeugend, welche Folgen hat das jetzt für den Fall?

> **Anmerkung:**
> Hier will die Prüferin eigentlich nur zurück zur Ausgangsfrage, damit von dort aus der Fall weiter bearbeitet werden kann. Es genügt eine Zusammenfassung des festgestellten Ergebnisses und die Einordnung in den Kontext des Falles.

Wegen des Neubeginns der Verjährung sind Gewährleistungsansprüche wegen des Mangels an der Dachdichtung nicht verjährt. Der Mandant kann noch Selbstvornahmekosten nach §§ 637 Abs. 1, 634 Nr. 2 BGB geltend machen.

Prüferin: Der Mandant hatte bereits versucht, EUR 8.000,– vom Auftragnehmer zu erhalten. Was kann er jetzt noch tun?
　　Auf jeden Fall ist sicherzustellen, dass der Auftragnehmer in Verzug ist (§§ 280 Abs. 1, Abs. 2, 286 BGB), dh im Zweifel sollte der Betrag unter Fristsetzung erneut korrekt angemahnt werden.

Prüferin: Ja, das stimmt; wir unterstellen, dass dies bereits erfolgt ist. Was meinen Sie?
[nächster Kandidat]

> **Anmerkung:**
> Das war also eine völlig richtige Anmerkung und war von der Prüferin bei Vorbereitung Ihres Falles offenbar übersehen worden. Hier hat der Kandidat auf jeden Fall gepunktet. Da Stoff des zweiten Staatsexamens auch das Verfahrensrecht ist, sind in einer Zivilrechtsprüfung auch taktische Überlegungen zum Prozessrecht zu erwarten.

Ich denke hier an eine Klage, genauer, an eine Leistungsklage.

Anerkenntnis nicht an die WEG, sondern die Hausverwaltung adressiert war. Ein Anerkenntnis gem. § 212 BGB setzt keine empfangsbedürftige Willenserklärung voraus; es „genügt vielmehr jedes zur Kenntnisnahme des Berechtigten bestimmte und geeignete Verhalten". Zwar ist grundsätzlich ein Anerkenntnis gegenüber dem Berechtigten abzugeben. Allerdings sind die Anforderungen insoweit nicht zu streng zu beurteilen. So genügt es, dass ein Anerkenntnis mit dem Willen des Schuldners demnächst zur Kenntnis des Gläubigers gelangt, mag dies auch auf Umwegen geschehen. Ein Zugang gem. § 130 BGB ist nicht erforderlich. Es genügt, dass die Erklärung gegenüber einem Vertreter des Gläubigers oder einer sonstigen Person abgegeben wurde, die mit Wirkung für und gegen den Gläubiger zu handeln berufen war (vgl. dazu BGH NJW 2008, 2776).

Prüferin: Gibt es auch noch Alternativen zur „normalen" Klage?

Man könnte an einen Mahnbescheid denken. Sonst fällt mir noch eine Klage im Urkundenverfahren ein. Eine solche erscheint anhand der Anforderungen, alle Beweismittel als Urkunde vorlegen zu müssen, indes ungeeignet.

Anmerkung:

Hier besteht immer das Risiko, dass der Prüfer den an sich eingeschlagenen Pfad (Klageweg)
verlässt und Details zu den vorgeschlagenen Lösungen wissen will. Ein Folgefrage könnte dann
beispielsweise lauten: Urkundenverfahren wäre eine Möglichkeit, was ist denn das Problem mit
den Beweismitteln im Urkundenverfahren? usw Andererseits ist der Hinweis auf das Urkundenverfahren angesichts der offenen Fragestellung eine mögliche, wenn auch nicht naheliegende,
Antwort.

Die Prüferin wollte eigentlich die Voraussetzungen einer Klage prüfen, das Ansprechen der Beweislage führt hier jedoch zu dem folgenden Exkurs.

Prüferin: Wie sieht denn die Beweislage einer Klage hier aus?

Im Bestreitensfalle müsste die Mangelhaftigkeit der Werkleistung nachgewiesen
werden. Üblicherweise werden Werkmängel durch Sachverständigengutachten nachgewiesen.

Prüferin: Das ist mir jetzt etwas zu ungenau. Wer muss hier was beweisen?

Gegenstand des geltend zu machenden Anspruchs sind Gewährleistungsrechte nach
Abnahme der Werkleistung. Bis zur Abnahme trägt der Unternehmer die Beweislast
für die Mangelfreiheit des Werks,[93] ab Abnahme dreht sich diese Beweislast um.[94] Ab
der Abnahme trägt der Besteller die Beweislast für Mangelhaftigkeit des Werks und
die übrigen Voraussetzungen seiner Gewährleistungsansprüche.

Empfehlung:

Die Antwort war richtig, noch mehr Punkte hätte der Kandidat noch durch das Voranstellen eines
Obersatzes herausholen können: *Grundsätzlich trägt jeder die Beweislast für die für ihn günsti-
gen Tatsachen.*

Prüferin: Können Sie für diese Aussage auch einen Normbezug herstellen?

Man kann diese Beweislastlösung auch an den §§ 640 Abs. 1, 634a Abs. 2 und
§§ 644, 645 BGB festmachen. Aus § 640 Abs. 1 BGB ergibt sich die Verpflichtung, das
Werk abzunehmen. Aus § 634a Abs. 2 BGB ergibt sich der Verjährungsbeginn mit der
Abnahme, also eine Zäsur durch die Abnahme. Nach den §§ 644, 645 BGB ist die Ge-
fahrtragung geregelt. Ergänzend könnte noch § 362 BGB herangezogen werden, da
mit der Abnahme die vertraglichen Pflichten des Werkvertrages erfüllt sind.

**Prüferin: Das lässt sich hören, welches Problem könnte sich hier aber hinsichtlich der
Mängel stellen?**

Es könnte sich das Problem stellen, dass die Mängel bereits beseitigt wurden, ein
Sachverständigengutachten also nicht mehr den Nachweis der Mangelhaftigkeit erbringen kann. Hier wäre zunächst der Mandant zu fragen, ob irgendwelche beweis-
sichernden Maßnahmen erfolgt sind.

---

[93] BGH Urt. v. 23.10.2008 – VII ZR 64/07, Palandt/*Sprau* BGB § 634 Rn. 12.
[94] BGH Urt. v. 19.1.2017 – VII ZR 301/13.

> **Anmerkung:**
> Hier müssen Sie sich sehr konkret in die konkrete Prozesssituation eindenken; einmal mehr kommt es auch auf taktische Überlegungen an. Die Frage stellt auf die Praxisgeeignetheit des Kandidaten ab.

Dann müsste man sich gut überlegen, auf welche Weise man den Zustand des Daches vor der Reparatur noch nachweisen kann. Ich würde jedenfalls den Unternehmer, der den Mangel beseitigt hat, als Zeugen anbieten, in welchem Zustand sich das Dach befand.

Vielen Dank, das ist eine gute Idee. Bitte formulieren Sie abschließend noch einen Klageantrag für eine mögliche Klage.

> **Anmerkung:**
> Mit dieser Frage müssen Sie in Zivilrechtsprüfungen stets rechnen, die Prüfung kann leicht durch diese Frage abgerundet werden. Wenn Sie auf diese Frage nicht vorbereitet sind, gerät man leicht ins Schleudern. Sie sollten bei den klassischen Tenorierungen also sattelfest sein.

Der Beklagte wird verurteilt, an den Kläger 8.000 EUR nebst Zinsen in Höhe von 5 Prozentpunkten über dem jeweiligen Basiszinssatz seit Rechtshängigkeit bzw. Datum des Verzugseintritts zu zahlen.

C. Prüfungsgespräch: Zivilrecht – Anwaltsperspektive: Materielles Recht

Schwierigkeitsgrad:	gehoben
Themengebiete:	Kündigung, Dauerschuldverhältnis, Abgrenzung von Vertragsarten, typengemischter Vertrag
Prüfertyp:	Geht den Dingen auf den Grund, hakt nach

> **Fall:** Die Pferdeliebhaberin L hat ihren Hengst in der Pferdepension des P untergebracht. Das Verhältnis von L und P ist erheblich angespannt, da P beim Futter die Wünsche der L nicht umsetzt; während eines heftigen verbalen Streits kündigt P den Vertrag und fordert L auf, ihren Hengst sofort vom Hof zu bringen. L meint, sie müsse erst eine neue Pferdepension suchen. P entgegnet, das sei „nicht sein Problem". Er gebe L bis heute Abend Zeit. L sucht Sie als ihre Rechtsanwältin bzw. seinen Rechtsanwalt auf und bittet um Beistand.

Prüfer: Sie schlüpfen in die Rolle des Anwalts / der Anwältin. Und jetzt?
L wurde von P fristlos aufgrund eines Streits um Futter für sein Pferd gekündigt und ich werde nun rechtliche Schritte prüfen, um die Kündigung des P anzugreifen.

> **Anmerkung:**
> Nicht Hals über Kopf in den Fall stürzen! Sie stehen hier doch am Anfang der mündlichen Prüfung.
> • Die Antwort ist nicht optimal, da der Kandidat sich vorschnell auf ein Prüfungsthema – die Wirksamkeit der Kündigung – festlegt. Im mündlichen Prüfungsgespräch geht es aber darum, den Fall zu entwickeln.

- Aber: Der Kandidat äußert seine Prüfungsabsicht. Wenn er hier eine kurze rhetorische Pause einlegt, kann der Prüfer intervenieren und den Kandidaten in die richtige Richtung lenken.

Prüfer: Das war mir zu schnell. Was wird der Anwalt zunächst erledigen?

Als Anwalt führe ich mit L ein sogenanntes Mandantengespräch. Hierbei werde ich beim ersten Kontakt zunächst über das Honorar sprechen; anschließend lasse ich mir eine Vollmacht unterzeichnen und würde im Gespräch versuchen, das Mandantenziel herauszufinden. Sobald ich das Kernanliegen kenne, ist der Sachverhalt aufzuklären und dann folgt die rechtliche Bewertung. Ich würde also zunächst L fragen, was ihr Anliegen ist.

Anmerkung:
In vielen Protokollen „schimpfen" die Kandidaten, man wisse nicht, was der Prüfer eigentlich will. Die Prüfung beginnt häufig mit sehr offenen Fragen, die manche Kandidaten – völlig zu Unrecht – fürchten. Wer schimpft oder Angst vor derartigen Fragen hat, verkennt, dass die Prüfungsleistung hier schlicht darin besteht, juristische Probleme zu erkennen und herauszuarbeiten. Eine solche Vorarbeit würde entfallen, würde der Prüfer gleich mit ganz konkreten oder geschlossenen Fragestellungen beginnen. Lernen Sie, mit offenen Fragen umzugehen und die juristische Problematik zu verbalisieren. Das ist eine reine Übungssache – und wer die entsprechende Technik beherrscht, kann hier ganz leicht punkten!

Die hier gegebene Antwort kostet nicht viel Zeit und ist gut. Mit der Wendung „Mandantengespräch" wird ein juristischer Bezug hergestellt. Dem Prüfer kam es – es ist keine Wahlfachprüfung, dh die Vergütungs- und Vollmachtsfragen werden nur berührt – auf die Feststellung des Mandantenziels und die Sachverhaltsklärung an. In nicht wenigen Prüfungen will der Prüfer hören, dass der Examenskandidaten zunächst erkennt, dass die Rechtsanwendung als Grundlage einen vollständigen Sachverhalt benötigt und dieser noch nicht vorliegt, also abgefragt werden muss. Eine ausreichende Sachverhaltssicherheit ist die zwingende Grundlage für eine gute juristische Subsumtion.

Prüfer: Einverstanden. L hat nichts dagegen, dass das Vertragsverhältnis endet. Allerdings ist es nicht so leicht, eine Pferdepension zu finden und so eine Suche kann dauern. Sie möchte hierfür ausreichend Zeit.

Dann wende ich mich der Klärung des Sachverhalts zu: Wann und wie wurde der Vertrag mit welchem Inhalt geschlossen. Außerdem frage ich mich: Was war der Auslöser des Streits?

Anmerkung:
Das war die Prüfungsleistung des Einstiegs: Der Kandidat sollte erkennen, dass das Stichwort „Kündigung" nicht automatisch bedeutet, dass der Mandant diese immer angreifen will; für eine solche rechtliche Bewertung war der Sachverhalt ja noch viel zu offen. Da die zu bearbeitenden Rechtsfragen vertraglicher Art sind, ist zunächst die entsprechende Grundlage zu erarbeiten.

Anfangs mag sich das ungewohnt anfühlen, aber Sie sollen wirklich an dieser Stelle so tun, als ob der Prüfer Ihr Mandant ist. Sie dürfen und sollen daher konkrete Rückfragen stellen! Übertreiben sollte man es aber auch nicht: Ist der wesentliche Sachverhalt herausgearbeitet, geht man zügig zur Rechtsanwendung über, bei der es deutlich mehr Punkte „zu verdienen" gibt.

Fallfortsetzung: L und P haben am 1.6. einen mündlichen Vertrag geschlossen, in dem L zugesagt hatte, den Hengst in einer Stallbox unterzubringen, die Stallbox regelmäßig einzustreuen, auszumisten, den Hengst zu füttern sowie für ausreichenden Auslauf und Weidegänge in der Woche zu sorgen, wenn L verhindert ist. Auch eine regelmäßige tierärztliche Versorgung durch den „Stallarzt" sollte sichergestellt werden, diese sei aber gesondert zu vergüten. Die Parteien haben sich auf pauschal 400 EUR monatlich geeinigt.

Prüfer: Den Streit stellen wir mal zurück, auf die Einzelheiten kommt es hier nicht an. Prüfen Sie bitte weiter.

L hat keine Einwendungen dagegen, dass das Vertragsverhältnis endet. Trotzdem werde ich zunächst prüfen, was die Rechtsgrundlage der Kündigung war, ob diese wirksam war, ob es sich um eine ordentliche oder außerordentliche Kündigung handelt und ob Kündigungsfristen einzuhalten sind.

> **Anmerkung:**
> Auch hier wieder die Problematik der „offenen Fragen". Jetzt war die Antwort geschickter, da der Kandidat eine Stoffsammlung erstellt und unmittelbar den erforderlichen rechtlichen Bezug hergestellt hat. Dadurch bewies er Überblick und Ordnungsgeschick.

Die Anmietung einer Pferdebox stellt dem Grunde nach einen Mietvertrag über sonstige Räume dar, sodass Rechtsgrundlage der Kündigung § 580a Abs. 1 BGB ist. Nachdem der Mietzins monatlich geflossen ist, beträgt die Kündigungsfrist einen Monat. Die Einhaltung einer Kündigungsfrist wäre entbehrlich, wenn die Voraussetzungen einer außerordentlichen Kündigung gemäß § 543 BGB vorliegen.

Prüfer: Sind Sie sicher, dass ein Mietvertrag vorliegt?

Ja, die Stallbox ist ein mit Grund und Boden fest verbundener Raum, der kein Wohnraum ist.

> **Anmerkung:**
> Die Prüfung „lief" bereits zweimal im Examen und jedes Mal kamen die Examenskandidaten auf dieses Ergebnis. Die Prüfung ist sicherlich nicht verloren, wenn in der Hektik des Prüfungsgesprächs eine Weichenstellung verkannt wird; dennoch sollte man immer auf Hilfestellung durch den Prüfer achten. Die Fragen *Sind Sie sicher?* oder *Sehen Sie das auch so?* sind in aller Regel als Hilfe gedacht, nämlich als Aufforderung, das gefundene Ergebnis noch einmal zu hinterfragen, weil dieses so noch nicht stehen gelassen werden kann.
>
> *Sind Sie sicher? / Sehen Sie das auch?* bedeutet im Prüfungsgespräch in der Regel:
> * Ein Problem / eine Frage wurde vorschnell und oberflächlich abgearbeitet. Es soll nicht die Standfestigkeit des Prüfungskandidaten geprüft werden und man muss nicht unbedingt auf seiner Meinung beharren. Gehen Sie stattdessen noch einmal zum Ausgangspunkt und versuchen Sie jetzt, das Problem dogmatisch sauber noch einmal aufzubereiten.
> * Die Antwort *Ja* oder *Nein* ist nicht optimal: Legt man sich auf ein Ergebnis fest, wird man im Folgenden nur noch bemüht sein, diese erste Einschätzung, für die häufig das Bauchgefühl maßgeblich war, zu rechtfertigen. Mit einer „Schwarz / Weiß" bzw. „Ja / Nein"- Antwort nimmt man sich die Möglichkeit, offen eine Problematik zu bearbeiten (vgl. hierzu auch die nächste Anmerkung).

Prüfer *[zum nächsten Kandidaten]*: Sehen Sie das wie der Kollege?

Wir sind gerade bei der Frage, ob die Anmietung einer Pferdebox einen Mietvertrag über sonstige Räumlichkeiten darstellt. Das Wesen eines Mietvertrags ist, dass eine Sache zum ausschließlichen Gebrauch gegen Entgelt überlassen wird. Der Vermieter überträgt seinen unmittelbaren Besitz an den Mieter, der jeden anderen, auch den Vermieter, von der Benutzung ausschließen kann. Deshalb fordert die Rechtsprechung auch, dass der Vermieter bei Wohnräumen alle Schlüssel aushändigt.

Das kann ich mir bei einer Pferdebox jetzt nicht vorstellen. Die Vermieter hat nach den Geschäftsgepflogenheiten jederzeit die Möglichkeit die Box zu betreten, er muss es ja auch, um einzustreuen, zu entmisten, den Weidegang zu erledigen usw. Die Durchführung des Vertrags macht es erforderlich, dass der Vermieter noch die Mit-Sachherrschaft über die Box hat.

Anmerkung:
Der Kandidat agiert geschickt. Die Frage – zur Erinnerung: *Liegt ein Mietvertrag vor?* – sollte, wie oben ausgeführt, nach Möglichkeit nicht gleich mit einem „Ja" oder *Nein* beantwortet werden. Es besteht die Gefahr, dass man sich in eine Sackgasse manövriert.

Der Kandidat hat offen das Prüfungsthema formuliert (*Wir sind gerade bei der Frage, ob ...)* und ist daher in der Lage, klassisch weiter zu prüfen: Zunächst wird ein Prüfungsmaßstab gebildet – *das Wesen des Mietvertrags ist* .... Dann kann anhand dieses Prüfungsmaßstabes der Sachverhalt bewertet werden. Genau das wäre jenen Kandidaten nicht möglich, die sich mit einem Ja oder Nein festgelegt haben und nur noch ihr Ergebnis verteidigen wollen.

Empfehlung:
- Bei zentralen Weichenstellungen gehen Sie eher wie bei juristischen Gutachten vor, dh einleitend wird eine Frage festgehalten (= *Wir sind gerade; ich sehe hier ein Problem, weil ...*), dann erarbeiten möglichst mit der entsprechenden normativen Grundlage einen Prüfungsmaßstab und entwickeln die Lösung.
- Erst nach Darlegung eines Prüfungsmaßstabs können Sie argumentieren. Im Strafrecht fällt das den Kandidaten häufig leichter, da der Prüfungsmaßstab mit den klassischen Definitionen den Kandidaten regelmäßig präsent ist. Im Zivilrecht müssen Sie sich den Prüfungsmaßstab zunächst erarbeiten, was sich aber bei der Notenvergabe rechnet. So können Sie Punkte auch für die höheren Notenregionen erzielen.

Prüfer: Was heißt das jetzt für uns?

Wir sind gerade bei der Frage, was die Rechtsgrundlage der Kündigung ist und diese findet sich offensichtlich nicht in den mietvertraglichen Bestimmungen.

Zunächst ist daher der Vertragstypus zu ermitteln.

Nach dem von den Parteien geschlossenen Vertrag schuldet P die Zurverfügungstellung einer Box und „Serviceleistungen" wie Einstreu, Ausmisten, Weidegänge, Zuführung zur tiermedizinischen Betreuung usw. Meines Erachtens liegt der Schwerpunkt bei den Serviceleistungen, so dass insoweit ein Dienst- oder Werkvertrag zu diskutieren wäre.

Anmerkung:
Erst jetzt kamen die Kandidaten auf die eigentlich naheliegende Frage nach dem richtigen Vertragstypus.

Haben Sie das ungeschickte Vorgehen des Kandidaten bemerkt? Bei der Antwort wurde zweimal derselbe „Fehler" gemacht: Einmal wurde vorschnell angenommen, der „Schwerpunkt" ist maßgeblich. Zum anderen legt sich der Kandidat auf einen „Dienst- bzw. Werkvertrag" fest.

Besser wäre:

Ich versuche zunächst, die Vertragspflichten unter die klassischen Vertragstypen zu subsumieren. Das BGB kennt die im zweiten Buch, dem Recht der Schuldverhältnisse, die in Abschnitt 8 aufgeführten Vertragsarten.

Anmerkung:
Im mündlichen Examen ist das Inhaltsverzeichnis ein wichtiges Hilfsmittel und darf regelmäßig aufgesucht werden.

Für einen Dienstvertrag oder Geschäftsbesorgungsvertrag spricht, dass vertretbare Handlungen wie das Ausmisten geschuldet werden. Für den Werkvertrag könnte ein Erfolg – die Versorgung des Tieres – sprechen, für den Mietvertrag das Nutzungsrecht und für den Kaufvertrag das Futter. Das hat Parallelen zu dem sogenannten Beherbergungsvertrag, der im BGB nicht geregelt ist, der aber überwiegend den mietvertraglichen Regeln folgt.

Wenn ich die Vertragstypen so durchgehe, fällt mir der Verwahrvertrag ins Auge. Den müsste ich mir näher anschauen.

Anmerkung:

Ein mündliches Prüfungsgespräch lebt davon, dass Sie laut denken. Für die Bewertung bringt das Erkennen eines Problems oft mehr, als die richtige Lösung. Zum anderen können Sie an dieser Stelle unbemerkt nonverbal kommunizieren: Mit einer kurzen Gesprächspause und einem Blickkontakt bekommen Sie meist ein Signal, ob Sie diesen Weg weitergehen sollen. Die Chance haben Sie aber nur, wenn Sie mit entsprechenden Wendungen arbeiten, wie:

- *Das schaue ich mir näher an.*
- *Ich prüfe ... jetzt näher* usw. und anschließend – gedanklich
- **Punkt – Pause – Blickkontakt**

Prüfer: Prüfen Sie bitte, ob der Verwahrvertrag die richtige Vertragsart ist.

Der Verwahrvertrag ist in § 688 BGB geregelt. Nach dem Verwahrvertrag wird der Besitz einer Sache übertragen, damit ein anderer sie in Obhut nimmt. Das macht durchaus Sinn, da ich für die „Obhut" einer Sache nur Gewähr tragen kann, wenn nur ich Zugriff hierauf habe. Das passt aber vorliegend auch nicht so ganz, da L die Möglichkeit haben will, jederzeit zu ihrem Hengst zu gehen.

Aufgrund der Vielfältigkeit der Vertragspflichten ist eine genaue Zuordnung zu einem Vertragstypus nicht eindeutig möglich.

Anmerkung:

Das können und das sollen Sie nicht wissen. Die Prüfung als Berufseinstiegsprüfung lebt davon, dass Sie zeigen, dass Sie mit Ihren juristischen Methoden ungewohnte und unbekannte Rechtsfragen lösen können. Das ist Alltag in der juristischen Praxis und mit dem Examen soll herausgefunden werden, ob Sie den Alltag meistern können.

Der Kandidat hat – zumindest nach entsprechender Hilfestellung – ein gutes Zwischenergebnis entwickelt. Sie sehen also, dass es nicht um das Postulieren einer Lösung geht (die es so auch gar nicht gibt). Es geht vielmehr um entsprechende Zwischenergebnisse! Denken Sie immer daran: Der Fall muss ein ganzes Prüfungsgespräch tragen, er muss sich also erst Schritt für Schritt entwickeln.

Prüfer: Könnten sich die Parteien auf den Vertragstypus verständigen, zB in dem die Parteien einen schriftlichen Vertrag schließen und diesen zB als „Mietvertrag" beteiteln?

Nein, das ist eine reine Rechtsfrage, über die sich die Parteien nicht verständigen können.

Anmerkung:

Beim mündlichen Prüfungsgespräch findet gerne und schnell ein Themenwechsel statt. Es ist unbedingt erforderlich, dass Sie am Ball bleiben, auch wenn Sie gerade nicht befragt werden. Die Gedanken abschweifen zu lassen und über einen möglichen weiteren Verlauf der Prüfung zu spekulieren ist ein „no go".

Die Antwort ist ungeschickt, da der Kandidat sich sofort festgelegt hat (*Nein, ...*, siehe oben). Viel Punkte wurden so nicht verdient. Zudem: Die Antwort ist nicht wirklich falsch, aber unbefriedigend. Eine höhere Bewertung erfordert, dass Sie Ihre Lösung überzeugend begründen. Das macht man besser so:

Der Gesetzgeber hat mit den Vertragstypen ein ausdifferenziertes Regelwerk geschaffen, wie die wechselseitigen Interessen angemessen auszugleichen sind. Die Vorschriften sind vor diesem Hintergrund häufig nicht abdingbar. Könnten die Parteien den Vertragstypus festlegen, würde dies zur Umgehung zwingender gesetzlicher Vorschriften führen. Die Einordnung ist mithin eine reine Rechtsfrage und auch im Prozess können die Parteien allenfalls den Vertragsinhalt unstreitig stellen, nicht aber die Rechtsnatur eines Vertrages.

Prüfer: Wie bezeichnet man den vorliegenden Vertragstypus und wie wird er behandelt?

Es liegt ein sogenannter atypischer bzw. gemischter Vertrag vor. Die Behandlung dieser Verträge ist sehr streitig. In der Literatur werden die Absorptionstheorie und mit unterschiedlichen Facetten die Kombinationstheorie vertreten. Demgegenüber orientiert sich die Rechtsprechung zunächst am Schwerpunkt, wobei im Einzelfall zur Entwicklung interessensgerechter Lösungen durchaus auf die Regelungen anderer Vertragstypen zurückgegriffen wird. Letztlich ist das eine Kombination der in der Literatur vertretenen Ansichten mit dem Ziel, dem Einzelfall gerecht zu werden.

Anmerkung:
Der Dogmatiker als Prüfertyp fordert in hohem Maße Fachbegriffe oder Theorienstreits ein. Gerade letztere gewinnen in der mündlichen Prüfung an Bedeutung, da Ziel vieler Prüfungsgespräche eine Diskussion ist.

Empfehlung:
Unterschätzen Sie die Bedeutung von Begrifflichkeiten nicht. Häufig haben Kandidaten einen ausgezeichneten passiven Wortschatz – *Mir liegt es auf der Zunge* -, verfügen aber nur über einen begrenzten Aktiv-Sprachwortschatz. In der Vorbereitung sollten Sie sich daher angewöhnen, für einzelne juristische Themengebiete eine Karteikarte mit den klassischen Begriffen anzulegen und diese Begriffe zu trainieren.

Beispiel:
Denken Sie nur mal an den einstweiligen Rechtsschutz. Sie haben vermutlich mit dem passiven Verständnis der folgenden Fachbegriffe keine Schwierigkeiten, ABER: Wäre Ihnen das aktiv im Eifer des Gefechts in einem Prüfungsgespräch eingefallen?

Arrestgesuch – Statthaftigkeit – Subsidiarität – Arrestgrund – Arrestverfügung – Arrestbefehl – Lösungssumme – Sicherungsverfügung – Regelungsverfügung – Leistungsverfügung – keine Vorwegnahme der Hauptsache – Abschlusserklärung – Vollziehungsfrist – Arrestpfandrecht – Schutzschrift

Prüfer: Kennen Sie ein Beispiel aus der Praxis?

Mir fällt der Bauträgervertrag ein.

Anmerkung:
Im Prüfungsgespräch wird nur selten ein Fall strikt gelöst, meist ist der Fall nur der äußere Rahmen, um Rechtsfragen zu diskutieren. Hier gilt es vorsichtig zu sein. Da Nachfragen so sicher kommen werden wie das sprichwörtliche Amen in der Kirche, wählen Sie eine Antwort, bei der Sie „nachlegen" können. Vermeiden Sie es, „aus der Hüfte zu schießen" und das erstbeste Stichwort zu nennen, das Ihnen in den Sinn kommt. Lassen Sie sich lieber einen Augenblick Zeit, um eine Weichenstellung vorzunehmen, die auf ein für Sie „sicheres Gebiet" führt. Im Prüfungsalltag erleben Prüfer immer wieder genau das Gegenteil (vgl. Anmerkung unten).

Prüfer: Erklären Sie das.

Mit dem Bauträgervertrag wird ein zu errichtendes Haus bzw. eine erst zu errichtende Wohnung „gekauft". Das ist dem Grunde nach ein Kaufvertrag. Allerdings entspricht dem gesetzlichen Leitbild beim Kaufvertrag der unmittelbare Leistungsaustausch, dh Ware gegen Geld. Der Kaufvertrag ist ein Vertrag, der typischerweise schnell vollzogen wird und daher bildet die Übergabe eine zentrale Zäsur, ua für die Anwendung der Sekundärrechte usw.

> **Anmerkung:**
> Denken Sie daran: Punkt – Pause – Blickkontakt!

Das passt zum Bauträgervertrag nicht. Hier wird ein Gebäude über eine längere Phase errichtet und regelmäßig fließen dabei auch noch bestimmte Wünsche des Kunden mit ein. Der eine Erwerber möchte eine Abmauerung mehr im Badezimmer, der andere möchte besondere Fenster und der dritte keine zweite Tür in der Küche. *[Punkt – Pause – Blick zum Prüfer]*

Die Rechtsprechung wendet daher in erheblichem Umfang werkvertragliche Bestimmungen an, ua weil die zu berücksichtigenden wechselseitige Interessen andere Normen erfordern. So kann beim Bauträgervertrag die Vertragsmäßigkeit einer Leistung nicht ohne weiteres beurteilt werden, weshalb Regeln wie die Abnahme erforderlich werden. Auch weist, was die Vertragsdauer angeht, der Werkvertrag Parallelen zu Dauerschuldverhältnissen auf. Daher sind Regeln zur Kündigung oder zu den Rechtsfolgen von Obliegenheitsverletzungen (§ 642 BGB) erforderlich.

> **Anmerkung:**
> In Prüfungen erlebt man häufig die Situation, dass Kandidaten auf eine Frage unmittelbar das antworten, was Ihnen gerade so „durch den Kopf schießt". Dem liegt die falsche Vorstellung zugrunde, man müsse immer sofort und auf der Stelle eine Antwort parat haben. Das ist natürlich nicht so. Und: Die psychologische Forschung hat gezeigt, dass Themen, die einem Schwierigkeiten bereiten, tendenziell als erstes ins Bewusstsein gelangen. Gibt man also auf eine Frage bei einem Thema, bei dem man nicht sattelfest ist, eine Antwort, nur weil sie einem als erstes in den Sinn kam, begibt man sich ohne Not auf gefährliches Terrain. Bei jeder Frage also lieber einen Moment innehalten, durchatmen, und die bestmögliche, nicht die erstbeste, Antwort geben!
>
> **Empfehlung:**
> Nehmen Sie sich immer einen Augenblick Zeit, bevor Sie zu sprechen anfangen. Antworten Sie beispielsweise wie folgt: *„Wir sind gerade bei den gemischten Verträgen, die in der alltäglichen Praxis häufig vorkommen. Da muss ich kurz überlegen. ..."* So entsteht kein unangenehmes Schweigen und Sie gewinnen Zeit, um eine Antwort zu finden, bei der Sie auch Nachfragen meistern können.

Prüfer: Warum ist es eigentlich so wichtig, einen passenden Vertragstyp zu finden. Warum greift man nicht einfach zur allgemeinen Bestimmung?

Die allgemeine Bestimmung ist § 241 BGB. *[Punkt – Pause – Blick zum Prüfer]*

Die Vertragstypen enthalten zwingendes Gesetzesrecht, das der Vertrags- und Gestaltungsfreiheit Grenzen setzt, meist um die schwächere Partei zu schützen. Auch finden sich im Vertrag regelmäßig Lücken und insoweit greift man auf die Bestimmungen des Vertragstyps als „default rule" zurück. Zuletzt sind die dispositiven Vorschriften Ausdruck eines typisierten Interessensausgleichs und die Wertungen benötigt man für eine AGB Kontrolle.

> **Anmerkung:**
> Zitieren Sie Normen. Wenn in der Frage die maßgebliche Bestimmung nicht aufscheint, liegt es an Ihnen, die Norm zu benennen. Denken Sie an die Verwendung von Fachbegriffen.
>
> Die Frage rechnet vom Schwierigkeitsgrad her bereits mindestes zur Notenstufe „vollbefriedigend".

Prüfer: Und jetzt zur Kündigung. Gibt es eine Kündigungsfrist?

Hier konkurrieren die Bestimmungen des Miet- bzw. Verwahrvertrags, die dienstrechtlichen oder anderen Komponenten haben insoweit eine untergeordnete Rolle.

Im Mietrecht wäre § 580a Abs. 1 Nr. 3 BGB einschlägig, da nach der mündlichen Vereinbarung das Entgelt monatlich geleistet wird. Die Kündigungsfrist würde dann drei Monaten betragen.

Ich muss kurz blättern. Im Verwahrvertrag gibt es keine „Kündigung", vielmehr geht der Gesetzgeber in § 695 BGB davon aus, dass der Hinterleger jederzeit die Sache zurückverlangen kann. Das macht Sinn, da beim Verwahrvertrag der Verwahrer zur Obhut verpflichtet ist, aber die Sache nicht verwendet und hieraus keine Vorteile zieht, er also an den eingelagerten Gegenständen kein Interesse hat.

> **Anmerkung:**
> Nennen Sie am Anfang einer Antwort die einschlägige Bestimmung, da Sie dann automatisch näher am Gesetz arbeiten. Lassen Sie kein lähmendes Schweigen entstehen, sondern denken Sie laut. Natürlich kennt man keine Einzelheiten zur Verwahrung, in der mündlichen Prüfung besteht aber an den entscheidenden Stellen ausreichend Zeit, sich dem Gesetz zu widmen.
>
> Da die mündliche Prüfung in der Regel keine geschlossenen Fragen verträgt, sollten Sie grundsätzlich umfassender antworten!

Prüfer: Und jetzt?

Wie oben beschrieben, werden in den Vertragstypen unterschiedliche Interessenslagen zum Ausgleich gebracht. Ich muss daher als nächstes prüfen, welche Interessen Hintergrund für die gesetzlichen Bestimmungen sind:

Im Mietrecht gilt: Der Mieter hat seinen Lebensmittelpunkt in der Wohnung. Die Kündigungsfrist schützt ihn, da das Suchen einer Alternative Zeit in Anspruch nimmt.

> **Anmerkung:**
> Jetzt sind Sie am Schwerpunkt angelangt. Die Kunst ist jetzt, sich in immer kleineren Schritten vorwärts zu tasten. Holen Sie sich vom Prüfer Feedback ab, dh arbeiten Sie mit kurzen Sätzen und pausieren Sie kurz.
>
> Jetzt dürfen Sie tatsächlich kreativ sein. Eine Interessensabwägung erfordert aber eine umfassende Bewertung und hier hat der Kandidat – ein häufiger Fehler – sich gedanklich mit der Interessenslage seines Mandanten identifiziert (und die vermeintlich stärkere Vertragspartei vergessen)!

Prüfer *[zum nächsten Kandidaten]*: Sehen Sie das auch so?

Wir ermitteln gerade die Interessen, die in die Bestimmung des § 580a BGB eingeflossen sind. Gegenstand ist ein Mietvertrag über Räume, die keine Geschäftsräume sind. Das sind regelmäßig Lagerhallen, Garagen oder ähnliches. Mit der Kündigungsfrist wird daher den Schwierigkeiten Rechnung getragen, einen Ersatzraum für die Lagerung der Gegenstände anzuschaffen oder die Transportprobleme zu regeln.

Die Interessenslage ist zumindest vergleichbar. Der „normale" Pferdebesitzer hat keine Weide und keine eigenen Unterstellmöglichkeiten. Er kann damit das Pferd nicht einfach abholen und in seinem Transporthänger unterbringen. Auch muss er zunächst ermitteln, wo die nächsten Pferdepensionen sind und einen freien Platz finden. Das spricht in meinen Augen für die Notwendigkeit einer Kündigungsfrist.

Anmerkung:
Zu der klassischen Frage, *Sind Sie sicher? Sehen Sie das auch so?* vgl. oben. Der Kandidat hat geschickt agiert: Mit der Wendung *Wir ermitteln gerade die Interessen* hat er den gerade einschlägigen Prüfungspunkt wiederholt und dann – losgelöst von der Vorantwort – klassisch geprüft.

An dieser Stelle eine Empfehlung: Schreiben Sie sich nur das Allernötigste mit, damit Sie richtig ankern. Hätten der Kandidat beispielsweise Pferd, Pferdebox oder § 580a BGB vermerkt und hervorgehoben, wäre ihm sicher aufgefallen, dass nicht die Interessen einer Wohnraummiete zu ermitteln waren.
Hier rechnet sich auch das Antworten in kurzen Sätzen verbunden mit entsprechenden Pausen. Nur so hat der Prüfer die Möglichkeit zu „intervenieren", wie im vorliegenden Fall das Weitergeben der Frage. Das mag auf den ersten Blick stören, ABER: Sie haben keine Prüfungszeit verschwendet.

Prüfer: Und beim Verwahrvertrag?
Wie oben schon besprochen, wird mit dem sofortigen Rückforderungsrecht dem Umstand Rechnung getragen, dass der Hinterleger auf sein Eigentum unmittelbar Zugriff nehmen kann, da der Verwahrer nur Obhutspflichten hat, aber keine eigenen wirtschaftlichen Interessen am Besitz der Sache verfolgt. Dh für unseren Fall:
Der Untersteller geht per se davon aus, dass er als Pferdeeigentümer jederzeit zu seinem Pferd kann. Andererseits hat der Stallinhaber doch, anders als der klassische Verwahrer, erhebliche Aufwendungen: Die Betreuung von Pferden ist intensiv und Personal und Futter sind notwendig und eine entsprechende Vorratshaltung und -planung sind erforderlich. Könnte nun der Vertrag jederzeit beendet werden, könnte der Verwahrer nicht vernünftig wirtschaften. Auch hier scheint eine Kündigungsfrist erforderlich.

Anmerkung:
In der mündlichen Prüfung müssen Sie regelmäßig die Seiten wechseln können! Das kann man leicht in der Vorbereitung trainieren.

Prüfer: Wie verträgt sich denn eine Kündigungsfrist mit dem schon besprochenen Recht des Unterstellers, jederzeit sein Pferd holen zu können.
Das ist dann eine Frage des Unmöglichkeitsrechts und § 326 Abs. 2 S. 2 BGB gleicht die gegenläufigen Interessen aus.

Prüfer: Ihr Ergebnis ist also welches?
Der Vertrag kann nur unter Einhaltung einer Kündigungsfrist von drei Monaten beendet werden.

Anmerkung:
Das irritiert Prüflinge immer wieder. Häufig fordern Prüfer die Kandidaten auf, nochmals das Ergebnis zusammenzufassen. Das ist keine Falle, sondern soll nur sicherstellen, dass der Prüfer die Kandidaten nicht missverstanden hat oder dem ein gemeinsames Zwischenergebnis für die Fortsetzung der Prüfung fixiert wird. So geht man insbesondere auch vor, wenn man den Fall dann an den nächsten Prüfling weitergeben will.

Prüfer: Könnte hiervon in AGB abgewichen werden?

Im Wohnraummietvertrag stehen Kündigungsfristen regelmäßig nicht zur freien Disposition der Parteien. Das ergibt sich ua direkt aus § 573c BGB. Wir haben ja bereits zuvor die außerordentlich gewichtige Interessenslage der Mieter besprochen, die in den Wohnräumen ihren Lebensmittelpunkt haben.

Vergleicht man nun die Vorschrift des § 573c BGB mit der hier einschlägigen Bestimmung des § 580a BGB, fällt zunächst auf, dass der Gesetzgeber keine Regelung geschaffen hat, was abweichende Vereinbarungen angeht. Ich würde also mit dem Umkehrschluss argumentieren.

Auch in unserem Pferdefall spricht in meinen Augen nichts gegen eine Fristverkürzung.

> **Anmerkung:**
> Die kurze Antwort verhindert ein Schweigen und da die Rechtsfrage direkt so nicht ohne weiteres beantwortet werden kann, muss weiter abstrahiert werden, dh die Frage wird mit mehr Distanz aufgegriffen.
>
> Die Antwort ist gut und der Kandidat konnte punkten! Er hätte noch mehr punkten können, wenn er die Antwort etwas griffiger gefasst hätte, zB wie folgt:

§ 580a BGB trägt ua dem Umstand Rechnung, dass Ersatzraum organisiert und der angemietete Raum geleert wird. Das mag bei einer Lagerhalle komplex sein, sicherlich nicht aber bei einer Garage für einen Pkw. Hier ist Umzugsfrist von einem Vierteljahr schlicht übertrieben. Aufgrund der individuellen Besonderheiten des Geschäftsverkehrs muss die Möglichkeit bestehen, den jeweiligen Bedürfnissen Rechnung zu tragen und eine Verkürzung muss daher möglich sein.

Prüfer: Können Sie sich noch jenseits des BGB Konstellationen vorstellen?

Das kann dann thematisch nur das HGB sein. Da muss ich kurz blättern.

[Blättern der Prüflinge]

Das kann nur im vierten Buch geregelt sein, da weder die Kaufmannseigenschaft noch die Vorschriften zu den Handelsgesellschaften einschlägig sind. Hier im sechsten Abschnitt findet sich das sogenannte Lagergeschäft (§§ 467-475h BGB). Ich schlage den sechsten Abschnitt kurz auf. *[Punkt – Pause – Blickkontakt zum Prüfer]*

In § 473 BGB findet sich etwas zur Dauer der Lagerung. Nach § 473 Abs. 1 S. 2 beträgt die Kündigungsfrist einen Monat.

> **Anmerkung:**
> • Das muss man natürlich nicht wissen, daher die Hilfestellung.
> • Denken Sie laut und vor allem sollten Sie systematisch vorgehen.
>
> Der Kandidat sucht das Inhaltsverzeichnis auf. Das ist in mündlichen Prüfungen ausgesprochen wertvoll (s. o.).
>
> Die Regel ist, dass Prüfer ihre Fälle nicht auflösen. Irritierenderweise finden sich aber Lösungen in den Prüfungsprotokollen. Seien Sie daher vorsichtig!

Prüfer: Zum Schluss noch eine prozessuale Frage. Wir unterstellen, dass nur eine ordentliche Kündigung unter Einhaltung einer Kündigungsfrist möglich war. P hat unmissverständlich L zur Abholung bis 18 Uhr aufgefordert. Ein außergerichtliches Vorgehen hat keine Aussicht auf Erfolg.

Nachdem die Sache eilig ist, muss L im Wege des einstweiligen Rechtsschutzes tätig werden. Da es nicht um die Sicherung einer Geldforderung geht, kann nur die einstweilige Verfügung (§ 935 BGB) einschlägig sein. Die ZPO unterscheidet die Sicherungs- (§ 935 ZPO), die Regelungs- (§ 940 ZPO) und die Leistungsverfügung (§ 940 ZPO analog).

> **Anmerkung:**
> Der Prüfer wollte offensichtlich noch eine prozessuale Abschlussfrage stellen, lassen Sie sich leiten. Präsentieren Sie nicht einfach eine Antwort, sondern denken Sie laut und systematisch.
> Zu dieser – für das mündliche Prüfungsgespräch so wichtigen – Thematik, der **einstweilige Rechtsschutz**, vgl. das folgende Prüfungsgespräch.
> Häufig bereiten Prüfer überschießend einen Fall vor, damit auf keinen Fall der Prüfungsstoff ausgeht. Wäre mehr Zeit gewesen, wäre der Fall noch prozessual fortgesetzt worden. Ein solches „Springen des Prüfers" am Schluss fordert den Prüflingen geistige Beweglichkeit bis zum Ende der Prüfung ab.
> Übrigens: Wenn der Prüfer seine als „Puffer" vorbereiteten Fragen nicht mehr stellen konnte, ist regelmäßig der „Puffer" Thema der nächsten Prüfungen dieses Prüfers. Vor diesem Hintergrund sollten Sie sich beim Lesen der Protokolle fragen, wie die Prüfung weiter geführt hätte werden können.

D. Prüfungsgespräch: Zivilrecht – Mietrecht – Urkundenprozess – einstweiliger Rechtsschutz

Schwierigkeitsgrad:	Mittel
Themengebiete:	Mietvertrag, Kaution, Sicherheitsabrede, Urkundenprozess, einstweiliger Rechtsschutz
Prüfertyp:	Prüferin, Praktikerin, korrekt, sachlich, nüchtern, etwas sprunghaft

Prüferin: Schauen wir uns einmal den folgenden Fall an:

> **Fall:** Ein Mieter hatte eine Wohnung gemietet und hierfür eine Kaution von drei Monatsmieten geleistet. Die Miete betrug 1.800 EUR, die Kaution in Höhe von 5.400 EUR wurde durch Verpfändung eines Kautionssparbuchs[95] hinterlegt. Dabei wurde vereinbart, dass der Vermieter, die

---

[95] Zur Vertiefung: Die Sicherheit kann bei einem Mietvertrag auf verschiedene Weise geleistet werden, zB durch Barkaution, Verpfändung eines Sparkontos oder Bankguthabens, Bankbürgschaft oder auch Verpfändung von Wertpapieren. Das „verpfändete Sparbuch" ist nur ein ungenauer Ausdruck dafür, dass die Forderung des Mieters gegen die Bank auf Rückzahlung des Sparguthabens verpfändet wird. Dies erfolgt üblicherweise wie folgt: Der Mieter legt das Geld auf ein Sparbuch an, dann wird ein Sperrvermerk eingetragen und der Vermieter erhält das Sparbuch. Bei dem Sparbuch handelt es sich um ein Legitimationspapier gem. § 952 (HK-BGB/Schulte-Nölke § 952 Rn. 2, *Das Recht an dem Papier folgt mithin dem Recht an der Forderung*). Deshalb bedarf es zur Bestellung des Pfandrechts nicht der Übergabe des Sparbuches (Palandt/*Wicke* BGB § 1274 Rn. 3). Vielmehr erfolgt die *Übertragung* nach § 398 BGB, das Recht am Papier folgt dann dem Recht aus dem Papier. Es handelt sich um die Bestellung eines Pfandrechts an einer Forderung im Sinne des § 1279 BGB. Die Verpfändung wird nach § 1280 BGB erst wirksam, wenn sie der Mieter der Bank als Schuldner anzeigt (die bloße Übergabe des Sparbuchs führt zu keinem Pfandrecht am Guthaben). Die gesetzlichen Regelungen werden jedoch vielfach durch vertragliche Regelung modifiziert (vgl. *Schmid* IMR 2010, 359). Der Sperrvermerk hat zur Folge, dass vor Fälligkeit jede Mietvertragspartei nur mit Zustimmung der anderen eine

> Auszahlung jederzeit ohne Nachweis der Fälligkeit von der Bank verlangen kann. Nachdem der Mieter aus der Wohnung ausgezogen war, behauptete der Vermieter erhebliche Mängel am Parkett, deren Beseitigung ca. 6.000 EUR kosten werde. Bei der gemeinsamen Begehung der Wohnung zur Rückgabe wurden Schimmel-Flecken im Parkett entdeckt, deren Herkunft zwischen dem Vermieter und Mieter streitig ist. Vermieter will nun das Kautionssparbuch verwenden, um die Mängel zu beseitigen. Ein Handwerker ist bereits beauftragt, eine Abrechnung erfolgte noch nicht.

Prüferin: Der Mieter kommt nun zu Ihnen als Anwalt und möchte Rat. Sie schlüpfen in die Rolle des Anwalts / der Anwältin. Und jetzt?

Ich versuche zunächst zu klären, was der Mandant eigentlich möchte.

Anmerkung:
Hier wurde zu Beginn eine offene Frage gewählt, der Kandidat kann nun selbst den Weg eröffnen. Dies bereitet Schwierigkeiten, wenn man selbst den Lösungsweg noch nicht erkennt. Hier empfiehlt es sich, den Einstieg ähnlich wie bei einer Klausurbearbeitung zu wählen. Der Einstieg sollte daher bei der klassischen Beratungsklausur lauten: *Welches Rechtsschutzziel verfolgt der Mandant, welche Anspruchsgrundlagen bestehen hierfür und wie können diese umgesetzt werden?*

Die Antwort des Kandidaten greift hier zu dünn. Entweder haben Sie als Kandidat noch echte Ergänzungsfragen an den Mandanten (hier also an die Prüferin), weil Sie den Sachverhalt für eine Prüfung noch weiter aufklären sollten oder Sie müssen einen Weg vorgeben, wie Sie an den Fall herangehen wollen.

Prüferin: Das ist etwas vage. An was denken Sie denn?

Der Mieter kommt zu mir als Anwalt und berichtet, dass der Vermieter beabsichtigt, die Kaution zur Mangelbeseitigung nach seinem Auszug zu verwenden. Es ist zunächst zu überlegen, welche Ansprüche gegenüber dem Vermieter bestehen und in einem zweiten Schritt, wie diese umzusetzen sind.

Anmerkung:
Vielfach entsteht Stress dadurch, dass man denkt, man müsse bereits am Anfang der Prüfung eine Lösung bereithalten. Tatsächlich sind aber Prüfungen so gestaltet, dass sich ein Prüfungsgespräch entwickeln kann. Hätten Sie bereits am Anfang die Lösung, wäre die Prüfung vorbei. Sie müssen

---

Auszahlung verlangen kann. Will der Mieter nach Beendigung des Mietverhältnisses die Beseitigung des Sperrvermerks und die Wiedererlangung der uneingeschränkten Verfügungsbefugnis, muss er den Vermieter auf Abgabe einer entsprechenden Erklärung gegenüber der Bank in Anspruch nehmen. Der Vermieter, der sich aus der Sicherheit befriedigen will, muss regelmäßig den Mieter auf Zustimmung zur Auszahlung verklagen.

Die Mietvertragsparteien können mit der Bank aber auch vereinbaren, dass der Vermieter gegen Vorlage des Sparbuchs jederzeit die Auszahlung des verpfändeten Guthabens ohne besonderen Nachweis von Bestand und Fälligkeit der gesicherten Ansprüche verlangen kann. Eine solche Vereinbarung ist zulässig, da sie sich von einer Barkaution nicht unterscheidet. Wurde keine besondere Vereinbarung getroffen, hat der Vermieter das Verwertungsrecht aus § 1282 BGB. Die Bank wird in der Praxis ohne besondere Vereinbarung im Hinblick auf die Risiken einer Auszahlung sich aus dem Streit zwischen Mieter und Vermieter heraushalten und den streitigen Betrag hinterlegen.

Nach Beendigung des Mietverhältnisses und Ablauf einer angemessenen Prüfungsfrist hat der Mieter einen Anspruch auf Freigabe des Sparguthabens und Rückgabe des Sparbuchs. Zwar erlischt das Pfandrecht bereits kraft Gesetzes §§ 1252, 1273 Abs. 2 Satz 1 BGB. Die Freigabeerklärung dient jedoch dem Mieter als Nachweis gegenüber der Bank (letztlich das Spiegelbild zur oben genannten Anzeige der Verpfändung an den Schuldner). Sie ist eine vertragliche Nebenpflicht aus der Sicherungsabrede (vgl. *Schmid* IMR 2010, 359).

Ein Muster für eine Kautionsvereinbarung mit Verpfändung eines Sparbuchs finden Sie bei: Schulze/Grziwotz/Lauda/*Buballa*/*Siede* GForm-BGB BGB § 1274 Rn. 1.

also den Fall entwickeln und nicht selten gibt der Prüfer nur sukzessive weitere Informationen. Lassen Sie sich also auf die schrittweise Entwicklung ein.

Prüferin: OK, was nun?

Der Mieter möchte seine Kaution zurück. Nach Ende des Mietvertrags hat der Mieter einen Anspruch auf Rückgabe der Kaution. *[Punkt – Pause – Blickkontakt]*

> **Anmerkung:**
> Zum einen gelangt der Kandidat jetzt erst zu der Frage, die am Anfang einer Falllösung stehen sollte, nämlich herauszuarbeiten, was das eigentliche Rechtsschutzziel ist. Mit der Antwort punkten Sie allein noch nicht, da diese zu unjuristisch ist. Der Kandidat muss mit dem Gesetz arbeiten und eine rechtliche Einordnung vornehmen, dh es ist Normbezug herzustellen
>
> Zum anderen holt sich der Kandidat jetzt mit dem Blickkontakt eigentlich nur die Bestätigung ab, dass er weiter machen kann. Manche Prüfer antworten an dieser Stelle nicht, Sie aber geben Prüfern jedenfalls die Möglichkeit, zu intervenieren

Prüferin: Das ist noch etwas ungenau, was meinen Sie damit?

Die Rückzahlung[96] einer geleisteten Mietkaution ist nicht ausdrücklich im Gesetz geregelt. Zur Kaution findet sich bei den allgemeinen Normen zum Mietvertrag in § 551 BGB eine nur rudimentäre Regelung. Mit Abschluss des Mietvertrages kann eine Sicherheitsleistung nach § 551 BGB vereinbart werden, die nach Abs. 1 drei Monatsmieten nicht übersteigen darf. Die nähere Ausgestaltung ist abhängig von der Vereinbarung im Mietvertrag.

Prüferin: Entsteht tatsächlich ein Anspruch auf Kaution mit Abschluss des Mietvertrags?

Nein, es entsteht kein Anspruch auf Kaution, vielmehr kann der Vermieter mit dem Mieter eine solche Sicherheit vereinbaren. Eine Kaution ist nicht zwingend vom Gesetz vorgesehen und in der Höhe begrenzt. Der Inhalt einer solchen Kautionsvereinbarung ist letztlich Parteivereinbarung.[97]

Prüferin: Das ist richtig. *[Zum nächsten Kandidaten]* Welche Form von Sicherheit war denn vorliegend vereinbart?

> **Anmerkung:**
> So ein Wechsel beim Kandidaten kann jederzeit erfolgen. Es ist daher wichtig, dass Sie jederzeit präsent bleiben und in der Lage wären, die an den Kollegen gerichteten Fragen zu beantworten. Es wäre fatal, wenn Sie in eine gedankliche Scheinprüfung eintreten nach dem Motto: *Wenn Kandidat A jetzt das Thema Mietkaution hat, trifft mich das Thema bei folgender Frage …* Näheres finden Sie oben unter → S. 94.

§ 232 BGB gibt die Arten der Sicherheitsleistung vor: Möglich ist zum Beispiel, wie hier, ein Kautionssparbuch mit der Verpfändung einer Forderung oder die Hinterlegung von Geld, aber auch die Stellung eines Bürgen nach § 232 Abs. 2 BGB.

---

[96] Im vorliegenden Fall ging es nicht um Bargeld, daher ist die Wendung *Rückzahlung* schief und ungenau. Die Prüferin wollte aber dem Kandidaten zunächst Raum geben, sich vorwärts zu tasten.
[97] Zur Vertiefung: Die Kaution muss dem Grunde, der Art und der Höhe nach mit dem Mieter vereinbart werden, da keine gesetzliche Verpflichtung zur Erbringung einer Sicherheit durch den Mieter besteht (Palandt/*Weidenkaff* BGB § 551 Rn. 7).

> **Anmerkung:**
> Wenn Sie sich der Antwort nicht sicher sind, ist eine gute Möglichkeit, sich der Lösung vom Allgemeinen zum Besonderen zu nähern. Hier können Sie für die Frage der Sicherheiten § 232 BGB anführen, der eine allgemeine Regel darstellt. Sie haben damit eine zutreffende Antwort gegeben und sich Zeit verschafft, um über die konkrete Abreden im Fall nachzudenken.

Prüferin: Wie kann ich mir eine solche Kautionsvereinbarung vorstellen?

Die vertragliche Vereinbarung enthält in der Regel eine Sicherheitsabrede.[98] Rechtsgrund für die Sicherheitsleistung ist die Sicherheitsabrede. Diese muss mit dem Mietvertrag[99] vereinbart werden, denn sie ergibt sich nicht aus dem Gesetz und kann Bestimmungen über Art und Umfang der Sicherheit sowie über die Dauer der Bestellung, die Verwertung und Rückgewähr der Sicherheit enthalten.[100]

Prüferin: Übertragen Sie dies nun auf den zu hier vorliegenden Fall?

Hier ist Gegenstand ein Sparbuch, das verpfändet wurde.

Prüferin: Das ist mir noch etwas zu ungenau, stellen Sie bitte den Normbezug her?

Es könnte sich um die Verpfändung einer Forderung handeln, § 1279 BGB.

> **Anmerkung:**
> Vermeiden Sie möglichst Konjunktive; wenn Sie unsicher sind, geben Sie sich stattdessen **Regieanweisungen**, auch damit Sie ausreichend Luft zum Zitieren der einschlägigen Bestimmungen haben. Kommunizieren Sie Ihre Denkprozesse (vgl. oben unter richtig → S. 31 f.).
> - **Besser:** *In Betracht kommt die Verpfändung einer Forderung. Die einschlägigen Vorschriften verorte ich beim Pfandrecht, §§ 1273 ff. BGB. Ich blättere kurz zu diesen hin, um das genau sagen zu können. [Punkt – Pause – Blickkontakt]*
> - **Regel:** Sie müssen die zentralen, meist eher unbekannten Normen, in Prüfungen zumindest anlesen; damit kein lähmendes Schweigen entsteht, sollten Sie über Regieanweisungen ihr Vorgehen erläutern.
> - Versuchen Sie, soweit möglich, Normbezug herzustellen!

Hierzu legt der Mieter ein Sparbuch auf seinen Namen an, zahlt den im Mietvertrag vereinbarten Kautionsbetrag als Guthaben ein und bestellt ein Pfandrecht zu Gunsten des Vermieters. *[Punkt – Pause – Blickkontakt]*

Das erfordert gem. §§ 1273, 1274, 1279, 398 BGB die Abtretung der Forderung mit der Bestimmung, dass sie dem Vermieter als Abtretungsempfänger verpfändet wird. Die Verpfändung ist anzuzeigen, § 1280 BGB.[101]

---

[98] Beispiel: Schulze/Grziwotz/Lauda/*Buballa*/*Siede* GForm-BGB BGB § 1274 Rn. 1.

[99] Die Sicherungsabrede ist eine vom eigentlichen Mietvertrag eigenständige Vereinbarung, in der Regel wird diese aber im Mietvertragsformular mit aufgenommen. Dabei beinhaltet die Sicherungsabrede in der Regel, dass der Kautionsrückzahlungsanspruch erst fällig wird und nur insoweit besteht, dass dem Vermieter keine Ansprüche mehr zustehen, für die die Kaution haftet (vgl. BGH Urt. v. 24.3.1999 – XII ZR 124/99, NZM 1999, 496).

[100] Die Sicherheitsabrede ist im Zweifel weit auszulegen. Sofern die Vertragsparteien darin keine einschränkende Vereinbarung getroffen haben, schließt sie alle gegenwärtigen und künftigen Forderungen aus dem Mietverhältnis ein. Demgemäß dient die Mietkaution insbesondere der Sicherung von rückständigen Mietzahlungsansprüchen, von Ansprüchen auf Nutzungsentschädigung (§ 546 a BGB), Schadensersatzansprüchen sowie von Betriebskostennachforderungen, selbst wenn diese bei Beendigung des Mietverhältnisses noch nicht fällig sind (*Hinz*, Die Kautionsabrechnung in der Wohnraummiete, NZM 2019, 76).

[101] Das ist aber keine Wirksamkeitsvoraussetzung, vgl. Blank/Börstinghaus/*Blank*/*Börstinghaus* BGB § 551 Rn. 7.

Prüferin: Das trifft zu. Wir sind jetzt am Ende des Vertrages und der Mieter ist ausgezogen. Welche Ansprüche bestehen grundsätzlich hinsichtlich der Kaution?

> **Anmerkung:**
> Hier möchte die Prüferin gar nicht in die Besonderheiten des Pfandrechts einsteigen; einem Spitzenkandidaten, der das möchte, würde sie aber natürlich die Möglichkeit hierzu geben. Für alle anderen gilt: Mit solider Arbeitstechnik und juristischem Verständnis kommen Sie sehr weit.

Der Mieter hat einen Anspruch auf Rückzahlung der Kaution.

> **Anmerkung:**
> Diese Antwort war wiederum zu unjuristisch, dieses Risiko besteht bei allgemein bekannten und alltäglichen Sachverhalten leicht. Hier muss sich der Kandidat nochmals mit der Sicherheitsabrede befassen und genauer klären, woraus sich der Anspruch auf die Kaution ergibt und welchen (!) Inhalt diese hat, da ein Zahlungsanspruch gerade nicht besteht.

Prüferin: Das ist mir jetzt zu allgemein, was meinen Sie damit?
   Mit der Zahlung der Mietsicherheit entsteht aufgrund der Sicherheitsabrede ein vertraglicher Anspruch auf Rückgewähr der Kaution, aufschiebend bedingt durch die Beendigung des Mietvertrages und Rückgabe der Mietsache. Es muss abgerechnet werden.[102] Der Rückgewähranspruch ist im Gesetz nicht geregelt, er kann auf ergänzender Auslegung dieser Vereinbarung beruhen, §§ 133, 157 BGB.

> **Anmerkung:**
> Damit ist der Obersatz festgelegt, in einem nächsten Schritt muss nun der konkrete Sachverhalt betrachtet werden.

Prüferin: Gut, wie sieht das jetzt im konkreten Fall aus? *[Wendet sich an den nächsten Kandidaten.]*
   Der Mieter hat Anspruch auf die Sicherheit nach Rückgabe der Mietwohnung, da dann der Sicherungszweck grundsätzlich entfallen ist. Der Rückgewähranspruch für die Kaution folgt direkt aus Mietvertrag in Verbindung mit der Sicherheitsabrede, §§ 311, 535 BGB. Diese müsste durch Rückabtretung (§ 398 BGB) und Freigabeerklärung erfolgen.
   Auf der anderen Seite hat der Vermieter als Pfandnehmer das Recht auf Verwertung, wenn deren Voraussetzungen vorliegen, die sogenannte Pfandreife. Ist die Mietkaution durch Verpfändung eines Sparguthabens geleistet worden, so darf der Vermieter das Sparkonto auflösen. Ein Problem ergibt sich aber im Hinblick auf die Pfandreife, wenn die Fälligkeit der Forderung streitig ist. Vorliegend haben die Parteien aber vereinbart, dass ein Zugriff auf das Sparguthaben ohne Nachweis der Fälligkeit möglich sein sollte.

---

[102] Sofern die Abrechnungspflicht des Vermieters darin nicht explizit geregelt ist, beruht sie jedenfalls auf einer ergänzenden Auslegung dieser Vereinbarung nach §§ 157, 242 BGB. Da die Zinsen und Erträge aus der Anlage des Kautionsguthabens nach § 551 Abs. 3 S. 3 BGB dem Mieter zustehen und im Übrigen der Vermieter unter bestimmten Voraussetzungen (s. dazu unter VI) auf die Mietkaution zugreifen darf, entspricht eine Abrechnung über diese der objektiven Interessenlage beider Vertragsparteien (vgl. *Hinz* NZM 2019, 76).

Prüferin: Wenn nun der Vermieter Ansprüche geltend macht, darf er dann das Geld einfach vom Sparbuch abheben?

Das Recht der Verwertung besteht ab der sogenannten Pfandreife (§§ 1282 Abs. 1, 1228 Abs. 2 BGB). Maßgeblich ist die konkrete Sicherungsvereinbarung, die hier eine Auszahlung ohne den Nachweis der Fälligkeit vorsah. Der Vermieter muss daher gegenüber der Bank nicht den Nachweis der Fälligkeit erbringen und für die Bank besteht daher die Rechtssicherheit, dass kein Fall des § 1281 BGB vorliegt.

Prüferin: Wie wäre es, wenn in dem Vertrag nichts geregelt wäre?

Der BGH hat vor einem Jahr klargestellt[103], dass die Mietkaution nicht der vereinfachten Durchsetzung von Vermieterrechten während des laufenden Mietvertrages dient.[104] Der Vermieter muss nach dem Wortlaut des § 551 Abs. 3 S. 3 BGB die ihm zur Sicherheit überlassene Geldsumme getrennt von seinem Vermögen anlegen. Damit ist der Mieter auch im Fall einer Insolvenz des Vermieters geschützt.[105] Würde der Vermieter nun jederzeit auf die Mietkaution zugreifen können, wäre dieser Schutz des Mieters hinfällig, arg. § 551 Abs. 3 BGB [106]. Das kann man als teleologisch restriktive Auslegung der Pfandreife ansehen.

Pfandreife (§§ 1282 Abs. 1, 1228 BGB) als Voraussetzung für die Verwertung kommt zeitlich erst mit Beendigung des Mietverhältnisses in Betracht und erfordert einen fälligen und einredefreien Anspruch des Vermieters gegen den Mieter aus dem Mietverhältnis.

Anmerkung:
Diese Antwort ist schon dem Bereich der Notenstufe „vollbefriedigend/gut" zuzurechnen. Sollte der Kandidat zu dieser Antwort nicht allein gelangen, so würde hier mit entsprechender Hilfestellung vertieft nachgefragt werden. Ansatzpunkte sind vor allem der Wortlaut der Regelung und

---

103 BGH Urt. v. 24.7.2019 – VIII ZR 141/17, NZM 2019, 754.

104 Kommt der Mieter während der Mietzeit in Zahlungsverzug oder erfüllt sonstige Pflichten aus dem Mietvertrag nicht, so ist der Vermieter nur berechtigt, wegen Forderungen auf die Sicherheit zuzugreifen, wenn diese Forderungen rechtskräftig festgestellt, unstreitig oder offensichtlich begründet sind oder die Verrechnung im Interesse des Mieters liegt (BGH Urt. v. 7.5.2014 – VIII ZR 234/13; NJW 2014, 2496). Der Mieter muss nur damit rechnen, dass der Vermieter im Sicherungsfall auf die Kaution zugreift, nicht aber im behaupteten Sicherungsfall. Dies gilt jedenfalls während der Mietzeit (BeckOGK/*Siegmund,* 1.1.2021, BGB § 551 Rn. 73).

105 Zur Vertiefung: vgl. BGH Urt. v. 24.7.2019 – VIII ZR 141/17, NZM 2019, 754: Nach dem Ende des Mietverhältnisses hat sich der Vermieter innerhalb angemessener, nicht allgemein bestimmbarer Frist gegenüber dem Mieter zu erklären, ob und (ggf.) welche aus dem beendeten Mietverhältnis stammenden Ansprüche er gegen diesen erhebt. Mit einer solchen Erklärung wird die Mietsicherheit abgerechnet, da der Vermieter damit deutlich macht, ob und (ggf.) in Bezug auf welche Forderungen er ein Verwertungsinteresse an der gewährten Mietsicherheit hat. Da das BGB in den mietrechtlichen Bestimmungen die Art und Weise der Abrechnung nicht vorgibt, kann die Abrechnung des Vermieters ausdrücklich oder konkludent erfolgen. Eine gewährte Barkaution wird mit dem Zugang der Abrechnung beim Mieter zur Rückzahlung fällig. Denn mit der Abrechnung der Barkaution nach Beendigung des Mietverhältnisses wird ein Stadium erreicht, in dem sich der Vermieter – ohne weitere Schritte ergreifen zu müssen – wegen seiner nunmehr bestimmten und bezifferten Ansprüche aus der Barkaution befriedigen kann, etwa durch Aufrechnung seiner Forderungen gegen die Forderung des Mieters auf Rückzahlung der Kaution. Dies gilt, wie der Senat in Übereinstimmung mit der in der Rechtsprechung der Instanzgerichte und der mietrechtlichen Literatur überwiegend vertretenen Auffassung nunmehr entscheidet, auch für streitige Forderungen des Vermieters (noch offen gelassen in BGH v. 7.5.2014 – VIII ZR 234/13, NJW 2014, 2496).

106 Aus § 551 Abs. 3 BGB kann herausgelesen werden, dass die Insolvenzsicherheit der Kaution prägendes Leitbild ist (vgl. BeckOK MietR/*Schultheiß,* 23. Ed. 1.11.2020, BGB § 551 Rn. 46).

der mit einer Kaution im Mietvertrag vorgesehene Zweck, sowie der Besonderheiten eines Wohnraummietverhältnisses. Ein gutes Argument in zahlreichen juristischen Zusammenhängen ergibt sich oft auch aus der Überlegung, was mit Forderungen in der Insolvenz einer der Vertragsparteien passiert.

Prüferin: Sehr schön! *[Wendet sich an den nächsten Kandidaten]* **Wenn jetzt der Mietvertrag beendet ist, was muss also der Vermieter grundsätzlich mit einer Kaution machen?**

Der Vermieter muss nach Beendigung des Mietvertrages die Mietkaution abrechnen. Das ist im Gesetz nicht ausdrücklich vorgesehen. Dies würde sich grundsätzlich aus der Sicherungsabrede ergeben. Abrechnungen sind im BGB in § 259 geregelt.[107]

Prüferin: Das stimmt, wie schnell muss denn so etwas gehen, nachdem der Mieter ausgezogen ist?

Ich denke, dass muss nach dem Auszug erfolgen?

> **Anmerkung:**
> Diese Antwort leidet an mehreren Mängeln. Zum einen ist sie als Frage formuliert und hierauf reagieren viele Prüfer empfindlich (nach dem Motto: „Die Kandidaten müssen Fragen beantworten und nicht der Prüfer"). Zum anderen ist es keine inhaltlich präzise Antwort. Da wäre ja die typische Juristenantwort: „Das kommt darauf an" noch besser. Besser wäre folgende Antwort:

Ich gehe davon aus, dass im Vertrag keine Abrechnungsfristen geregelt sind. Das ist in der Praxis auch nicht üblich; maßgeblich wird dann wohl der konkrete Einzelfall sein. Man muss dem Vermieter sicherlich eine angemessene Frist zubilligen, innerhalb derer er entscheiden muss, ob und in welcher Höhe die Kaution zur Abdeckung bestehender Ansprüche verwendet werden soll. *[Punkt – Pause – Blickkontakt]*

Zwar werden Forderungen ohne Fälligkeitsbestimmung im Zweifel sofort nach § 271 BGB fällig, bei der Kaution wird aber nach der Rechtsprechung eine angemessene Prüffrist eingeräumt.[108] Ich kenne bei der Betriebskostenabrechnung eine vergleichbare Bestimmung und hier sieht der Gesetzgeber in § 556 Abs. 3 S. 2 BGB eine Jahresfrist vor. Da aber die Abrechnung über eine Kaution nicht vergleichbar komplex ist, ist das sicherlich zu hoch gegriffen. Berücksichtigt man, dass unter Umständen Handwerker die Mängel feststellen und den Beseitigungsaufwand abschätzen, scheinen sechs Monaten interessensgerecht.

Prüferin: Das gefällt mir gut. Jetzt macht der Vermieter Schäden an der Mietsache als Grund für die Nichtherausgabe der Kaution geltend und will die Kaution hierfür verwenden. Reicht das?

> **Anmerkung:**
> Hier ist schon die Frage nicht optimal gestellt und es ist schwer zu klären, worauf der Prüfer eigentlich hinauswill. Deswegen empfiehlt sich eine allgemeine Antwort.

---

[107] BGH Urt. v. 24.7.2019 – VIII ZR 141/17. Eine gewährte Barkaution wird mit dem Zugang der Abrechnung beim Mieter zur Rückzahlung fällig. Denn nach erfolgter Abrechnung kann sich der Vermieter – ohne weitere Schritte ergreifen zu müssen – wegen seiner nunmehr bestimmten und bezifferten Ansprüche aus der Barkaution befriedigen. Dies gilt auch für streitige Forderungen des Vermieters.
[108] So BGH Urt. v. 20.7.2016 – VIII ZR 263/14, NJW 2016, 3231, vgl. zur Vertiefung *Schwab* JuS 2017, 264.

Hier ist auf den Zweck/Inhalt der Sicherheitsabrede abzustellen. Die Kaution soll Ansprüche des Vermieters aufgrund des Mietverhältnisses sichern, wobei der Inhalt Vereinbarungssache ist. Ansprüche des Vermieters nach Rückgabe der Mietsache richten sich nach §§ 280 Abs. 1, 241 Abs. 2 BGB wegen Verletzung von Obhutspflichten bzw. nach §§ 546, 280 Abs. 1 BGB.

Prüferin: Ok, unterstellen wir mal, die Sicherungsabrede umfasst alle Ansprüche aus dem Mietverhältnis, wie verhält es sich dann?

> **Anmerkung:**
> Üblicherweise dürften sich in einer solchen Regelung im Vertrag auch Ausführungen zur Fälligkeit der Forderung finden. Das sollte hier aber nicht vertieft werden.

Vom Vermieter werden Beschädigungen der Mietsache geltend gemacht. Hieraus resultierende Schadensersatzansprüche wären grundsätzlich von der Kaution/Sicherungsabrede umfasst. Materiell-rechtlich ergeben sie sich aus den vorgenannten Vorschriften, soweit die Beschädigungen den bestimmungsgemäßen Gebrauch übersteigen. Man nimmt in solchen Fällen eine Verletzung von vertraglichen Obhutspflichten des Mieters für die Mietsache an. Wären die Flecken vom Mieter verursacht, so könnte dem Vermieter deswegen ein Schadensersatzanspruch gegen den Mieter zustehen.[109]

Prüferin: Hier bestreitet der Mieter, dass solche Ansprüche bestehen, vielmehr behauptet Mieter, dass diese Schimmelflecken ihre Ursache in einem Baumangel haben. Kann der Mieter etwas veranlassen?
Der Mieter könnte jetzt auf Rückzahlung der Kaution klagen.

> **Anmerkung:**
> Diese Antwort ist zu knapp gefasst und der Kandidat verschenkt wertvolle Punkte. Zum einen übersieht der Kandidat, dass es sich hier um ein Kautionssparbuch (Inhalt des Anspruchs ist nicht die Rückzahlung) handelt, zum anderen ist die Antwort zu dünn. Hier empfiehlt es sich, etwas ausführlicher zu werden und die Anwaltsperspektive zu verdeutlichen. Man würde vermutlich ein Schreiben fertigen, in dem der Vermieter aufgefordert wird, die Verwertung der Sicherheit zu unterlassen und dann ein prozessuales Vorgehen erwägen. Zeitliche Komponenten sind zu berücksichtigen.

Prüferin *[wendet sich an den nächsten Kandidaten]*: **Hat dieser Prozess Aussicht auf Erfolg?**

> **Anmerkung:**
> Die Frage nach den Prozessaussichten wird häufig gestellt, um die Praxisgeeignetheit des Kandidaten zu überprüfen; schließlich befasst sich die Ausbildung im Rahmen des Referendariats auch vorwiegend mit der prozessualen Umsetzung von Ansprüchen. Die Frage ist sehr allgemein gefasst. Die Frage kann als Einladung aufgefasst werden, sich mit der Zulässigkeit und einer voraussichtlichen Begründetheit einer Klage auseinander zu setzen.

---

[109] Zur Vertiefung: Ansprüche des Vermieters wegen Beschädigung der Sachsubstanz durch den Mieter können sich aus einer Verletzung von Obhuts- und Rücksichtnahmepflichten als Schadensersatz neben der Leistung gem. §§ 535, 280 Abs. 1, 241 Abs. 2 BGB oder wegen unerlaubter Handlung ergeben. Dabei ist es nicht erforderlich, dass der Vermieter dem Mieter eine Frist zur Schadensbeseitigung setzt (vgl. BGH Urt. v. 28.2.2018 – VIII ZR 157/17).

In einem Prozess – also Klage auf Abtretung/Freigabe der Kaution – wird der Vermieter voraussichtlich ein Zurückbehaltungsrecht wegen bestehender Gegenansprüche geltend machen und die Freigabe der Forderung wegen eines Zurückbehaltungsrechts nach § 273 BGB verweigern. Die Frage der Gegenansprüche muss dann wahrscheinlich mit einer umfangreichen Beweisaufnahme geklärt werden. Der Mandant muss zudem einen Kostenvorschuss nach § 12 GKG leisten, wenn er Klage erhebt. Die Erfolgsaussichten einer solchen Klage können erst nach Abschluss einer Beweisaufnahme beurteilt werden.

> **Anmerkung:**
> Die Antwort ist in Ordnung. Mehr Punkte wären erzielbar, wenn der konkrete Lebenssachverhalt in den Vordergrund der Prüfung gestellt wird, da vorliegend abstrakt die Erfolgsaussichten bei Bestehen einer Kaution gewürdigt wurden. Die Prüferin hat an dieser Stelle nicht weiter nachgehakt und dass die Antwort nicht *optimal* war, können Sie Protokollen nicht entnehmen! Hier wäre es besser gewesen, einzusteigen wie folgt: *„Da der Vermieter auch bei streitigen Forderungen unproblematisch auf das Sparbuch zugreifen kann, wird sich der Rechtsstreit erledigen. …"*

Prüferin: Gibt es andere Handlungsoptionen?

Hier könnte man an eine Klage im Urkundenprozess denken oder auch einen einstweiligen Rechtsschutz erwägen.

> **Anmerkung:**
> Der Kandidat kann über seine Antworten Einfluss auf den weiteren Verlauf der Prüfung nehmen – was manchmal allerdings auch Risiken mit sich bringt: Erfahrungsgemäß geben Kandidaten manchmal vorschnell Antworten und benennen Themen, bei denen sie unsicher sind. Nachfragen offenbaren dann diese Lücken. Vermeiden Sie an solchen Stellen Spontanantworten. Reißen Sie nur Problempunkte an, bei denen Sie weiter in die Tiefe gehen können. Die Prüferin wollte hierauf eigentlich nicht hinaus, ist aber mitgegangen …

Prüferin: Das klingt interessant. Was ist denn allgemein der Vorteil des Urkundenprozesses?

Der Urkundenprozess kann einen schnellen Titel verschaffen durch eine Beschränkung auf Beweismittel in Urkundenform. Ein weiterer Vorteil ist in § 595 ZPO zu sehen und eine Widerklage – anders als eine Aufrechnung – ist nicht möglich.

Kann denn im konkreten Fall der Anspruch im Urkundenprozess geltend gemacht werden?

Der Urkundenprozess ist in § 592 ff. ZPO geregelt und setzt voraus, dass ein auf Geld gerichteter Anspruch geltend gemacht wird. Ferner müssen alle (bestrittenen) Tatsachen mit Urkunden belegt werden können.

> **Anmerkung:**
> Wichtig: Stellen Sie, wann immer Sie können, Normbezug her.

Prüferin: Das ist richtig, liegen denn die Voraussetzungen vor?

Die Klage könnte für den Kautionsrückzahlungsanspruch sinnvoll sein, da dieser üblicherweise mit Urkunden belegbar ist.

> **Anmerkung:**
> Diese Aussage greift sicher zu kurz, da man sich überlegen muss, welche Tatbestandsvoraussetzungen der Kautionsrückzahlungsanspruch hat (siehe dazu oben) und ob dieser durch Urkunden belegbar wäre. Hier würde sich eine etwas langsamere Herangehensweise empfehlen: Sagen Sie besser: Hierzu müsste ich die Voraussetzungen des Anspruchs untersuchen und überprüfen, welche Tatbestandsvoraussetzungen mit Urkunden belegt werden können.

Prüferin: Sind Sie sicher? Geht es hier denn tatsächlich um einen Rückzahlungsanspruch?

> **Anmerkung:**
> Hier ist die Prüferin mit der Antwort nicht zufrieden und zieht die *„sind Sie sicher"* Karte. Dies kann zur Verunsicherung des Kandidaten beitragen. Wichtig ist nun, dass die bestehende Antwort vertieft werden muss oder dass Sie den eingeschlagenen Weg noch mal überdenken (→ S. 69).

Ich überprüfe das jetzt mal im Einzelnen. Für den Rückzahlungsanspruch muss folgendes nachgewiesen werden: Zum einen die Leistung der Kaution, eine zugrundliegende Sicherheitsabrede und der Wegfall des Sicherungszwecks.

Prüferin: Geht das denn auch im Fall der Verpfändung eines Sparbuchs? Was setzt den § 592 BGB voraus?
§ 592 BGB setzt einen Anspruch auf Zahlung in Geld oder Leistung von vertretbaren Sachen/Wertpapieren voraus. Vorliegend wurde ein Sparbuch verpfändet durch Abtretung der Forderung und Anzeige der Verpfändung gegenüber der Bank. Das Rechtschutzziel einer Klage ist dann das Erreichen einer Freigabeerklärung gegenüber der Bank und eine Rückabtretung der verpfändeten Forderung. Dabei handelt es sich aber nicht um eine Zahlungsforderung oder eine Klage, die gerichtet ist auf Leistung von Geld oder andere vertretbare Sachen/Wertpapiere.

Prüferin: Kann hier vielleicht auf Leistung eines Wertpapiers geklagt werden, also auf Herausgabe des Sparbuchs?
Das Sparbuch ist ein qualifiziertes Legitimationspapier, dieses könnte unter § 592 ZPO zu fassen sein.[110] Meines Erachtens ist aber das Sparbuch nicht als Wertpapier im Sinne von § 592 ZPO einzustufen. Mit der Formulierung sind meines Erachtens austauschbare Wertpapiere gemeint, das wird durch die Inbezugnahme von vertretbaren Sachen deutlich. Hier geht es um die Freigabe einer Forderung und das passt aus meiner Sicht nicht.

Prüferin: Das lässt sich hören. Was ist denn jetzt Ihr Ergebnis?
Ein Urkundenprozess scheitert hier an den Anforderungen des § 592 ZPO bezogen auf den Anspruchsinhalt, die konkrete Form der Rückgewähr des verpfändeten

---

[110] Das Sparbuch ist ein Namenspapier mit Inhaberklausel im Sinne von § 808 BGB. Es ist zum einen dadurch gekennzeichnet, dass es auf einen namentlich bestimmten oder bestimmbaren Gläubiger ausgestellt ist und nicht durch Übergabe des Papiers, sondern durch Abtretung des Anspruchs übertragen wird (Rektapapier). Eigentümer des Sparbuchs ist der Inhaber des Sparkontos, das Eigentum am Sparbuch folgt gem. § 952 BGB der Abtretung des Sparbuchs nach (vgl. BGH WM 1972, 701). Die Bank ist bei Vorlage des Sparbuchs nicht verpflichtet, die Berechtigung dessen zu prüfen, der das Sparbuch vorlegt. Das Sparbuch steht damit zwischen reinem Rektapapier und Inhaberpapier (vgl. Schürmann/*Langner*, Bankrechtshandbuch, 5. Aufl. 2017, § 71 Rn. 41).

Sparbuchs: Der Mieter hat einen Rückabtretungsanspruch und einen Anspruch auf Freigabeerklärung gegenüber der Bank.[111] Dabei handelt es sich nicht um einen Anspruch, der auf Geld bzw. auf vertretbare Sachen/Wertpapiere im Sinne von § 592 ZPO gerichtet ist.

Prüferin: Woran könnte man noch denken, vor allem wenn der Vermieter ankündigt, das Kautionsgeld für die Mangelbeseitigungskosten zu verwenden?
Man könnte auch noch an den einstweiligen Rechtsschutz denken. Das Problem dürfte aber das fehlende Sicherungsbedürfnis sein.

Anmerkung:
Der einstweilige Rechtsschutz wird gerne in der mündlichen Prüfung behandelt, da Abgrenzungsfragen zum Klageweg gut behandelt werden können. Außerdem ist in der Regel eine Abwägung erforderlich, bei der die Kandidaten gut argumentieren können.

Bei dieser Antwort des Kandidaten werden wertvolle Punkte verschenkt, denn wenn der entscheidende Punkt bereits vorschnell abgehandelt wird, fehlt die Möglichkeit zu einer fundierten Diskussion. Das Wesen eines Prüfungsfalles ist ja, dass die Lösung schrittweise entwickelt werden muss. Verzichten Sie daher auf vorschnelle Antworten, ohne den Punkt genau geprüft zu haben. Im Übrigen agiert der Kandidat nicht geschickt, weil er den passenden Fachausdruck, hier *fehlender Verfügungsgrund* nicht terminologisch exakt bezeichnet (vgl. hierzu oben → S. 114).

Prüferin *[wendet sich an den nächsten Kandidaten]*: **Das sollten wir uns langsam ansehen, was ist denn das Wesen des einstweiligen Rechtsschutzes?**
Der einstweilige Rechtsschutz ermöglicht eine vorläufige Sicherung von Ansprüchen, soll aber einem Hauptsacheverfahren nicht vorgreifen. Der einstweilige Rechtsschutz ersetzt nicht die Hauptsache und darf daher in der Regel nicht zu einer vollständigen Befriedigung des Gläubigers führen.

Anmerkung:
Mit dieser Antwort haben Sie sich noch alles offengehalten. Warten Sie hier ruhig eine Reaktion des Prüfers ab, um den weiteren Prüfungsaufbau abzuklären.

Prüferin: Das ist richtig. Warum könnte man in unserer Fallkonstellation überhaupt an einstweiligen Rechtsschutz denken?
Hier kann man an einstweiligen Rechtsschutz denken, weil der Vermieter zeitnah die Kaution zur Bezahlung der Mängelbeseitigung verwenden möchte. Und dann ist es unter Umständen für den Mandanten erschwert, Ausgleich zu erlangen.

Prüferin: An welche Möglichkeit des einstweiligen Rechtsschutzes denken Sie hier?
Es kommt eine einstweilige Verfügung in Betracht, §§ 935, 940 ZPO.

Anmerkung:
Die Antwort ist zu allgemein. Im vorliegenden Fall ist gerade der genaue Anspruchsinhalt problematisch. Dann werden Ausführungen zur Statthaftigkeit erwartet. Die Prüferin kann an dieser Stelle nicht beurteilen, ob der Kandidat richtig lag oder ohne jedes Problembewusstsein vorgegangen ist. Die Prüferin hakt daher nach:

---

[111] Grundsätzlich scheidet nach überwiegender Meinung für den Kautionsrückforderungsanspruch der Urkundenprozess aus (vgl. Staudinger/*Emmerich* BGB § 551 Rn. 30a; BeckPFormB/*Harz* II B 8).

Prüferin: Mit welchem Ziel?

Auf Rückzahlung der Kaution, bzw. ggf. Hinterlegung des Geldbetrages?

Anmerkung:
Das Nachhaken war berechtigt, die Antwort zeigt, dass der Kandidat ins Schwimmen gekommen ist und den Sachverhalt aus den Augen verloren hat. Das Thema war, und das ist die Grundlage der Prüfung der Statthaftigkeit, der Anspruch auf Rückgewähr des verpfändeten Sparbuchs (dh es liegt gerade keine Geldforderung vor). Dogmatisch zeigt sich, dass der Kandidat die Arten des einstweiligen Rechtsschutzes nicht vollständig durchdrungen hat, da er tatsächlich von einer Geldforderung ausgegangen ist, gleichwohl die einstweilige Verfügung als Lösungsvorschlag gewählt hat.
- Ist Anspruchsinhalt eine Geldforderung, müsste zunächst der Arrest genauer untersucht werden. Das erfordert eine Prüfung des Arrestgrunds (§ 917 Abs. 1 ZPO: *zu besorgen ist, dass ohne dessen Verhängung die Vollstreckung des Urteils vereitelt oder wesentlich erschwert werden würde).* Nur wenn dieser verneint wird, kann auch bei einer Geldforderung eine einstweilige Verfügung in Betracht kommen.
- Bei nicht auf Geld gerichteten Ansprüchen ist unproblematisch die einstweilige Verfügung einschlägig.

Zudem offenbart der Kandidat seine Unsicherheiten, da er mit einer Gegenfrage geantwortet hat, siehe dazu oben (→ S. 125).

Prüferin: Wollen wir gemeinsam uns die Vorschriften ansehen?

Kandidat liest vor: § 935 ZPO: *Einstweilige Verfügungen in Bezug auf den Streitgegenstand sind zulässig, wenn zu besorgen ist, dass durch eine Veränderung des bestehenden Zustandes die Verwirklichung des Rechts einer Partei vereitelt oder wesentlich erschwert werden könnte.*

Systematische Einordnung:
Einstweiliger Rechtsschutz wird allgemein unterschieden in Rechtsschutz bzgl. Geldforderungen und Rechtsschutz in der vorläufigen Sicherung anderer, nicht auf Geld gerichteter Ansprüche:
1. § 917 ZPO: Arrest zur vorläufigen Sicherung der Vollstreckung von Geldforderungen
2. § 935 ZPO, einstweilige Verfügung, zur Sicherung von Ansprüchen anderer Art. Hierbei wird noch unterschieden:
   - Regelungsverfügung, § 940 ZPO
   - Sicherungsverfügung, § 935 ZPO
   - Leistungsverfügung, §§ 935, 940 ZPO analog.

Voraussetzung ist jeweils ein Verfügungsgrund und ein Verfügungsanspruch. Der Verfügungsanspruch ist dem materiellen Recht zu entnehmen, der Verfügungsgrund ist in der besonderen Eilbedürftigkeit und der Sorge um Rechtsverlust zu sehen. Eine Leistungsverfügung analog §§ 940, 935 ZPO kommt ausnahmsweise in Betracht, wenn der Gläubiger vorläufig bereits befriedigt werden muss, da die endgültige Befriedigung ihn faktisch rechtlos stellen würde. Die Leistungsverfügung wurde zunächst im Unterhaltsrecht entwickelt und wird auf sonstige Ansprüche übertragen, wenn eine Gefährdung wichtiger Rechtsgüter des Gläubigers im Raum steht.[112]

Prüferin: Diese Vorschrift ist in Abgrenzung zu welcher Vorschrift zu sehen?

§ 917 ZPO stellt demgegenüber auf die Sicherung der Vollstreckung einer Geldforderung ab. Für die Abgrenzung kommt es grundsätzlich auf den zu sichernden Anspruch an, dieser wäre im Fall des § 917 ZPO eine Geldforderung.

---

[112] Vgl. Thomas/Putzo/*Seiler* ZPO § 940 Rn. 6 ff.

Wir hatten ja vorher erarbeitet, dass es im hier vorliegenden Fall um einen Abtretungsanspruch geht, also nicht um eine Geldforderung. Dann hat meine erste Antwort doch gepasst: Statthaft wäre eine einstweilige Verfügung mit dem Anspruchsziel: Abtretung der gepfändeten Forderung.

> **Anmerkung:**
> Der Kandidat reagiert hier „verschnupft" und war offensichtlich der Meinung, dass die Nachfragen der Prüferin unberechtigt waren. Das bringt Sie in einer mündlichen Prüfung nicht weiter. Anlass der Rückfrage war letztlich doch auch nur die mangelnde Begründungstiefe der Antworten.
>
> Die Prüferin hat den Fall an dieser Stelle abgebrochen und wählt einen anderen Prüfungsansatz. Das macht das Lesen von Protokollen so schwer und man sieht dem Protokollinhalt nicht ohne weiteres die vorhandenen Lücken an. In rechtlicher Hinsicht wäre noch zu ergänzen gewesen: *Der Abtretungsanspruch ist eine Vorwegnahme der Hauptsache, so dass inhaltlich allenfalls eine Leistungsverfügung (§ 940 ZPO analog) in Betracht käme. Für eine besondere Eilbedürftigkeit, die hierfür erforderlich wäre, gibt es keine Anhaltspunkte. ...*

Prüferin: Gibt es noch einen weiteren Ansatz für den einstweiligen Rechtsschutz?

Man könnte überlegen, ob eine einstweilige Verfügung dahingehend denkbar wäre, dass dem Vermieter verboten wird, die Einziehung der Forderung zu betreiben, ohne Klärung der Frage, ob tatsächlich eine fällige Forderung vorliegt.

Prüferin: Das ist ein guter Gedanke, was wäre das dann?

Das wäre eine Sicherungsverfügung, die sich nach § 935 ZPO richtet.

Prüferin: Was setzt diese voraus?

Diese setzt grundsätzlich einen Verfügungsanspruch und einen Verfügungsgrund voraus. Der Verfügungsanspruch muss ein materiell-rechtlicher Anspruch sein. Der Verfügungsgrund ist eine besondere Eilbedürftigkeit, also muss man die Frage klären, warum nicht bis zu einem Hauptsacheverfahren zugewartet werden kann. Das würde voraussetzen, dass der Mieter einen Anspruch auf Unterlassung der Auflösung des Sparbuchs hat, weil eine fällige Forderung des Vermieters nicht besteht. Allerdings wurde zwischen den Parteien vereinbart, dass die Auszahlung auch ohne den Nachweis der Fälligkeit zulässig sein soll.

Prüferin: Unterstellen wir mal, es gäbe einen solchen Anspruch, wie wäre es dann mit einem Verfügungsgrund?

Ein Verfügungsgrund könnte bejaht werden: Der Verfügungsgrund ergibt sich aus der Sicherungsfunktion der Kaution für beide Parteien, diese Sicherungsfunktion wird einseitig beeinträchtigt. Außerdem werden Insolvenzrisiken verschoben.

> **Anmerkung:**
> Dies ist eine vertretbare Antwort[113]. Es kommt hierbei auch nicht auf „die eine richtige Lösung" an, sondern darauf, dass der Kandidat schlüssig argumentiert.

---

[113] Siehe Fn. 20.

Prüferin *[wendet sich an den nächsten Kandidaten]*: Sehen Sie das auch so?

> **Anmerkung:**
> Die Prüferin lädt zum weiteren Argumentieren ein, gehen Sie also in die Tiefe! Achten Sie aber darauf, sich nicht vorschnell festzulegen (Stichwort: kognitive Dissonanz, vgl. hierzu insgesamt oben unter → S. 27).

Ich sehe weder einen Verfügungsanspruch, noch einen Verfügungsgrund. Dieser wäre meiner Meinung nach nur dann gegeben, wenn die Verwirklichung von Ausgleichsansprüchen im Fall der vertragswidrigen Verwendung der Kaution erheblich erschwert wären, wozu der Mieter konkrete Tatsachen vorzutragen und diese glaubhaft zu machen hat. Schließlich geht es dann um einen Schadensersatzanspruch gemäß § 280 Abs. 1 BGB (iVm der Sicherungsabrede), dh eine Geldforderung, die dem Mieter zusteht. Der Mieter müsste argumentieren, dass faktisch die Voraussetzungen eines Arrests gegeben sind, entsprechend § 917 ZPO[114], also das Risiko eines Vermögensverfalls beim Vermieter besteht.

Prüferin: Das bedeutet im Ergebnis?

Weder einstweiliger Rechtsschutz noch Urkundenprozess erscheinen erfolgversprechend. Der Mieter ist auf eine, ggf. kostenintensive Klage auf Freigabe und Rückabtretung der verpfändeten Forderung verwiesen.

Vielen Dank, damit beenden wir an dieser Stelle das Prüfungsgespräch.

E. Prüfungsgespräch: Erbrecht – Notarielle Beratung

Schwierigkeitsgrad: gehoben
Themengebiete: Gewillkürte Erbfolge
Prüfertyp: Der Gewissenhafte

> **Fall:** Die Eheleute E suchen Notarin N auf und bitten um Beratung. Sie haben vor 2 Jahren geheiratet und erwarten ihr erstes Kind. Sie wollen von der Notarin wissen, was diese ihnen im Hinblick auf ihre Vorsorge von Todes wegen empfiehlt.

Prüfer: Sie sind in die Rolle der Notarin/des Notars. Was empfehlen Sie?

> **Anmerkung:**
> Vorsicht: Sie stehen am Anfang der mündlichen Prüfung. Die Frage scheint vorliegend direkt auf eine Empfehlung zu zielen. Gleichwohl wäre es aus Sicht der Notarin/des Notars falsch, etwas zu empfehlen, bevor aus ihrer Sicht der relevante Sachverhalt geklärt ist. Widerstehen Sie also der Versuchung, gleich eine „endgültige Antwort" zu geben![115] Selbst wenn Sie zufällig die richtige Antwort treffen, können Sie das jetzt noch nicht wissen. Es sind unzählige Fallkonstellationen denkbar, in denen die Antwort nicht richtig wäre!

---

[114] So sehr überzeugend: AG Ludwigslust Beschl. v. 17.4.2009 – 5 C 51/09, BeckRS 2009, 12231).
[115] Sehr problematisch und eher falsch daher die Antwort des tatsächlich geprüften Kandidaten: *„Die Ehegatten sollten ein gemeinschaftliches Testament errichten und eine Vor- und Nacherbschaft anordnen."*

Bevor ich eine konkrete Empfehlung ausspreche, würde ich zunächst weitere Informationen benötigen. Zum Beispiel: In welchem Familienstand sind die Eheleute verheiratet, welche Angehörigen haben sie noch, wie sind die Vermögensverhältnisse.

Anmerkung:
Der Kandidat „öffnet" das Spielfeld. Die weitere Prüfung kann jetzt an ganz unterschiedlichen Stellen anknüpfen und fortgesetzt werden.

Wichtig: An dieser Stelle müssen Sie auf die nonverbale Kommunikation setzen: Mit der richtigen Pause und dem richtigen Blickkontakt finden Sie jetzt den Einstieg in das Prüfungsgespräch.

Prüfer: Unterstellen Sie, dass die Eheleute im Güterstand der Zugewinngemeinschaft[116] **leben und die beiderseitigen Eltern jeweils noch leben. Wie geht es weiter?**

Anmerkung:
Offen geblieben ist die Frage nach den Vermögensverhältnissen der Eheleute. Fragen Sie aber an dieser Stelle nur nach, wenn Sie wissen, wofür das wichtig ist!

(Alt. 1): Bliebe noch zu klären, wie die Vermögensverhältnisse der Eheleute sind.

Prüfer: Wofür ist das wichtig?
Die Vermögensverhältnisse der Ehegatten können bei der Frage, ob Verfügungen in einem Ehegattentestament wechselbezüglich sind, relevant werden. Regelmäßig hat der vermögendere Ehegatte als Erstversterbender ein hohes Interesse daran, dass nach dem Tod des letztversterbenden Ehegatten das Vermögen den gemeinsamen Kindern zugutekommt. Stirbt der vermögendere Ehegatte zuletzt, hat er an seiner eigenen Erbeinsetzung durch den anderen häufig kein besonderes Interesse. Dem liegt (auch) der Gedanke zugrunde, dass durch die Gesamtrechtsnachfolge vorhandenes Vermögen „im Stamm" gehalten werden soll, denn nach dem Tod des überlebenden Ehegatten soll das Vermögen regelmäßig den gemeinsamen Kindern zufallen.

Anmerkung:
Hätten Sie es gewusst? Wenn ja, haben Sie hier en passant eine 14-Punkte-Antwort rausgehauen.

Aber wenn Sie es nicht wissen – und das erleben wir leider recht häufig – entsteht hier ein ganz unangenehmes Schweigen bzw. Stottern. Deshalb Vorsicht an Stellen, an denen Sie sich in eine Einbahnstraße manövrieren. Da kommen Sie regelmäßig nur noch rückwärts raus.

(Alt. 2): Nachdem ich den Sachverhalt im Hinblick auf Güterstand und Familienverhältnisse geklärt habe, weise ich die Eheleute darauf hin, dass ohne eine von ihnen errichtete Verfügung von Todes wegen nach ihrem jeweiligen Tod die gesetzliche Erbfolge eintritt. Wollten Sie eine davon abweichende Regelung, müssen Sie eine Verfügung von Todes wegen errichten.

---

[116] Zur Wiederholung: Das BGB kennt die Güterstände der Gütertrennung (§§ 1414 ff. BGB), der Gütergemeinschaft (§§ 1408 ff. BGB) und den Regelfall der Zugewinngemeinschaft (§§ 1363 ff. BGB). Wenn die Ehegatten keinen (besonderen) Güterstand vereinbaren, leben sie im Güterstand der Zugewinngemeinschaft. Andere Güterstände können Sie durch notariellen Vertrag (§ 1410 BGB) auch noch nach Eingehung der Ehe wählen.

Anmerkung:
Gut! Die Antwort „öffnet" wieder den Prüfungsrahmen.

Entweder wird jetzt die gesetzliche Erbfolge dargestellt oder der Prüfer kann zugleich auf die Verfügungen von Todes wegen gehen.

Prüfer: Wie stellt sich denn die gesetzliche Erbfolge dar?

Nun auch hier ist zu unterscheiden: Bei Ehegatten, die im Güterstand der Zugewinngemeinschaft leben, kann nach dem Tode des Erstversterbenden durch den überlebenden Ehegatten entweder die erb- oder die familienrechtliche Lösung gewählt werden.

Anmerkung:
Und schon macht sich die offene Antwort oben bezahlt. Sie sind in einem Prüfergespräch und werden damit „belohnt", dass Sie nicht allzu schwierige Fragen, die gleichwohl Punkte bringen, beantworten müssen.

Sie erkennen das Muster! Durch Ihre Antwort geben Sie wieder den Prüfungsrahmen vor und – wenn Sie eine Pause machen und bewussten Blickkontakt suchen – geben Sie Ihrem Prüfer die Chance zur Intervention, falls er den Fall in eine andere Richtung entwickeln will.

Prüfer: Prüfen Sie bitte weiter!

Ausgangspunkt ist § 1931 Abs. 1 BGB. Da die Eheleute ihr erstes Kind gerade erst erwarten, wären an sich bislang nur Erben der zweiten Ordnung vorhanden, denn gemäß § 1925 Abs. 1 BGB sind Erben der zweiten Ordnung die Eltern des Erblassers. Aber es ist § 1923 Abs. 2 BGB zu beachten: Da das Kind bereits gezeugt ist, gilt es, sofern es lebend geboren wird, als vor dem Erbfall geboren. Mithin läge dann auch ein Erbe erster Ordnung vor.

Anmerkung:
Alles richtig! Aber: Wenn Sie die Normen nicht auswendig kennen (was Sie nicht müssen!), weisen Sie den Prüfer darauf hin, dass und wo Sie jetzt gerade lesen.

Prüfer: Klammern wir bitte das Kind kurz aus. Unterstellen Sie, die Eheleute wissen nicht, dass sie ein Kind erwarten. Wie ist die Rechtslage, wenn neben der Ehefrau nur Erben der zweiten Ordnung vorhanden sind?

Nun, neben Erben der 2. Ordnung ist der überlebende Ehegatte Erbe zu ½. Darüber hinaus kommt noch die Erhöhung des Erbteils über § 1371 Abs. 1 BGB in Betracht. Danach erhöht sich der Erbteil des überlebenden Ehegatten um ein weiteres ¼.

Prüfer: § 1931 BGB ist vor einiger Zeit Gegenstand kontroverser Rechtsprechung gewesen. Wer kann mir dazu etwas sagen?

Anmerkung:
Der Prüfer gibt die Frage frei, weil er allen Kandidaten die Gelegenheit geben will, eine besondere Detailfrage zu beantworten.

Wenn Sie antworten wollen, richten Sie sich im Stuhl gerade auf, beugen sich leicht nach vorne, nehmen Blickkontakt zum Prüfer auf und melden sich halbhoch, wie in der Schule schnipsen hingegen nicht! Sie dürfen außerdem davon ausgehen, dass der Prüfer von durchschnittlichen Kandidaten hier keine Antwort erwartet! Also ärgern Sie sich nicht, falls Sie die Antwort nicht kennen.

Zwischen BGH und EuGH ist umstritten, ob es sich bei § 1371 BGB um eine Norm des Erb- oder des Familienrechts handelt. Das wurde vor allem dann relevant, wenn das sog. Erb- und Familienstatut bei Eheleuten, die unterschiedlichen Rechtsordnungen angehörten, auseinandergefallen ist.[117] Der BGH hat § 1371 Abs. 1 BGB familienrechtlich qualifiziert, der EuGH hingegen in der sog. Mahnkopf-Entscheidung erbrechtlich.

> **Anmerkung:**
> Das kann Ihnen immer passieren: Der Prüfer hört ein Stichwort bzw. Paragrafen (§ 1371 BGB), das/der ihn auf eine neue Prüfungsidee bringt. Regelmäßig handelt es sich um schwierigere Fragen, mit denen man aber sehr gut punkten kann. Halten Sie die Antwort daher so knapp wie möglich! Wenn der Prüfer mehr wissen will, soll er konkret nachfragen. Aber da IPR nicht Gegenstand der Zivilrechtsprüfung ist, wird der Prüfer an dieser Stelle wahrscheinlich nicht weiterfragen.
>
> Für die Bewertung gilt:
> * Positiv wird zunächst bewertet, dass Sie das Problem zu § 1371 BGB kennen, zumindest haben Sie schon einmal davon gehört.
> * Hinzu kommt, dass Sie wissen, welche Positionen BGH und EuGH einnehmen.
> * Sie können außerdem ein Beispiel bilden, wann diese Kontroverse praktische Relevanz hat.
> * Und schließlich wissen Sie sogar den Namen der Rechtssache beim EuGH,
>
> also an dieser Stelle eine **ganz außerordentlich gute Leistung! Aber: Kennen Sie nur einen dieser Punkte, ist das bereits eine beachtliche Prüfungsleistung!**

Prüfer: Zurück zum Fall. Wie sieht die familienrechtliche Lösung aus?

Nach § 1371 Abs. 2, 3 BGB steht dem überlebenden Ehegatten der Zugewinn nach familienrechtlichen Vorschriften und der Pflichtteil aus dem (nicht) erhöhten Erbteil zu. Welche Lösung für die Ehegatten besser ist, hängt davon ab, wie hoch der erwirtschaftete Zugewinn ist und wer ihn erwirtschaftet.

> **Anmerkung:**
> Wieder unterbreitet der Kandidat ein „Gesprächsangebot". Entweder vertieft der Prüfer die Frage nach den Vorteilen der erb- oder familienrechtlichen Lösung oder er treibt den Fall voran.
>
> Gut wäre deshalb, wenn Sie als „Faustformel" wüssten, dass die erbrechtliche Lösung immer dann besser ist, wenn ein hohes Erblasservermögen vorliegt, das auf einem geringen Zugewinn basiert.

Prüfer: Und wenn dann ein Kind gezeugt oder zur Welt gekommen ist?

Gemäß § 1931 Abs. 1 BGB ist dann ein Erbe der 1. Ordnung (§ 1924 BGB) vorhanden. Der überlebende Ehegatte erbt neben diesem zu ¼ und bekommt über § 1931 Abs. 1 BGB bei der erbrechtlichen Lösung ein weiteres ¼. Somit bekommen überlebender Ehegatte und Kind jeweils ½.

> **Anmerkung:**
> Die Prüfung war bislang nicht schwierig. Die Erbquoten sollten Sie mittlerweile ermittelt haben und zügig im „Urteilsstil" und mit sicherer Stimme verkünden. Die Prüfung soll ja noch in andere Bereiche vordringen.

---

[117] Beispiel: Der (vor Inkrafttreten der EuErbVO) verstorbene Ehegatte wird nach ausländischem Recht beerbt. Ist § 1371 Abs. 1 BGB eine erbrechtliche Regelung, spielt sie für die Beurteilung seiner Erbquote keine Rolle. Handelt es sich aber um eine familienrechtliche Norm und ist gleichzeitig deutsches Familienrecht anwendbar, würde die Erbquote noch um ¼ (eben familienrechtlich) erhöht.

Die sichere Stimme müssen Sie gegebenenfalls üben! Denn wenn Ihre Antwort zwar inhaltlich richtig ist, sprachlich aber von ??? getragen wird, werden Ihre Mandanten/der Prüfer nicht wirklich zufrieden sein. Siehe dazu die Empfehlungen → S. 118 ff.

Prüfer: Wie sieht die Alternative aus?

Anmerkung:
Sie müssen durchgängig konzentriert bleiben! Was meint der Prüfer jetzt mit der „Alternative"?

Nachdem wir gerade die gesetzliche Erbfolge vor und nach der Geburt des Kindes dargestellt haben, würde ich den Eheleuten jetzt erläutern, welche Möglichkeiten es gibt, Verfügungen von Todes wegen zu errichten.

Prima! Der Kandidat fasst das bisher Gesagte knapp zusammen und gibt sogleich die weitere Richtung vor. Punkt – Pause – Blickkontakt um sicherzugehen, dass es das ist, was der Prüfer jetzt hören will. Anderenfalls hat der Prüfer die Gelegenheit zum Intervenieren.

Prüfer: Machen Sie bitte weiter!

Es gibt unterschiedliche Arten von Verfügungen von Todes wegen. Grundsätzlich können die Ehegatten Einzeltestamente, ein gemeinschaftliches Testament oder einen Erbvertrag errichten.

Anmerkung:
Denken Sie daran: Punkt – Pause – Blickkontakt!

Mit all diesen Verfügungen können die Erblasser ihre Rechtsnachfolge von Todes wegen regeln, denn es herrscht der aus Art. 14 GG abzuleitende Grundsatz der Testierfreiheit, der lediglich durch das Pflichtteilsrecht begrenzt wird.

Ein wesentlicher Unterschied[118] zwischen den genannten Verfügungen ist der Umfang und der Zeitpunkt der Bindungswirkung, dh der Moment, ab dem einer der Beteiligten seine Verfügung nicht mehr einseitig ändern kann. Auch die Kosten der Errichtung sind unterschiedlich.

Anmerkung:
Jetzt kommt eine kritische Stelle!

Angesichts der knappen Zeit in der Prüfung erscheint es fraglich, ob der Prüfer jetzt wirklich in allen Einzelheiten die unterschiedlichen Verfügungen diskutieren möchte. Der Kandidat „geht also ins Risiko", wenn er kurz die Gemeinsamkeiten und dann den zentralen Unterschied darstellt.

Bringen Sie vorhandenes Wissen „en passant" an den Prüfer und kommen Sie „auf den Punkt". Ob es der Punkt ist, zu dem der Prüfer kommen möchte, sehen Sie, wenn Sie wieder eine Pause machen und Blickkontakt halten!

---

[118] Hier ist es gut, wenn Sie von „einem wesentlichen" und nicht „dem wesentlichen" Unterschied" sprechen. Denn natürlich kostet die Errichtung zweier Einzeltestamente oder eines Ehegattentestaments ohne vorherige Beratung kein Geld; beurkundet hingegen der Notar die Testamente oder Erbverträge, wird allein dafür eine Gebühr nach dem GNotKG fällig.

Prüfer: Können Sie bitte die Frage der Bindungswirkung etwas näher erörtern!

Grundsätzlich kann eine Verfügung von Todes wegen jederzeit frei widerrufen werden. Das folgt aus §§ 2253 ff. BGB. Der Moment, ab dem das nicht mehr geht, wird als sog. Bindungswirkung bezeichnet. *[Punkt – Pause – Bickkontakt]*

Errichten die Ehegatten jeder für sich ein sog. Einzeltestament, richtet sich dessen Widerruf allein nach §§ 2253 ff. BGB. Der Erblasser kann jederzeit – und insbesondere auch ohne Kenntnis des anderen Ehegatten – seine Verfügung nach den dort genannten Vorschriften widerrufen.

Das einfache Testament hat also die geringste Bindungswirkung. Bis zum Tod des Erblassers kann er seine Verfügung jederzeit aufheben oder ändern.

Prüfer: Und beim gemeinschaftlichen Testament? Was ist das gemeinschaftliche Testament überhaupt?

Die Errichtung gemeinschaftlicher Testamente ist Ehegatten vorbehalten. Im Grunde handelt es sich gemäß §§ 2265, 2267 BGB lediglich um eine Formerleichterung: Während § 2247 BGB für die wirksame Errichtung eines Einzeltestaments vorschreibt, dass der Erblasser die Urkunde handschriftlich errichtet, also schreibt und unterschreibt, genügt es bei Ehegatten, denen die Errichtung gemeinschaftlicher Testamente vorbehalten ist, dass einer von beiden den Text handschriftlich niederschreibt und beide unterschreiben.

Anmerkung:
Der Prüfer greift Ihre Vorgabe von oben auf und setzt entsprechend fort. Sie sehen also, dass Sie es zu einem wesentlichen Teil selbst in der Hand haben, den Verlauf der Prüfung zu beeinflussen.

Zitieren Sie Normen! Sie zeigen so Verständnis für das Gesetz und können „mit leichter Hand" punkten.

Punkt – Pause – Blickkontakt! Sie erhalten meist ausdrückliche oder zumindest nonverbale Hinweise, ob Sie weiterprüfen sollen.

Aber Obacht! Das klingt hier einfacher, als er für viele Prüflinge ist.

Wenn man als Antwort erhält: „Ein Ehegattentestament enthält wechselbezügliche Wirkungen.", dann ist die Antwort nicht nur so nicht richtig, sie könnte den Prüfer auch veranlassen, hier schon „ganz tief" ins Erbrecht einzusteigen.

Zur Vertiefung: **Das Ehegattentestament**

1. Errichtung:
Das BGB kennt verschiedene Erleichterungen für Ehegatten bei der Errichtung von Verfügungen von Todes wegen. Ein gemeinschaftliches Testament kann (am einfachsten) dadurch errichtet werden, dass ein Ehegatte den Text niederschreibt und beide Ehegatten die Verfügung unterschreiben (§§ 2265, 2267 BGB). Das Ehegattentestament muss aber nicht notwendigerweise in einer Urkunde errichtet werden!

Denkbar ist auch, dass jeder der Ehegatten handschriftlich ein eigenes Testament schreibt und unterschreibt, die dann durch den inneren Zusammenhang zum gemeinschaftlichen Testament werden (sog. subjektive Theorie). Denkbar ist sogar die Errichtung an getrennten Orten, zu verschiedenen Zeiten (und in gesonderten Urkunden), soweit Kenntnis und Billigung der Erklärung des anderen Ehegatten gegeben ist. Der Wille zum gemeinschaftlichen Testieren muss jeweils bei Errichtung der eigenen Verfügung vorliegen und bis zur vollständigen Errichtung der Verfügung des anderen Teils fortbestehen.[119]

---

[119] OLG München ZEV 2012, 153.

2. Regelmäßiger Inhalt:
Das gemeinschaftliche Testament enthält üblicherweise die gegenseitige Erbeinsetzung der Ehegatten. Gegebenenfalls darüber hinaus werden Dritte Personen für den Fall des Todes des Längerlebenden bedacht, dann stellt sich unter Umständen die Frage der Wechselbezüglichkeit/Bindungswirkung.

Prüfer: Und wie ist es nun hier mit der Bindungswirkung?
Das kommt darauf an.

Anmerkung:
Manchmal ist diese „Standardfloskel" die einzig richtige!

Das gemeinschaftliche Testament der Ehegatten kann sowohl einseitige Verfügungen als auch wechselbezügliche Verfügungen enthalten. Bei einseitigen Verfügungen verbleibt es bei dem oben Gesagten: Diese kann der Ehegatte nach §§ 2253 ff. BGB jederzeit widerrufen, auch nach dem Tod des anderen Ehegatten.[120]

Bei den wechselbezüglichen Verfügungen im Sinne des § 2270 BGB sieht es anders aus: Wechselbezügliche Verfügungen sind solche, von denen anzunehmen ist, dass die eine Verfügung nicht ohne die andere getroffen worden wäre, dh dass die Verfügungen miteinander stehen und fallen sollen. Der Widerruf zu Lebzeiten des anderen Ehegatten richtet sich nach § 2271 Abs. 1 BGB: Die Verfügung kann nach denselben Vorschriften widerrufen werden, wie der Rücktritt vom Erbvertrag[121] erfolgt.

Im Ergebnis ist der Widerruf einer wechselbezüglichen Verfügung damit zu Lebzeiten des anderen Ehegatten mit dessen Kenntnis möglich. Mit dem Tod des Erblassers tritt hingegen Bindungswirkung ein, dh ein Widerruf ist nicht mehr möglich.

Anmerkung:
Diese Antwort ist rechtlich zweifelsohne richtig, würde vom Kandidaten aber sicherlich so en bloc nicht erwartet. Hüten Sie sich davor, jetzt weiterzureden und „aus der Hüfte" den Rücktritt vom Erbvertrag darzustellen.

Je länger Sie ohne Rückversicherung durch den Prüfer (affirmatives Nicken) und stilles Nachdenken weiterreden, desto größer ist die Gefahr, dass Sie an einer Stelle einen Fehler machen. Und mitunter sind es dann die Fehler, die sich beim Prüfer leichter einprägen als Ihre guten Antworten. UND: Sie verbrauchen wertvolle Prüfungszeit, ohne dass Sie den Schwerpunkt der Prüfung erreicht haben.

So langsam kommen Sie in die schwierigen Bereiche des Erbrechts! Umso mehr gilt: Kurze Sätze mit Punkt, Pause und Blickkontakt! Zitieren Sie so oft wie möglich die einschlägige Norm.

---

[120] Allerdings kann die Rücknahme aus der besonderen amtlichen Verwahrung nur gemeinschaftlich erfolgen.

[121] Der Rücktritt vom Erbvertrag setzt grundsätzlich einen Rücktrittsgrund voraus. Darüber hinaus ist in der Praxis die Form des Rücktritts häufig problematisch. § 2296 Abs. 2 BGB verlangt notarielle Beurkundung. Da der Rücktritt vom Erbvertrag eine empfangsbedürftige Willenserklärung ist, ist der Rücktritt erst wirksam, wenn er dem anderen Vertragsschließenden zugeht. Wirksam ist der Rücktritt insoweit nur, wenn eine Ausfertigung (vgl. § 49 BeurkG) zugestellt wird, eine beglaubigte Abschrift genügt nicht. Unschädlich ist es, wenn die Erklärung erst nach dem Tod des Erblassers zugeht; unzulässig ist es jedoch, wenn der Erblasser mit der Zustellung solange wartet (bzw. warten lässt), dass die Erklärung erst nach seinem Tod zugeht.

Prüfer: Prima! Und wie sieht die Bindungswirkung beim Erbvertrag aus?

> **Anmerkung:**
> Der Prüfer beschleunigt wieder, denn beim Erbvertrag will er nichts zum Zustandekommen hören. Verschwenden Sie hier nicht Ihre wertvolle Redezeit!

Der Erbvertrag ist, wie der Name schon sagt, ein Vertrag, von dem man sich ja grundsätzlich nicht einfach lösen kann. Beim Erbvertrag im Speziellen richtet sich die Aufhebung nach §§ 2290 ff. BGB. Es sind unterschiedliche Varianten denkbar. Aber angesichts der erhöhten Voraussetzungen für die Lösung vom Erbvertrag wird deutlich, dass dieser Bindungswirkung bereits mit Abschluss, dh zu Lebzeiten entfaltet.

> **Anmerkung:**
> Halten Sie Ihre Antwort wieder knapp! Wenn der Prüfer mit Ihnen die Feinheiten der Lösung von einem Erbvertrag erörtern will, muss er eine entsprechende Frage stellen oder den Fall modifizieren.
>
> Sie kamen ja von der Darstellung der Unterschiede der einzelnen Verfügungen von Todes wegen. Kaum anzunehmen, dass Ihre Mandanten hier noch mehr wissen wollen.

Prüfer: Welche inhaltlichen Regelungen würden Sie denn Ihren Mandanten nun empfehlen?

Nun, das kommt natürlich auf die Interessenlage der Ehegatten an. Regelmäßig setzen sich die Ehegatten beim Tod des Erstversterbenden zu Alleinerben und das Kind bzw. die Kinder beim Tod des Letztversterbenden zu Schlusserben ein.

Zwingend ist dies aber nicht. Hier würde ich mir von den Mandanten weitere Informationen holen.

Prüfer: Zum Beispiel?

Nun, häufig kommt es vor, dass die Ehegatten in einer selbstgenutzten Immobilie leben. Hier ist ein gewisser Interessenkonflikt nach dem Tode des Erstversterbenden zu erkennen: Einerseits soll der Überlebende die Immobilie weiter nutzen können und sie nicht verwerten müssen, um Pflichtteilsansprüche zu befriedigen. Andererseits soll die Immobilie den Kindern „sicher sein", dh vor Veräußerung oder einer sonstigen Verfügung des überlebenden Ehegatten geschützt sein.

> **Anmerkung:**
> Das ist in der Praxis tatsächlich die Hauptgestaltungsvariante. Indem Sie diesen Fall „ins Spiel bringen", können Sie ganz gezielt den weiteren Prüfungsverlauf steuern!
>
> Mit dieser Formulierung kommen Sie wieder ins Gespräch mit dem Prüfer. Allerdings – siehe oben – sollten Sie wissen, welche Informationen Ihnen für die Lösung des Falles weiterhelfen.

Prüfer: Wie macht man das?

In der Praxis werden verschiedene Varianten diskutiert und praktiziert, häufig spielen auch erbschaftssteuerliche Aspekte eine Rolle:

Bei der normalen Einsetzung des überlebenden Ehegatten zum Vollerben und der Kinder als Schlusserben ist die Immobilie ungeschützt, denn der überlebende Ehegatte kann über das ererbte Vermögen grundsätzlich frei verfügen.

Man kann an die Anordnung einer Vor- und Nacherbschaft denken. Normalerweise tritt der Nacherbfall mit dem Tod des Vorerben ein. Denkbar ist aber auch, dass man den Zeitpunkt einer Wiederheirat als maßgeblichen Zeitpunkt anordnet. [122]

Insoweit wäre der Ehegatte auflösend bedingter Voll- und aufschiebend bedingter Vorerbe. Nacherben sind die Kinder. Heiratet der überlebende Ehegatte erneut, besteht kein Risiko, dass der neue Ehegatte Zugriff auf die Immobilie erhält.

Oder man setzt die Kinder gleich zu Erben ein und räumt dem überlebenden Ehegatten hinsichtlich der Nutzung der Immobilie ein Vermächtnis ein, ein sog. Nießbrauchsvermächtnis ein.

> **Anmerkung:**
> Sie können im mündlichen Prüfungsgespräch nicht gliedern oder Aufzählungszeichen verwenden. Wissen Sie an dieser Stelle mehrere Gestaltungsmöglichkeiten, verhindern Sie das Weitergeben der Frage, indem Sie Ihrer Antwort – wie hier – zB voranstellen:
>
> *In der Praxis werden ...*
>
> Auch bietet es sich an, mit der Hand eine erstens, zweitens etc. zu signalisieren. Setzen Sie sich aber nicht unter Stress und formulieren Sie offen (wenig glücklich daher: *In der Praxis werden in erster Linie drei Möglichkeiten unterschieden*).

Prüfer: Können Sie die einzelnen Varianten etwas erläutern?

Bei der Lösung mit der Voll- und Schlusserbschaft ist der überlebende Ehegatte in einer starken Position: Mit dem Tode des Erstversterbenden kommt es zur Universalsukzession gemäß § 1922 Abs. 1 BGB. Das Vermögen des Erblassers und des überlebenden Ehegatten verschmelzen zu einer Einheit.

Sieht man einmal von der Immobilie und etwaiger diesbezüglicher Extraregelungen ab, kann der überlebende Ehegatte über das gesamte Vermögen verfügen und der Schlusserbe bekommt nur, was noch übrig ist. Er ist lediglich vor beeinträchtigenden Verfügungen von Todes wegen des überlebenden Ehegatten geschützt (§ 2271 BGB).

Prüfer: Und bei der Vor- und Nacherbschaft?

Die Vor- und Nacherbschaft ist in §§ 2100 BGB geregelt.

> **Anmerkung:**
> Achten Sie wieder auf den Normbezug, Sie führen ein Fachgespräch!
>
> Nur noch einmal zur Erinnerung: Bei der Vor- und Nacherbschaft wird der Erblasser zunächst vom Vorerben und dann vom Nacherben beerbt. Nicht etwa ist der Nacherbe der Erbe des Vorerben![123]

Sie zeichnet sich dadurch an, dass es zum zweimaligen Anfall der Erbschaft kommt, der Erblasser wird zunächst vom Vorerben und später vom Nacherben beerbt. Das ererbte Vermögen und das Vermögen des Vorerben verschmelzen nicht.[124]

---

[122] Diese Möglichkeit folgt aus § 2103 BGB, wonach der Erblasser anordnen kann, „dass der Erbe mit dem Eintritt eines bestimmten Zeitpunkts oder Ereignisses (also zB Wiederheirat des überlebenden Ehegatten) die Erbschaft einem anderen herausgeben soll."

[123] Das kann er natürlich auch sein, dies richtet sich dann aber ausschließlich nach den Rechtsbeziehungen des Vorerben zum Nacherben.

[124] Der zweimalige Anfall der Erbschaft ist bei der Vor- und Nacherbschaft „das Problem", wenn es um den Anfall der Erbschaftssteuer geht.

Prüfer: Wann tritt denn grundsätzlich der Nacherbfall ein?

Grundsätzlich tritt der Nacherbfall mit dem Tod des Vorerben ein. Es können aber abweichende Zeitpunkte vereinbart werden. Das ist wiederum Ausfluss der Testierfreiheit.

Prüfer: Prüfen Sie bitte weiter!

Während der Vorerbschaft ist der Vorerbe im Recht, Verfügungen über Nachlassgegenstände vorzunehmen, beschränkt. Geht es um die Sicherung der Immobilie, gilt folgendes: Vor unentgeltlichen Verfügungen ist der Nacherbe über §§ 2113 Abs. 2, 2136 BGB ohnehin geschützt.

Geht es um den Schutz der Immobilie vor entgeltlichen Veräußerungen, hängt es davon ab, ob es sich um eine befreite oder nicht befreite Vor- und Nacherbschaft handelt.

> **Anmerkung:**
> Wieder profitieren Sie davon, wenn Sie in der Lage sind, die Antwort aufzufächern, indem Sie zeigen, dass Sie aus mehreren Varianten wählen können. Das kann man trainieren!
>
> Jetzt haben Sie eine erhebliche Prüfungsstrecke zurückgelegt! SPÄTESTENS jetzt machen Sie eine Pause.
>
> Wahrscheinlich gibt der Prüfer die Frage weiter. Nicht, weil er mit der Antwort nicht zufrieden ist, im Gegenteil: Die anderen Kandidaten brauchen ja auch noch Prüfungsstoff.

Prüfer: Wie legt die Rechtsprechung derartige Vor- und Nacherbschaften im Hinblick auf die Befreiung denn aus?

Grundsätzlich geht das Gesetz von der nicht befreiten Vorerbschaft aus, dh derjenige, der sich auf die Befreiung beruft, trägt die Beweis- bzw. Feststellungslast. Das folgt aus §§ 2113, 2136 BGB. Handelt es sich also um eine nicht befreite Vorerbschaft, wäre demzufolge auch die entgeltliche Verfügung über das Grundstück unwirksam.[125]

Hier kommt es also darauf an, was die Testatoren vereinbart haben, das ist gegebenenfalls im Wege der Auslegung zu ermitteln. Die Rechtsprechung tendiert in Richtung einer befreiten Vorerbschaft. Im Rahmen der notariellen Beratung haben es die Parteien natürlich in der Hand, eine Regelung zu treffen, bei der sich später keine Auslegungsfragen stellen.

> **Anmerkung:**
> Mit dem Stichwort „Beweis- bzw. Feststellungslast" kann der Kandidat ein Stichwort setzen, um die Prüfung ins Prozessrecht zu verlagern. Der Kandidat liefert aber noch ein weiteres Stichwort, um die Prüfung zu „verlagern". Hier könnte der Prüfer ohne Weiteres die Grundsätze der Auslegung eines Testaments abprüfen.

Prüfer: Was ist bei der Auslegung denn nun maßgeblich?

Maßgebliches Abgrenzungskriterium ist die Frage, ob im Vordergrund die Versorgung des überlebenden Ehegatten steht, dann ist es eine befreite Vorerbschaft. Oder es geht um den Vermögenserhalt zugunsten der gemeinsamen Kinder. Dann spricht einiges für die nicht befreite Vorerbschaft.

---

[125] Deswegen wird im Grundbuch ein sog. Nacherbenvermerk eingetragen, um die Erwerber von Grundstücken davor zu schützen, das Grundstück später an den Nacherben herausgeben zu müssen, vgl. § 51 GBO.

Prüfer: Und wo steht, dass man die Nacherbschaft auf den Zeitpunkt der Wiederheirat anordnen kann?

§ 2106 Abs. 1 BGB ordnet die Vorerbschaft mit dem Tod des Vorerben an, falls dieser nichts anderes angeordnet hat. Also kann auch die Wiederheirat als relevanter Zeitpunkt vereinbart werden. Wenn also der Ehegatte erneut heiratet, tritt der Nacherbfall ein.

Prüfer: Sehen Sie ein Problem bei der Anordnung einer Vor- und Nacherbschaft, wenn die Nacherbschaft mit dem Zeitpunkt der Wiederverheiratung eintritt?

> **Anmerkung:**
> Der Prüfer arbeitet mit einer ganz engen Frage: *Sehen Sie ein Problem ....* Ihnen ist klar, dass, wenn Sie jetzt einfach *Ja* sagen die nächste Frage lauten wird: *Welches?*
>
> Wenn Sie also nicht gerade das Problem kennen, auf das der Prüfer hinauswill, schieben Sie die Frage kommunikativ geschickt weiter!

Das Problem, auf das Sie möglicherweise hinauswollen, resultiert im Pflichtteilsrecht: Wenn die Vollerbschaft auflösend bedingt und die Nacherbschaft aufschiebend bedingt ist, verliert der Vorerbe mit der Wiederheiratet jede Beteiligung am Nachlass. Und da regelmäßig der Zeitpunkt für die Geltendmachung von Pflichtteilsansprüchen verstrichen ist, wäre er am Nachlass des erstversterbenden Ehegatten gar nicht beteiligt. Deshalb wird vorgeschlagen, dem Ehegatten für diesen Fall ein aufschiebend bedingtes Geldvermächtnis zuzuwenden.

Prüfer: Was ist mit dem Nießbrauchsvermächtnis?[126]

Die Abgrenzung zum Nießbrauchsvermächtnis ist gelegentlich problematisch. Beim Nießbrauchsvermächtnis setzt der Erblasser regelmäßig den Dritten (zum Beispiel die gemeinsamen Kinder) als Vollerben ein und beschwert diesen mit einem Nießbrauch am Nachlass zugunsten des überlebenden Ehegatten, §§ 2147, 1089, 1085 BGB. Der Erbe wird dann Eigentümer des Nachlasses, erhält also dessen Substanz.

Der Nießbraucher ist (lediglich) berechtigt, die Nutzungen zu ziehen. In dieser Konstellation haben also die Kinder eine ganz starke Stellung, der überlebende Ehegatte nur eine schwache.

> **Anmerkung:**
> Die Prüfung ist jetzt schon im Bereich eines gut, vielleicht sogar schon eines sehr gut. Wie der Prüfer den Fall an dieser Stelle fortsetzt, ist völlig offen.
>
> Denkbar ist folgendes:

Prüfer: Frage an die bislang besten Kandidaten: Sagt Ihnen der Begriff des Supervermächtnisses etwas?

Ich weiß nur, dass es sich insoweit um eine steuerliche Gestaltungsmöglichkeit handelt, um die steuerlichen Nachteile der Nacherbschaft zu minimieren.[127]

---

[126] Das Nießbrauchsvermächtnis ist – wie es der Begriff schon vermuten lässt – ein durch Vermächtnis (§ 2147 BGB) angeordneter Nießbrauch (§§ 1030 ff. BGB). Erbrechtlich handelt es sich praktisch immer um einen Nießbrauch an einem Grundstück.

[127] Fisching/Graf/*Falkner* NachlassR § 50 Rn. 102.

Oder aber:

Prüfer: Kommen wir noch einmal zurück: Wie verhindert man denn, dass im 1. Erbfall das Eigenheim verwertet werden muss, um die Pflichtteilsansprüche zu erfüllen?

Das kann man über die sog. Pflichtteilsstrafklausel lösen: Wer nach dem Tod des Erstversterbenden seinen Pflichtteil geltend macht, bekommt auch nach dem Tod des Letztversterbenden nur seinen Pflichtteil. Die Klausel soll also abschrecken. Wenn alle pflichtteilsberechtigten Kinder aber den Pflichtteil verlangen, geht sie ins Leere.

Prima! Mehr verlangt niemand von Ihnen!

Prüfer: Und was macht man, um das folgsame Kind zu schützen, falls ein solches vorhanden ist?

Man setzt gleichzeitig ein aufschiebend bedingtes Vermächtnis aus. Macht ein Kind seinen Pflichtteil geltend, löst es einen Vermächtnisanspruch des anderen Kindes (des späteren Schlusserben) aus. Zwar ist dieses aus dem Nachlass des Erstversterbenden zu berichtigen, es kann jedoch bis zum Tode des Überlebenden gestundet werden. So können sie den Nachlasswert, der an den Überlebenden fällt, und damit auch die Höhe der Pflichtteile aus dessen Nachlass verringern, denn mit Anfall dieses Vermächtnisses entsteht eine Forderung gegen den Nachlass, die diesen insgesamt mindert und damit auch den Pflichtteilsanspruch des sich auflehnenden Kindes.

Anmerkung:
Sie sehen, dass die Prüfung sich in jede beliebige Richtung entwickeln kann.
In diese Prüfungen ist es von zentraler Bedeutung, die gesamte Zeit über präsent zu sein, um jederzeit „über-nehmen zu können". Schade, wenn Sie mit Ihren Gedanken woanders waren und den Faden verloren haben.

Zusammenfassung:

Die Prüfung ist ein typisches Beispiel für eine offene Fragestellung durch den Prüfer. Das Gespräch entwickelt sich oft in die Richtung, die der Kandidat mit seiner Antwort vorgibt. Das ist Chance und Risiko zugleich: Eine Chance ist es, die Prüfung dahin zu lenken, wo man sich auskennt. Und das Risiko besteht darin, durch eine unbedachte Äußerung das Gespräch in eine Richtung zu lenken, in der man „schwimmt".

Ganz wichtig ist es, die gesamte Prüfungsdauer über gedanklich präsent zu bleiben, um jeden dieser Abzweige mitgehen zu können.

Falls Ihnen der Fall eher schwierig erscheint (er ist schwer): Auch der Prüfer weiß, wenn sein Fall eher anspruchsvoll ist. Regelmäßig wird die Notengebung dann entsprechend wohlwollend sein.

F. Prüfungsgespräch: Strafrecht – Straßenverkehrsrecht – Führerschein / Fahrerlaubnis

Schwierigkeitsgrad: gehoben
Themengebiete: Anwendbarkeit des deutschen Strafrechts, Rauschtat, Strafzu-
                        messungsrecht, Führerschein und Fahrerlaubnis
Prüfertyp: Der Dogmatiker / fordert präzises Arbeiten mit und an den Nor-
                        men und genaue Begründungen

> **Fall:** Der österreichische Staatsangehörige A betrinkt sich in Salzburg (BAK 4‰) und fährt an-
> schließend mit dem Auto über die Autobahn A8 nach Deutschland ein. Er gerät hier in eine Poli-
> zeikontrolle, bei der die Alkoholisierung festgestellt wird.

Prüfer: Hat sich A strafbar gemacht?
   A könnte sich eines Vollrauschs gem. § 323a StGB strafbar gemacht haben.[128] Dann
müsste er im Zustand der Schuldunfähigkeit eine Straftat begangen haben. Bei 4 Promille ist unproblematisch vom Zustand der Schuldunfähigkeit auszugehen. A hat
zwar in Österreich getrunken, nachdem er aber in Deutschland gefahren ist, ist die
Anwendung des deutschen Strafrechts unproblematisch.

> **Anmerkung:**
> 1. Mit diesem Ansatz hat der Kandidat alles „kaputt" gemacht, was man so kaputt machen kann.
> Dass dieser Ansatz nicht richtig sein kann, ergibt sich doch schon aus der folgenden Überlegung:
> Ein Prüfungsfall, der durchaus Stoff für eine knappe halbe Stunde gibt, kann nicht in dreißig Se-
> kunden gelöst werden. In einem Prüfungsgesprächs geht es um die Entwicklung einer Problema-
> tik. Hier liegt der Schwerpunkt zu Prüfungsbeginn sicherlich zentral in der Anwendbarkeit des
> deutschen Strafrechts.
>
> 2. **Punkteschmiede:**
> • Zum präsenten Wissen rechnen klassische Aufbaufragen, dh der Prüfungsaufbau des Fahrläs-
>   sigkeitsdelikts, des Versuchs oÄ In der Prüfung hätte der Kandidat herausarbeiten müssen, an
>   welcher Stelle die Rauschtat geprüft wird (nach der Schuld).
> • Im Rahmen der Antworten werden Normen und deren Prüfung erwartet: Vorliegend geht es um
>   die Schuldfähigkeit und daher wäre § 20 StGB zu zitieren und zu prüfen gewesen.
> • Annexfragen: Viele Prüfer greifen die Antworten auf, um fallübergreifend nachzuhaken: Hier
>   würden sich – gerade um Munition für die Notenstufe ausreichend zu haben – die Pro-
>   millewerte anbieten, die zum erwarteten präsenten Wissen im Strafrecht rechnen (0,3 Promille:
>   relative Fahruntüchtigkeit / 0,5 Promille: OWi / 1,1 bzw. 1,6 Promille absolute Fahruntauglich-
>   keit Kraftfahrzeug bzw. Fahrrad / Für die Schuldfähigkeit sind 2 und 3 Promille gerade keine
>   festen Grenzwerte, was auch übersehen wurde!). Für bessere Kandidaten wäre ein Ausflug in
>   die a.l.i.c. möglich!

Prüfer: Was wissen Sie zu dieser Strafnorm?
   Es handelt sich um ein abstraktes Gefährdungsdelikt. Die Voraussetzung der
Rauschtat nennt man objektive Bedingung der Strafbarkeit.

---

[128] In der mündlichen Prüfung können die Lösungen im Gutachtens- oder im Urteilsstil erfolgen.
Aber: Je schneller Sie sich festlegen, desto mehr schränken Sie Ihre Möglichkeiten, zu variieren ein und
begeben sich in einen „Antwortkorridor". Der Rückweg aus solch einem Korridor ist meist schwierig.

Anmerkung:
Dem Prüfer ging es zu schnell. Er muss den Kandidaten erst wieder zurückführen.

Prüfer: Objektive Bedingung der Strafbarkeit: Das will ich genauer wissen: Was ist das. Ist das verfassungsrechtlich zulässig bzw. welche dogmatischen Begründungen gibt es hierfür?

Anmerkung:
- Ziel einer mündlichen Prüfung ist meist ein Rechts**gespräch**[129] mit Diskussionen, damit der Prüfer die argumentativen Fähigkeiten eines Kandidaten bewerten kann. Das bedeutet aber auch, dass ein Fall nicht einfach wegerledigt werden sollte.
- Das muss man wirklich nicht aus dem „effeff" wissen und an dieser Stelle werden mehrere Kandidaten zu Wort kommen. Im Gespräch wird jetzt erwartet, dass sich die Kandidaten in kleinen Schritten vorwärtstasten. Suchen Sie sich einen **Anker**, um Ihre Gedanken zu entwickeln. Häufig können Sie auf die Frage selbst zurückgreifen, hier etwa die Verfassungsmäßigkeit.

Beispiel für mögliche ersten Schritte: *Die verfassungsrechtliche Rechtfertigung von Strafbarkeitsbestimmungen ist sozial schädliches Verhalten unter Strafe zu stellen. Aus dem Rechtsstaatsprinzip folgt aber unmittelbar das Gebot der Normklarheit (dh für den Adressaten müssen Verbote hinreichend verständlich und befolgbar sein) und das Schuldprinzip.*

Sie sehen: Es wird erwartet, dass Sie laut denken! Da diese Frage kein Wissen abprüft, kann nur das juristische Vorgehen bewertet werden[130].

Prüfer: Nun gut: Wie wirkt sich der Umstand aus, dass A Österreicher ist?
Jetzt geht es um die Anwendbarkeit deutschen Strafrechts, die in §§ 3 ff. StGB geregelt ist. Nach dem Grundsatz gilt das sogenannte Territorialitätsprinzip des § 3 StGB, das in §§ 5 ff. StGB erweitert wird, u a um das Weltrechtsprinzip.

Anmerkung:
Auch im Prüfungsgespräch ist Normnähe ein Qualitätsmerkmal der juristischen Arbeitsweise. Natürlich rechnen Einzelheiten nicht zum präsenten Wissen. Es wird erwartet, dass der Kandidat ohne allzu viel Mühe die §§ 3 ff. StGB auffindet. Dann besteht aber ausreichend Zeit, die Normen zu überfliegen und diese im Gespräch zu subsumieren.

Für die Bewertung können Sie sich Pluspunkte verdienen, wenn Sie sicher mit Fachbegriffen umgehen können, dh für die Vorbereitung gilt: Trainieren Sie Ihren **Aktivsprachwortschatz!**

Ich gehe kurz die Erweiterungen durch: Das Weltrechtsprinzip … ist nicht einschlägig. Es verbleibt damit bei dem Grundsatz des § 3 StGB, dh es ist maßgeblich, wo die Tat begangen wurde.

---

[129] Gerade der Gesprächscharakter wird häufig unterschätzt. Dass die Kandidaten Klausurfälle lösen können, haben sie ja in den schriftlichen Prüfungen unter Beweis gestellt.

[130] Weiterführender Hinweis zu dieser Thematik: *Eisele* in Schönke/Schröder Strafgesetzbuch, 30. Aufl. 2019, Vorbemerkung zu den §§ 13 ff., Rn. 124 ff.: „Objektive Bedingungen der Strafbarkeit sind, anders als die bloßen Prozessvoraussetzungen … zwar materielle Strafbarkeitsvoraussetzungen, die iU zu den anderen Deliktsmerkmalen aber für Unrecht und Schuld der Tat ohne Bedeutung sind. … Dogmatische Einordnung: Dass die objektiven Bedingungen der Strafbarkeit keine Merkmale des Unrechtstatbestands sind, entspricht heute der hM. Die umstrittene Frage, ob die objektiven Strafbarkeitsbedingungen mit dem Schuldprinzip zu vereinbaren sind, … sie ist aber auch für diese zu bejahen, wenn man darauf abstellt, dass die Strafbarkeitsbedingungen dort in der Sache Strafeinschränkungsgründe sind, indem sie trotz an sich gegebener Strafwürdigkeit der den vollen Unrechts- und Schuldgehalt aufweisenden Tat die Strafbarkeit noch von zusätzlichen Umständen abhängig machen."

Anmerkung:

1. Erneut gilt hier: Nur wer laut denkt, gibt dem Prüfer Material für die Bewertung.

2. Das Dilemma mit dem **Vorlesen von Normen**: Häufig liest der Prüfling lange Bestimmungen vor und verkennt hierbei, dass durch das Lesen Prüfungszeit verschwendet wird. Zum richtigen Umgang mit dem *Lesen* ein paar Hinweise/Empfehlungen:

- Verschaffen Sie sich Luft, in dem Sie kommunizieren, was Sie gerade tun; so vermeiden Sie unangenehmes Schweigen. Sinnvoll ist daher zB folgender Hinweis (ähnlich wie im obigen Beispiel): *Ich gehe kurz durch die Bestimmung des § 3 StGB … [Schweigen und ggf. Blickkontakt]*[131] *Ah, jetzt habe ich die einschlägige Stelle gefunden!* → So haben Sie die Chance zu denken!
- Zum Vorlesen ist eine Norm wie § 5 StGB[132] ungeeignet. Das Vorlesen ermüdet und kostet nur wertvolle Prüfungszeit.
- Das Vorlesen blockiert regelmäßig das Denken, dh nach dem Vorlesen müssen Sie regelmäßig die Norm nochmals „still durchlaufen", um sie prüfen zu können.
- ABER: Sie können sich zu einer normnahen Prüfung zwingen, indem Sie allein den einschlägigen Satz, die richtige Alternative oder das entscheidende Tatbestandsmerkmal vorlesen. Im obigen Beispiel hätte der Kandidat sinnvoller formuliert: *Nach § 3 StGB gilt das deutsche Strafrecht für Inlandstaten.*

Wo die Tat begangen wurde, ist in § 9 StGB geregelt (Abs. 1 heißt Ubiquitätsprinzip = Handlung oder Erfolg). Die die Strafbarkeit begründende Handlung war das „Sich in Rausch Versetzen" und das erfolgte in Österreich, dh auf die Handlung kann nicht abgestellt werden.

Anmerkung:

Die Normnähe zeichnet die Qualität der Antwort aus, hier das sofortige Zitat des § 9 StGB. Natürlich ist der Fachbegriff des **Ubiquitätsprinzips** nichts, was ein Prüfer erwartet, allenfalls sehr gute Kandidaten werden diesen Begriff kennen und der Begriff war – auch wenn die Prüflinge überdurchschnittlich gut waren – in der „scharfen" Prüfung keinem einzigen Kandidaten bekannt.

Einschlägig kann daher nur der sogenannte Erfolgsort sein. Hier sehe ich jetzt ein Problem, da wir oben ja erarbeitet haben, dass § 323a StGB ein abstraktes Gefährdungsdelikt ist.

---

[131] Nur wenn Sie hier Blickkontakt aufnehmen, wird der Korrektor eingreifen, falls Sie besser eine andere Norm lesen sollten.

[132] § 5 Auslandstaten mit besonderem Inlandsbezug

Das deutsche Strafrecht gilt, unabhängig vom Recht des Tatorts, für folgende Taten, die im Ausland begangen werden:

1. [aufgehoben]
2. Hochverrat (§§ 81 bis 83);
3. Gefährdung des demokratischen Rechtsstaates
   a) in den Fällen der §§ 89, 90a Abs. 1 und des § 90b, wenn der Täter Deutscher ist und seine Lebensgrundlage im räumlichen Geltungsbereich dieses Gesetzes hat, und
   b) in den Fällen der §§ 90 und 90a Abs. 2;
4. Landesverrat und Gefährdung der äußeren Sicherheit (§§ 94 bis 100a);
5. Straftaten gegen die Landesverteidigung
   a) in den Fällen der §§ 109 und 109e bis 109g und
   b) in den Fällen der §§ 109a, 109d und 109h, wenn der Täter Deutscher ist und seine Lebensgrundlage im räumlichen Geltungsbereich dieses Gesetzes hat;
6. Straftaten gegen die persönliche Freiheit …

Anmerkung:
Das ist ein kritischer Punkt in der Prüfung und sollte in Simulationen geübt werden: Sie müssen die zentrale Rechtsfrage herausarbeiten, ohne sich vorschnell festzulegen.

Der Kandidat agiert geschickt: Mit Wendungen wie
- *Hier sehe/habe ich jetzt ein Problem* oder
- *Das scheint mir fragwürdig*

formulieren Sie **ergebnisoffen**. Sobald Sie – hierzu lädt der Urteilsstil ein – ein bestimmtes Ergebnis voranstellen, werden Sie unbewusst versuchen, Ihre erste Einschätzung zu verteidigen!

An dieser Stelle hatte jeder Teilnehmer Gelegenheit zu argumentieren[133].

Zur Diskussion: Die Rechtsprechung nimmt an, dass § 323a StGB einen „Erfolgsort" im Sinn des § 9 StGB kennt. Bedenken Sie obige dogmatische Begründung zur objektiven Bedingung der Strafbarkeit. Fassen Sie insoweit bitte nochmals kurz unser Ergebnis zusammen; kann man diese Ansicht in Zweifel stellen?

Anmerkung:
Das Dilemma mit den **Zwischenergebnissen!**
- Man erlebt häufig, dass Prüfer die Kandidaten ein Zwischenergebnis wiederholen lassen, wenn dieses zentral für die weitere Prüfung ist.
- Prüflinge, die gerade nicht geprüft werden, neigen vielfach dazu – ein gravierender Fehler – sich gedanklich in einer Scheinprüfungswelt zu verlieren, nach dem Motto: „Wenn A gerade den Diebstahl prüft, werden von mir Ausführungen zum Raub erwartet!" Die mündliche Prüfung ist (auch) deswegen so anstrengend, weil Sie über mehrere Stunden hochkonzentriert und präsent sein müssen.
- Richtig: Wenn Sie einen guten Gedankenblitz haben, notieren Sie sich diesen, kehre aber sofort ins Prüfungsgespräch zurück.
- Wenn Sie gerade nicht geprüft werden, beobachten Sie auch kurz die Mitglieder der Prüfungskommission und nehmen deren Körpersprache wahr; es lässt sich verblüffend viel ablesen.

Es geht um die Frage, ob eine objektive **Beschränkung** einer Straftat einen Erfolgsort begründen kann. Der Gesetzgeber hat zunächst (= objektiver Tatbestand) JEDE Berauschung unter Strafe gestellt, die Strafbarkeit dann aber wieder beschränkt auf die Fälle, bei denen tatsächlich eine Rauschtat begangen wurde. Mit dieser Beschränkung werden nun die meisten Fälle der Berauschung als tatbestandsmäßiges Verhalten wieder aus der Strafbarkeit entlassen, um, dem Strafzweck entsprechend, nur sozial schädliches Verhalten unter Strafe zu stellen.

Stellt man auf das „Entlassen" ab, ist eine Subsumtion unter § 9 StGB kaum gerechtfertigt, anders wenn man auf eine aktive „Beschränkung" abstellt.

---

[133] Weiterführender Hinweis, BGH NStZ 2015, 81: a) Das abstrakte Gefährdungsdelikt des § 86a StGB (…) umschreibt keinen zum Tatbestand gehörenden Erfolg, so dass eine Inlandstat über § 9 StGB nicht begründet werden kann. Selbst wenn man der Ansicht zustimmen wollte, dass die Frage nach dem Erfolgsort im Sinne des § 9 Absatz 1 StGB normspezifisch am Schutzzweck der jeweiligen Strafvorschrift ausgerichtet werden muss (so BGH zur objektiven Bedingung der Strafbarkeit des abstrakten Gefährdungsdelikts des § 323a StGB), die Regelung mithin nicht nur auf Erfolgsdelikte im Sinne der allgemeinen Deliktslehre abstellt, ist jedenfalls an dem Ort, an dem die hervorgerufene abstrakte Gefahr in eine konkrete umgeschlagen ist oder gar nur umschlagen kann, kein zum Tatbestand gehörender Erfolg eingetreten (…). Dieser muss vielmehr in einer von der tatbestandsmäßigen Handlung räumlich und/oder zeitlich abtrennbaren Außenweltveränderung bestehen.

> **Anmerkung:**
> - Sie sehen: Nur wer **laut denkt**, zeigt, dass er in der Lage ist, die zentrale Schwierigkeit eines Falles auf den Punkt zu bringen. Die genaue Herausarbeitung des Problems wird Ihnen Punkte bringen, nicht das Behaupten einer Lösung.
> - Das ist die sogenannte **Gretchenfrage**. Erst an dieser Stelle gilt der Grundsatz: Die Lösung ist für die Bewertung von juristischen Fähigkeiten *Nebensache*, da die Lösung eine WERTUNGS-FRAGE ist. Aber: Der Weg bis dorthin ist streng dogmatisch und eindeutig. Die Kandidaten verkennen das häufig und beginnen viel zu früh mit dem Argumentieren.
> - Das ist schwere Kost. Bedenken Sie aber bitte: Eine „faire" Prüfung zeichnet sich dadurch aus, dass für jede Notenstufe etwas dabei ist, also auch für die Notenstufe *gut* und *sehr gut*.

Prüfer: Hat sich A jetzt strafbar gemacht?

Nachdem wir davon ausgehen, dass das deutsche Strafrecht anwendbar ist, gehe ich genauer auf § 323a StGB ein:

Der objektive Tatbestand ist erfüllt: A hat sich durch alkoholische Getränke in einen Rausch versetzt. Hierunter versteht man einen Zustand der Enthemmung, der sich in dem für das jeweilige Rauschmittel typischen, die psychischen Fähigkeiten durch Intoxikation beeinträchtigenden Erscheinungsbild widerspiegelt (…).

> **Anmerkung:**
> Denken Sie daran: Punkt – Pause – Blickkontakt!

Dabei ist nicht erforderlich, dass der Zustand des Täters allein durch das Rauschmittel herbeigeführt wurde. Allerdings muss der Zustand des Täters nach seinem ganzen Erscheinungsbild als durch den Genuss von Rauschmitteln hervorgerufen anzusehen sein (…). Es handelt sich um einen Zustand, in dem sich die Wirkungen eines Rauschmittels derart entfalten, dass die Fähigkeit, das eigene Verhalten an rechtlichen Verhaltensnormen zu orientieren, beeinträchtigt ist.[134]

Der Rausch ist nach dem Tatbestand, wenn auch eine gewisse Wechselwirkung besteht, nicht gleichzusetzen mit den §§ 20, 21 StGB, da der Rausch für eine Verurteilung feststehen muss, die Schuldunfähigkeit hingegen nicht, was Bedeutung erlangt bei dem Grundsatz in dubio pro reo.

> **Anmerkung:**
> 1. Im Gegensatz zum Prüfungseinstieg sind die Ausführungen gelungen, da der Kandidat nicht mehr die Frage beantwortet (unglücklich wäre die Antwort *Ja, er hat sich strafbar gemacht*), sondern die Frage zutreffend als Aufforderung zum Prüfen verstanden hat.
>
> 2. Die zentralen Definition – das sind nicht so viele – müssen für die mündliche Prüfung wiederholt werden. So erwarten die Prüfer zumindest die gängigen Definitionen zu
> - Delikte gegen die Person: §§ 223, 224, 212, 211 StGB;
> - Delikte gegen das Vermögen: §§ 242, 246, 249, 263, 267 StGB;
> - Straßenverkehrsdelikte: §§ 142, 315 ff., 316 StGB;
> - Klausurklassische weitere Normen des StGB: §§ 30, 113, 185, 303 StGB und die Brandstiftungsdelikte.

Prüfer: Und was gilt nun hier im Fall?

Bei einer Alkoholisierung von 4 Promille bestehen grundsätzlich keine Zweifel, dass ein Rausch vorlag. Der subjektive Tatbestand wird indiziert und nach Abs. 1 ist zur

---

[134] BeckOK StGB/*Dallmeyer*, 47. Ed. 1.8.2020, StGB § 323a Rn. 4.

Verwirklichung des subjektiven Tatbestands *Fahrlässigkeit* ausreichend. Ich gehe von Vorsatz aus, da 4 Promille den Konsum einer ganz erheblichen Menge Alkohol erfordert und in einem solchen Fall zumindest der dolus eventualis greift. Für die *Schuld* stellt man auf das In-Versetzen des Rausches ab und zu diesem Zeitpunkt gibt es keine Anhaltspunkte dafür, dass die Schuldfähigkeit des A nicht gegeben war.

Weiter ist als objektive Bedingung der Strafbarkeit erforderlich, dass eine *Rauschtat* begangen wurde. Hierunter versteht man eine rechtswidrige Tat, deretwegen der Täter nicht bestraft werden kann, weil er infolge des Rausches schuldunfähig war oder weil dies nicht auszuschließen war.

> **Anmerkung:**
> Hier zeigt der Prüfling mit wenigen Worten gutes Wissen. Deshalb sollten in der mündlichen Prüfung zumindest Standarddefinitionen sicher beherrscht werden.

Vorliegend hat A rechtswidrig den Tatbestand der Trunkenheit im Verkehr (§ 316 StGB) erfüllt: Ich beginne mit dem objektiven Tatbestand. *[Punkt – Pause – Blickkontakt zum Prüfer]*

A hat im *Verkehr* bei der Einreise mit dem Pkw nach Deutschland ein *Fahrzeug geführt*, obwohl er infolge des Genusses alkoholischer Getränke nicht in der Lage war, das Fahrzeug sicher zu führen. A war mit 1,1 Promille absolut fahruntüchtig, so dass die Voraussetzungen nach der Rechtsprechung als gegeben anzunehmen sind. Bei § 316 StGB handelt es sich um ein abstraktes Gefährdungsdelikt, so dass ein Unfall oder ein Beinahe-Unfall (Abgrenzung zu § 315c StGB) gerade nicht erforderlich sind.

> **Anmerkung:**
> Denken Sie daran: Punkt – Pause – Blickkontakt zu den Prüfern! Die Rückversicherung beim Prüfer ist für den Prüfling hier auch eine schöne Bestärkung, dass er auf dem richtigen Weg ist und hoch punkten wird.

Auch der subjektive Tatbestand ist erfüllt: Die Rechtsprechung nimmt, auch bei hohen Alkoholkonzentrationen, nur zurückhaltend ein vorsätzliches Verhalten an. Verursacht der Täter allerdings beispielsweise einen Unfall und flieht von der Unfallstelle, dann wirkt der Unfall wie eine Zäsur. Daher ist die Vermutung gerechtfertigt, dass dem Täter bewusst wurde, dass er alkoholbedingt fahruntauglich ist; die *Fortsetzung* der Fahrt stellt daher regelmäßig eine vorsätzliche Trunkenheit im Verkehr dar. Das kann offenbleiben, da A jedenfalls fahrlässig gehandelt hat. Eine Bestrafung wegen § 316 StGB ist ausgeschlossen, da bei 4 Promille jedenfalls von Schuldunfähigkeit (*in dubio pro reo*) auszugehen ist. Die Rechtsprechung wertet eine Alkoholisierung ab etwa 3 Promille als entsprechendes Indiz. Je weiter die Grenze überschritten ist, desto weniger ist für einen Nachweis der Schuldunfähigkeit erforderlich.

> **Anmerkung:**
> Auch in der mündlichen Prüfung wird eine methodisch strukturierte Prüfung erwartet. Das Prüfungsschema eines Vorsatzdelikts lautet: Tatbestandsmäßigkeit (objektiv/subjektiv) – Rechtswidrigkeit – Verschulden. Anders als bei der schriftlichen Lösung können Sie natürlich im Prüfungsgespräch nicht auf eine Gliederung zurückgreifen, um dem Prüfer zu zeigen, dass Sie den Aufbau beherrschen. Daher müssen Sie im Prüfungsgespräch den Aufbau entsprechend verbalisieren!
>
> Wie im schriftlichen Examen gilt auch hier: Selbstverständlichkeiten müssen nicht ausdrücklich erwähnt werden, zB die Rechtswidrigkeit oder die Schuld, wenn keine Besonderheiten vorliegen.

Prüfer: Sie haben – das ist an dieser Stelle nicht falsch – angenommen, dass A vorsätzlich gehandelt hat. Hat dieser Gesichtspunkt noch Bedeutung?
Das wirkt sich auf die spätere Strafzumessung aus, da ein vorsätzliches Handeln härter sanktioniert wird als ein fahrlässiges Handeln.

> **Anmerkung:**
> Die Antwort ist allenfalls zulässig, wenn der Prüfer am Ende des Falles ist und nur noch eine Abrundung wünscht. ABER: Punkte verdienen Sie sich durch ein juristisches Arbeiten und das kostet nicht so viel mehr Zeit. Besser daher: *Für die Strafzumessung nach § 46 StGB sind nach Abs. 2 S. 2 insbesondere maßgeblich die Beweggründe und die Ziele des Täters sowie der bei der Tat aufgewendete Wille. Damit wird vorsätzliches Verhalten regelmäßig stärker sanktioniert als eine fahrlässige Begehungsweise.*

Prüfer: Ist das unproblematisch?
Das ist nicht unproblematisch und war an anderer Stelle Gegenstand von jüngeren BGH-Entscheidungen. Einschlägig ist das sogenannte *Doppelverwertungsverbot* des § 46 Abs. 3 StGB.

Nach dieser Vorschrift dürfen Umstände, die schon Merkmale des gesetzlichen Tatbestandes sind, bei der Strafzumessung nicht berücksichtigt werden. Hieraus leitet zumindest die verfassungsrechtliche Rechtsprechung ab, dass der Wille des Gesetzgebers, der mehrere Varianten tatbestandlich zusammengefasst hat, diese normativ gleichgestellt hat. Das ist grundsätzlich hinzunehmen und dem Gesetzgeber kommt insoweit ein Gestaltungsspielraum zu.

Die Rechtsprechung geht allerdings davon aus, dass bei *„evidenter Diskrepanz in der Unrechtswertigkeit zwischen den Tatbestandsvarianten"*[135] das Doppelverwertungsverbot teleologisch reduziert werden kann. Dann ist eine Berücksichtigung bei der Strafzumessung möglich.

Im vorliegenden Fall hat der Gesetzgeber den fahrlässigen und den vorsätzlichen Vollrausch jeweils in Abs. 1 des § 323a StGB unter Strafe gestellt. Damit würde eine unterschiedliche Sanktionierung grundsätzlich nicht in Betracht kommen. Die Rechtsprechung nimmt aber im Verhältnis „Fahrlässigkeit – Vorsatz" eine solche evidente Diskrepanz an. Das ist ohne weiteres nachvollziehbar, da nach § 46 Abs. 1 StGB die Schuld des Täters für die Strafzumessung Grundlage ist und insoweit der Gesetzgeber in Abs. 2 S. 2 deutlich gemacht hat, dass der subjektiven Komponente eine zentrale Rolle zukommt.

> **Anmerkung:**
> Lassen Sie sich nicht verunsichern: Die letzte (und die kommende) Frage haben einen hohen Schwierigkeitsgrad und der Kandidat „kämpft" bereits in der Notenstufe „gut".

Prüfer: Sie erwähnten insoweit neuere Rechtsprechung. Können Sie das präzisieren?
Das waren Entscheidungen im Zusammenhang mit dem Tötungsvorsatz. Im Kern ging es darum, dass die Rechtsprechung mildernd berücksichtigt hat, wenn ein Täter „nur" mit dolus eventualis gehandelt hat. Eine weitere Differenzierung bei den Vorsatzformen – direkter Vorsatz und Absicht – wurde bisher abgelehnt und insoweit das Doppelverwertungsverbot als einschlägig erachtet.

Letzteres hat der BGH aufgegeben; nunmehr wird angenommen, dass ein *absichtliches* Handeln durchaus zu Lasten des Täters berücksichtigt werden kann.

---

[135] BeckOK StGB/*Heintschel-Heinegg*, 47. Ed. 1.8.2020, StGB § 46 Rn. 130.

Anmerkung:
Näheres wird in der mündlichen Prüfung nicht erwartet; Rechtsprechungsentwicklungen sollte ein Referendar aber durchaus aufmerksam verfolgen. So erwartet man von einem Prüfling, dass zumindest die neuere Rechtsprechung des Großen Senats – die Entscheidungen sind überschaubar – gekannt werden. Hier bietet sich in den EDV-Datenbanken (zB beck-online) die Suche mit folgendem Suchparameter an: *GSSt* [Aktenzeichen für Großer Senat in Strafsachen], wobei der Suchbegriff unter *Detailsuche* im Feld *Aktenzeichen* eingegeben werden muss und die Suche auf den *Bundesgerichtshof* begrenzt werden sollte. Lassen Sie die Suchergebnisse dann nach *Datum* und nicht nach *Relevanz* sortieren.

Mit dem Suchbegriff *ARs* [Allgemeines Register in Strafsachen; im Feld Aktenzeichen] finden Sie aktuelle rechtspolitische Strömungen des BGH: Unter diesem Aktenzeichen werden Anfragebeschlüsse geführt, ob eine bestimmte Rechtsprechung aufgegeben wird oder ob eine Vorlage an den Großen Senat erforderlich ist.

Bei der oben genannten Strafzumessungsproblematik kam es nicht zur Vorlage an den Großen Senat, da sich die anderen Senate der Rechtsansicht des anfragenden[136] 2. Strafsenats angeschlossen haben.[137]

Prüfer: Was machen wir mit dem Führerschein?
Der Führerschein kann beschlagnahmt werden (§ 94 Abs. 3 StPO).

Prüfer: Zu welchem Zweck?
Der Beschlagnahmezweck nach § 94 StGB ist eigentlich die Beweismittelsicherung; eine solche macht bei dem Führerschein aber keinen Sinn, da die Urkunde für den Tatnachweis nicht benötigt wird.

Der Zweck ergibt sich unmittelbar aus der mit § 94 Abs. 3 StPO zusammenhängenden Vorschrift des § 111a StPO, dem vorläufigen Entzug einer Fahrerlaubnis. Der Zusammenhang beider Vorschriften ergibt sich ua aus § 111a Abs. 4 StPO, der lex specialis zu § 98 StPO ist und der die Bestätigung der Beschlagnahme regelt.

§ 111a StPO ist dogmatisch gesehen ein Fremdkörper in der StPO, da der Gesetzgeber an dieser Stelle präventive Ziele verfolgt. Bestehen dringende Gründe, dass die Fahrerlaubnis entzogen werden wird, bedeutet das, dass der Beschuldigte nicht geeignet zum Führen von Kraftfahrzeugen ist und von ihm als Verkehrsteilnehmer eine Gefahr für Leib und Leben anderer Verkehrsteilnehmer ausgeht.

Prüfer: Kann auch ein österreichischer Führerschein beschlagnahmt werden?
Ja, das stellt § 111a Abs. 3, 6 StPO zum Zwecke der Eintragung eines Entzugs klar.

---

[136] Der Leitsatz des Anfragebeschlusses (BGH NStZ 2017, 216) lautet: *1. Der 2. Strafsenat des Bundesgerichtshofs erachtet die Tötungsabsicht als einen legitimen Strafschärfungsgrund, weil in dieser Form des Vorsatzes grundsätzlich gesteigertes Handlungsunrecht zu Tage tritt. 2. Die strafschärfende Berücksichtigung von Tötungsabsicht verstößt nicht gegen das Doppelverwertungsverbot aus § 46 III StGB. (Ls d. Schriftltg.).*
[137] Der Leitsatz der dann folgenden Sachentscheidung (BGH NStZ 2018, 533) lautet: *1. Die Tötungsabsicht kann strafschärfend berücksichtigt werden. Die Frage, ob in der festgestellten Tötungsabsicht ein die Strafhöhe beeinflussender, bestimmender Strafschärfungsgrund zu sehen ist, kann aber nur unter Berücksichtigung der Umstände des jeweiligen Einzelfalls getroffen werden. Die Entscheidung hierüber obliegt dem Tatrichter, der hier – wie stets im Rahmen der Strafzumessung – gehalten ist, gegenläufig wirkende strafmildernde Umstände im konkreten Einzelfall zu berücksichtigen. 2. Die strafschärfende Berücksichtigung von Tötungsabsicht verstößt grundsätzlich nicht gegen das Verbot der Doppelverwertung von Tatbestandsmerkmalen (§ 46 III StGB). Mit der Tötungsabsicht verbindet sich regelmäßig – ergibt sich nicht aus gegenläufig zu gewichtenden Umständen eine andere Beurteilung des Handlungsunrechts – eine erhöhte Tatschuld des absichtsvoll Tötenden. (Leitsatz der Schriftltg.).*

Prüfer: Im Urteil?
  § 69b StGB.

Anmerkung:
Das waren einige mögliche **Annexfragen**. Der sichere Umgang mit **Führerschein** und **Fahrerlaubnis** rechnet zum präsenten Standardwissen. Immer wieder stellt man hier dogmatische und semantische Unsicherheiten im Umgang mit dem StGB und der StPO fest, daher zur Erinnerung: Die Rechtsfolgen einer Tat, dh Strafe, Maßregeln der Besserung und Sicherung usw sind im StGB normiert und stehen allein dem Richter im Rahmen der Verurteilung zu (Merkregel: Urteil = StGB). Im Ermittlungsverfahren sind die Befugnisse der Strafverfolgungsbehörden geregelt (Merkregel: Staatsanwalt = StPO). Auch wenn die StPO häufig auf das StGB verweist, müssen Sie zunächst die Brückennorm aufspüren (s.u.).

Die **Annexfragen** sind regelmäßig abhängig vom Niveau der Kandidaten und Prüfer suchen durchaus nach Möglichkeiten, weitere Pluspunkte für die Kandidaten zu sammeln. Die angeführten Annexfragen waren eher für Kandidaten aus dem Notenbereich vollbefriedigend.

Weitere mögliche, leichtere klassische Annexfragen wären:
• Welche Verdachtsgrade kennt die StPO?
• Definieren Sie die unterschiedlichen Verdachtsgrade und nennen Sie Normbeispiele hierfür.

Viele Prüfer greifen die Antworten der Kandidaten auf (die Prüfer gehen mit den Kandidaten mit), so dass Sie durchaus bestimmte Nachfragen „provozieren" können! Das ist problematisch, da Kandidaten dazu neigen, „Bauchantworten" zu geben. Haben Sie im obigen Beispiel entdeckt, welche Nachfrage provoziert wird?

Nachfrage zu § 111a StPO: Nennen Sie klassische weitere präventive Maßnahmen[138]!

Prüfer: Kann ich den Führerschein beschlagnahmen?
  Das Problem ist, dass die Beschlagnahme (§ 94 Abs. 3 StPO) zum Zweck der vorläufigen Entziehung (§ 111a StPO) erfolgt. Diese setzt aber voraus, dass dringende Gründe für einen späteren Entzug der Fahrerlaubnis gemäß § 69 StGB bestehen.

Anmerkung:
Für den Staatsanwalt beginnt die Reise in der StPO: Über § 94 StPO kommt man zu § 111a StPO und das ist die **Brückenvorschrift** zu den §§ 69 ff. StGB! Geht der Kandidat gleich zum StGB, ist das ein schwerer methodischer Mangel.

Prüfer: Liegen die Voraussetzungen vor?
  § 323a ist in § 69 StGB genannt (sogenannte Regelvermutung).

Prüfer: Könnte man hier auch auf einen Entzug verzichten? Gibt es eine Alternative?
  Ja, die Nebenstrafe des Fahrverbots; für Ausländer: vgl. § 44 Abs. 2 S. 4 StGB.

Anmerkung:
Hier soll wieder eine Diskussion angestachelt werden: Die dort genannten Regelbeispiele sind Klassiker, bei denen die Ungeeignetheit aus der Deliktsbegehung folgt. Bei § 323a ist das problematischer! Der Kandidat ist auf den Prüferhinweis nicht eingegangen.

In der Prüfung gilt: Lassen Sie sich lenken!

---

[138] Weitere präventive Maßnahmen der StPO sind zB die retrograde DNA Erfassung oder der Haftbefehl, der sich auf den Haftgrund der Wiederholungsgefahr stützt.

Prüfer: Was ist Folge der Beschlagnahme?

Ein künftiges Fahren erfüllt den Straftatbestand des Fahrens ohne Fahrerlaubnis (§ 21 StVG), wobei schon die Beschlagnahme ausreichend ist, um späteres Fahren zu verbieten, auch wenn die Fahrerlaubnis hiervon eigentlich nicht berührt ist.

Anmerkung:
Die Beantwortung dieser Frage geht häufig schief und illustriert schön die Gefahr juristischer Prüfungsgespräche. Die wohl häufigste Antwort ist: *Dann darf der Betroffene nicht mehr Auto fahren.*

Und schon nimmt die Prüfung einen gefährlichen Lauf. Die Antwort ist keine juristische. Es wird irgendein Ergebnis behauptet, es fehlen Normen und der Prüfer wird nachhaken. Ein Nachhaken kann zB die Frage betreffen, ob A bei Beschlagnahme des Führerscheins noch über eine Fahrerlaubnis verfügt? Ob nicht die Fahrerlaubnis maßgeblich ist für das „Fahren dürfen"? Ab einem solchen Zeitpunkt fühlt sich mancher Kandidat allerdings in die „Enge" getrieben und versucht, „sich zu wehren", was die Prüfungsstimmung insgesamt verschlechtert.

Wie oben empfohlen: Unsicherheiten dürfen nicht einfach als Ergebnisbehauptung verbalisiert werden. Vielmehr – und das funktioniert immer – müssen Sie laut denkend methodisch vorgehen. Das kann dann hier so aussehen:
Ich suche eine Rechtsgrundlage, die die Konsequenzen regelt, wenn A weiter Auto fährt, obwohl der Führerschein beschlagnahmt wurde. Als erstes schaue ich direkt in der Befugnisnorm, dh §§ 94, 111a StPO ... [leises Lesen]. Das Ganze ist letztlich eine straßenverkehrsrechtliche Fragestellung. Dh ich würde jetzt in den entsprechenden Vorschriften der StVG bzw. der StVO blättern. Soll ich dort weitersuchen [Blickkontakt zum Prüfer]?

An der Stelle wird sich der Prüfer auf seinem Prüfungsbogen notieren: *Fahren ohne Fahrerlaubnis nicht gekannt; methodisch richtiger Umgang mit unbekannter Materie; hätte Norm bei mehr Zeit gefunden* und schon haben Sie bei dieser Frage, die Sie nicht beantworten konnten, nicht verloren, sondern sogar gepunktet!

Prüfer: Wer ist für die Beschlagnahme zuständig?

Das ist bei Führerscheinen durchaus problematisch. Grundsätzlich regelt § 98 StPO die Zuständigkeit für Beschlagnahmeakte und hier greift der Richtervorbehalt. Die Polizei – wie in unserem Beispielsfall – wäre nur bei Gefahr im Verzug zuständig.

Anmerkung:
Denken Sie daran: Punkt – Pause – Blickkontakt!

Für die Beschlagnahme von Führerscheinen gilt anderes: Hier ersetzt § 111a StPO den § 98 Abs. 1 StPO und eine Beschlagnahme eines Führerscheins ist lediglich Folge der vorläufigen Entziehung der Fahrerlaubnis, dh eine isolierte „richterliche Beschlagnahmeentscheidung" gibt es nicht. *[Punkt – Pause – Blick zum Prüfer]*

Allerdings geht der Gesetzgeber davon aus, dass eine Beschlagnahme durch Polizei und Staatsanwaltschaft noch möglich sein muss, andernfalls die Regelung in § 111a Abs. 4 StPO keinen Sinn machen würde. Nach Abs. 4 kann das Gericht durch die vorläufige Entziehung auch einen vorangegangenen Beschlagnahmeakt bestätigen. Dann muss auch ein solcher zulässig sein. Das heißt, § 98 Abs. 1 StPO wurde nur hinsichtlich der Zuständigkeit des Gerichts durch die spezielle Vorschrift des § 111a Abs. 1 S. 1 StPO ersetzt[139].

---

[139] MüKoStPO/*Hauschild* § 94 Rn. 42.

Prüfer: Liegt denn eine Gefahr im Verzug Situation vor?

Das ist unproblematisch, da andernfalls der Täter quasi davonfahren könnte!

> **Anmerkung:**
> Auch hier erfolgte vom Kandidaten eine unjuristische Spontanantwort; das bringt keine Punkte!

Prüfer: Geht das genauer?

Gefahr im Verzug liegt vor, wenn durch ein Zuwarten der Entscheidung bis zur Erreichbarkeit eines Richters die Gefahr des Beweismittelverlusts oder der Beweismittelverschlechterung droht.

Das passt aber nicht, mal überlegen: Der Führerschein soll zu präventiven Zwecken beschlagnahmt werden. Damit muss ich den Prüfungsmaßstab entsprechend anpassen: Gefahr im Verzug läge demnach vor, wenn durch ein Zuwarten der Entscheidung bis zur Erreichbarkeit eines Richters eine Gefahr für die Allgemeinheit droht, weil ja diese verhindert werden soll. Das wird zu bejahen sein, da weitere alkoholbedingte Fahrten ab sofort verhindert werden müssen.

Prüfer: Wie geht es dann weiter?

Das hängt davon ab, ob A den Führerschein freiwillig aushändigt, was als *Sicherstellung* gilt oder ob der Führerschein gegen den Willen des A weggenommen, also *beschlagnahmt* wird.

Nachdem § 98 Abs. 1 StPO für die Polizei und Staatsanwaltschaft bei Gefahr im Verzug anwendbar ist, greift bei entsprechenden Maßnahmen § 98 Abs. 2 S. 1 StPO iVm § 111a Abs. 4 StPO und eine richterliche Bestätigung in Form der vorläufigen Entziehung der Fahrerlaubnis nach § 111a StPO ist nur erforderlich, wenn der Führerschein beschlagnahmt wurde. Im Fall der Sicherstellung ist nichts weiter veranlasst.

Prüfer: Wer ist für die richterliche Entscheidung zuständig?

Die Zuständigkeit des Gerichts ist nicht unmittelbar in § 111a StPO geregelt, anders als in § 98 StPO der in Abs. 2 S. 3 auf § 162 StPO verweist, was aber eigentlich überflüssig ist: Im Ermittlungsverfahren ist – bis auf wenige Ausnahmen – der Ermittlungsrichter zuständig, der in § 162 StPO geregelt ist:

Ermittlungsrichter ist der Richter des Amtsgerichts, in dessen Bezirk die ihren Antrag stellende Staatsanwaltschaft ihren Sitz hat. Zuständige Staatsanwaltschaft ist – die Tat ereignete sich beim Grenzübertritt von Salzburg aus kommend – die Staatsanwaltschaft Traunstein. Der zuständige Ermittlungsrichter ist daher ein Richter des Amtsgerichts Traunstein.

> **Anmerkung:**
> Die Zuständigkeiten müssen in der mündlichen Prüfung beherrscht werden, hier also die Kenntnis des § 162 StPO. Dass die Staatsanwaltschaft Traunstein örtlich zuständig ist, müssen allenfalls die Kandidaten wissen, die das Referendariat im südlichen Oberbayern absolviert haben.

G. Prüfungsgespräch: Strafprozessrecht – Strafbefehlsverfahren / Rechtsmittel

Schwierigkeitsgrad:	leicht bis mittel (in Einzelfragen für gute Prüflinge: sehr hoch)
Themengebiete:	Strafbefehlsverfahren, Verfahrenshindernis, Zuständigkeitsfragen, Adhäsionsverfahren
Prüfertyp:	Annexfrager: Nimmt den Fall lediglich als Rahmen

> **Fall:** Der Arzt A behandelt schwer drogenabhängige Patienten mit einer in Deutschland nicht zulässigen Heilbehandlungsmethode, dem sogenannten „Turboentzug". P verstirbt, weil er vor der Behandlung als Abschiedsgeschenk einen Cocktail unterschiedlichster Betäubungsmittel eingenommen hatte und dieser mit der Anästhesie eine tödliche Wechselwirkung hatte.

Prüfer: Welche Straftatbestände kommen in Betracht?

Fahrlässige Tötung (§ 222 StGB), fahrlässige Körperverletzung (§ 229 StGB), Körperverletzungsdelikte bis hin zur Körperverletzung mit Todesfolge (§ 227 StGB) und – aber nur vollständigkeitshalber – die Kapitaldelikte Totschlag (§ 212 StGB) bzw. Mord (§ 211 StGB).

> **Anmerkung:**
> Eine klassische Einstiegsfrage. Ziel Ihrer schnellen Antwort muss sein, zügig das Prüfungsthema zu erreichen. Die Antwort ist sehr gut, da der Kandidat bereits vernünftig sortiert und fernliegende Delikte kenntlich macht. Zudem: Eine juristische Prüfung erfordert die Angabe von Normen. „Gefährlich" ist allenfalls der Hinweis auf „Kapital"- delikte, da – je nach Prüfertyp – durchaus folgende Nachfrage provoziert wird:
>
> **Prüfer: Warum werden Totschlag und Mord Kapitaldelikte genannt?**
> Hätten Sie die Antwort gewusst? Die Bezeichnung leitet sich vom lateinischen capitalis/caput (= Haupt, Kopf) ab. So wurden Verbrechen bezeichnet, die den Kopf kosten konnten (= Dekapitation, dh Enthauptung).

Fortsetzung: Ich würde zunächst mit der Prüfung der fahrlässigen Tötung beginnen.

> **Anmerkung:**
> Das bietet sich in vielen Prüfungssituationen an. Es ist unklar, welche Richtung die Prüfung nehmen wird. Um ein unangenehmes Schweigen zu verhindern, aber auch um nicht wertvolle Prüfungszeit zu vergeuden, spielen Sie mit der Wendung *Ich würde zunächst ... prüfen* den Ball zum Prüfer zurück.
>
> Sollte keine unmittelbare Reaktion erfolgen, gilt: Machen Sie eine kurze Pause und stellen Sie Blickkontakt her, bevor Sie weiterprüfen, um dem Prüfer die Gelegenheit zum Intervenieren zu geben.

Prüfer: Wie prüfen Sie die fahrlässige Tötung?

Zur Tatbestandsmäßigkeit rechnet der Eintritt des tatbestandlichen Erfolgs, eine hierfür kausale Handlung des Täters, objektive Sorgfaltspflichtverletzung, Voraussehbarkeit und Zurechnung des Erfolgs. Bei der Schuld steht neben den klassischen Prüfungspunkten zusätzlich die subjektive Vorwerfbarkeit, dh die subjektive Sorgfaltspflichtverletzung bei subjektiver Vorhersehbarkeit.

Anmerkung:
1. Auch hier gilt wieder: Legen Sie eine kurze Gesprächspause ein, um dem Prüfer die Möglichkeit zu geben, ggf. den weiteren Verlauf der Prüfung zu bestimmen.

2. Auch in der mündlichen Prüfung wird eine methodisch strukturierte Prüfung erwartet. Das Prüfungsschema eines Fahrlässigkeitsdelikt muss sitzen (vgl. obige Antwort)[140]. Anders als bei der schriftlichen Lösung können Sie natürlich im Prüfungsgespräch nicht auf eine Gliederung zurückgreifen, um dem Prüfer zu zeigen, dass Sie den Aufbau beherrschen. Daher müssen Sie im Prüfungsgespräch den Aufbau entsprechend verbalisieren!

Weiterführender Hinweis:
In mündlichen Prüfungen geht es vielfach um *Versuch* und *Rücktritt*. Um Punkte einzusammeln, wird erwartet, dass das Prüfungsschema durch Obersätze deutlich wird. Zum Beispiel wie folgt:
- Versuch: *Die Tat wurde nicht vollendet / Der Versuch ist strafbar / Der Täter hatte Tatentschluss / Zur Tatbegehung wurde unmittelbar angesetzt* usw.
- Rücktritt: *Der Versuch ist nicht fehlgeschlagen / Es liegt kein beendeter, vielmehr ein unbeendeter Versuch vor / Die Voraussetzungen für einen Rücktritt vom unbeendeten Versuch sind ...*

Fallfortsetzung: Stellen wir die materiellrechtliche Strafbarkeitsproblematik zurück; ich möchte zunächst prozessuale Fragestellungen mit Ihnen diskutieren. Unterstellt, die Staatsanwaltschaft erachtet die Ermittlungen für ausreichend und kommt zum Ergebnis, der Arzt hätte sich wegen fahrlässiger Tötung strafbar gemacht.

Anmerkung:
Der Prüfer hat offensichtlich eine prozessrechtliche Prüfung vorbereitet. Lassen Sie sich an dieser Stelle leiten!

Prüfer: Wie werden die Ermittlungen beendet?

Die Ermittlungen werden nur dann als abgeschlossen vermerkt, wenn die Staatsanwaltschaft erwägt, die öffentliche Klage zu erheben. Das ist im § 169a StPO geregelt.

Prüfer: Gibt es auch eine Bestimmung über den Beginn der Ermittlungen?

Das ist in § 152 Abs. 2 StPO geregelt, wonach die Staatsanwaltschaft ermitteln muss, wenn ein Anfangsverdacht besteht, dass eine verfolgbare Straftat verwirklicht wurde.

Anmerkung:
Der Trick ist, wie bei schriftlichen Examensklausuren, „Bauchjuristerei" zu vermeiden. Das gelingt nur durch einen möglichst frühen Normbezug der Prüfung und/oder die Erarbeitung des Prüfungsmaßstabs. Es ist die Kunst der Prüfungskandidaten, die eigentliche Frage herauszufinden, da ein Prüfungsgespräch keine geschlossenen Fragen verträgt.

Ein guter Prüfling hätte noch Bezug zum konkreten Sachverhalt herstellen müssen:
Da A offensichtlich eines unnatürlichen Todes gestorben ist, wird unabhängig von einem Anfangsverdacht nach § 159 Abs. 1 StPO ein sogenanntes Todesermittlungsverfahren[141], dh eine Leichensache, eingeleitet.

---

[140] Wie im schriftlichen Examen gilt auch hier: Selbstverständlichkeiten müssen nicht ausdrücklich erwähnt werden, zB die Rechtswidrigkeit oder die Schuld, wenn keine Besonderheiten vorliegen.
[141] Dogmatisch handelt es sich bei § 159 StPO um einen Auslöser für strafprozessuale Vorermittlungen zur Vermeidung eines Beweismittelverlustes (*Zöller* in Gercke/Julius/Temming/Zöller, Strafprozessordnung, Herausgeber: Gercke/Julius/Temming/Zöller, 6. Aufl. 2019, § 159 Rn. 1).

Prüfer: Fällt Ihnen in diesem Zusammenhang – Beginn und Ende des Ermittlungsverfahrens – noch etwas ein, wollen sie etwas ergänzen?

> **Anmerkung:**
> Der Prüfer hätte sich hier schlicht eine umfassendere Antwort gewünscht. Versetzen Sie sich doch einmal in Ihr Gegenüber: Der Prüfer möchte noch etwas zur Rolle des Staatsanwalts wissen. Würde er nun fragen – *was sagt Ihnen in diesem Zusammenhang die Wendung „die Staatsanwaltschaft ist die Herrin des Ermittlungsverfahrens"* – hätte der Prüfer die Frage selbst beantwortet.
>
> Die große Schwierigkeit mündlicher Prüfungsgespräche ist daher, dass die Antworten erschöpfender sein müssen, als die Fragen grammatikalisch suggerieren. Das muss trainiert werden. Für eine gute Antwort wäre daher zum Beispiel noch erforderlich gewesen:

Nur die Staatsanwaltschaft als Herrin des Ermittlungsverfahrens bestimmt neben dem „wie" auch „ob" überhaupt und „wann" ein Ermittlungsverfahren eingeleitet wird (= § 152 Abs. 2 StPO) und wann die Erkenntnisse ausreichen, um die Ermittlungen zu beenden (§§ 169a, 170 StPO).

Prüfer: Welcher Verdacht ist erforderlich, um ein Verfahren anzuklagen?

Das ist der sogenannte hinreichende Tatverdacht, der in § 170 StPO als Weichenstellung anklingt, wonach entweder Anklage zu erheben oder das Verfahren einzustellen ist. Ein Tatverdacht ist hinreichend, wenn die Verurteilung wahrscheinlicher als der Freispruch ist, wobei der Staatsanwaltschaft insoweit ein eigener Ermessensspielraum zusteht.

> **Anmerkung:**
> Hier hat der Kandidat die Frage erschöpfend, aber auch nicht übertrieben beantwortet. Das ist eine schöne Möglichkeit für Annexfragen zu den unterschiedlichen Verdachtsgraden.
> - **Anfangsverdacht**[142]: Es bestehen zureichende tatsächliche Anhaltspunkte für eine Straftat; die Möglichkeit ist ausreichend, dass nach kriminalistischer Erfahrung eine verfolgbare Straftat gegeben ist.
> - **Dringender Tatverdacht**[143]: Der dringende Tatverdacht hat zwei Komponenten:
>   - **Täterwahrscheinlichkeit**, dh es müssen Umstände vorliegen, die nach der Lebenserfahrung, auch der kriminalistischen Erfahrung, in erheblichem Maße darauf hindeuten, dass jemand als Täter oder Teilnehmer eine Straftat begangen hat und
>   - **Verurteilungswahrscheinlichkeit**.

Prüfer: Unterstellen wir, die Staatsanwaltschaft bejaht den hinreichenden Tatverdacht: Welche Möglichkeiten des Verfahrensabschlusses gibt es?

Die Staatsanwaltschaft könnte eine Opportunitätsentscheidung (§§ 153 ff. StPO) treffen, oder das Gericht anrufen, indem entweder ein Strafbefehl (§ 407 StPO) beantragt, eine Anklage (§ 200 StPO) erhoben, oder ein Antrag auf Durchführung des beschleunigten Verfahrens gestellt wird.

> **Anmerkung:**
> Ziel einer „guten" Prüfung ist, dass für jede Notenstufe passende Fragen gestellt werden. Das sind klassische Fragen für ein „ausreichend".

---

[142] KK-StPO/*Diemer* § 152 Rn. 7.
[143] MüKoStPO/*Böhm/Werner* § 112 Rn. 21 ff.

Achten Sie auf Verwendung von Fachbegriffen und das Zitieren von Bestimmungen. Aber erneut: Blättern Sie nicht! Kommt es auf eine bestimmte Norm an, werden Sie das mitbekommen und dann können Sie immer noch im Gesetz suchen. In dem Beispiel wusste der Kandidat die Vorschrift des beschleunigten Verfahrens nicht, was aber nicht schadet, s.u.

Prüfer: In unserem Fall: Welche Möglichkeiten würden Sie ausschließen?

Ich würde die Einstellung aus Opportunität ausschließen und auch die Durchführung eines beschleunigten Verfahrens scheint nicht sinnvoll. Soll ich das näher ausführen?

Anmerkung:
Auch hier stellt der Kandidat sicher, dass keine wertvolle Prüfungszeit verschwendet wird. Das ist legitim.

Prüfer: Ja bitte.

Nachdem offensichtlich das für §§ 154 f. StPO weitere schwerere Delikt fehlt, kämen nur die §§ 153, 153a StPO in Betracht, die aber eine „geringe Schuld" voraussetzen. Angesichts des Erfolges – ein Mensch ist gestorben – scheiden diese Normen aus.

Nun zum beschleunigten Verfahren: Das beschleunigte Verfahren ist bei den besonderen Verfahrensarten geregelt, also irgendwo bei den „Vierhundertern". Ich muss die einschlägige Bestimmung kurz suchen.

[Blättern]

Im Sechsten Buch der Strafprozessordnung sind die besonderen Arten des Verfahrens geregelt (§§ 407–448 StPO). Das beschleunigte Verfahren ist im Abschnitt 2a geregelt, dh in den §§ 417–420 StPO.

Nach § 417 StPO soll mit dem beschleunigten Verfahren das politische Ziel umgesetzt werden, dass „die Strafe der Tat auf dem Fuße" folgt. Voraussetzung ist daher, dass das Verfahren vor den Amtsgerichten verhandelt werden darf, der Sachverhalt einfach oder die Beweislage klar ist, sodass das Verfahren sofort verhandelt werden kann.

Der Strafbann der Amtsgerichte, Straferwartung bis zu 4 Jahren, wäre grundsätzlich ausreichend. Die letale Wechselwirkung diverser Substanzen oder die Beurteilung der Unzulässigkeit einer Heilbehandlungsmethode erfordern aber umfangreiche sachverständige Einschätzungen und die Beweisaufnahme wird wohl umfangreich und schwierig.

Anmerkung:
Der Kandidat agiert geschickt: Es tritt kein lähmendes Schweigen ein, da der Kandidat sein Vorgehen offenlegt. Allein der systematische Hinweis – geregelt in den besonderen Verfahrensarten – bringt Punkte. Der Prüfer erwartet nicht, dass die Bestimmung bekannt ist, dh es ist genug Zeit zum Blättern vorhanden.

ABER es gilt: Denken Sie laut!

Prüfer: Käme im vorliegenden Fall ein Strafbefehl in Betracht?

Das Strafbefehlsverfahren ist in den §§ 407 ff. StPO geregelt. Zur sachlichen Zuständigkeit vgl. oben, dh das Strafbefehlsverfahren ist grundsätzlich bei den Vergehen möglich, die zur Zuständigkeit der Strafrichter oder der Schöffengerichte gehören.

Zu prüfen wäre, ob die in § 407 Abs. 2 StPO geregelten zulässigen Rechtsfolgen ausreichen. Nach Satz 1 wären grundsätzlich nur Geldstrafen möglich. Sofern der Beschuldigte aber einen Verteidiger hat, käme auch eine einjährige Freiheitsstrafe auf Bewährung in Betracht.

Anmerkung:
Hier wäre noch folgende anspruchsvolle Annexfrage möglich: Warum ist in § 407 StPO das Schöffengericht aufgeführt, wenn doch nach Abs. 2 der Strafbann des Strafrichters immer ausreichend ist?

Das Schöffengericht war nach § 25 GVG aF auch für bedeutende Verfahren zuständig, so dass insoweit ein Strafbefehl bei solchen Verfahren in Betracht kam. Der Gesetzgeber hat die bedeutsamen Verfahren nunmehr nach § 24 Abs. 1 Nr. 3 GVG den Landgerichten zugewiesen. Damit verbleibt nur noch die theoretische Möglichkeit, beim Schöffengericht nachträglich (§ 408a StPO) ins Strafbefehlsverfahren überzugehen.

Prüfer: Unterstellt die Rechtsfolgen wären ausreichend: Wie ist der Ablauf des Strafbefehlsverfahrens?
Die Staatsanwaltschaft entwirft den unterschriftsreifen Strafbefehl, der auch bereits die Rechtsfolgenentscheidung umfasst und leitet diesen mit dem Antrag auf Erlass dem zuständigen Amtsgericht zu. Wenn das Gericht keine Bedenken hat, wird der Strafbefehl unterschrieben und dem Angeklagten zugestellt, dh erlassen. Hiergegen kann der Angeklagte nach § 410 Abs. 1 StPO innerhalb von 2 Wochen Einspruch einlegen. Andernfalls wird der Strafbefehl rechtskräftig und steht einem entsprechenden Urteil gleich.

Wird rechtzeitig Einspruch eingelegt, wird Termin zur Hauptverhandlung anberaumt (§ 411 Abs. 1 Satz 2 StPO) und der Strafbefehl nimmt die Rolle der Anklageschrift ein.

Anmerkung:
Die allgemeinen Verfahrensabläufe und Zuständigkeiten müssen beherrscht werden und die Antwort auf die vorliegenden Fragen darf nicht viel Zeit kosten.

Da das Strafbefehlsverfahren eine ungemeine Bedeutung in der Praxis hat, ist der Strafbefehlsverfahren häufig Bestandteil mündlicher Prüfungen. Eine gründliche Vorbereitung auf diese Thematik ist sinnvoll, und an dieser Stelle kann es durchaus sein, dass die Prüfung auch in die Tiefe geht. Damit Sie eine Vorstellung von unterschiedlichen Schwierigkeitsgraden denkbarer Fragen erhalten, anbei eine zum Prüfungsgespräch passende Frage, die zum Schwierigkeitsgrad der Notenstufen „vollbefriedigend" und höher rechnen würde:

Prüfer: Sie haben soeben gesagt, dass ein rechtskräftiger Strafbefehl einem entsprechenden Urteil gleichsteht. Gilt das uneingeschränkt?
Die Gleichstellung gilt nur, soweit der Anwendungsbereich des Strafbefehlsverfahrens eröffnet ist. Da das Strafbefehlsverfahren nur bei Vergehen in Betracht kommt und bei Verbrechen unzulässig ist, kann der Strafklageverbrauch Verbrechenstatbestände nicht erfassen. Das ist nicht unmittelbar in den Vorschriften des Strafbefehlsverfahrens geregelt, sondern findet sich in den Bestimmungen über die Wiederaufnahme abgeschlossener Verfahren. Hier ist in § 373a StPO dem eingeschränkten Anwendungsbereich des Strafbefehlsverfahrens Rechnung getragen worden und eine Wiederaufnahme eines durch rechtskräftigen Strafbefehl (nicht: Strafurteil nach Einspruch) abgeschlossenen Verfahrens ist möglich.

Prüfer: Was sind die Vorteile des Strafbefehlsverfahrens, wenn sicher mit einem Einspruch und einer Hauptverhandlung zu rechnen ist?
Das ist einmal die Möglichkeit, im Falle der Säumnis des Angeklagten den Einspruch nach § 412 StPO in Verbindung mit § 329 StPO zu verwerfen. Zum anderen finden sich

in § 411 Abs. 2 StPO Erleichterungen, wie das nicht zwingende Anwesenheitserfordernis des Angeklagten oder eine Erleichterung, Beweisanträge zurückzuweisen.

Anmerkung:
Ein weiterer Klassiker: Die Vor- und Nachteile der in Betracht kommenden **Verfahrensarten** bieten sich wegen des Diskussionspotenzials für ein Prüfungsgespräch an.

Prüfer: Die Eltern des Verstorbenen wollen sich am Strafverfahren beteiligen. Welche Möglichkeiten haben Geschädigte oder Angehörige sich zu beteiligen?

Geschädigte, bzw. deren Angehörige können sich über das Rechtsinstitut der Nebenklage am Strafverfahren beteiligten, vor allem mit dem Ziel eigene Rechtsmittelrechte zu erhalten (§ 400 StPO). Daneben gibt es die Möglichkeit, Adhäsionsanträge zu stellen. Die Beteiligungsmöglichkeiten der Verletzten und Dritter sind im fünften Buch der StPO geregelt.

Anmerkung:
Der Prüfertyp nimmt den Fall nur als Einstieg für allgemeine Rechtsfragen zur StPO. Sie sehen, dass in der mündlichen Prüfung strukturelle Kenntnisse gefragt sind. Prüfer erwarten, dass Kandidaten Kenntnisse über den Verfahrensablauf haben. Zur Vorbereitung bieten sich entsprechende Schaubilder aus Lehrbüchern an. Auch sollten Sie sich zur Vorbereitung intensiv mit dem Aufbau der Verfahrensordnungen befassen und – so komisch sich das anhört – das Inhaltsverzeichnis und die insoweit zum Ausdruck kommende Logik nachvollziehen und lernen.

Für die mündliche Prüfung ist es wichtig, sich die zugelassenen Hilfsmittel – Kommentare dürfen in der Regel nicht mehr verwendet werden – so zu präparieren, dass sie in der Prüfung zügig die Inhaltsübersicht von Normen aufschlagen können. So ist es nicht weiter schwierig, bei der Frage nach den Beteiligungsrechten der Geschädigten das fünfte Buch zu finden. Einzelheiten rechnen nicht zum „geschuldeten präsenten" Wissen. Eine systematische Suche und zügiges Auffinden der einschlägigen Bestimmungen werden erwartet.

Prüfer: Und im konkreten Fall?

Da muss ich in den entsprechenden Bestimmungen nachschlagen. Ich würde zunächst bei der Anschlusserklärung suchen, ob hier eine Sonderbestimmung für das Strafbefehlsverfahren verankert ist.

Anmerkung:
Denken Sie laut. Sie werden feststellen, dass Prüfer sie häufig leiten und unterstützen, zum Beispiel: *Es wäre grundsätzlich systematisch möglich gewesen, diese Frage dort zu regeln. Fällt Ihnen noch eine andere Möglichkeit ein?*

Ja, in § 396 Abs. 1 S. 3 StPO ist geregelt, dass der Anschluss zu Nebenklage in dem Moment wirksam wird, wenn Termin zur Hauptverhandlung anberaumt wird oder der Antrag auf Erlass eines Strafbefehls abgelehnt worden ist. Dh die Beteiligungsrechte kommen erst dann zum Tragen, wenn verhandelt wird.

Für das Adhäsionsverfahren finde ich auf den ersten Blick keine vergleichbare Regelung. Im § 403 StPO findet sich das Tatbestandsmerkmal „Strafverfahren"; ob dieses Merkmal allgemein und umfassend zu verstehen ist oder ob damit das Strafbefehlsverfahren ausgeschlossen werden soll, ergibt sich aus der Norm nicht. Man könnte nun mit einem Umkehrschluss argumentieren, da bei der Nebenklage eine gesetzliche Bestimmung verankert wurde, beim Adhäsionsverfahren aber nicht, dh das Adhäsionsverfahren kommt in Betracht.

Anmerkung:
Hinweis: Das war ein durchaus probates Mittel, um mit dem Stress, den diese Frage auslöst, umzugehen. Natürlich weiß man – normalerweise – nicht, wie die Beteiligungsrechte Verletzter im schriftlichen Strafbefehlsverfahren ausgestaltet sind. Daher bietet es sich an, die grundsätzlichen Möglichkeiten zu beschreiben.

Wie im schriftlichen Examen werden Sie auch in der mündlichen Prüfung an eine Stelle kommen, an der sie mit normalen „Schulwissen" nicht weiterkommen. Auch hier gilt die allgemeine juristische Regel: Arbeiten Sie mit dem Gesetz.

Auch wenn die Antwort falsch ist, wird sie dem Kandidaten Punkte einbringen: Die einschlägige Bestimmung wurde aufgefunden, die Antwort wurde am Gesetz, dh an einem konkreten Tatbestandsmerkmal, entwickelt und nach der juristischen Methodenlehre (Umkehrschluss) gelöst. Vielmehr erwartet man sich im Prüfungsstress nicht bzw. man hakt einfach nach.

Prüfer: Sind Sie sicher?
    Ja.

Anmerkung:
Das geht so nicht. Die Frage *Sind Sie sicher* bzw. *Sehen Sie das wie der Kollege* kommt gleichsam in jeder mündlichen Prüfung vor. Damit will der Prüfer regelmäßig zum Ausdruck bringen, dass das gerade abgeprüfte juristische Problem nicht in der gebotenen Tiefe erledigt wurde. Mit diesen Fragen ist folglich die Aufforderung verbunden, sich erneut dem Problem zuzuwenden und dieses genauer zu untersuchen.

Eine „gute" Antwort wäre die Folgende:

Wir sind gerade bei der Frage, ob das Adhäsionsverfahren auch im Strafbefehlsverfahren möglich ist. Wir haben festgestellt, dass es keine gesetzliche Regelung gibt. Das Adhäsionsverfahren soll dem Verletzten den Weg zu den Zivilgerichten abnehmen, da ein gerichtliches Verfahren sowieso läuft und eine weitere Prozessbelastung vermieden werden sollte. Das würde für eine großzügige Behandlung dieses Rechtsinstituts sprechen. Andererseits wirkt das strafrechtliche Urteil wie eine zivilgerichtliche Entscheidung, die der materiellen Rechtskraft fähig ist. Berücksichtigt man nun, dass das Mündlichkeitsprinzip im Zivilprozess eine überragende Bedeutung hat, spricht doch mehr dafür, dass Adhäsionsverfahren in einem rein schriftlichen Verfahren nicht zuzulassen.

Fallfortsetzung: Nehmen wir an, das Amtsgericht hat den angeklagten Arzt wegen fahrlässiger Tötung verurteilt. Hiermit ist der Arzt nicht einverstanden.

Prüfer: Wie kann der verurteilte Arzt gegen das Urteil vorgehen?
    Der Verurteilte könnte gegen das Urteil die allgemeinen Rechtsmittel einlegen, dh im konkreten Fall Berufung zum Landgericht oder Sprungrevision zum Bayerischen Obersten Landesgericht.

Anmerkung:
Das ist eine für Prüfer regelmäßig sehr irritierende Stelle, da Kandidaten hierzu weniger wissen, als Praktiker erwarten und im mündlichen Prüfungsgespräch stellt man immer wieder fest, dass das Rechtsmittelverfahren mit seinen Zuständigkeiten Schwierigkeiten bereitet. Das gehört zum unerlässlichen Vorbereitungsprogramm einer mündlichen Prüfung.

Ihnen ist sicher aufgefallen, was der Kandidat hätte unbedingt noch tun müssen.

Richtig: Die Nennung der einschlägigen Bestimmungen wird erwartet und rechnet zum präsenten Wissen eines Examenskandidaten. Dh Berufung §§ 312 ff. StPO, Revision §§ 333 ff. StPO, Sprungrevision § 335 StPO.

Prüfer: Wie ist das Berufungsgericht besetzt?
   Die Besetzung der Strafkammern ist im Gerichtsverfassungsgesetz geregelt. Lassen Sie mich die Vorschriften für die Landgerichte kurz aufschlagen.

[Blättern]

Anmerkung:
Kommunizieren Sie, wenn Sie im Gesetz etwas suchen und kommentieren Sie die Suche, wenn möglich, methodisch. Dann entsteht kein unangenehmes Schweigen, Sie können Sich Zusatzpunkte verdienen und im Einzelfall wird der Prüfer Ihnen – ohne Abzug – die Arbeit erlassen.

Hier hat der Kandidat das einschlägige Gesetz bezeichnet und die gesetzliche Sortierung angegeben.

Nach § 76 Abs. 1 Satz 1 GVG ist für Berufungen die Strafkammer mit einem Berufsrichter und zwei Schöffen besetzt und wird als kleine Strafkammer bezeichnet.

Anmerkung:
Auch wenn Sie die Frage bereits unmittelbar ohne Blick ins Gesetz beantworten können, sollten Sie dennoch einen gesetzlichen Bezug herstellen.

Eine denkbare Antwort wäre: *Die Berufungskammern sind mit einem Berufsrichter und zwei Schöffen besetzt. Das ist im Gerichtsverfassungsgesetz geregelt. Soll ich die einschlägige Bestimmung aufsuchen?*

Fallfortsetzung: Im Berufungsverfahren ergibt sich, dass die Aufklärung für den medizinischen Heileingriff fehlerhaft war und damit keine wirksame Einwilligung des Getöteten bestand.

Prüfer: Was hat das, ohne vertiefte Prüfung, materiell-rechtlich zur Konsequenz?
   Sofern die Einwilligung unwirksam ist, ist der medizinische Heileingriff als tatbestandsmäßige Körperverletzung nicht mehr gerechtfertigt und der behandelnde Arzt hätte sich nicht nur wegen fahrlässiger Tötung, sondern wegen Körperverletzung mit Todesfolge strafbar gemacht.

Anmerkung:
Lassen Sie sich leiten: Der Prüfer möchte offensichtlich in erster Linie Prozessrecht prüfen!

Prüfer: Sollte es jetzt brenzlig werden: Kann der behandelnde Arzt einfach seine Berufung zurücknehmen, wenn nur er Rechtsmittelführer ist?
   Das ist ein § 303 S. 1 StPO geregelt. Die Staatsanwaltschaft wird die für die Rücknahme erforderliche Zustimmung sicher nicht mehr erteilen.

Prüfer: Wie wird das Berufungsgericht entscheiden?
   Das Problem ist, dass die gefährliche Körperverletzung zum Katalog der Taten gehört, die zum Zuständigkeitsbereich des Schwurgerichts rechnen. Das bedeutet also,

dass das Amtsgericht grundsätzlich sachlich unzuständig gewesen wäre. Auch kann im Hinblick auf die unterschiedliche Besetzung des Schwurgerichts als große Strafkammer und des Berufungsgerichts als kleine Strafkammer diese nicht unmittelbar in ein erstinstanzliches Verfahren übergehen. Es bleibt nur die Verweisung an das Schwurgericht und dann würde das Strafverfahren neu beginnen.

Anmerkung:
- Diese (und die kommenden) Fragen sind ausgesprochen anspruchsvoll; Sie sind bereits im Notenbereich „gut" und mehr.
- Es ist die Aufgabe eines guten Prüfers, für jeden Notentyp entsprechende Fragen vorzubereiten und bei den Kandidaten „herauszukitzeln", welche Notenstufe einschlägig ist. Dh jeder Kandidat kommt regelmäßig in die Situation bestimmte Fragen nicht mehr beantworten zu können. Das ist normal und darf an der Stelle nicht Anlass zur Frustration sein! Und: Die wichtigste Frage – das muss sich im Unterbewusstsein verankern – ist immer die kommende!

Prüfer: In welcher Form erfolgt die Verweisungsentscheidung und gibt es hiergegen Rechtsmittel?

Die Verweisung erfolgt durch ein sogenanntes Verweisungsurteil. Die Verweisung ist als möglicher Inhalt eines Berufungsurteils ausdrücklich in § 328 Abs. 2 StPO geregelt.

Prüfer: Welchen Strafbann hat das Schwurgericht?

Anmerkung:
Die Frage wirkt auf den ersten Blick sehr kryptisch und verdeutlicht die Schwierigkeit im mündlichen Prüfungsgespräch:
- Der Prüfer möchte eigentlich wissen, ob das Verschlechterungsverbot zum Tragen kommt. Nach dem Verständnis des deutschen Prozessrechts darf *normalerweise* ein Rechtsmittelführer darauf vertrauen, dass ein Rechtsmittel nicht zur „Retourkutsche" wird. Thema war, ob hier so ein *Normalfall* vorliegt. Es ist aber gerade die typische juristische Fähigkeit und damit die eigentliche Prüfungsleistung, juristisch einschlägige Fragestellungen zu erkennen. Der Prüfer hat letztlich hierauf hingearbeitet, da zuvor bereits die Rücknahmemöglichkeit des Rechtsmittels diskutiert wurde.
- Dieses Problembewusstsein können Sie aber nur abprüfen, wenn die Fragestellung unjuristisch ist und keinen fachlichen Inhalt hat. Der Prüfer darf folglich nicht direkt nach dem Verschlechterungsverbot fragen, andernfalls das Problembewusstsein nicht abgefragt werden kann.
- Ihre Aufgabe ist es daher, die eigentliche Frage „hinter der Frage" zu erkennen und Sie dürfen sich nicht dazu verleiten lassen, auf unjuristische Fragestellungen genauso unjuristisch zu antworten.

Der *normale* Strafbann des Schwurgerichts umfasst sämtliche mögliche Sanktionen des StGB, also von Geldstrafe bis hin zur lebenslangen Freiheitsstrafe. Im vorliegenden Fall ist aber die Besonderheit, dass die Sache erst über die Berufung und die hierauf erfolgende Verweisung zum Schwurgericht kam. Hätte A keine Berufung eingelegt, wäre das Schwurgericht nie mit der Sache befasst worden.

Es ist also problematisch, ob nicht das Verschlechterungsverbot zum Tragen kommen muss. Das Verschlechterungsverbot ist allgemein anerkannt und im Strafprozessrecht für das Berufungsverfahren in § 331 Abs. 1 StPO und für das Revisionsverfahren in § 358 Abs. 2 StPO geregelt. Da § 331 Abs. 1 StPO direkt nicht einschlägig ist, ist fraglich, ob die Bestimmung auf den vorliegenden Fall analog anwendbar ist.

> **Anmerkung:**
> Der Kandidat agiert geschickt: Da er die richtige Antwort offenlässt und sich nicht festlegt, kann er das Problem umfassend betrachten. Hätte er gleich ein Ergebnis postuliert – hier darf man die Psychologie nicht unterschätzen – ist das Unterbewusstsein bemüht, die Richtigkeit der ersten Einschätzung zu bestätigen und der Blick auf das Problem wird einseitig.

Prüfer: Hier muss ich helfen, das erwarte ich nicht: Sie sollten wissen, dass der Gesetzgeber mit § 358 Abs. 2 StPO ein ganz bestimmtes Ziel verfolgt hat, das aus der Norm nicht ohne weiteres deutlich wird. Sie kommen auf die Lösung, wenn Sie unterstellen, es gäbe diese Bestimmung nicht.

Ohne diese Bestimmung hätten wir aus der Perspektive des Berufungsgerichts einen Verstoß gegen die sachliche Zuständigkeit und es bestünde folglich ein Verfahrenshindernis. Einschlägig wären dann § 206a StPO bzw. § 260 Abs. 3 StPO, je nachdem wann das Verfahrenshindernis entdeckt wird. Die Einstellungsentscheidung des Berufungsgerichts – egal in welcher Form – würde unproblematisch nicht gegen das Verschlechterungsverbot verstoßen, hätte aber auch keine strafklageverbrauchende Wirkung. Das bedeutet, die Staatsanwaltschaft könnte dann unmittelbar erneut Anklage vor dem sachlich eigentlich zuständigen Schwurgericht erheben.

Der Gesetzgeber wollte folglich mit § 358 Abs. 2 StPO eine Verfahrensabkürzung erreichen, dh die Vorschrift dient allein prozessökonomischen Gesichtspunkten. Da in der Grundkonstellation das Verschlechterungsverbot nicht Thema ist, kann es folglich in solchen Fallgestaltungen nicht zum Tragen kommen.

H. Prüfungsgespräch: Strafrecht – Kapitaldelikte – Versuch – Rücktritt

Schwierigkeitsgrad:	gehoben bis teilweise schwer (allerdings wird Hilfestellung gegeben)
Themengebiete:	Mord und Totschlag; versuchte (besonders) schwere räuberische Erpressung mit Todesfolge; Rücktritt vom Versuch eines erfolgsqualifizierten Delikts; Zuständigkeit des Schwurgerichts an einem Landgericht
Prüfertyp:	prüft sowohl materiell- rechtliche als auch strafprozessuale Fragen; prüft „protokollfest" eine aktuelle BGH- Entscheidung; entwickelt den Fall gemeinsam mit den Prüflingen im Gespräch; stellt teilweise schwere Fragen, gibt andererseits auch viel Hilfestellung; Lücken im Grundwissen wirken sich nachteilig aus, gute Grundkenntnisse und saubere Arbeiten werden mit guten Punkten honoriert.

> **Fall:** A möchte sich an einer bekannten und bundesweit mit Filialen vertretenen Drogeriemarktkette rächen, weil diese ihm Hausverbot erteilt hat. Daher versetzt er eine Dose normalen Milchpulvers mit einem geschmacklosen und tödlichen Gift. Die so präparierte Dose stellt er kurz nach (!) Ladenschluss in einer Berliner Filiale zwischen andere Pulverdosen, von denen sie nicht zu unterscheiden ist.[144]

---

[144] Der – insoweit vereinfachten und abgeänderten- Prüfung liegt die Entscheidung des BGH im sog. „Lebensmittelpresserfall" zugrunde, BGH NJW 2019, 3659 (mAnm *Schiemann*). Diese Entscheidung wurde vielfältig abgedruckt und besprochen, auch in Ausbildungszeitschriften. Siehe hierzu

Anschließend ruft er den Vorstand der Drogeriemarktkette an; an der Telefonkonferenz mit dem Vorstand nehmen von Seiten des Unternehmens verschiedene Personen teil. A teilt mit, dass er in einer Filiale der Drogeriekette Gift in einer Milchdose versteckt habe. Dabei bezeichnete A die Marke und Geschmacksrichtung des Milchpulvers ganz konkret, nennt aber nicht die direkt betroffene Filiale. Vom Vorstand fordert er nun eine Million EUR. Wenn diese Summe bezahlt wird, dann werde er die Polizei über den exakten Standort der Filiale informieren. Zahle das Unternehmen hingegen die geforderte Summe nicht, dann „müssten vielleicht Dutzende Menschen sterben".

Als sich die Personalchefin „als Mutter eines kleinen Kindes" an A wendet und ihn bittet, sein Handeln doch noch einmal zu überdenken, gerät A ins Nachdenken. Schließlich teilt er kurz mit, dass sich die betroffene Filiale in Berlin befände, verweigert dann aber jede weitere Auskunft zur Filiale und legt schließlich einfach auf.

Der Vorstand entschließt sich, der Forderung nicht nachzugeben. Die Polizei durchsucht allerdings noch in der Nacht alle Drogeriefilialen in Berlin ab und kann die Milchpulverdose sicherstellen. Am nächsten Morgen kann A in seiner Wohnung festgenommen werden.

Prüferin: Dann starten wir also in die Prüfung mit der üblichen Frage: Welche Straftatbestände kommen hier in Betracht?
    Da ist zunächst an einen versuchten Mord zu denken.

Anmerkung:
Die Prüfung beginnt mit einer klassischen Einstiegsfrage. Für die Antwort gibt es grundsätzlich zwei Strategien: entweder man nennt das schwerste Delikt (das wäre in der Tat hier der versuchte Mord) oder man zählt gleich alle in Betracht kommenden Delikte auf. Der Prüfling hier entscheidet sich für den ersten Ansatz.

An Mordmerkmalen kommt Habgier und Heimtücke in Betracht, §§ 211, 22, 23 StGB.

Prüferin: Wieso stellen Sie hier auf § 211 StGB und nicht auf §§ 212, 211 StGB ab?
    Nach dem Bundesgerichtshof stellt § 211 StGB einen selbständigen Tatbestand mit einem eigenen Unrechtsgehalt dar. Die herrschende Literatur ist allerdings anderer Auffassung, sie sieht in § 212 StGB den Grundtatbestand und in § 211 StGB eine Qualifikation. Gegen diese Auffassung der Literatur spricht allerdings schon die systematische Stellung des § 212 StGB im Gesetz hinter § 211 StGB.

Anmerkung:
Diese Frage ist eine beliebte Standardfrage in allen Zusammenhängen rund um „Mord und Totschlag". Lassen Sie sich nicht aus der Fassung bringen, wenn ein Prüfer Ihren Prüfungsaufbau hinterfragt – dann möchte er dieses Problem angesprochen wissen. Damit gilt: Wer sich für einen Prüfungsaufbau entscheidet, sollte wissen, was dahintersteht[145].

Relevant wird der Meinungsstreit um die Einordnung des § 211 StGB bekanntlich im Rahmen der Frage nach der Anwendbarkeit des § 28 StGB bei Beteiligten an der Straftat[146]. Sieht man nämlich mit dem Schrifttum in § 211 StGB eine Qualifikation des § 212 StGB, führt dies zu einer „Lockerung der Akzessorietät". Die Bestrafung eines Teilnehmers richtet sich danach, inwieweit dieser

---

etwa NStZ 2020, (mAnm *Jäger*), Jus 2020, 275 (mAnm *Eisele*), JA 2020, 64 (mAnm *Kudlich*). Aus den Prüfungsprotokollen war bekannt, dass die Prüferin gerne aktuelle Entscheidungen des Bundesgerichtshofes prüft, sodass eine gezielte Vorbereitung auf dieses Prüfungsgespräch möglich war.

  [145] Zum Hintergrund der Frage siehe etwa Fischer StGB Vor §§ 211- 217 Rn. 2.
  [146] Vgl. hierzu Fischer StGB § 211 Rn. 87.

ein täterbezogenes Mordmerkmal selbst in seiner Person erfüllt. Die täterbezogenen Merkmale unterfallen dann § 28 Abs. 2 StGB. Geht man hingegen mit dem BGH von zwei selbständigen Tatbeständen aus, begründen die Merkmale des § 211 StGB die Strafbarkeit, sodass § 28 Abs. 2 StGB keine Anwendung finden kann.[147]

Prüferin: Fallen Ihnen noch weitere Tatbestände ein, die hier erfüllt sein könnten?

In Tateinheit hierzu könnte dann eine versuchte (besonders) schwere räuberische Erpressung in Betracht kommen.

Prüferin: Könnte nicht neben der versuchten (besonders) schweren räuberischen Erpressung ein noch schweres Delikt in Frage kommen?

Oh, das habe ich dann gerade übersehen. Aber das liegt nur daran, dass ich heute so aufgeregt bin, ich habe noch nicht mal gefrühstückt in der ganzen Aufregung. Sonst hätte ich das immer gewusst, das tut mir leid.

Anmerkung:
Keine unnötigen Rechtfertigungen. Die Prüferin erwartet doch nicht schon zu Beginn die perfekte Antwort, sondern will gemeinsam mit den Prüflingen die Lösung entwickeln. Sie weiß um die Aufregung der Kandidaten, gerade zu Beginn der Prüfung. Als Prüfling neigt man dazu, sich entschuldigen oder rechtfertigen zu wollen, wenn man etwas nicht auf Anhieb genannt hat. Das ist kontraproduktiv, denn es legt den Fokus auf das, was man nicht weiß – dabei soll der Fokus auf dem liegen, was man weiß. Außerdem setzt man sich durch solche Entschuldigungsversuche selbst noch mehr unter Stress. Sinnvollerweise sollte man einfach souverän die noch fehlende Norm ergänzen.

Ganz grundsätzlich gilt: auch wenn man einmal etwas nicht gewusst hat, nutzt es in der Prüfung nichts, daran noch einen Gedanken zu verschwenden. Wichtig ist nicht, was bisher vielleicht schiefgelaufen ist – wichtig kann nur der Blick nach vorne und damit auf die nächste Frage sein. Wir vergleichen diese Situation gerne mit einem Sprung vom 10 Meter-Brett im Schwimmbad. Wenn man losgesprungen ist, nützt es einem im Fallen nichts mehr, wenn man grübelt, ob der Sprung überhaupt eine gute Idee war. Wichtig kann im freien Fall nur die Konzentration auf das Kommende- also den Aufprall im Wasser- sein.

Es kommt noch die versuchte besonders schwere räuberische Erpressung mit Todesfolge in Betracht, §§ 251, 255, 22, 23 StGB.

Prüferin: Wie nennt man denn Delikte wie die (besonders) schwere räuberische Erpressung mit Todesfolge?

Das sind die sog. erfolgsqualifizierten Delikte.

Prüferin: Richtig. Damit möchten Sie später auch den Versuch eines erfolgsqualifizierten Delikts prüfen. Beginnen Sie nun aber zuerst mit dem schwersten Delikt.

Anmerkung:
An dieser Stelle kann man gut erkennen, wie wichtig es für die gerade nicht geprüften Kandidaten ist, der Prüfung stets mit voller Aufmerksamkeit zu folgen, auch wenn sie selbst gerade nicht das Wort haben. Hier erfolgt nämlich eine klare Weichen- bzw. Hilfestellung durch die Prüferin. Mit dem Hinweis „Versuch des erfolgsqualifizierten Deliktes" gibt die Prüferin zu verstehen, dass hier ein Problem liegt, das später noch zu vertiefen sein wird – auch wenn der jetzt gerade befragte Prüfling zunächst weiter das schwerste Delikt (den versuchten Mord) zu prüfen hat.

---

[147] Instruktiv hierzu auch *Gerhold* JA 2019, 271 und *Grünewald* JuS 2012, 401.

Ich würde jetzt also mit der Prüfung des versuchten Mordes beginnen. Die Tat ist nur versucht, weil der Tod eines Menschen nicht eingetreten ist. Der versuchte Mord ist mit Strafe bedroht, weil Mord ein Verbrechen ist im Sinne des § 12 Abs. 1 StGB.[148]

Ich prüfe jetzt den Tatentschluss.

> **Anmerkung:**
> Durch eine Wendung wie *Ich prüfe jetzt den subjektiven Tatbestand/den Tatentschluss etc.* machen Sie Ihren gedanklichen Aufbau für alle Prüfer nachvollziehbar. Auch in der mündlichen Prüfung wird eine methodisch strukturierte Prüfung erwartet. Anders als bei der schriftlichen Lösung können Sie natürlich im Prüfungsgespräch nicht auf eine Gliederung zurückgreifen, um dem Prüfer zu zeigen, dass Sie den Aufbau beherrschen. Daher müssen Sie im Prüfungsgespräch den Aufbau entsprechend verbalisieren! Gerade bei scheinbar kurzen Sachverhalten steckt der Teufel oft im Detail. Der Fall ist auch hier nicht so einfach, wie es vielleicht auf den ersten Blick scheint. Um nicht auf Irrwege zu geraten, ist es wichtig, Schritt für Schritt vorzugehen – und alle(!) Prüfer (nicht nur die Fragestellerin) auf dem Weg mitzunehmen.
>
> Systematik und Klarheit Ihres Vortrags wird genauso bewertet wie das inhaltliche Ergebnis. So können Sie leicht Punkte holen. Bedenken Sie stets, dass in der Prüfungskommission nicht nur Strafrechtler sitzen! Ihre Note wird gleichermaßen von allen Prüfern gefunden. Wenn also zB der Prüfer aus dem Verwaltungsrecht, der sich seit 30 Jahre hauptberuflich mit kommunalen Finanzen beschäftigt, in der Prüferbesprechung sagt *Der Kandidat hat das so sauber aufgebaut, da konnte auch ein „alter Verwaltungsrechtler" wie ich problemlos mitgehen*, dann haben Sie alles richtig gemacht.

A hatte Vorsatz bezüglich aller Voraussetzungen einer objektiv tatbestandsmäßigen Tötung: Er beabsichtigte den Tod jener Menschen, die die Milch trinken würden oder nahm sie wenigstens billigend in Kauf. Auf Grund der Verwendung eines in die Milch gemischten Giftes, das zB ein Kind nicht am Geschmack erkennen kann, bezog sich der Vorsatz auch auf eine heimtückische Tötung im Sinne des § 211 StGB.

Heimtückisch handelt nämlich,[149] wer eine zum Zeitpunkt des Angriffs bestehende Arg- und Wehrlosigkeit des Opfers bewusst zu seiner Tat ausnutzt. Arglos ist dabei, wer sich zur Zeit der Tat eines Angriffs auf sein Leben nicht versieht.

Prüferin: Sehen Sie hier ein Problem darin, dass unter den Opfern Säuglinge sein könnten?

Nun, ganz grundsätzlich kann bei Kleinstkindern eine Heimtücke dann verneint werden, wenn sie dem Angriff nicht entgegentreten können. Das gilt allerdings wiederum dann nicht, wenn der Täter natürliche Abwehrmechanismus eines Kindes bewusst ausschaltet, um Argwohn nicht aufkommen zu lassen; das Schulbeispiel ist der süße Brei, in den ein Gift gegeben wurde. Hier könnte man also argumentieren, dass A bewusst ein geschmackloses Gift gewählt hat, sonst hätte ein Säugling die Milch sicherlich ausgespuckt. Letztlich kommt es hier aber nicht darauf an.

---

[148] § 12 StGB ist eine der wenigen Normen des StGB, die man auswendig parat haben sollte. Nach § 12 Abs. 1 StGB sind Verbrechen rechtswidrige Taten, die im Mindestmaß mit einer Freiheitsstrafe von einem Jahr oder darüber bedroht sind. Die Einordnung eines Delikts als Verbrechen wirft viele Folgefragen auf, im Prozessrecht zB bei der Wahl des zuständigen Gerichts im Falle einer Anklage §§ 24, 25 GVG (keine Zuständigkeit des Strafrichters), bei der Frage nach der Notwendigkeit eines Verteidigers, § 140 StPO oder bei der Strafzumessung (keine Geldstrafe möglich). Im materiellen Recht wird § 12 StGB beispielsweise relevant beim Versuch § 23 StGB, bei der Verbrechensverabredung, § 30 StGB oder bei der Bedrohung mit einem Verbrechen, § 241 StGB.

[149] Die Definitionen der jeweiligen Mordmerkmale des § 211 StGB sollte man für die mündliche Prüfung auswendig beherrschen.

Wenn ich unseren Fall hier noch einmal ansehe, ist das schon aus einem anderen Grund kein Problem. A kann gerade nicht davon ausgehen, dass die Milch nur von Kleinstkindern, die nicht arg- und wehrlos sind, getrunken wird; auch mancher Erwachsener verwendet vielleicht Milchpulver für den Kaffee im Büro. Der Fall spricht von normalem Milchpulver, nicht von Säuglingsnahrung. A selbst geht auch nicht davon aus, dass es nur Säuglinge treffen könnte, denn in seiner Drohung sagt er doch selbst „dann müssten vielleicht Dutzende Menschen sterben".

Anmerkung:
Hier hat der Prüfling mustergültig den Fall subsumiert – auch bei einem Fall mit eigentlich nur wenigen Informationen wie hier kann man durch saubere Subsumtion und enges Arbeiten am Sachverhalt punkten! Im Prüfungsgespräch ist die Arbeit mit der Norm ein Qualitätsmerkmal der juristischen Arbeitsweise.

Die Prüferin gibt die Frage nun an den nächsten Kandidaten weiter: Sehen Sie hier noch weitere Mordmerkmale als erfüllt an?

A handelte aus Habgier. Habgier ist das Gewinnstreben um jeden Preis, auch den Preis eines Menschenlebens.[150]

Prüferin: A hat unmittelbar zur Tat angesetzt?

Ein unmittelbares Ansetzen zur Tat liegt im Aufstellen der Milchdosen in der Berliner Filiale. Damit hat A das Geschehen „aus der Hand gegeben" und hatte anschließend keinen Einfluss mehr auf den weiteren Verlauf der Dinge. Jemand hätte nach dem normalen Lauf der Dinge nach der erneuten Ladenöffnung am nächsten Tag eine Dose aus dem Regal kaufen und später Milch trinken können.[151] Den Punkt könnte ich jetzt auch noch vertiefen?

Anmerkung:
Kurze Rückversicherung bei der Prüferin, ob eine vertiefte Prüfung gewünscht ist. Falls ja, wäre hier der Problemkreis des unmittelbaren Ansetzens zur Tat weiter auszuführen.[152] Ansonsten gilt: zielstrebiges Ansteuern des nächsten Prüfungsschwerpunktes.

---

[150] Im (veränderten) Ausgangsfall lag zudem das Mordmerkmal der Ermöglichungsabsicht vor, vgl. BGH NJW 2019, 3359 (3360): *„Die Wertung, dass das Verhalten des Angekl. sowohl den Tatbestand des versuchten Mordes mit den Mordmerkmalen der Ermöglichungsabsicht, der Habgier und der Heimtücke (§§ 211, 22, 23 StGB) als auch denjenigen der versuchten schweren räuberischen Erpressung mit Todesfolge (§§ 251, 255, 22, 23 StGB) verwirklicht hat, weist keinen Rechtsfehler zum Nachteil des Angekl. auf ... Entgegen der Auffassung des LG kann der Angekl. jedoch deshalb nicht wegen der Taten des versuchten Mordes und der versuchten (besonders) schweren räuberischen Erpressung mit Todesfolge bestraft werden, weil er iSv § 24 I 1 Var. 2 StGB die Vollendung dieser Tatbestände verhindert hat. Der Schuldspruch hat daher keinen Bestand."*

[151] In dem vom BGH entschiedenen Fall gab es hingegen bereits ein Zeitfenster (nämlich einen Zeitraum zwischen 16.38 und 19.02 Uhr) indem die Kunden tatsächlich schon vergiftete Lebensmittel hätten kaufen können. Hierauf basiert auch die Kritik an der Entscheidung des BGH, vgl. die Anmerkung von Schiemann in NJW 2019, 3659 (3662). Jedenfalls für den Zeitraum zwischen 16.38 und 19.02 Uhr hätte der Täter den Taterfolg billigend in Kauf genommen und keine kausale Handlung, die den Erfolg verhindern würde, für diesen Zeitraum gesetzt.

[152] Vgl. hierzu etwa Schönke/Schröder/*Eser/Bosch* StGB § 22 Rn. 37, 38; zum Ganzen s. a. *Hoven* „Der Rücktritt vom Versuch in der Fallbearbeitung" JuS 2013, 403.
Weiterführender Hinweis zu dieser Problematik: Der Passauer Apothekerfall (BGH NJW 1997, 3453) ist ein Paradebeispiel für Rechtsfragen im Zusammenhang mit dem unmittelbaren Ansetzen (der auch in verfahrensrechtlicher Hinsicht dankbar für eine mündliche Prüfung ist):

Rechtswidrigkeit und Schuld würde ich nicht weiter vertiefen.

> **Anmerkung:**
> Die Punkte sind hier unproblematisch. Wie oben gilt: kurzer Abgleich mit der Prüferin, ansonsten weiter zum Schwerpunkt.

Würden Sie nun A wegen des versuchten Mordes bestrafen?

Es könnte der Strafaufhebungsgrund eines Rücktritts nach § 24 StGB gegeben sein. Der Rücktritt des Alleintäters richtet sich nach § 24 Abs.1 StGB. Da der Versuch beendet ist, müsste A also den Erfolg verhindert haben.

> **Anmerkung:**
> Viele Kandidaten hätten hier schlicht geantwortet: *A könnte zurückgetreten sein.* Der Kandidat hat aber – ohne wesentlich mehr Worte zu machen- noch entscheidende Stichworte gebracht (der Rücktritt ist ein **Strafaufhebungsgrund**, hier ist die Frage der Rücktritt des Alleintäters). Damit hat er en passant gezeigt, dass er sich sehr gut vorbereitet hat und über vertiefte Kenntnisse verfügt. Er punktet bei den Prüfern hier „im Vorbeigehen", ohne dass er weiter ausführen müsste. Die besten Punkte sind immer die, die man macht, ohne dass man viel leisten muss!
>
> Zu dem guten Bild, dass dieser Prüfling hier abgibt, tragen auch seine kurzen, präzisen Sätze bei. Er bildet keine Bandwurmsätze, sondern hält sich an die „goldene Regel": eine Information pro Satz.

Indem A beim Vorstand der Drogeriekette anrief und auf das Gift im Milchpulver hinwies, könnte er strafbefreiend vom Versuch zurückgetreten sein.

Prüferin: Ein Rücktritt durch einen Erpresseranruf? Das müssten Sie mir vielleicht noch genauer erläutern.

> **Anmerkung:**
> Auch hier zeigen sich die Besonderheiten des „Prüfertyps" wieder ganz deutlich. Die Prüferin prüft zwar einerseits einen sehr anspruchsvollen Fall, bei dem „der Teufel in den Details liegt", gibt andererseits aber gerne Hilfestellung und leitet die Prüflinge gut an. Davon profitieren insbesondere Kandidaten, die sich gerne und gut auf einen Dialog mit einem Prüfer einlassen können. Es gilt dann auch, die „Steilvorlagen", die die Prüferin gibt, zu nutzen.

Ich muss das genauer fassen. Auf die Bitte der Personalchefin gab A im Laufe des Telefongesprächs ja noch weitere Informationen preis, die letztlich zum Auffinden des Milchpulvers führten. Hierin könnte ein Rücktritt vom beendeten Versuch liegen.

Dabei müssen zwei Dinge auseinandergehalten werden:
- Die hM verlangt für einen Rücktritt von einem beendeten Versuch, dass vom Täter auf objektiver Seite eine aktive, kausale und auf die Erfolgsverhinderung gerichtete Tätigkeit entfaltet wird.
- Außerdem muss ein sogenannter Verhinderungsvorsatz gegeben sein.

„Ist nach der Vorstellung des Täters, der seinen Teil zur Tatbestandsverwirklichung bewirkt hat, die Mitwirkung des Opfers zwingend erforderlich, aber noch ungewiss, so beginnt der Versuch, wenn sich das Opfer so in den Wirkungskreis des Tatmittels begibt, dass sein Verhalten nach dem Tatplan bei ungestörtem Fortgang unmittelbar in die Tatbestandsverwirklichung münden kann."

> **Anmerkung:**
> Wir haben hier im Skript die beiden Punkte durch „bullet points" abgesetzt. Das können Sie im
> mündlichen Vortrag so natürlich nicht. Sie müssen also Ihre Gliederung durch die Satzmelodie,
> eine deutliche Pause zwischen den beiden Punkten oder durch Ihre Körpersprache zum Ausdruck
> bringen.

Man könnten nun erwägen, vom Täter zu verlangen, dass er die bestmögliche aller Verhinderungsleistungen erbringt. Das ist Inhalt der sog. „Bestleistungstheorie". Ein pauschaler Hinweis auf Gift in einer Filiale irgendwo in Berlin würde nach diesem Ansatz nicht als ausreichend angesehen werden. Der Täter müsste vielmehr wirklich dafür sorgen, dass die Milchdose gefunden wird.

Die Rechtsprechung vertritt diese Ansicht jedoch nicht. Sie stützt sich vielmehr auf den Wortlaut der Norm.

> **Anmerkung:**
> Der Prüfling – der seine Sache grundsätzlich sehr gut macht – muss nun aufpassen, nicht in einen
> Monolog zu verfallen. Selbst wenn der Kandidat ein tolles Wissen mitbringt, wäre es ungut, mög-
> lichst viele Informationen „ohne Punkt und Komma herunterzurattern". Die mündliche Prüfung
> im 2. Juristischen Staatsexamen ist immer ein Dialog, nie ein Monolog. Der Prüfer möchte nicht
> belehrt werden, sondern ein Rechtsgespräch führen. Zum anderen birgt jedes Monologisieren
> immer die Gefahr, dass man „in falsches Fahrwasser gerät" oder wertvolle Zeit mit Nebensächli-
> chem verbringt. Es gilt hier also: Blickkontakt mit der Prüferin halten und so permanent das Feed-
> back einholen, ob weitere Ausführungen gewünscht sind.

Die Rechtsprechung folgt damit der sog. „Chanceneröffnungstheorie" und fordert nur, dass eine neue Kausalkette in Gang gesetzt wird; diese muss für die Verhinderung des Erfolgs wenigstens mitursächlich geworden sein.

Damit kommt ein Rücktritt vom Versuch nach § 24 Abs. 1 S. 1 Var. 2 StGB auch dann in Betracht, wenn der Täter unter mehreren Möglichkeiten der Erfolgsverhinderung nicht die sicherste oder optimalste Möglichkeit gewählt hat – sofern sich das Verhalten des Täters nur als erfolgreich und letztlich als kausal erweist. Nach dieser Auffassung ist es also gleichgültig, ob der Täter noch mehr hätte tun können.

Hier hat A den Vorstand immerhin so genau über die Filiale informiert, sodass dieser sinnvoll die Polizei einschalten konnte. Er nannte die genaue Marke der betroffenen Ware und grenzte den Tatort wenigstens auf Berlin ein. Die Polizei hat das vergiftete Milchpulver gefunden. Damit gilt also: mit seiner Auskunft hat A auf die giftigen Produkte aufmerksam gemacht und eine neue Kausalkette in Gang gesetzt. Sein Verhalten wurde für die Verhinderung der Tatvollendung ursächlich, auch wenn das letztlich auch der genauen Absuche durch die Polizei zu verdanken ist.

Prüferin: Und was gilt für den subjektiven Tatbestand?

Für den Rücktritt ist es zunächst erforderlich, dass der Täter den Tatvorsatz vollständig aufgibt.[153] Im subjektiven Tatbestand verlangt die Rechtsprechung den Willen des Täters, den Erfolg zu vereiteln. Das Problem ist zwar, dass A nicht gesagt hat, wo er das Milchpulver versteckt hat. Allerdings hat er auf Nachfrage der Personalchefin zumindest die Stadt Berlin genannt.

---

[153] Deshalb reicht es nicht aus, worauf der BGH im Lebensmittelpresserfall hinweist, wenn der Täter den Taterfolg weiterhin billigend in Kauf nimmt. Der BGH zitiert hierfür ein Beispiel von *Fischer* und nennt den Fall, wo der Täter dem Opfer nur „nach Art eines Glücksspiels eine Chance gibt" (BGH NJW 2019, 3659 (3661) Rn. 18 unter Bezugnahme auf Fischer StGB § 24 Rn. 30, 35).

Dem BGH genügt es, dass er damit den Willen gezeigt hat, eine neue Kausalkette in Gang zu setzen. Damit wählte A sicherlich nicht die sicherste oder optimale Möglichkeit zur Erfolgsverhinderung, weil er nicht die direkt betroffenen Einzelhandelsfilialen benannte. Allerdings kann man A zugutehalten, dass er die Marke des Milchpulvers genau bezeichnete und auf Nachfrage die Stadt Berlin angab, was die Sicherstellung letztlich ermöglichte. Eine Wertung, er habe eine mögliche Tötung von Menschen mit diesen Produkten weiterhin gebilligt, ist damit nicht mehr zu vereinbaren.[154]

Prüferin: Warum ist der BGH denn hier „so großzügig"?
Das hat klar Gründe des Opferschutzes. Man möchte den Täter dazu anhalten, den Erfolg vielleicht doch noch irgendwie zu verhindern; ihm soll stets die „goldene Brücke" zurück in die Legalität gebaut werden.

Welche weiteren Delikte würden Sie nun noch prüfen?
A ist strafbar wegen der versuchten (besonders) schweren räuberischen Erpressung mit Todesfolge, §§ 251, 255, 22, 23 StGB. Auch vom beendeten Versuch der (besonders) schweren räuberischen Erpressung mit Todesfolge (§§ 251, 250, 255, 22, 23 StGB) ist A wirksam zurückgetreten, indem er die Vollendung der Todesfolge als Erfolgsqualifikation im Sinne von § 24 Abs. 1 S.1 Var. 2 StGB verhindert hat.

Prüferin: Könnten Sie dies genauer ausführen?
Zunächst darf ich noch einmal zusammenfassend und wiederholen: Der Erfolg ist ausgeblieben, der Vorstand hat kein Geld bezahlt. Der Versuch ist strafbar, da die Tat ein Verbrechen darstellt, § 12 StGB.
A wollte den Vorstand dazu bewegen, ihm eine Million EUR zu bezahlen.
Indem A zur Erpressung unter Anwendung von Drohungen mit gegenwärtiger Gefahr für Leib oder Leben (§ 255 StGB) das vergiftete Milchpulver in das Regal des Drogeriemarktes stellte, verwendete er ein gefährliches Werkzeug[155] im Sinne von § 250 Abs. 2 Nr. 1 StGB. Damit setzte er auch unmittelbar zur Tat an.

Prüferin: Schon, allerdings sollte ja nicht der Vorstand der Drogeriemarktkette die Milch trinken?
Eine Gefahr für Leib oder Leben im Sinne des § 255 StGB kann auch zum Nachteil von mit dem Erpressungsopfer nicht identischen Personen angedroht werden – hier den Käufern bzw. Konsumenten der Milch.

Prüferin: Ganz richtig. Dann gehen wir jetzt hier zurück zum Problemkreis des Rücktritts von einem erfolgsqualifizierten Delikt.
Wie gesagt, es handelt sich hier um eine versuchte besonders schwere räuberische Erpressung mit Todesfolge. Damit liegt hier das Problem des Rücktritts vom erfolgsqualifizierten Delikt vor.

Anmerkung:
Hier gibt die Prüferin wieder eine ganz konkrete Hilfestellung, die jeder Prüfling aufgreifen kann, der im Prüfungsgespräch präsent ist. Wichtig ist, dass man die Hilfestellung annimmt; dabei darf man die „Steilvorlage" ruhig noch einmal benennen. Hierdurch gewinnt man auch einen Moment „Zeit zum Atem holen" und kann dann in das Problem einsteigen.

---

[154] So der BGH in BGH NJW 2019, 3659 (3661) Rn. 18; eine andere Auffassung ist mit guten Argumenten ebenso vertretbar. Dann muss eine vollendete Tat angenommen werden.
[155] Zum Begriff des gefährlichen Werkzeugs BGH NJW 2009, 3042.

Das Problem ist hier, dass A nach dem oben Gesagten von der versuchten Erfolgsqualifikation zurückgetreten ist, also der Tötung von Menschen. Hingegen ist er aber eben nicht vom Grunddelikt, der Erpressung des Vorstandes der Drogeriemarktkette, zurückgetreten.

Der BGH lässt aber einen teilweisen Rücktritt von der versuchten Erfolgsqualifikation auch dann zu, wenn der Täter nicht vom Versuch des Grunddelikts zurücktritt.[156] Daher ist A also von der versuchten (besonders) schweren räuberischen Erpressung mit Todesfolge wirksam zurückgetreten, es bleibt nur das Grunddelikt.

Prüferin: Da haben Sie ein nicht gerade einfaches Problem schön entwickelt.

[Prüferin wendet sich nun an den nächsten Kandidaten] **Lassen Sie uns in der restlichen Zeit noch schnell auf das Strafprozessrecht schauen. Wenn die Staatsanwaltschaft sich nun entschließt, A anzuklagen – zu welchem Gericht würde sie gehen?**

> **Anmerkung:**
> Ein häufig zu beobachtendes Phänomen: Die Prüferin möchte gerne beide Gebiete, das materielle Recht und das Strafprozessrecht, in der mündlichen Prüfung abdecken (was aus Kandidatensicht begrüßenswert ist, weil die Prüfung dann mehr Chancen bietet). Nun merkt sie, dass die Zeit knapp wird und wechselt relativ abrupt das Thema. Als Kandidat muss man geistig beweglich sein, um hier sofort mitzugehen und darf sich auch nicht unter Stress setzen lassen. Wer allerdings darauf vertraut hatte, dass noch weitere materiell- rechtliche Fragen aus dem Fall vertieft werden und sich hierzu ggf. schon weitere Gedanken/ sogar Notizen gemacht hat, hat „umsonst die geistige Festplatte belegt". Ressourcenschonender ist es, stets zu 100 % in der Prüfung zu bleiben und nicht über deren weiteren Fortgang zu spekulieren. Anders als in einer schriftlichen Prüfung werden eben nicht immer alle Probleme am Ende einer Lösung zugeführt. Zeitmangel oder auch ein Impuls durch einen Prüfling können den Prüfer immer wieder dazu bewegen, vom eigentlich Erwartbaren abzuweichen.

Zum Landgericht?

> **Anmerkung:**
> Aus der Formulierung der Antwort wird für alle Mitglieder der Prüfungskommission offensichtlich, dass der Kandidat mehr oder weniger geraten hat. Bei einer solch eindeutigen Frage die Antwort ihrerseits als Frage zu formulieren (wenn auch hier nur durch den Tonfall) ist ungeschickt und wirkt unsicher.
>
> Ist man sich unsicher, ob das gefundene Ergebnis richtig ist, dann entwickelt man sinnvollerweise die Lösung lieber einfach Schritt für Schritt. Das könnte dann hier so aussehen:

Maßgebend für die Staatsanwaltschaft bei der Auswahl des Gerichts, zu dem sie Anklage erheben möchte, ist das GVG. Hier sehe ich einmal in den § 24 GVG. Nach dieser Norm gilt, dass die Amtsgerichte zuständig sind, wenn nicht die Landgerichte nach § 74 Abs. 2 GVG oder § 74a GVG zuständig sind. Hier besteht allerdings eine solche Zuständigkeit des Landgerichts.

> **Anmerkung:**
> Wenn der Prüfling auf diese Art und Weise „laut denkt", dann kann die Prüferin auch jederzeit helfend eingreifen.

---

[156] BGH NJW 2019, 3659; Fischer StGB § 18 Rn. 10.

Prüferin: Wie kommen Sie darauf? Können Sie das näher erläutern?

Die Staatsanwaltschaft wird den Täter wegen der versuchten Erpressung anklagen. Dann ist an eine Zuständigkeit des Landgerichts, wenn nicht sogar des Schwurgerichts zu denken.

Prüferin: Des Schwurgerichts? Schauen Sie doch noch einmal genau hin.

Die gesetzliche Zuständigkeit des Schwurgerichts ist in § 74 GVG normiert. Danach entscheidet die Strafkammer als erkennendes Gericht des 1. Rechtszuges über das Verbrechen des Mordes, § 74 Abs. 2 GVG. Hier hat doch der Täter neben der Erpressung noch einen Mord versucht. Teilnahme und Versuch stehen der Tatvollendung bei der Frage der Zuständigkeit gleich.[157] Das Schwurgericht ist eine große Strafkammer mit einer Sonderzuständigkeit.

Prüferin: Langsam, langsam, wir haben hier doch den versuchten Mord gerade verneint, weil der Täter davon zurückgetreten ist.

Ach so, klar, natürlich. Da bin ich jetzt hier mit meinen Notizen durcheinandergeraten. Ich konnte gerade meine Schrift nicht mehr lesen und dann bin ich in den Zeilen verrutscht. *[Kandidat deutet auf einen engbeschriebenen Bogen mit gekritzelten Zeilen vor sich.]*

Anmerkung:
Noch so ein Klassiker, den wir in Prüfungen immer wieder erleben. Manche Kandidaten schreiben unglaublich viel mit – bei einigen hat man fast den Eindruck, sie tun das gar nicht überlegt, sondern mehr aus einem Reflex heraus, die Hände zu beschäftigen. Dabei geht viel Energie verloren – die man besser unmittelbar in das Prüfungsgespräch investiert. Schlimmstenfalls führt das Mitschreiben dazu, dass man dem Gespräch gar nicht wirklich folgt- sondern sich auf das Geschriebene verlässt. Das kann, wie gezeigt schief gehen. (Und nein, bevor Sie jetzt antworten, Sie bräuchten doch die Mitschrift, um ein Prüfungsprotokoll für später geprüfte Kandidaten zu erstellen ... das kann keine ernsthafte Überlegung sein. Im Moment der Prüfung zählen nur Sie und Ihre Note!)

Zu Notizen gilt also:
Wenn man überhaupt etwas aufschreiben möchte, dann nur die wichtigsten Schlagworte (Namen, Zahlen, Norm). Diese notiert man dafür groß und deutlich lesbar auf dem Papier.

Prüferin: Na, das macht nichts. Aber wenn wir schon beim Thema sind – in welcher Besetzung entscheidet denn ein Schwurgericht?

Anmerkung:
Eine klassische „Zwillingsfrage". Wird nach einem zuständigen Gericht gefragt, ist oft im nächsten Atemzug die Besetzung des entsprechenden Spruchkörpers das Thema. Solche Antworten lassen sich in der Vorbereitung sehr gut trainieren! Beachten Sie auch: Zuständigkeitsfragen sind beliebte Annexfragen am Ende der Prüfung, wenn der Prüfer nur noch wenige Minuten zu füllen hat; dann wird auch gerne noch nach der örtlichen Zuständigkeit gefragt.

Das Schwurgericht ist mit drei Berufsrichtern und zwei Schöffen besetzt. Dies ergibt sich aus § 76 Abs. 2 S. 3 Nr. 1 GVG. Eine Reduzierung ihrer Besetzung ist dann ausgeschlossen.

---

[157] BeckOK GVG/*Huber*, 8. Ed. 1.8.2020, GVG § 74 Rn. 3.

Prüferin: Nehmen wir also an, das zuständige Landgericht verurteilt nun nach einer langen Hauptverhandlung den A zu einer Freiheitsstrafe von 8 Jahren. Mit diesem Ergebnis ist A unzufrieden. Er möchte daher unbedingt in Berufung gegen dieses Urteil gehen. Welches Gericht ist denn hier für die Berufung zuständig?

> **Anmerkung:**
> Diese „Trickfrage" müsste inzwischen eigentlich einen Bart bis zum Südpol haben. Gegen ein Urteil des Landgerichts in Strafsachen gibt es keine Berufung, nur die Revision. Nichtsdestotrotz fallen immer wieder Prüflinge darauf herein – und zwar jene, die sich gescheut haben, sich mit Zuständigkeitsfragen auseinander zu setzen. Wie bereits an anderer Stelle ausgeführt, ist dies in der Vorbereitung auf die mündliche Prüfung ein unverzeihlicher Fehler!

Die Berufung geht dann zum Bundesgerichtshof.

Prüferin *[wendet sich an einen anderen Kandidaten]*: Sehen Sie das auch so?
Ich meine, dass die Berufung zum OLG gehen müsste.

> **Anmerkung:**
> Auch der nächste Kandidat schlägt sich also nicht besser – und schießt einfach aus der Hüfte. Er rät einfach die scheinbar andere einzig mögliche Alternative. Wenn man die Antwort nicht sicher weiß, dann ist es besser, gedanklich einen Schritt zurückzugehen und noch einmal die Frage aufzugreifen. Hätte der Kandidat die Frage umformuliert *Sie fragten gerade nach dem zuständigen Gericht bei einer Berufung gegen eine erstinstanzliche Entscheidung des Landgerichts* hätte ihm die korrekte Lösung vermutlich gedämmert.

Prüferin *[wendet sich erneut an einen anderen Kandidaten]*: Was meinen Sie?
Gegen die Urteile des Landgerichts erster Instanz gibt es keine Berufung. Gegen solche Urteile kann man nur in Revision gehen.

Prüferin: Das ist korrekt. Aber haben Sie da gar keine Bedenken, wenn es gerade hier keine Berufung gibt? Schließlich werden vor dem Landgericht doch die ganz einschneidenden Fälle entschieden?
Nun, es gibt aber kein subjektives Recht auf den Instanzenzug.

> **Anmerkung:**
> Auch wenn das eigentlich eine Frage ist, die in das öffentliche Recht hineingeht, ist das doch Grundlagenwissen auch im Strafrecht. Wenn Sie solche Fragen – zumindest kurz- souverän beantworten können, erfreut das natürlich auch gleich besonders den Prüfer aus dem Öffentlichen Recht. Mit einer Antwort haben Sie dann gleichzeitig im Strafrecht und im Öffentlichen Recht gepunktet. Die Prüferin wollte hier im Strafrecht eigentlich nur das Stichwort „kein subjektives Recht auf den Instanzenzug" hören. Dass der Kandidat im Folgenden den Gedanken noch so schön vertieft, führt diesen natürlich in die „obersten Punktesphären" (und bereitet den Boden für die Stimmung in der Prüfung im Öffentlichen Recht).

Ein solcher Anspruch ergibt sich nicht aus Art. 20 Abs. 3 GG in Verbindung mit den Grundrechten, also dem allgemeinen Justizgewährungsanspruch. Gewährleistet wird hier „nur" der Zugang zum gerichtlichen Verfahren, wobei die einmalige Möglichkeit zur Einholung einer gerichtlichen Entscheidung genügt.[158]

---

[158] Es liegt dann vielmehr in der Entscheidung des einfachen Gesetzgebers (Art. 74 Abs. 1 Nr. 1 GG), unter Abwägung und Ausgleich der verschiedenen betroffenen Interessen zu entscheiden, ob

Nach dem Justizgewährungsanspruch – wie auch Art. 19 Abs. 4 GG – muss zwar der Zugang zum Gericht eröffnet sein, aber kein Instanzenzug eröffnet werden. Sofern der Justizgewährungsanspruch beinhaltet, dass der Zugang zur nächsten Instanz nicht in unzumutbarer Weise erschwert werden darf, gilt dies ja nur, soweit die jeweilige Verfahrensordnung auch einen Instanzenzug zur Verfügung stellt. Entsprechendes gilt für den Anspruch auf rechtliches Gehör aus Art. 103 Abs. 1 GG.

Ein Anspruch ergibt sich auch nicht aus Art. 95 Abs. 1 GG, der dem einzelnen kein subjektives Recht einräumt, sondern dem Staatsorganisationsrecht zuzuordnen ist.[159]

Damit kann A gegen dieses Urteil nur in Revision gehen, nicht aber in Berufung.

> **Anmerkung:**
> Hier hat der Prüfling nach seinen schönen Ausführungen zum Öffentlichen Recht den Bogen noch einmal zurückgeführt zur Ausgangsfrage. Er hat außerdem zusätzlich darauf hingewiesen, welches Rechtsmittel möglich ist (nämlich die Revision). Damit hat er- wie vom Prüfling erhofft- noch einmal eine Nachfrage der Prüferin provoziert, die er sicher beantworten konnte. Damit konnte er hier sogar nach dem Ablauf der Prüfungszeit „auf den letzten Metern" noch Punkte holen.

Prüferin: Unsere Prüfungszeit ist eigentlich schon vorbei. Trotzdem, schnell zum Abschluss noch die Bitte, mir in einem Satz zu sagen, wann eine solche Revision Aussicht auf Erfolg hätte?

Eine erfolgreiche Revision würde – neben der Zulässigkeit der Revision, die man dann im Einzelnen genauer prüfen müsste- voraussetzen, dass entweder ein von Amts wegen zu prüfendes Verfahrenshindernis vorliegt; oder es müsste mindestens eine Verfahrens- oder Sachrüge mit Erfolg vom Angeklagten erhoben werden können.

---

mehrere Instanzen bereitgestellt werden und unter welchen Voraussetzungen sie angerufen werden können. Zum Ganzen etwa Maunz/Dürig/*Jachmann-Michel*, 91. EL April 2020, GG Art. 95 Rn. 103.

[159] Maunz/Dürig/*Jachmann-Michel*, 91. EL April 2020, GG Art. 95 Rn. 103.

4. Kapitel: Der Aktenvortrag

In nahezu allen Bundesländern ist der Aktenvortrag wesentlicher Teil der mündlichen Prüfung.[160] Dieser geht in der Regel einem weiteren Prüfungsgespräch vorweg. Wer den Aktenvortrag gut bewältigt, punktet nicht nur hoch, sondern hat auch einen enormen psychologischen Vorteil für den Rest der Prüfung.

Der Aktenvortrag selbst dauert je nach Bundesland 10 bis 15 Minuten und ist in freier Rede zu halten. Vorher hat der Kandidat – wiederum abhängig von den Vorgaben im jeweiligen Bundesland- 1 h bis 1,5 h Vorbereitungszeit. Der Prüfer händigt ihm hierfür eine ihm unbekannte „Akte" aus. Dabei handelt es sich um einen fiktiven Fall, der optisch allerdings wie eine „richtige Akte" aufbereitet ist.

A. Aufbau

Der Aufbau des Aktenvortrags wird üblicherweise wie folgt gegliedert:

1. Einleitung
2. Sachbericht
3. Vorschlag als Obersatz
4. rechtliche Bewertung zur Rechtfertigung des Vorschlags
5. abschließender Vorschlag

B. Ein paar Überlegungen vorweg …

Der Aktenvortrag lässt sich gut trainieren.[161] In der Referendarzeit gibt es in den meisten Bundesländern verschiedene Angebote, den Aktenvortrag zu üben. Diese sollten Sie unbedingt wahrnehmen. Zusätzlich empfiehlt sich das Training in der privaten Lern- oder Übungsgruppe oder im Rahmen eines professionellen Trainingsprogramms. Es gilt, unbedingt die Scheu davor zu verlieren, vor anderen Menschen zu sprechen. Nur wer trainiert, hat das notwendige Selbstbewusstsein, die erarbeitete Lösung sicher vorzutragen.

Seien Sie sich auch stets bewusst, dass es im Aktenvortrag nicht allein auf die Lösung des Falles ankommt. Die Prüfer werten auch, wie Sie juristisch und rhetorisch arbeiten: Wie wird der Fall aufbereitet und wie die Lösung präsentiert. Auch eine im Ansatz brillante Lösung wird keine Spitzennote bringen, wenn Sie diese Ihren Zuhö-

---

[160] Nähere Informationen zum Inhalt der mündlichen Prüfung im Zweiten Juristischen Staatsexamen in den jeweiligen Bundesländern und zur Gewichtung haben wir für Sie im Anhang übersichtlich zusammengestellt. Bis auf das Bundesland Bayern gibt es in allen Bundesländern den Aktenvortrag in der mündlichen Prüfung.

[161] Übungsmöglichkeiten zum Aktenvortrag finden Sie auch immer wieder in den Ausbildungszeitschriften, zB *Czellnik* JuS 2021, 69 (Strafrecht); *Bubeck* JuS 2020, 1206 (Zivilrecht); *Lenk* JuS 2020, 782 (Öffentliches Recht).

rern ohne jedes rhetorische Geschick so um die Ohren hauen, dass Ihnen niemand zu folgen vermag. Darum gilt auch hier das schon so oft Gesagte: machen Sie Sprechpausen, suchen Sie den Blickkontakt zu den Prüfern.

Umgekehrt kann auch eine inhaltlich schwächere Lösung Punkte bringen, wenn der Kandidat im Vortrag gezeigt hat, dass er einen Standpunkt sprachlich geschickt vertreten kann. Als Juristen arbeiten wir tagtäglich mit der Sprache. Hier ein Talent zu haben oder zu entwickeln, wirkt sich auf die Examensnote unmittelbar aus.

Ein Gefühl für die Zeiteinteilung stellt sich erst nach wiederholtem Üben ein. Je sicherer Sie in der Aufteilung der knappen Vorbereitungs- und Sprechzeit sind, desto weniger haben Sie mit „hausgemachter Nervosität" zu kämpfen.

Zeit in der Vorbereitung des Vortrags spart, wem Aufbau und Struktur geläufig sind und wer übliche Obersätze und Übergänge auswendig kennt. Genauso sollte man die zentralen Definitionen beherrschen (zB im Strafrecht den des für die Anklage notwendigen „hinreichenden Tatverdacht").

C. Die Aufbereitung des Aktenvortrags

Haben Sie die Akte erhalten, müssen Sie diese aufbereiten. Es kann gar nicht oft genug betont werden, dass am Anfang immer die sorgfältige Lektüre der Aufgabenstellung stehen muss! Sodann lesen Sie mindestens zweimal den Aktenauszug und markieren sich entscheidende Passagen; da man beim ersten Lesen oft dazu neigt, alles für wichtig zu halten und übereifrig zu viel zu markieren, erfolgt die Kennzeichnung des Wichtigen sinnvollerweise erst beim zweiten Durchlesen.

Sodann lösen Sie stichpunktartig den juristischen Fall und entwerfen dann die Vorlage für Ihren Vortrag.

In der Strukturierung und Skizzierung Ihres Vortrags empfehlen wir die Arbeit mit Karteikarten:

- Verwenden Sie mehrere Karteikarten im Format Din A5. Anders als Papier knittert die stabile Karteikarte auch in der Aufregung der Prüfung nicht und Sie haben etwas „zum Festhalten".
- Paginieren Sie die Karteikarten.
- Beschriften Sie die Karten nur einseitig, damit Sie nicht in der Prüfung auf Vorder- und Rückseiten suchen müssen!
- Eigentlich eine Selbstverständlichkeit: Schreiben Sie groß und deutlich. Wenn man in der Aufregung daran scheitert, dass man die eigene Schrift nicht mehr lesen kann, macht das keinen besonders guten Eindruck. Umgekehrt bieten Ihnen leicht lesbare Stichworte einen psychologisch wichtigen Anker beim Vortrag.
- Für jedes Element des Aktenvortrags ist eine gesonderte Karteikarte zu fertigen. Wenn Sie unseren Aufbauempfehlungen folgen (siehe hierzu auch sogleich unten), benötigen Sie mindestens 5 Karteikarten.
- Auf der Karteikarte wird der Obersatz / die Obersätze ausformuliert und die einschlägigen Bestimmungen aufgenommen. Im Übrigen wird der Inhalt nur stichpunktartig notiert.
- Bereits während des Examenstrainings sollten Sie sich angewöhnen, die Karteikarten immer nach dem gleichen Schema zu beschriften, so sparen Sie Zeit und Nerven, wenn es darauf ankommt!
- Bedenken Sie stets: Der Aktenvortrag ist als freie Rede zu halten und ein Ablesen gibt an dieser Stelle Abzüge!

D. Aktenvortrag Zivilrecht: Immer Ärger mit der Photovoltaikanlage – Werkvertragsrecht – zivilrechtliches Berufungsverfahren

Schwierigkeitsgrad:	mittel
Themenbereiche:	Werkvertrag/Abgrenzung von Vertragstypen/Verjährungsdauer/Form und Inhalt von Berufungsrügen
Charakteristika dieser Aufgabe:	ungewöhnlicher prozessualer Arbeitsauftrag: Vorbereitung eines Votums im Rahmen einer Senatsbesprechung

---

Az.: 19 O 2/21

IM NAMEN DES VOLKES

In dem Rechtsstreit

Eilig Günter, Hafenstraße 2b, 22303 Hamburg – Kläger –

Prozessbevollmächtigte: Rechtsanwälte Schlau und Partner, Münchner Straße 12, 22303 Hamburg

gegen

Sonnig GmbH, vertreten durch d. Geschäftsführerin Anna Emsig, Marienstr. 1, 22303 Hamburg
– Beklagte –

Prozessbevollmächtigte: Rechtsanwältin Ritter, Hauptplatz 2, 22303 Hamburg

wegen Mängelbeseitigung aus Werkvertrag

erlässt das Landgericht Hamburg – 19. Zivilkammer – durch die Richterin am Landgericht Holley als Einzelrichterin am 12.4.2021 aufgrund der mündlichen Verhandlung vom 15.3.2021 folgendes

Endurteil

  I. Die Klage wird abgewiesen.
 II. Der Kläger trägt die Kosten des Rechtsstreits
III. [vV]

Tatbestand

Der Kläger nimmt die Beklagte auf Mängelbeseitigung an einer auf seinem Hausdach installierten Photovoltaikanlage in Anspruch.

Der Kläger beauftragte die Beklagte mit Vertrag vom 5.8.2016 mit der Lieferung und Montage einer Photovoltaikanlage samt Energiespeicher mit einer Anlagenleistung von 5,0 kWp. Die aus 12 Modulen (1,6m x 1m) bestehende Anlage, die auf einem Schienensystem festgeschraubt wurde, wurde installiert. Von den Modulen führen 12 Kabel in den Keller des Wohnhauses, wo der Wechselrichter mit dem Steuerelement und dem Akku platziert ist. Der Kläger nutzt 70 % des Stroms für seinen Eigenbedarf, 30 % werden eingespeist.

Die Kosten für die Photovoltaikanlage wurden vollständig bezahlt.

Zwei bis drei Jahre nach der Inbetriebnahme zeigten sich Mängel. Es wurde festgestellt, dass der Wechselrichter defekt ist. [...] Die Kosten hierfür belaufen sich auf ca. 6.000,00 EUR netto.

Der Kläger forderte die Beklagte am 14.10.2019 und zuletzt am 21.12.2019 unter Fristsetzung zur Mängelbeseitigung auf.

Der Kläger ist der Ansicht, dass seine Ansprüche nicht verjährt sind, da diese erst in fünf Jahren verjähren würden.

Der Kläger beantragt,

> I. Die Beklagte wird verurteilt, die Mängel an der auf dem Hausdach des [...] installierten Photovoltaikanlage zu beseitigen und den defekten Wechselrichter auszutauschen.
> II. Die Beklagte wird verurteilt, an den Kläger vorgerichtliche Anwaltskosten in Höhe von 526,58 EUR nebst Zinsen in Höhe von 5 Prozentpunkten ab Rechtshängigkeit zu zahlen.

Die Beklagte beantragt die Klage abzuweisen.

Die Beklagte erhebt die Einrede der Verjährung.

Hinsichtlich der weiteren Einzelheiten des Sach- und Streitstands wird auf die gewechselten Schriftsätze sowie auf das Protokoll der mündlichen Verhandlung vom 15.3.2021 Bezug genommen.

Entscheidungsgründe

I.

Die zulässige Klage hat in der Sache keinen Erfolg. Der Kläger hat keinen durchsetzbaren Mängelbeseitigungsanspruch. Die von der Beklagten erhobene Einrede der Verjährung greift durch. Der Mängelbeseitigungsanspruch verjährt im vorliegenden Fall nicht in fünf Jahren (§ 438 Abs. 1 Nr. 2 BGB), sondern in zwei Jahren (§ 438 Abs. 1 Nr. 3 BGB).

1. Der geltend gemachte Mängelbeseitigungsanspruch des Klägers richtet sich nicht nach Werkvertragsrecht, sondern nach §§ 437 Satz 1, 439 BGB. ... *[vom Abdruck wurde zu Prüfungszwecken abgesehen]*

2. Die streitgegenständliche Photovoltaikanlage stellt selbst kein Bauwerk gemäß § 438 Abs. 1 Satz 2 Buchstabe a) BGB dar. ... *[vom Abdruck wurde zu Prüfungszwecken abgesehen]*

II.

Die Kostenentscheidung richtet sich nach § 91 ZPO. ...

Unterschrift

Rechtsanwälte Schlau und Partner
Münchner Straße 12
22303 Hamburg

Per Fax an das
Oberlandesgericht Hamburg

Hamburg, 1.5.2021

Berufung und Berufungsbegründung

Wir legen wir namens und im Auftrag des Klägers gegen das Urteil des Landgerichts Hamburg vom 12.4.2021, uns zugestellt per beA am selben Tag

Berufung

ein. Eine beglaubigte Abschrift fügen wir in der Anlage BK1 bei.

Wir begründen die namens und im Auftrag des Klägers und Berufungsklägers eingelegte Berufung wie folgt und kündigen an, dass wir in der mündlichen Verhandlung beantragen werden zu erkennen:

1. Unter Abänderung des am 12.4.2021 verkündeten Urteils des Landgerichts Hamburg ..., nach den Schlussanträgen des Klägers erster Instanz zu erkennen.

2. Die Beklagte hat die Kosten beider Rechtszüge zu tragen.

Begründung

1. Gerügt wird in verfahrensrechtlicher Hinsicht, dass entgegen dem neu geschaffenen § 72a Abs. 1 Nr. 2 GVG der Rechtsstreit nicht von der Baukammer entschieden wurde. Unabhängig davon, ob Kauf- oder Werkvertragsrecht zur Anwendung kommt, ist die Baukammer zuständig, sobald eine entsprechende rechtliche Abgrenzung vorzunehmen ist.

2. Gerügt wird die Rechtsverletzung durch das Landgericht, in dem dieses verkennt, dass hier die lange Verjährungsfrist des § 634a Abs. 1 Nr. 2 BGB von fünf Jahren Anwendung findet. ... *[vom Abdruck wurde zu Prüfungszwecken abgesehen]*

Das Urteil des Landgerichts beruht auf diesem Fehler, da das Landgericht rechtsirrig annimmt, dass hier die (kurze) zweijährige Verjährungsfrist Anwendung finden würde.

2. Das Landgericht verkennt im Tatbestand des Urteils auf Seite 2 des Endurteils, dass die streitgegenständliche Photovoltaikanlage tatsächlich aus 20 Modulen besteht und nicht aus 12 Modulen. Durch diese Mehranzahl an Modulen war auch ein erheblich massiverer Eingriff in die Gebäudeaußenhaut notwendig, um die Photovoltaikanlage windsicher und schneesicher einzubauen sowie die Witterungsbeständigkeit des Gebäudes zu sichern.

3. Das Landgericht führt im Tatbestand des Urteils auf Seite 2 des Endurteils auf, dass zu einer Mängelbeseitigung der Austausch des Wechselrichters erforderlich ist und hierfür Kosten über 6.000,00 EUR anfallen. Diese Kostenschätzung ist grob unzutreffend. ...

Auf das gesamte erstinstanzliche Vorbringen des Klägers einschließlich der dortigen Beweisantritte wird Bezug genommen und dieses wird auch zum Gegenstand des Vortrags dieser Instanz gemacht.

Die Beklagte verteidigt das Urteil und verweist darauf, dass der Wechselrichter eine selbständige Komponente ist und daher Werkvertragsrecht nicht zum Tragen kommen könne.

Bearbeitervermerk:

Im Rahmen der anstehenden Senatsbesprechung sind die Möglichkeiten für das weitere Vorgehen aufzuzeigen und es ist eine Empfehlung über das weitere Vorgehen zu formulieren. Hierbei ist auf alle im Sachverhalt aufgeworfenen Rechtsfragen – notfalls hilfsgutachterlich – einzugehen.

> **Anmerkung:**
> Der Bearbeitervermerk spielt bei dem Aktenvortrag eine überragende Rolle. Nachdem die Bearbeitungs- und Vorbereitungszeit, anders als im schriftlichen Verfahren, kürzer[162] ist, darf es zu keinem Missverständnis hinsichtlich der genauen Arbeitsaufträge kommen. In dem vorliegenden Muster wurde, wie das in den meisten Bundesländern der Fall ist, eine Vorbereitungszeit von ca. 60 min bis 90 min bei einer Vortragszeit von etwa 10-12 min zu Grunde gelegt.

Sehr geehrter Vorsitzender, sehr geehrte Prüfungskommission!

> **Anmerkung:**
> Der Aktenvortrag ist der längste zusammenhängende Teil des mündlichen Prüfungsgespräch und ein guter Aktenvortrag lebt von einer deutlichen Strukturierung:
> - Aus dem Vortrag muss der **Aufbau des Aktenvortrags** – *Einleitung, Sachbericht, Vorschlag als Obersatz, rechtliche Bewertung zur Rechtfertigung des Vorschlags und abschließender Vorschlag* – deutlich werden.
> - Im mündlichen Vortrag können Sie die juristische Struktur nicht über eine Gliederung herausarbeiten. An die Stelle der Gliederung treten daher **Obersätze**.
> - Bilden Sie also kurze und klare **Obersätze** (im Folgenden werden diese zur Verdeutlichung die Obersätze kursiv dargestellt).
> - Nach jedem Obersatz wird eine deutliche Pause gemacht.
> - Generell gilt: Kurze, präzise Sätze bilden. Ein Satz pro Aussage. Bandwurmsätze sind zu vermeiden – der Zuhörer kann schlechter folgen – und der Sprecher setzt sich selbst unter den zusätzlichen Stress, nicht den Faden zu verlieren und den Satz grammatikalisch richtig zu Ende zu führen.

Ich berichte über ein Berufungsverfahren des Oberlandesgerichts Hamburg über ein Endurteil des Landgerichts Hamburg vom 12.4.2021, mit dem eine Klage auf Gewährleistung für eine Photovoltaikanlage als verjährt abgewiesen wurde.

> **Anmerkung:**
> Eine gelungene Einleitung lebt davon, dass der Arbeitsauftrag, die prozessuale und materielle Ausgangssituation knapp und plakativ angeführt werden.

In tatsächlicher Hinsicht gilt:

> **Anmerkung:**
> Die Struktur ist durch Obersätze deutlich zu machen.

---

[162] Einen anschaulichen Überblick zu den unterschiedlichen Rahmenbedingungen des Aktenvortrags bietet der Aufsatz *v. Hartz/Streiter* JuS 2001, 790 ff.

Der Kläger nimmt die Beklagte auf Mängelbeseitigung an einer auf seinem Hausdach installierten Photovoltaikanlage in Anspruch.

Der Kläger beauftragte die Beklagte mit Vertrag vom 5.8.2016 mit der Lieferung und Montage einer Photovoltaikanlage. Die bereits bezahlte und aus mehreren Modulen bestehende Anlage samt Energiespeicher wurde installiert und der Kläger nutzt 70 % des Stroms für seinen Eigenbedarf, 30 % werden eingespeist. Etwa zwei bis drei Jahre nach der Inbetriebnahme zeigten sich am Wechselrichter Mängel, weshalb der Kläger die Beklagte 2019 unter Fristsetzung zur Mängelbeseitigung aufforderte.

Die Beklagte erhebt die Einrede der Verjährung und verweigert daher Mängelbeseitigungsleistungen.

Anmerkung:
1. Die Bedeutung der Schilderung des Sachverhalts (vergleichbar der Fertigung eines Tatbestands in einem Urteil einer Examensklausur) darf nicht unterschätzt werden. Der Referendar demonstriert an dieser Stelle die Fähigkeit, das entscheidungsrelevante Kerngeschehen darzustellen. Zum anderen wird abgeprüft, ob der Kandidat in der Lage ist, die klassischen juristischen Arbeitsschritte – Sachverhaltserfassung vor rechtlicher Bewertung – klar zu trennen.

2. Das Dilemma mit dem **Zitat:**
* Grundsätzlich sollten Sie die relevanten Passagen prägnant als Stichpunkt notieren und keine langatmigen Zitate verwenden.
* Wenn Sie einmal eine längere Passage wörtlich zitieren möchten (zB eine Vertragsklausel aus AGB oÄ) bietet sich an, dass Sie die entsprechende Passage mit einem Textmarker (Verwenden Sie eine andere Farbe, als zur „normalen" Hervorhebung) markieren und an der relevanten Seite einen Klebezettel anbringen. Mehr als ein, maximal zwei Zitate dürften es insgesamt aber nicht werden.
* Zur Wiederholung und als Orientierungshilfe, wann man wörtlich zitieren würde: Im Tatbestand eines Urteils würden Sie Vertragsklauseln, Vergleichstexte, Din- Vorschriften, FIS Regeln wörtlich wiedergeben. Das sind alles Texte, bei denen die sprachliche Formulierung entscheidend für die rechtliche Bewertung und damit streitentscheidend ist.
* **Faustregel:** Wann immer die Arbeit mit dem Originaltext entscheidend ist, insbesondere bei Vertrags- oder Testamentsauslegung, sollten Sie im Aktenvortrag die maßgebliche Stelle griffbereit markiert haben.

Ich empfehle im Berufungsverfahren die Fertigung eines rechtlichen Hinweises samt der Unterbreitung eines Vergleichsvorschlags nach § 278 Abs. 6 ZPO.

Ein Vorgehen nach § 522 Abs. 2 ZPO kommt nicht in Betracht, da die Berufung Aussicht auf Erfolg hat. Da die Sache entscheidungsreif ist, scheidet eine Rückverweisung aus und die Unterbreitung des voraussichtlichen Verfahrensausgangs als Vergleichsvorschlag ist prozessökonomisch:

Anmerkung:
Im Bearbeitervermerk wurde deutlich gemacht, dass für die Gestaltung des weiteren Berufungsverfahrens die in Betracht kommenden Möglichkeiten vorgestellt werden. Daher sollten diese in der Zusammenschau aufscheinen.

Grundsätzlich bestünden die folgenden Möglichkeiten für das weitere Berufungsverfahren (Sie sehen: keine Angst vor der Berufung im Examen, die Fallgestaltungen sind überschaubar):
* Die Berufung kann schriftlich nach Maßgabe des § 522 ZPO zurückgewiesen werden, entweder weil die Berufung unzulässig ist oder keine Aussicht auf Erfolg hat. Das geht in der Regel mit der Anregung einher, die Berufung zurückzuweisen.
* Die Parteien können sich vergleichen.

- Es ergeht ein Berufungsurteil – ggf. nach Durchführung einer mündlichen Verhandlung -, wobei insoweit eine Sachentscheidung denkbar ist, aber auch eine Zurückverweisung des Rechtsstreits an die erste Instanz.
- Im vorliegenden Fall besteht zudem die Besonderheit, dass das Oberlandesgericht als letzte Instanz agiert, da im Hinblick auf den Streitwert eine Revision (bzw. eine Nichtzulassungsbeschwerde) unzulässig ist.

Dem liegt folgende rechtliche Bewertung zu Grunde:

Die Berufung hat Aussicht auf Erfolg.

Die Berufung ist zulässig: *[Pause – Blickkontakt]*

Anmerkung:
In diesen Obersätzen spiegelt sich deutlich die Struktur der Prüfung wider. Die Zuhörer können Ihren Vortrag besser nachvollziehen, wenn die Obersätze möglichst kurz sind und ihnen eine rhetorische Kunstpause folgt. So wird der Vortrag strukturiert.

Beim Lesen mögen Ihnen die folgenden Ausführungen gekünstelt wirken und es mögen sich Wiederholungen finden, aber noch einmal: Ein Zuhörer ist für einen klaren *Fahrplan* dankbar. Wiederholungen stören Sie hier allenfalls beim schnellen Lesen, im mündlichen Vortrag sind sie ein einfaches rhetorisches Mittel, das Struktur schafft.

Sie wissen ja: Bewertet werden bei Ihrem Aktenvortrag nicht allein der juristische Inhalt und die Lösung – sondern auch, ob Sie die Lösung praxisnah aufbereiten und nachvollziehbar darlegen können.

Die Berufung ist nach § 511 ZPO statthaft, sie wurde fristgerecht eingelegt und begründet und der Kläger erhebt ausreichend konkrete Berufungsrügen.

Anmerkung:
Vermeiden Sie das bloße Abspulen von Prüfungsschemata. Es kostet nicht nennenswert Zeit, die entsprechenden Prüfungen vorzunehmen. Sollten Sie aus Gründen des Zeitmanagements und der Schwerpunktsetzung zu dem Ergebnis kommen, dass die Berufung völlig unproblematisch zulässig ist, dann formulieren Sie das entsprechend, zB *Die unproblematisch zulässige Berufung ist begründet: Der Kläger hat …*

Hier sollten Sie – vergleichbar dem Grundsatz im schriftlichen Examen – zumindest die Fristen benennen und berechnen:

Die Berufung ist nach § 511 ZPO statthaft.
    Der Kläger wendet sich gegen ein Endurteil des Landgerichts und die formelle und materielle Beschwer liegen bei der vollständigen Klageabweisung bei einem Gebührenstreitwert von etwa 6.000 EUR unproblematisch vor.

Die Berufung wurde fristgerecht eingelegt.
    Fristauslösendes Ereignis für die einmonatige Berufungseinlegungsfrist des § 517 ZPO ist die Zustellung des Urteils über das besondere elektronische Anwaltspostfach (beA), die am 12.6. erfolgte; Fristbeginn ist daher der 13.6. (§§ 222 ZPO iVm § 187 Abs. 1 ZPO) und die Berufungseinlegungsfrist endete folglich am 12.7. Die per Fax am 1.7. eingegangene Berufung erfolgte daher rechtzeitig.

Die Berufungsbegründung genügt den Anforderungen des § 520 Abs. 3 ZPO:

Es wurde der erforderliche Antrag gestellt und – auch wenn der Kläger es so nicht bezeichnet hat –die Verletzung materiellen Rechts (§ 520 Abs. 3 S. 2 Nr. 2 ZPO) durch eine fehlerhafte Anwendung der Verjährungsvorschriften gerügt.

Ob die weiteren Rügen daher ausreichend begründet wurden, hier die Angriffe gegen den Tatbestand, kann offenbleiben, da durch eine zulässige Rüge die Berufung insgesamt zulässig ist.

Das Oberlandesgericht Hamburg ist das zuständige Berufungsgericht (§ 119 Abs. 1 GVG).

Die Berufung ist begründet. Der Kläger hat Anspruch auf Mängelbeseitigung gemäß § 634 Nr. 1 BGB, wobei der Senat von einer abgenommenen Werkleistung (Errichtung 2016, Mangelproblematik 2019) ausgeht.

> **Anmerkung:**
> Auch im Aktenvortrag gilt das Echo-Prinzip, dh aufgeworfene Rechtsfragen sind aufzugreifen und abzuarbeiten, auch dann, wenn sie unproblematisch wirken und zum Weglassen einladen. Besser daher:

Die Klage ist zulässig; die Zuständigkeitsrüge ist unbeachtlich.

Der Kläger hat die Bestimmung des § 513 Abs. 2 ZPO übersehen[163]. Danach kann die Berufung nicht darauf gestützt werden, dass das Erstgericht zu Unrecht seine Zuständigkeit angenommen hat.

Die Klage ist begründet. Der Anspruch des Klägers nach § 634 Nr. 1 BGB ist nicht verjährt und hätte daher nicht abgewiesen werden dürfen. Der zwischen dem Kläger und der Beklagten geschlossene Vertrag ist rechtlich als Werkvertrag zu qualifizieren:

Der Bundesgerichtshof geht im Grundsatz – Ausnahmen sind möglich – davon aus, dass die Errichtung einer Photovoltaikanlage dem Werkvertragsrecht unterfällt.

> **Anmerkung:**
> Der Bundesgerichtshof hat insoweit bereits im Jahr 2013[164] seine Rechtsprechung geändert.

Dem haben sich überwiegend die Oberlandesgerichte angeschlossen. Das überzeugt:

Neben dem „klassischen" Abgrenzungskriterium des geschuldeten „Erfolgs" – bereits dieser Gesichtspunkt spricht für die Einordnung als Werkvertrag – muss weiter berücksichtigt werden, welche Vorschriften der Gesetzgeber zur Lösung der widerstreitenden und wechselseitigen Interessen geschaffen hat, die sich aus der konkreten Vertragsbeziehung ergeben können.

Die Vorschriften des Kaufrechts orientieren sich hierbei an dem für diese Vertragsart typischen Leistungsaustausch, der sich in einem bestimmten und kurzfristigen Moment der Übergabe „Ware gegen Geld" vollzieht und damit beendet ist. Beim Werkvertragsrecht hingegen wird dem Umstand Rechnung getragen, dass häufig eine den Dauerschuldverhältnissen ähnliche, langfristige Vertragsbeziehung entsteht, die störanfälliger ist, als der „schnelle" Leistungsaustausch.

---

[163] Vgl. insoweit auch die Hinweise im Hilfsgutachten.
[164] BGH VII ZR 348/13.

Vor diesem Hintergrund gewinnen
* Kündigungsvorschriften (§ 648 BGB),
* verloren gegangenes Vertrauen (§ 648a BGB),
* der Umgang mit Preissteigerungen (§ 649 BGB)
* oder Absicherungen (§ 647 BGB) besondere Bedeutung.

Anmerkung:
Wir haben hier im Skript die verschiedenen Punkte durch „bullet points" abgesetzt. Das können Sie im mündlichen Vortrag so natürlich nicht. Sie müssen also Ihre Gliederung durch die Satzmelodie, eine deutliche Pause zwischen den beiden Punkten oder durch Ihre Körpersprache zum Ausdruck bringen. Damit geben Sie Ihrem Vortrag Struktur. So kann der Zuhörer viel leichter folgen – und Sie bekommen Punkte für einen systematisch sauberen Vortrag.

Ferner bedingt der dem Werkvertragsrecht immanente und zentrale „Erfolg" im Vergleich zur bloßen „Funktionsfähigkeit" der Kaufsache Regeln wie die Abnahme oder Ersatzvornahme. Der Vertragspartner hat im Werkvertragsrecht das Recht und die Pflicht die Vertragsmäßigkeit der Leistung zu untersuchen; im Fall der Mangelhaftigkeit kann er zur Sicherung des „Erfolgs" zum Institut der Selbstvornahme greifen.

Vor diesem Hintergrund bleiben kaum Zweifel an der Zuordnung des vorliegenden Vertrags als Werkvertrag. So verkennt das Erstgericht, dass beispielsweise Heizanlagen völlig unumstritten den werkvertraglichen Regelungen unterworfen sind, da neben der – im Vergleich zu einer Photovoltaikanlage eher – unproblematischen Installation eine erhebliche Wechselwirkung zum Gebäude und damit zu anderen Gewerken besteht.

Im vorliegenden Fall dient die Photovoltaikanlage auch der Selbstversorgung des Gebäudes mit Strom, so dass bereits vor diesem Hintergrund Werkvertragsrecht zur Anwendung kommt: Das Werkvertragsrecht mit dem ihm immanenten geschuldeten Erfolg ist geprägt von der Funktionalität der geschuldeten Leistung und die Wechselwirkung diverser Gewerke erfordert ein funktionierendes Zusammenspiel. Da der überwiegende Teil des erzeugten Stroms für den Eigenbedarf des Hauses zur Anwendung kommt, besteht eine entsprechende Wechselwirkung zum Gewerk der Hauselektrik.

Für die obergerichtliche Rechtsprechung ist – was die Zuordnung von Photovoltaikanlagen angeht – die Dachhautdurchdringung von tragender Bedeutung und das ist im Hinblick auf die notwendigen Verkabelungsarbeiten die Regel.

Die von der Beklagten erhobene Verjährungseinrede (§ 214 BGB) greift nicht.

Aus den vorgenannten Erwägungen werden Photovoltaikanlagen grundsätzlich auch der Verjährungsfrist des § 634a Abs. 1 Nr. 2 BGB unterworfen. Bei solchen Anlagen muss ja oft in andere Gewerke eines Gebäudes erfolgen.

Die Verlegung der Kabel erfolgt zB durch das Gebäudeinnere, es müssen Eingriffe in die Dachhaut geschehen, es gibt eine Wechselwirkung mit dem Gewerk Elektrik. All das trägt dazu bei, dass mögliche Fehler nicht ohne weiteres ersichtlich sind. Mangelsymptome zeigen sich manchmal erst spät. Auch kann die Zuordnung eines Mangelsymptoms zu einem Gewerk problematisch sein. Diese Gesichtspunkte rechnen zum Telos der vorgenannten langen Verjährungsvorschrift.

Immerhin kommt dem Dach im Hinblick auf die Dichtigkeit mit dem hiermit verbundenen Schimmelrisiko, der energetischen Betrachtung oder der Statik, eine überragende Bedeutung zu; bereits die Verlegung von Kabelkanälen kann zu einem entsprechenden Systemmangel führen, der sich erst ausgesprochen spät zeigen kann.

Soweit die Beklagte in der Klageerwiderung auf einen isolierten Defekt am Wechselrichter verweist, ist das weder bei der Zuordnung des Vertragstypus noch für die Bestimmung der einschlägigen Verjährungsfrist maßgeblich, da ersichtlich ein einheitlicher Vertrag geschlossen wurde.

Das bedeutet für das weitere Berufungsverfahren:

Da die Berufung Aussicht auf Erfolg hat, kann der Senat keine schriftliche Entscheidung nach § 522 ZPO treffen. Hierfür wäre erforderlich, dass die Berufung entweder unzulässig ist oder die erstinstanzliche Entscheidung, zumindest im Ergebnis, richtig ist.

Erforderlich ist mithin eine Terminierung, wobei eine Beweisaufnahme nicht erforderlich ist. Zur Vermeidung bietet sich der Abschluss eines Vergleichs an. Der Senat geht vom überwiegenden Prozessrisiko der Beklagten aus; im Wege des gegenseitigen Nachgebens könnte der Kläger auf die vorgerichtlichen Kosten verzichten. Ein gebührenrechtlicher Mehrwert für den Vergleich besteht nicht. Im Verfahren nach § 278 Abs. 6 ZPO fällt nach der Rechtsprechung eine Terminsgebühr[165] an, um insgesamt die Attraktivität schriftlicher Vergleichsschlüsse zu steigern. Der Hinweis zur Rechtslage samt dem Vergleichsvorschlag ist aus Gründen der Zweckmäßigkeit mit der Terminierung zu verbinden.

> **Anmerkung:**
> Gerade im mündlichen Examensteil schätzen die Prüfer Hinweise und Ausführungen zu Gesichtspunkten, die in der Praxis große Bedeutung haben. Solche lassen sich im Rahmen schriftlicher Klausuren nur schwer abprüfen, eignen sich dafür umso besser für die mündliche Prüfung – schließlich ist das Zweite Juristische Staatsexamen eine Berufseingangsprüfung. Zu den gern gehörten praktischen Überlegungen gehören insbesondere auch Rechtsfragen zu den Kosten und Gebühren.
>
> Im vorliegenden Vergleich wurde eine Abgeltungsklausel aufgenommen, weshalb über einen Mehrwert des Vergleichs durchaus nachgedacht werden kann. Das heißt: dieser Gesichtspunkt wäre anzusprechen (wobei dann allerdings nähere Ausführungen nicht erwartet werden). Der Hinweis zur Terminsgebühr rechnet bereits zu den höheren Punkteregionen und kann als präsentes Wissen nicht ohne weiteres erwartet werden.

Ich schlage daher abschließend folgenden Vergleich vor:
Das Gericht schlägt den Parteien gemäß § 278 Abs. 6 ZPO folgenden Vergleich vor:

I. Die Beklagte beseitigt die Mängel an der auf dem Hausdach des … installierten Photovoltaikanlage und tauscht den defekten Wechselrichter aus.

II. Damit sind sämtliche streitgegenständliche Ansprüche abgegolten.

III. Die Beklagte trägt die Kosten des Rechtsstreits.

Die weiteren Berufungsrügen zur Anzahl der Module oder zum Schadensumfang sind nicht entscheidungserheblich. Insoweit gilt hilfsgutachtlich in rechtlicher Hinsicht:

Der Kläger verkennt die Unterschiede zwischen § 314 ZPO einerseits und §§ 529 Abs. 1 Nr. 1, 520 Abs. 3 S. 2 Nr. 3 ZPO andererseits:

---

[165] BeckOK ZPO/*Bacher*, 38. Ed. 1.9.2020, ZPO § 278 Rn. 46.

Der Kläger greift unstreitige Feststellungen rechtsfehlerhaft (§ 314 ZPO) an und verkennt, dass insoweit ein Tatbestandsberichtigungsantrag erforderlich gewesen wäre:

Mit der Vorschrift des § 314 ZPO – letztlich eine gesetzliche Beweisregel – hat der Gesetzgeber klargestellt, dass die Beurkundungsfunktion des Tatbestands sich in erster Linie auf die Zuordnung von Geschehnissen zum Sachstand einerseits und dem Streitstand andererseits erstreckt. In Konsequenz wurde in § 320 ZPO eine eigene Vorschrift geschaffen, mit der entsprechende Fehler binnen einer eng begrenzten Frist gerügt werden können. Hintergrund ist, dass das Erinnerungsvermögen des „beurkundenden" Gerichts mit Zeitablauf verblasst, die Anwendung einer Beweisregel aber nur dann gerechtfertigt sein kann, wenn die Beurkundungen in einem engen zeitlichen Zusammenhang erfolgt sind.

Damit ist die Zuordnung von Geschehnissen im Tatbestand für das Berufungsgericht grundsätzlich bindend, soweit die Geschehnisse entweder dem Sach- oder dem Streitstand zugeordnet werden.

Demgegenüber sind die Vorschriften der §§ 529 Abs. 1 Nr. 1, 520 Abs. 3 S. 2 Nr. 3 ZPO die denknotwendige Ergänzung.

Nur wenn das Erstgericht Tatsachen zum Streitstand rechnet, ist eine entsprechende Feststellung geboten bzw. überhaupt erlaubt, da der Sachstand unmittelbar nach der Wertung des § 138 ZPO als Ausfluss des Beibringungsgrundsatzes der gerichtlichen Entscheidung zu Grunde zu legen ist. Soweit das Erstgericht den Streitstand als entscheidungserheblich bewertet und demnach entsprechende Feststellungen hierzu trifft, legt das Berufungsgericht diese Feststellungen dann bei der zu treffenden Entscheidung zu Grunde, wenn nicht ernsthafte Zweifel an der Vollständigkeit und Richtigkeit der erstinstanzlichen Feststellungen bestehen. Bestehen ernsthafte Zweifel, kann das Berufungsgericht den Streitstand selbst durch Beweiserhebung aufklären.

Nach der Einordnung des Erstgerichts rechnet die Anzahl der Module – 12 und nicht zwanzig – sowie der Umfang der Mangelbeseitigungskosten zum Sachstand. Dieser ist mangels Tatbestandsberichtigungsantrags unmittelbar der rechtlichen Bewertung zu Grunde zu legen.

Zum gerügten Zuständigkeitsfehler gilt:

Das BayObLG[166] hat am 15.9.2020 klargestellt, dass die im GVG eingeführten Vorschriften zur Bildung von Spezialkammern (§ 72a ZPO) bzw. -senaten (§ 119a GVG) gesetzliche Zuständigkeitsregeln sind.

---

[166] BayObLG v. 15.9.2020 – 101 AR 99/20: *„Nach § 119a Satz 1 GVG sind für die in den Nummern 1 bis 4 genannten Sachgebiete bei den Oberlandesgerichten ein oder mehrere Zivilsenate zu bilden. Dabei handelt es sich um eine gesetzliche Zuständigkeitsregelung, so dass die nähere Eingrenzung und Bestimmung der Spezialzuständigkeiten nicht den Präsidien der Gerichte obliegt (...). Nach der Begründung der Beschlussempfehlung des Ausschusses für Recht und Verbraucherschutz des Deutschen Bundestags werden die Verfahren dem spezialisierten Spruchkörper zugewiesen (...).*

E. Aktenvortrag – Strafrecht – Vermögensdelikte

Schwierigkeitsgrad:	mittel
Themenbereiche:	Diebstahl und Diebstahl in besonders schwerem Fall bei Geringwertigkeit des Tatobjekts; Versuch und Vollendung; Strafantragserfordernis; Abgrenzung Diebstahl und räuberischer Diebstahl; § 153a StPO, Strafbefehl oder Anklage
Charakteristika dieser Aufgabe:	Klassische Abgrenzungsfragen aus dem Bereich der Vermögensdelikte; Strafprozessrecht nimmt durchschnittlichen Raum ein

---

Polizeipräsidium München   München, 1.12.2020

Es erscheint als Zeuge:
(Ordnungsgemäße Belehrung ist erfolgt.)

Zur Person:
Herr Braun, Benedikt, 64 Jahre, deutscher Staatsangehöriger, lediger Pfarrer der Kirche „Sankt Ursula", Kaiserplatz 1, 80803 München, wohnhaft im dortigen Pfarrhaus, mit dem Beschuldigten nicht verwandt und nicht verschwägert.

Zur Sache:
Ich bin Pfarrer der Kirchengemeinde „Sankt Ursula" am Kaiserplatz in München- Schwabing. Leider haben wir es seit einiger Zeit mit einem Opferstock-Dieb zu tun. Damit meine ich, dass jemand regelmäßig Geld aus dem Opferstock raubt. Unser Opferstock befindet sich im hinteren Teil der Kirche St. Ursula im Herzen von München- Schwabing. Bei dem Opferstock handelt sich um einen schön gearbeiteten Metallkasten mit einem breiten Schlitz oben in der Mitte.

Selbst gesehen habe ich den Täter am 1. August 2020 und am 1. September 2020, da habe ich aber noch nichts unternommen, ich bin nicht mehr der Jüngste und der Täter schien mir recht kräftig. Ich konnte ihn beide Male richtig beobachten, er hatte eine Art „Angel" in der Hand und stocherte im Schlitz des Opferstocks herum.

Als er am 30. November 2020 am Vormittag noch einmal bei uns auftauchte, wollte ich den Mann stellen. Als ich ihn ansprach, ließ er alles fallen, was er gerade in der Hand hielt und wollte zuerst fliehen. Ich hielt ihn aber fest und dabei erkannte ich endlich auch, mit wem ich es da zu tun hatte: Herr Helmut Rübe. Herr Rübe ist tatsächlich ein Mitglied meiner Kirchengemeinde. Hätte er sich bei mir gemeldet, ich hätte ihm in der Not geholfen. Aber dass eines unserer Schäfchen uns bestiehlt, das mag ich gar nicht glauben …

(Auf Nachfrage des Vernehmungsbeamten:) Er hielt ein Maßband mit Klebestreifen und 4,50 EUR in der Hand; das Geld habe ich nachher vom Boden aufgehoben, deshalb weiß ich auch genau, wieviel das war. Es waren weniger als eine Handvoll Münzen, die Stückelung weiß ich nicht mehr genau.

Ich konnte ihn allerdings zunächst festhalten. Ich bekam ihn am Arm zu packen, aber da schlug er auf mich ein. Ich wurde am Oberkörper getroffen. Wie oft und wohin weiß ich nicht mehr; das tat schon weh, aber schlimmer war der Schreck. Ich würde sagen, er traf mich mehr als ein Mal. Ich ließ ihn dann sofort los. Der Täter lief weg.

(Auf Nachfrage:) Klar kam der öfter zum Stehlen zu uns, da bin ich mir ganz sicher. Gesehen habe ich ihn aber nur an den drei genannten Tagen. Na ja, ich glaube, dass es immer dieselbe Person war. Jetzt leeren wir immer täglich den Opferstock. Das Geld entnehmen wir an der Seite, dort ist ein Vorhängeschloss, den Schlüssel habe ich. Im Opferstock sind täglich so rund EUR 10,–. Ich meine, dass am 1.8.2020 und am 1.9.2020 schon jeweils EUR 50,– drin gewesen sein müssten, da haben wir ja noch nicht täglich geleert. Mit der täglichen Leerung haben wir erst später begonnen.

Ich stelle für mich und im Namen der katholischen Kirche aus allen rechtlichen Gründen Strafantrag gegen den Täter.

Aufgenommen: Selbst gelesen und unterschrieben:

Waller, POM   *Pfarrer Braun*

Polizeipräsidium München   München, 3.12.2020

Vermerk:
Der Bereich des Kircheneingangs wird per Video überwacht. Der eigentliche Innenraum der Kirche wird nicht videoüberwacht. Die Aufnahmen vom 1.8., 1.9. und 30.11.2020 wurden durch den Unterzeichner heute gegen 14 Uhr eingesehen und Fotos von den entsprechenden Videosequenzen gefertigt.

Die Videosequenzen zeigen Folgendes:
- Am 1.8.2020 betritt eine männliche Person im dunklen Anzug mit einer Aktentasche um 9.15 Uhr die Kirche. Er verlässt sie um 9.30 Uhr.
- Am 1.9.2020 betritt die nämliche Person, dieses Mal in einem hellen Sakko und Jeans mit einer Plastiktüte um 10.00 Uhr die Kirche. Die Person verlässt die Kirche um 10.20 Uhr.
- Am 30.11.2020 betritt die nämliche Person erneut in einem dunklen Anzug mit einer Aktentasche um 10.00 Uhr die Kirche. Gegen 10.10 rennt die Person mit leeren Händen aus der Kirche. Vor der Kirche bleibt die Person kurz stehen, sieht sich um und läuft dann fluchtartig Richtung Norden weg.

Cato, PK
Polizeipräsidium München

Polizeipräsidium München   München, 4.12.2020

Beschuldigtenvernehmung

Helmut Rübe, geb. 10.4.1968 in Rötz, lediger Hilfsarbeiter, deutscher Staatsangehöriger, wohnhaft Pilgersheimer Landstr. 37, 80469 München

(Der Beschuldigte wurde ordnungsgemäß über seine Rechte belehrt).

Ich möchte aussagen. Die Person auf den Videosequenzen, das bin ich. Ja, ich gebe das ohne weiteres zu. Ich habe an den genannten Tagen in der Kirche Geld aus dem Opferstock im hinteren Bereich der Kirche geangelt. Den Trick habe ich von einem Kumpel. Natürlich bin ich nicht zum Beten in die Kirche gekommen, immer nur zum Klauen.

Ich will aber was sagen: Die Tatbeute waren bei den beiden ersten Male nur fünf EUR, ich weiß nicht, warum man da so ein Theater darum machen muss. In dem Opferstock ist nie Geld, das weiß jeder. Beim dritten Mal weiß ich den Betrag nicht genau, ich konnte die Münzen ja nicht zählen. Die Münzen hatte ich zunächst in meiner Hand fest verborgen. Und dann habe ich das Geld sofort fallen lassen. Ganz bestimmt waren das auch weniger als EUR 5,–, es lag da nur wenig Kleingeld am Boden verstreut.

Dass ich den Pfarrer gehauen habe, tut mir leid. Mehr als zwei leichte Schläge waren das nicht. Ich mag das nicht, wenn mich jemand festhält, das war der einzige Grund, warum ich überhaupt zugeschlagen habe. Tut mir leid. Der Kirche ist an dem Tag doch auch gar kein Schaden entstanden. Ich finde, da könnte man schon Milde mit mir walten lassen. Ich möchte beantragen, dass das Verfahren gegen mich eingestellt wird.

Aufgenommen: Selbst gelesen und unterschrieben:

Cato, PK   *Helmut Rübe*

Auskunft aus dem Bundeszentralregister vom 12. Dezember 2020 betreffend Rübe, Helmut

Angaben zur Person des Betroffenen: ...

Registerinhalt:
Das Register enthält zwei Eintragungen.

9. Januar 2012 Amtsgericht Köln, 1 Ls 113 Js 119/2011
Rechtskräftig seit 9. Januar 2012
Tatbezeichnung: Betrug in zwei Fällen
Datum der letzten Tat: 4. Oktober 2011
Angewendete Vorschriften: StGB §§ 263, 53
Sechs Monate Freiheitsstrafe, zwei Jahre Bewährungszeit
Strafe erlassen mit Wirkung vom 10. Februar 2017

16. Juni 2006 Amtsgericht München, 13 Ls 263 Js 1397/2005
Rechtskräftig seit 16. Juni 2006
Tatbezeichnung: Diebstahl in Tatmehrheit mit Betrug und Bedrohung
Datum der letzten Tat: 10. Dezember 2005
Angewendete Vorschriften: StGB §§ 242, 263, 241, 53
Ein Jahr Freiheitsstrafe, vier Jahre Bewährungszeit
Bewährungshelfer bestellt
Strafe erlassen mit Wirkung vom 17. Juni 2011

Polizeipräsidium München   München, 18.12.2020

Verfügung
1. Die Ermittlungen sind hier abgeschlossen.
2. U.m.A. der Staatsanwaltschaft München I zur weiteren Veranlassung übersandt.

Cato, PK

Bearbeitervermerk:
Die Entschließung der Staatsanwaltschaft München I[167] ist vorzuschlagen. Sofern weitere Ermittlungen für erforderlich gehalten werden, so ist davon auszugehen, dass diese durchgeführt worden sind und keine neuen Gesichtspunkte ergeben haben.

---

[167] Zum Hintergrund: Für die Stadt München und den Landkreis München ist die Staatsanwaltschaft München I zuständig. Die Zuständigkeit der Staatsanwaltschaft München II erfasst umliegende Landkreise. Für Interessierte gibt die Website www.justiz.bayern.de nähere Informationen.

Im Falle der Anklagerhebung braucht der Anklagesatz nicht formuliert zu werden. Es genügt die Angabe, vor welchem Gericht wegen welcher Straftaten Anklage erhoben werden soll. Entsprechendes gilt bei einem Antrag auf Erlass eines Strafbefehls, ein Vorschlag zum Strafmaß ist dabei entbehrlich. Soweit eine Einstellung des Verfahrens vorgeschlagen wird, genügt der zusammenfassende Vorschlag, warum und auf Grund welcher Vorschriften das Verfahren eingestellt werden soll.

München verfügt über ein Amtsgericht. Ferner ist das Landgericht München I das zuständige Landgericht für die Stadt und den Landkreis München. Weiter ist davon auszugehen, dass der Geschädigte bevollmächtigt ist, im Namen der katholischen Kirche bzw. der entsprechenden Kirchengemeinde einen Strafantrag zu stellen.

Lösung:

Sehr geehrte Frau Vorsitzende, sehr geehrte Prüfungskommission, ich berichte über ein Ermittlungsverfahren, das im Jahre 2020 bei der Staatsanwaltschaft München I anhängig war.

Folgender Sachverhalt liegt hier zu Grunde:

> **Anmerkung:**
> Hoch punkten kann nur, wer sich die Zeit geschickt einteilt. Die für den Aktenvortrag zur Verfügung stehende Zeit von 10–12 Minuten darf nicht mit Überflüssigem gefüllt werden. Gerade bei der Zusammenfassung des Sachvortrags müssen Sie daher stets kritisch hinterfragen, ob der Zuhörer die Information braucht. Ist die Information in der anschließenden rechtlichen Bewertung nicht von Belang, lässt man sie weg.

Am 1. August 2020 gegen 9.15 Uhr und am 1. September 2020 gegen 10.00 Uhr suchte der Beschuldigte jeweils gegen Mittag die Kirche „Sankt Ursula", Kaiserplatz 1 in 80803 München, auf, um dort mit Hilfe eines Maßbandes, an dem er auf beiden Seiten doppelseitiges Klebeband befestigt hatte, Geld aus dem im hinteren Bereich der Kirche befindlichen Opferstock zu entnehmen und es für sich zu behalten. Er ging dabei jeweils so vor, dass er das Maßband durch den Geldschlitz des Opferstocks in denselben einführte; die sich darin befindlichen Münzen blieben an dem Klebeband hängen und der Beschuldigte konnte diese so mit dem Maßband nach oben ziehen.

Der Beschuldigte erbeutete jeweils einen Betrag von EUR 5,–. Hierbei handelt es sich um einen geringwertigen Betrag.

> **Anmerkung:**
> Der letzte Satz gehört systematisch nicht hierher und ist daher hier falsch. Denn ob es sich bei einem Betrag von EUR 5,– um einen geringwertigen Betrag handelt – mag dies auch noch so offensichtlich sein –, ist eine Frage der **rechtlichen Wertung**, keine des tatsächlichen Sachverhaltes!

Am 30.11.2020 begab sich der Beschuldigte gegen 10.00 Uhr erneut in die Kirche „Sankt Ursula", um Geld aus dem Opferstock für sich zu entnehmen. Auch hier trat der Beschuldigte mit dem manipulierten Maßband an den Opferstock, führte dieses in den Schlitz des Opferstocks ein und entnahm auf diese Art und Weise einen Betrag von 4,50 EUR. Als ihn der Pfarrer der Kirche, Benedikt Braun, stellte und festhalten wollte, schlug er nach dem Geschädigten Braun und traf ihn mehrfach am Bauch und am Kopf. Der Beschuldigte ließ das Geld fallen und flüchtete aus der Kirche.

Der Geschädigte Braun hat Strafantrag gestellt; im Übrigen bejaht die Staatsanwaltschaft das besondere öffentliche Interesse an der Strafverfolgung.

Anmerkung:
1. Der Sachverhalt hätte auch prägnanter dargestellt werden können, indem die Diebstähle zusammengefasst werden und die Körperverletzung bei der letzten Tat ergänzt wird. Das könnte sich im Zeitmanagement rächen!

2. Das Strafantragserfordernis gehört zu den Voraussetzungen, die in den Examina von vielen Bearbeitern nur stiefmütterlich behandelt werden. Für die Strafverfolgung (und damit für den Praktiker) ist dieses Erfordernis von zentraler Bedeutung. Entsprechend pingelig wird der Prüfer, der aus der Praxis kommt, hier in der mündlichen Prüfung sein. Zwar ist hier ein Strafantrag gestellt worden, dennoch ist es sinnvoll, kurz darauf hinzuweisen, dass auch die Staatsanwaltschaft bei diesem relativen Antragsdelikt das besondere öffentliche Interesse an der Strafverfolgung bejaht (das wäre wichtig, wenn zB der Strafantrag später zurückgenommen wird). **Wichtig:** Achten Sie auf die genaue Formulierung. Entscheidend ist, dass das „besondere (!) öffentliche Interesse an der Strafverfolgung" bejaht wird, vgl. jeweils den Wortlaut der Norm, zB § 230 StGB.[168]

Dieser Sachverhalt beruht auf den Angaben des Geschädigten Braun. Weiter beruht er auf Aufnahmen einer Überwachungskamera, die an den jeweiligen Tagen das Geschehen auf dem Vorplatz der Kirche aufnahm und das Betreten und Verlassen der Kirche durch den Beschuldigten aufgezeichnet hat.

Der Beschuldigte gibt zu, an den drei Tagen in die Kirche gekommen zu sein, um Geld mit einer mit Klebeband präparierten Maßband aus dem Opferstock zu angeln; dies sei ihm jeweils gelungen. Bei den beiden ersten Malen habe er EUR 5,–, bei dritten Mal EUR 4,50, – aus dem Opferstock geholt. Beim dritten Mal habe ihn der Pfarrer gestellt, zwei Schläge gegen den Geschädigten Braun gibt er ebenfalls zu. Als Grund gibt er an, dass er nicht habe festgehalten werden wollen. Er bestreitet, den Pfarrer geschlagen zu haben, um sich im Besitz des Geldes zu halten.

Anmerkung:
Der letzte Satz zur subjektiven Willensrichtung des Beschuldigten ist zentral für die Abgrenzung des einfachen Diebstahls (geringwertiger Sachen) in Tateinheit mit einer vorsätzlichen Körperverletzung vom räuberischen Diebstahl und muss daher hier aufgenommen werden.

B. Entscheidungsvorschlag

Ich schlage vor, gegen den Beschuldigten Rübe Anklage bei dem AG – Strafrichter – München zu erheben.

Anmerkung:
Das Ergebnis wird vorangestellt und im Folgenden Schritt für Schritt begründet.

Dem liegen die folgenden rechtlichen Erwägungen zu Grunde:

---

[168] Lediglich von einem „öffentlichen Interesse" (nicht von einem „besonderen öffentlichen Interesse") spricht der Gesetzgeber in § 376 StPO. Danach wird bei Privatklagedelikten im Sinne des § 374 StPO Anklage erhoben, wenn dies im öffentlichen Interesse liegt.

Der Beschuldigte Rübe ist hier hinreichend verdächtig des Diebstahls geringwertiger Sachen in drei Fällen nach §§ 242, 248a StGB in einem Fall in Tatmehrheit, § 53 StGB, mit vorsätzlicher Körperverletzung nach §§ 223, 230 StGB.

Eine Anklage setzt voraus, dass ein hinreichender Tatverdacht[169] gegeben ist. Ein hinreichender Tatverdacht besteht, wenn bei vorläufiger Würdigung des Akteninhalts die überwiegende Wahrscheinlichkeit einer Verurteilung besteht.

> **Anmerkung:**
> Diese Standardeinleitung können Sie in den meisten Aktenvorträgen, die die staatsanwaltschaftliche Perspektive nach dem Ermittlungsverfahren abprüfen, sinnvoll verwenden. Haben Sie solche „fertigen Bausteine" auswendig parat, fällt Ihnen der schnelle Aufbau Ihrer Lösung und später der eigentliche Vortrag leicht.

Der Beschuldigte ist hinreichend des Diebstahls geringwertiger Sachen nach den §§ 242, 248a StGB in drei Fällen verdächtig.

Er ist strafbar wegen Diebstahls geringwertiger Sachen nach § 242, § 248a StGB.

In dem Entwenden der Münzen liegt die Wegnahme fremder beweglicher Sachen. Wegnahme ist der Bruch fremden und die Begründung neuen, nicht notwendigen eigenen Gewahrsams.[170] Gewahrsam ist dabei die von einem natürlichen Willen getragene tatsächliche Sachherrschaft, deren Umfang nach der Verkehrsauffassung bestimmt wird. Ein Gewahrsamsbruch liegt vor, wenn die Aufhebung des Gewahrsams gegen den Willen des Berechtigten erfolgt.

> **Anmerkung:**
> Zwischen den einzelnen Absätzen sind immer wieder deutliche Sprechpausen einzulegen. Damit geben Sie dem Zuhörer die Möglichkeit, Ihrer systematischen Gliederung gedanklich zu folgen. Wer hier „ohne Punkt und Komma spricht", wird seine Zuhörer verlieren. Wichtige Stichworte („Gewahrsam", „Gewahrsamsinhaber") sollten Sie außerdem deutlich betonen.

Gewahrsamsinhaber an den eingeworfenen Münzen ist die katholische Kirche bzw. die entsprechende Kirchengemeinde, hier vertreten durch den Pfarrer Braun. Im Aufstellen des Opferstocks in der Kirche liegt die vorweggezogene Annahme der dinglichen Einigung zum Vollzug einer Handschenkung mit den Spendern. Da die Münzen damit auch im Eigentum eines anderen als des Täters standen, waren sie für Rübe fremd.

Dass der Pfarrer den jeweils aktuellen Inhalt des Opferstocks nicht kennt, ist unschädlich, insoweit genügt das sog. „sachgedankliche Mitbewusstsein" an allen Münzen im Opferstock.

Es sind drei Fälle des vollendeten Diebstahls gegeben; fraglich könnte dies allein bezüglich der letzten Tat sein, da hier der Beschuldigte die Beute gleich fallen ließ. Es genügt indes für die Vollendung der Tat bereits die Ansichnahme. Ein Wegschaffen der Beute vom Tatort ist nicht erforderlich.[171] Rübe gab an, die Münzen in der Hand zu-

---

[169] Zur Wiederholung: Bei den Verdachtsstufen ist zu unterscheiden:
- Bei Bestehen eines Anfangsverdachtes wird ein Ermittlungsverfahren eingeleitet, § 152 Abs. 2 StPO.
- Ergeben die Ermittlungen einen hinreichenden Tatverdacht, erhebt die Staatsanwaltschaft Anklage, § 170 Abs. 1 StPO.
- Ein dringender Tatverdacht ist notwendig für den Erlass eines Haftbefehls, § 112 StPO.

[170] Fischer StGB § 242 Rn. 15. Die Definitionen der Standarddelikte sollten Sie auswendig kennen.

[171] Eine andere Auffassung wäre hier wohl nur mit einer sehr guten Begründung vertretbar.

nächst verborgen zu haben. Damit schuf er eine sog. Gewahrsamsenklave;[172] ein Gewahrsamswechsel auf den Täter fand statt, der Gewahrsam der Kirchengemeinde war damit auch in deren Gebäude bereits gebrochen.

Nach Tatvollendung ist ein Rücktritt von einem Versuch nicht mehr möglich. Der Umstand, dass der Beschuldigte die gesamte Zeit von Pfarrer Braun beobachtet wurde, ändert nichts an der Strafbarkeit. Diebstahl ist kein „heimliches Delikt".[173]

Ein Fall des § 243 Abs. 1 S. 2 Nr. 2 StGB liegt zwar vor, scheitert aber an der Geringwertigkeitsklausel des § 243 Abs. 2 StGB.

Der von Herrn Pfr. Braun beschriebene Opferstock ist eine „durch Schutzvorrichtung besonders gesicherte Sache", die ein Schloss hat und zur Zeit der Tat auch tatsächlich verschlossen war. Der Opferstock dient neben der Aufnahme des Spendengeldes auch dem Schutz des Geldes. Diese durch das Behältnis bestehende Sicherung hat der Angekl. überwunden.

Wegen der Geringwertigkeit der gestohlenen Sache, § 243 Abs. 2 StGB, kommt ein besonders schwerer Fall jedoch auch hier nicht in Betracht. Die Geringwertigkeitsgrenze wird üblicherweise bei EUR 50,– gezogen.[174] Es kann jedenfalls die Aussage des Beschuldigten nicht widerlegt werden, dass er bei den ersten beiden Diebstählen jeweils nur EUR 5,– erbeutet hat.

Anmerkung:
Hier ist auf eine praxisnahe Formulierung zu achten. Es steht keinesfalls fest, dass in dem Opferstock nur jeweils EUR 5,– waren. Der Pfarrer vermutet ja auch etwas anderes; es kann dem Beschuldigten aber jedenfalls nicht „widerlegt" werden, dass es jeweils nur EUR 5,– an Beute waren.

Der Anzeigeerstatter vermutet zwar, dass mehr Geld im Opferstock war, weil damals der Opferstock nicht täglich gelehrt wurde. Auch wenn dies nachvollziehbar scheint, rechtfertigen bloße Vermutungen es aber nicht, hier einen höheren Betrag anzunehmen.

Beim dritten Diebstahl betrug die Tatbeute nach übereinstimmender Darstellung des Beschuldigten und des Herrn Pfarrer Braun, jedenfalls lediglich EUR 4,50. Auf die Frage, ob für die Frage des Überschreitens der Geringwertigkeitsgrenze die Beute der Einzeltaten addiert werden muss, kommt es hier nicht an.[175] Bei einer Addition käme

---

[172] So der BGH Urt. v. 6.3.2019 – 5 StR 593/18, BeckRS 2019, 3712, Rn. 3 mwN:
„*Danach macht es einen entscheidenden Unterschied, ob es sich bei dem Diebesgut um umfangreiche, namentlich schwere Sachen handelt, deren Abtransport mit besonderen Schwierigkeiten verbunden ist, oder ob es nur um kleine, leicht transportable Gegenstände geht. Bei unauffälligen, leicht beweglichen Sachen, wie etwa bei Geldscheinen sowie Geld- und Schmuckstücken, lässt die Verkehrsauffassung für die vollendete Wegnahme schon ein Ergreifen und Festhalten der Sache genügen. Steckt der Täter einen Gegenstand in Zueignungsabsicht in seine Kleidung, so schließt er allein durch diesen tatsächlichen Vorgang die Sachherrschaft des Bestohlenen aus und begründet eigenen ausschließlichen Gewahrsam.*"
Eine andere Auffassung kann mit entsprechender Begründung hier vertreten werden.
[173] So bereits der BGH NJW 1961, 2266. Die Beobachtung gibt dem Bestohlenen lediglich die Möglichkeit, den ihm bereits entzogenen Gewahrsam wiederzuerlangen.
[174] MüKoStGB/*Hohmann* § 248a Rn. 6.
[175] Eine solche Addition ist bei der Wegnahme mehrerer Sachen im Rahmen einer einheitlichen Tat vorzunehmen, MüKoStGB/*Schmitz* § 243 Rn. 67-71. Kindhäuser nimmt darüber hinaus an, dass bei mehreren Sachen, die unter den Voraussetzungen der natürlichen Handlungseinheit durch eine Tat gestohlen werden, der Gesamtwert der Beute maßgebend ist, NK-StGB/*Urs Kindhäuser*, 5. Aufl. 2017, StGB § 243 Rn. 54. Hier läge aber auch keine natürliche Handlungseinheit vor, da es schon am engen zeitlichen Zusammenhang der Einzeltaten fehlen dürfte.

man auf einen Gesamtbetrag von EUR 14,50, der ebenfalls hinter der Geringwertigkeitsgrenze von EUR 50,– zurückbliebe.

Es kann dem Beschuldigten darüber hinaus auch nicht widerlegt werden, dass sein Vorsatz jeweils nur auf das Entwenden einer geringen Summe Geldes und damit einer geringwertigen Sache zielte. Damit kann offenbleiben, wie die Fälle zu behandeln sind, bei denen die Geringwertigkeit in objektiver und subjektiver Hinsicht nicht parallel laufen.

> **Anmerkung:**
> Wenn ein vollendetes Delikt ausscheidet, ist stets die Überlegung anzustellen, ob eine Versuchsstrafbarkeit in Betracht kommt. Die Frage, ob der Beschuldigte wenigstens einen Diebstahl im besonders schweren Fall versucht hat, ist nicht banal und enthält hier einige Aspekte, bei denen bessere Kandidaten gut punkten können[176]. In den Prüfungen erlebt man allerdings immer wieder, dass die Kandidaten diesen wichtigen Schritt auslassen und sofort zum nächsten Prüfungspunkt weitergehen.

Ein Fall des § 243 Abs. 1 S. 2 Nr. 3 StGB scheitert ebenfalls an der Geringwertigkeitsgrenze.

Gewerbsmäßiger Diebstahl liegt grundsätzlich dann vor, wenn der Täter sich aus wiederholten Diebstählen eine nicht nur vorübergehende Einnahmequelle verschaffen möchte. Hier bestehen tatsächliche Anhaltspunkte für ein solches Täterverhalten, der in einem relativ kurzen Zeitraum dreimal die Kirche zum Stehlen aufsuchte; wegen § 243 Abs. 2 StGB braucht diese Frage allerdings nicht weiter vertieft zu werden.

Der Frage, ob andere Regelbeispiel des § 243 Abs. 1 S. 2 vorliegen, war hier nicht weiter nach zu gehen.

Letztlich scheitern alle denkbaren Regelbeispiele des § 243 Abs. 1 S. 2 Nr. 1–6 StGB an § 243 Abs. 2, weil es sich um einen Diebstahl geringwertiger Sachen handelt.

Auch ein unbenannter schwerer Fall liegt nicht vor.

> **Anmerkung:**
> In der Prüfungspraxis erlebt man immer wieder, dass die Prüflinge diesen Aspekt nicht mehr erwägen. Der Staatsanwalt als Praktiker hat sich aber natürlich mit dieser Frage näher zu beschäftigen.

Die Aufzählung der „benannten" besonders schweren Fälle in § 243 Abs. 1 StGB ist nicht abschließend. Vielmehr ist anerkannt, dass auch sonst Diebstähle als besonders schwere Fälle angesehen werden können, wenn sich die Taten aufgrund ihrer Gesamtbewertung nach ihrem Gewicht von Unrecht und Schuld deutlich von dem Normalfall des einfachen Diebstahls gem. § 242 StGB abheben.[177] Ein solcher unbenannter Fall kann also vorliegen, wenn der Diebstahl unter Umständen begangen wurde, die zwar nicht dem Wortlaut nach eines der Regelbeispiele erfüllen, jedoch dem Sinn der dort beschriebenen Situation nach. Allein der Umstand, dass der Beschuldigte aus einer Kirche stahl, begründet indes noch keinen solchen besonders schweren Fall. Zwar zeugt das Verwenden eines mit Klebeband präparierten Maß-

---

[176] Vgl. zu dieser anspruchsvollen Thematik: BeckOK StGB/*Wittig*, 48. Ed. 1.11.2020, StGB § 243 Rn. 29 ff.
[177] Schönke/Schröder/*Eser* StGB § 243 Rn. 42a mwNachw.

bandes von einer planerischen Komponente, allerdings ist das Vorgehen eher von Listigkeit geprägt[178]. Die Beute bleibt indes vergleichsweise gering.

Auf die Frage, ob man auch bei geringwertigen Sachen einen Diebstahl im unbenannten schweren Fall annehmen kann, braucht daher an dieser Stelle nicht weiter eingegangen zu werden (vgl. hierzu das Hilfsgutachten).

Der notwendige Strafantrag wurde form- und fristgerecht gestellt.

Weil es sich somit nach dem Dargelegten um einen Diebstahl geringwertiger Sachen handelt, bestand nach § 248a StGB das Erfordernis eines Strafantrages. Der Geschädigte Pfr. Braun hat als Berechtigter den notwendigen Strafantrag gestellt.[179]

Die Strafantragsfrist des § 77b Abs. 1 StGB von drei Monaten wurde bezüglich aller Taten eingehalten. Dies gilt auch für die erste Tat vom 1.8.2020. Denn ausweislich des § 77b Abs. 2 S. 1 StGB beginnt die Frist erst mit Ablauf jenes Tages, an dem der Berechtigte von der Tat und der Person des Täters Kenntnis erlangt. Herr Braun hatte aber erst bei der dritten Tat am 30.11. in dem Täter eines seiner Gemeindemitglieder erkannt. Unmittelbar darauf, am 1.12., hat er dann Strafantrag gegen diese Täter gestellt.

Im Übrigen bejaht die Staatsanwaltschaft hier das besondere öffentliche Interesse an der Strafverfolgung, da bei einem Diebstahl aus einer Kirche ein sensibler öffentlicher Tatort gegeben ist und mit den Spendengeldern ein besonderes Tatobjekt betroffen ist.

Eine Strafbarkeit wegen räuberischen Diebstahls, § 252 StGB, ist hingegen nicht gegeben.

Im Hinblick auf die Tat vom 30.11.2020 besteht kein hinreichender Tatverdacht für einen räuberischen Diebstahl.

> **Anmerkung:**
> Die Frage, ob ein einfacher Diebstahl (in Tateinheit mit vorsätzlicher Köperverletzung, hierzu sogleich) oder ein räuberischer Diebstahl gegeben ist, ist von zentraler Bedeutung. Denn der räuberische Diebstahl ist ein Verbrechen, § 12 StGB. Die Mindeststrafe liegt bei einem Jahr Freiheitsstrafe.

Ausweislich der Bestimmung des § 252 StGB muss der bei einem Diebstahl auf frischer Tat Betroffene Gewalt verüben, „um sich im Besitz des gestohlenen Gutes zu halten".

Der Täter muss hinsichtlich der Verwirklichung des objektiven Tatbestandes des § 252 StGB vorsätzlich handeln, hier reicht Eventualvorsatz aus. Darüber hinaus ver-

---

[178] Eine andere Auffassung wäre hier ohne Weiteres vertretbar. Das OLG Düsseldorf (NJW 2000, 158) bejahte einen besonders schweren Fall des Diebstahls in einer Konstellation, in der der Täter mit Hilfe eines mit Tesafilm präparierten Geldscheines Geld aus einem Wechselautomaten holte. Das OLG führte aus:
„*(Ein unbenannter schwerer Fall) … kommt unter anderem in Betracht, wenn die Taten eine besondere kriminelle Energie offenbaren, ferner aber auch, wenn der Täter besonders listig vorgegangen ist und <u>gerade dadurch</u> eine erhebliche Beute gemacht hat. So liegt der Fall hier. Der festgestellte Einsatz des präparierten Geldscheins als „Tatwerkzeug" lässt ein außerordentlich hohes Maß an List bei der Ausführung der Diebstähle erkennen. Deshalb und unter weiterer Berücksichtigung der jeweils erzielten beträchtlichen Beute, die sich insgesamt auf immerhin 15.200,– DM beläuft, heben sich die Vorfälle vom Normfall des einfachen Diebstahls deutlich ab und rechtfertigen die Annahme – unbenannter – besonders schwerer Fälle.*" aA vertretbar.

[179] Eine entsprechende Befugnis des Anzeigeerstatters Pfr. Braun war nach der Sachverhaltsangabe zu unterstellen.

langt § 252 SGB aber auch die Absicht im Sinne eines dolus directus ersten Grades, dass der Täter sich im Besitz des gestohlenen Gutes erhalten möchte.[180] Diese ist dem Beschuldigten aber nicht nachweisbar.

Der Beschuldigte selbst bestreitet, aus Besitzerhaltungsabsicht zugeschlagen zu haben; er gibt an, er habe sich lediglich gegen das Festhalten gewehrt. Diese Einlassung wird bestätigt durch die Schilderung des Anzeigeerstatters, dass der Beschuldigte zunächst die Beute auf den Boden fallen ließ und dann erst begann, sich gegen den Pfarrer zu wehren. Danach ist nicht nachweisbar, dass der Beschuldigte Gewalt einsetzte, um sich im Besitz der Münzen aus dem Opferstock zu halten.

Der Beschuldigte ist ferner strafbar der vorsätzlichen Körperverletzung, §§ 223, 230 StGB.

Der Beschuldigte hat zwei Schläge gegen den Geschädigten Braun eingeräumt. Es handelt sich hierbei um eine üble und unangemessene Behandlung. Der Geschädigte hat form- und fristgerecht den notwendigen Strafantrag gestellt. Im Übrigen bejaht die Staatsanwaltschaft das besondere öffentliche Interesse an der Strafverfolgung.[181]

Anmerkung:
Achten Sie auf die Schwerpunktsetzung, dh unproblematische Delikte sind prägnant abzuhandeln.

IV. Eine Strafbarkeit des Beschuldigten wegen eines Hausfriedensbruchs, § 123 StGB, ist nicht gegeben.

Zwar handelt es sich bei der Kirche St. Ursula um einen abgeschlossenen Raum, der zum öffentlichen Dienst oder Verkehr bestimmt ist, jedoch ist der Beschuldigte nicht widerrechtlich in den Raum eingedrungen. Es fehlt vorliegend schon an dem Merkmal des Eindringens „gegen den Willen des Berechtigten".

Bei der Kirche besteht grundsätzlich die generelle Eintrittserlaubnis für die Allgemeinheit, die den Raum zum Gebet aufsuchen möchte. Es begeht bei einer solchen generellen Erlaubnis keine Straftat, wer nur vortäuscht, zum berechtigten Personenkreis zu gehören. Ein entgegenstehender Wille des Eintretenden, sich in nicht erwünschter Weise zu verhalten, reicht nicht aus.

Eine generelle Eintrittserlaubnis kann nicht mit einer wie auch immer gearteten Bedingung verbunden werden, sich nach dem Betreten nur in einer ganz bestimmten Weise zu verhalten.[182]

Besteht eine generelle Eintrittserlaubnis, so kommt ein widerrechtliches Betreten nach der hM nur in Betracht, wenn das Betreten nach dem äußeren Erscheinungsbild offenkundig den Rückschluss auf ein späteres unerwünschtes Verhalten zulässt. Dem Beschuldigten war aber schon ausweislich der Videoaufnahmen äußerlich nicht anzusehen, dass er in der Kirche Diebstähle begehen würde. Damit liegt ein tatbestandsausschließendes Einverständnis vor. Darauf, dass der Beschuldigte die Kirche nicht zum Gebet, sondern zum Diebstahl betrat, kommt es also nicht an.

---

[180] Zum Hintergrund: Die Besitzerhaltungsabsicht braucht indes nicht die einzige Motivation des Täters zu sein. Unschädlich wäre es etwa, wenn der Täter neben der Beutesicherung auch fliehen wollte. Ausreichend wäre, dass die Beutesicherungsabsicht für die Tat mitprägend ist; dies ist hier jedoch nicht nachweisbar, weil der Beschuldigte zu dem Zeitpunkt der Schläge nach dem Pfarrer die Beute bereits weggeworfen hatte.

[181] Vgl. grundsätzlich zur Bejahung des öffentlichen Interesses durch die Staatsanwaltschaft Nr. 233–235 RiStBV.

[182] Fischer StGB § 123 Rn. 17.

Zusammenfassend ist festzuhalten, dass der Beschuldigte wegen der Vorfälle in der Kirche ein Diebstahl geringwertiger Sachen nach den §§ 242, 248a StGB in drei Fällen zur Last gelegt werden kann. Hinzu kommt eine vorsätzliche Körperverletzung zu Lasten des Pfarrers Braun am 30.11.2020. Anhaltspunkte für weitere Straftaten bestehen nicht.

> **Anmerkung:**
> Denken Sie im Strafrecht an die Konkurrenzen und der Kandidat hat versäumt, diese ausreichend unter Verwendung der Fachbegriffe – Tateinheit, Tatmehrheit – kenntlich zu machen. Zudem lag die Besonderheit des Falles darin, dass der Diebstahl zwar vollendet, nicht aber beendet war (wiederum Fachbegriffe, die der Kandidat hätte bringen müssen) und in dieser Phase zwischen Vollendung und Beendigung Tateinheit grundsätzlich in Betracht kommt[183]. Da zudem das verknüpfende Motiv der Delikte *die Flucht* war, sprechen die besseren Argumente für eine tateinheitliche Verwirklichung der beiden Straftatbestände.

Nun komme ich zu den prozessualen Erwägungen der Staatsanwaltschaft.

Die Verhängung einer Freiheitsstrafe von mehr als zwei Jahren gegen den Beschuldigten ist nicht zu erwarten. Zwar ist der Beschuldigte zweifach – auch einschlägig – vorbestraft, allerdings wurde er jeweils zu Bewährungsstrafen verurteilt. Die Bewährungszeit hat er jeweils – wenn auch nur knapp – durchgestanden. Mit einer Vollzugsstrafe von mehr als 2 Jahren kann hier nicht gerechnet werden.

Daher ist Anklage vor dem sachlich gem. § 1 StPO in Verbindung mit §§ 24 Abs. 1, 25 GVG zuständigen AG – Strafrichter – zu erheben.

> **Anmerkung:**
> Wenn ein Bearbeiter hier einen räuberischen Diebstahl im Sinne des § 252 StGB bejaht, dann darf konsequenterweise wegen des Verbrechenstatbestandes keine Anklage zum Strafrichter vorgeschlagen werden. Nach § 25 GVG entscheidet der Strafrichter nur bei Vergehen; zuständig wäre dann also das AG-Schöffengericht nach § 24 Abs. 1 GVG.[184]
>
> Wer den Verbrechenstatbestand in diesem Fall annimmt, müsste außerdem § 140 Abs. 1 Nr. 2 StPO beachten, es läge ein Fall der notwendigen Verteidigung vor!

Die Anklage ist zum Amtsgericht München zu erheben.

> Nach Abschluss der Ermittlungen, § 169a StPO, muss sich die Staatsanwaltschaft entscheiden, wie es weitergehen soll. Sie kann das Verfahren nach § 170 Abs. 2 StPO einstellen (dies scheidet hier offensichtlich aus). Die Staatsanwaltschaft kann grundsätzlich eine Opportunitätsentscheidung (§§ 153 ff. StPO) treffen oder das Gericht anrufen. In letzterem Fall kann sie entweder ein Strafbefehl (§ 407 StPO) beantragen oder eine Anklage (§ 200 StPO) erheben.

Der Tatort liegt in München, § 7 StPO. Auch hat der Beschuldigte derzeit[185] seinen Wohnsitz in München, § 8 Abs. 1 StPO.

---

[183] Lackner/Kühl/*Kühl* StGB § 52 Rn. 3.
[184] Aus § 24 Abs. 3 GVG ergibt sich, dass die Strafgewalt des Amtsgerichts bis zu 4 Jahren Freiheitsstrafe reicht.
[185] Entscheidend ist der Wohnsitz zum Zeitpunkt der Erhebung der Klage, vgl. § 8 Abs. 1 StPO.

Der Beschuldigte ist bereits zweifach wegen Eigentums- bzw. Vermögensdelikten und mithin einschlägig vorbestraft.[186] Er erhielt in der Vergangenheit auch bereits zweimal eine Bewährungsstrafe.[187] Die Bewährungszeit stand er jeweils aber nur knapp durch und zeigte sich damit von der jeweiligen Verurteilung letztlich unbeeindruckt. Zu berücksichtigen ist schließlich, dass er hier innerhalb eines kurzen Zeitraums von wenigen Monaten mehrfach straffällig geworden ist.

Vor diesem Hintergrund wäre auch ein Antrag im Strafbefehlsverfahren nicht das geeignete Instrument für die Staatsanwaltschaft, auch wenn der Beschuldigte geständig ist. Eine Erledigung ohne die Durchführung einer Hauptverhandlung, bei der das Gericht den Beschuldigten zu Gesicht bekommt, scheint nicht angezeigt. Zum anderen passt das Strafbefehlsverfahren auch von der Möglichkeit der Rechtsfolge nicht ganz. Als Rechtsfolge kommt im Strafbefehlsverfahren primär eine Geldstrafe in Betracht. Eine Freiheitsstrafe – und eine solche auch nur bis zu einem Jahr- kann nur festgesetzt werden, wenn der Beschuldigte einen Verteidiger hat und die Vollstreckung der Strafe zur Bewährung ausgesetzt wird. Zwar könnte man dem Beschuldigten nach § 408b StPO einen Pflichtverteidiger bestellen, jedoch wäre man auch dann beim Strafmaß eben limitiert auf die Freiheitsstrafe bis zu einem Jahr auf Bewährung.

> **Anmerkung:**
> Grundsätzlich kommt ein Erlass eines Strafbefehls in Betracht, wenn
> - dem Beschuldigten ein Vergehen und kein Verbrechen zur Last gelegt wird (§ 12 StGB)
> - die Zuständigkeit des Strafrichters gegeben ist (die Zuständigkeit des Schöffengerichts, die in § 407 Abs. 1 StPO genannt wird, würde nur im Fall des § 408a StPO relevant)
> - die Staatsanwaltschaft nach dem Ergebnis der Ermittlungen eine Hauptverhandlung nicht für erforderlich erachtet; das wird sie in aller Regel nur bei einem voll geständigen Beschuldigten tun.
>
> Strebt die Staatsanwaltschaft ein Strafbefehlsverfahren an, muss sie einen schriftlichen Antrag auf Erlass eines Strafbefehls stellen, der bereit auf eine bestimmte Rechtsfolge gerichtet ist (Geldstrafe oder ggf. Bewährungsstrafe bis zu einem Jahr, siehe oben).

Eine Einstellung des Verfahrens nach § 153a StPO, also eine Einstellung aus Opportunitätsgründen, ist ebenfalls nicht angezeigt.

> **Anmerkung:**
> Der Sachverhalt wollte dieses Problem diskutiert wissen; in der Beschuldigtenvernehmung weist der Beschuldigte dezidiert auf den seiner Ansicht nach geringen Unwertgehalt seiner Taten hin und „beantragt" eine Einstellung. Ein solches Antragsrecht eines Beschuldigten gibt es freilich nicht.

Bei der Einstellung nach § 153a StPO handelt es sich um ein vereinfachtes Erledigungsverfahren im Bereich der kleinen und mittleren Kriminalität. Im Fall werden dem Beschuldigten zwar nur Vergehen zur Last gelegt, vgl. § 12 StGB. Hier wäre die Schuld des Täters jedoch nicht als gering zu erachten; das bestehende öffentliche Inte-

---

[186] Die eingetretene Störung des Rechtsfriedens muss bei § 153a StPO also beseitigt werden können. Eine Kompensation kommt nicht in Frage, wenn eine Sanktion erforderlich ist, etwa bei wiederholter Tatbegehung, einschlägiger Vorverurteilungen, bereits vorausgegangenen Einstellungen nach §§ 153 ff. StPO oder auch bei einer Unbelehrbarkeit des Beschuldigten, MüKoStPO/*Peters,* 1. Aufl. 2016, StPO § 153a Rn. 16.

[187] Vgl. zB OLG Hamm Beschl. v. 4.12.2008 – 3 Ws 484/08, BeckRS 2009, 4531: Widerruf einer Strafaussetzung zur Bewährung wegen eines in der Bewährungszeit begangenen Diebstahls geringwertiger Sachen.

resse an der Strafverfolgung könnte eben nicht durch Auflagen oder Weisungen beseitigt werden.

> **Anmerkung:**
> Auch hier gilt: achten Sie auf eine im Detail präzise Formulierung. Im Rahmen des § 153a StPO (anders bei § 153 StPO) geht es darum, ob das bestehende (!) öffentliche Interesse an der Strafverfolgung durch Auflagen oder Weisungen beseitigt (!) werden kann. Bei § 153 StPO besteht das öffentliche Interesse von vornherein nicht.

Ich bedanke mich für Ihre Aufmerksamkeit.

Hilfsgutachten

Da ein räuberischer Diebstahl und damit ein Verbrechen ausscheidet, liegt hier kein Fall einer notwendigen Verteidigung nach § 140 Abs. 1 Nr. 2 StPO vor. Die Bestellung eines Verteidigers erscheint hier auch nicht nach § 140 Abs. 2 StPO notwendig. Es ist weder eine besondere Schwere der Tat noch eine besondere Schwierigkeit der Sach- und Rechtslage gegeben.

Es war sodann noch der Frage nachzugehen, ob ein Regelbeispiel des § 243 Abs. 1 S. 2 vorliegt. Letztlich scheitern aber alle Regelbeispiele des § 243 Abs. 1 S. 2 Nr. 1–6 StGB, wie bereits dargelegt, ohnehin an § 243 Abs. 2 StGB, weil es sich um den Diebstahl geringerwertiger Sachen handelt.

Auch ein Fall des § 243 Abs. 1 S. 2 Nr. 1 StGB liegt nicht vor.
    Insoweit fehlt es schon am Eindringen in einen umschlossenen Raum, denn ein solcher muss dazu bestimmt sein, von Menschen betreten zu werden. Der Opferstock ist hierzu sicherlich nicht bestimmt.

Ein Fall des § 243 Abs. 1 S. 2 Nr. 4 StGB liegt nicht vor.
    Zwar hat der Beschuldigte aus einer Kirche gestohlen, aber bei dem Tatobjekt des Spendengeldes handelt es sich nicht um einen Gegenstand, der selbst „dem Gottesdienst gewidmet" ist oder „der religiösen Verehrung" dient. Spendengelder kommen zwar kirchlichen bzw. karitativen Zwecken zugute, sind aber selbst nicht der religiösen Verehrung gewidmet.[188]

Die Frage, ob bei einem Diebstahl nur geringwertiger Sachen ein unbenannter schwerer Fall im Sinne des § 243 StGB vorliegen kann, war vor allem früher umstritten.
    Die hM geht auf der Grundlage des klaren Wortlauts davon aus, dass die Regelung des § 243 Abs. 2 StGB (Ausschluss bei Geringwertigkeit des Tatobjekts) nur in den Fällen des § 243 Abs. 1 S. 1 Nr. 1 bis 6 gilt.[189] Allerdings wird die Geringwertigkeit bereits eine Rolle spielen müssen bei der Frage, ob überhaupt ein unbenannter schwerer Fall im Sinne des § 243 Abs. 2 StGB vorliegen kann.[190]

---

[188] MüKoStGB/*Schmitz* § 243 Rn. 43.
[189] Fischer StGB § 243 Rn. 24; vgl. zum Ganzen *Jesse* JuS 2011, 313.
[190] Schönke/Schröder/*Bosch* StGB § 243 Rn. 48-49.

Anhang

I. Checklisten

1. Checkliste: Zeit bis zur Prüfung

Zeit bis zur Prüfung	Was tun?
6 Monate Zeit	Wiederholen Sie den Prüfungsstoff anhand Ihrer Karteikarten und Übersichten unter Einschluss des aktuellen Zeitgeschehens. Simulieren Sie Prüfungen mit Kollegen und üben Sie gezielt das juristische Sprechen.
3 Monate Zeit	Konzentrieren Sie sich bei Ihrer Vorbereitung vor allem auf das Wiederholen von Definitionen und Schemata sowie prozessuale Fragen. Beobachten Sie die aktuelle Rechtsprechung. Lesen Sie aktiv Zeitung unter dem Gesichtspunkt: Wie könnte man daraus einen Prüfungsfall konstruieren!
1 Monat Zeit	**Lernen Sie vertieft das Berufsfeld, wenn Sie dies noch nicht getan haben.** Wiederholen Sie gezielt die Unterlagen aus Ihren Einführungslehrgängen. Üben Sie Tenorierung für alle Verfahrensarten.
2 Wochen Zeit	**Lernen Sie vertieft das Berufsfeld, wenn Sie dies noch nicht getan haben.** Wiederholen Sie vor allem Definitionen und üben Sie das Assoziieren zu aktuellen Themen.
3 Tage Zeit	**Wiederholen Sie das Berufsfeld.** Sie wiederholen nur noch die Definitionen und Schemata, die es bisher nicht in Ihr Langzeitgedächtnis geschafft haben.
1 Tag Zeit	Sie machen überhaupt nichts Juristisches mehr, sondern sorgen für geistige Entspannung bei ggf. körperlicher Betätigung.

2. Packliste für den Prüfungstag

Was gehört in die Tasche?
- Ausweisdokument
- Zugelassene Gesetzestexte
- Papier
- Stift und Ersatzstift (zB 1 Bleistift, 2 Kugelschreiber); bei einem Füller bedenken, dass dieser auslaufen kann und Sie dann mit blauen Fingern in der Prüfung sitzen
- Getränke (Vorsicht mit kohlensäurehaltigen Getränken; falls Getränke mit in die Prüfung genommen werden sollen, keine Flaschen, die leicht umkippen könnten).
- Müsliriegel, Vollkornbrot, Banane oÄ für die Pause – alles, was Sie lange durchhalten lässt und Energiereserven schafft, ist erlaubt.

- Deodorant
- Taschentücher
- Feuchttücher (zB Babytücher aus der Drogerie) – auch wer nicht zum Schwitzen neigt, wird ein Erfrischen in der Pause als äußert wohltuend empfinden (ruhig vorher schon einmal ausprobieren).
- Kamm/ Haarbürste
- Halsbonbons (gegen Hustenreiz)
- Für die Damen ggf.: Ersatzfeinstrumpfhose
- Für die Damen ggf.: Haargummis, Haarband für Frisurennotfälle in letzter Minute
- Sicherheitsnadeln
- Für Kontaktlinsenträger: Brille für den Notfall
- Ggf. Fahrschein für öffentliche Verkehrsmittel
- Kleingeld für alle Fälle (Parkautomat, etc.).

Was gehört nicht in die Tasche?
- Alles, was Sie in den Verdacht bringen könnte, nicht zugelassene Hilfsmittel bei sich zu führen, zB elektronisches Spielzeug, Smart Watches, etc.
- Übergroße Glücksbringer, Kuscheltiere, etc. – gegen einen verborgenen Glückspfennig in der Tasche ist nichts einzuwenden, aber erwecken Sie nicht den Eindruck des Unseriösen durch einen überdimensionierten Talisman. Sie mögen die große, rosa Plüschmaus schätzen, der Prüfer tut dies eher nicht.
- Traubenzucker oÄ – alles, was den Blutzucker nur kurz nach oben treibt, dann aber steil abfallen lässt. Sie wollen eine stabile Leistung über die gesamte Prüfungszeit erbringen.
- Energydrinks oÄ – alles, was die Nervosität befeuert oder Sie zusätzlich ins Schwitzen bringt, sollten Sie vermeiden.

3. Checkliste: Prüfungsoutfit

Vorschlag für die Damen:
- Kostüm (anthrazit, dunkelblau)
- Bluse
- Strumpfhose
- Schuhe
- Ohrringe
- dezente Halskette
- dezente Uhr
- ggf. Ehering.

Vorschlag für die Herren:
- Anzug dunkelblau oder anthrazit
- Anzugoberhemd weiß oder blau
- ein- oder zweifarbige Krawatte mit unauffälligem Muster
- Gürtel
- dunkle Kniestrümpfe
- schwarze Anzugschuhe (Leder), erstklassig geputzt
- dezente Uhr
- ggf. Ehering.

II. Prüferfragen Vorgespräch

- Wie geht es Ihnen heute?
- Sind Sie gesund/fit/sind Sie prüfungstauglich?
- Wo sind Sie aufgewachsen und zur Schule gegangen?
- Mit welchem Schnitt haben Sie Ihr Abitur gemacht?
- Was waren die Gründe, warum Sie Jura studiert haben?
- Was gefiel Ihnen im Studium besonders?
- Welche praktischen Erfahrungen haben Sie gemacht?
- Wo haben Sie das Referendariat abgelegt und wie hat es Ihnen gefallen?
- Welche besonderen Interessengebiete haben sich entwickelt?
- Wo haben Sie die Wahlstation verbracht?
- Welche besonderen Hobbys/Interessen haben Sie?
- Sind Sie mit dem Ergebnis der schriftlichen Prüfung zufrieden?
- Wollen Sie das Examen nochmal wiederholen?
- Haben Sie schon konkrete Vorstellungen, wie es für Sie nach der Prüfung weitergeht?
- Gibt es ein festes Berufsziel? Was sind die Voraussetzungen?
- Gibt es Dinge, die aus Ihrer Sicht die Kommission wissen sollte?

III. 12 Mythen zur mündlichen Prüfung entzaubert

Mythos Nr.	Eine weit verbreitete Fehlvorstellung ist …	Richtig ist vielmehr …
Nr. 1	„Die mündliche Prüfung ist wie ein Gang zur Schlachtbank."	Die Prüfer[191] möchten eine möglichst angenehme Prüfungsatmosphäre schaffen – für die Prüflinge, aber auch für sich selbst. Schließlich müssen auch die Prüfer die 5h Prüfung überstehen. Wichtig: Auch Sie können (wie in diesem Buch dargelegt) viel zu einer guten Atmosphäre beitragen.
Nr. 2	„Die meisten Prüfer wollen die Prüflinge nach unten prüfen."	Das Gegenteil ist richtig. Die allermeisten Prüfer möchten Ihnen zu einer Verbesserung verhelfen – was hätte der Prüfer denn auch davon, Sie nach unten zu prüfen?
Nr. 3	„Den Prüfern ist das Schicksal des einzelnen Prüflings doch letztlich egal."	Im Gegenteil. Die Prüfer haben zumeist einen sie mehr als ausfüllenden Hauptberuf. An den Prüfungen nehmen sie teil, weil sie Freude an der Ausbildung junger Menschen haben und etwas bewegen möchten. Glauben Sie es uns – für die allermeisten Prüfer gibt es nichts Schöneres nach so einem Prüfungsvormittag, als sich mit einem Prüfling zu freuen, wenn etwa der Wunschberuf in greifbare Nähe gerückt ist.

---

[191] Aus Gründen der besseren Lesbarkeit wird im Folgenden stets nur die männliche Form verwendet; diese erfasst aber selbstverständlich sämtliche Geschlechter.

Mythos Nr.	Eine weit verbreitete Fehlvorstellung ist …	Richtig ist vielmehr …
Nr. 4	„Die meisten Prüfer sind alte Hasen. Und: Der typische Prüfer ist alt und männlich."	Sicherlich gibt es solche Prüfer. Aber in zunehmendem Maße gibt es weibliche Prüfer. Gerade in jüngerer Zeit werden verstärkt junge Kolleginnen und Kollegen eingesetzt. Übrigens: auch mancher „alter Hase" ist vor einer mündlichen Prüfung nervös. Wenn Sie als Prüfling mithelfen, die Prüfung in gelassener und angenehmer Atmosphäre stattfinden zu lassen, danken es Ihnen die Prüfer jedenfalls alle.
Nr. 5	„Die meisten Prüfer sind vornotenorientiert."	Die allermeisten Prüfer orientieren sich nicht an Vornoten, um Sie daran festzuhalten. Allerdings sind „Riesensprünge" zur Vornote oft schon rechnerisch nur schwer möglich. Rechnen Sie selbst einmal nach! Dies gilt rein mathematisch umso mehr, je höher die Vornote ist.
		Natürlich ist die Vornote trotzdem relevant. Die Prüfer werden das Niveau ihrer Fragen auch nach den Vornoten der Kandidaten richten. Einem Vier-Punkte- Kandidaten wird der Prüfer andere Fragen stellen (müssen), als einer Kandidaten für 15 Punkte.
Nr. 6	„Entscheidend ist immer nur der Prüfer, der die jeweilige Prüfung abnimmt."	Unterschätzen Sie nicht die Mitprüfer! Wichtig ist immer die gesamte Prüfungskommission. Vielleicht mag nicht jeder Prüfer in den Details des gerade abgefragten steuerrechtlichen Problems bewandert sein – aber wahrnehmen, ob Sie zielgerichtet und juristisch argumentieren können, kann jeder Prüfer und sei das Prüfungsgebiet noch so abwegig. Gerade wenn es in der Prüferbesprechung um den Ausschlag zum nächsten Punkt nach oben oder unten geht, haben die Mitprüfer oft das entscheidende Wort.
Nr. 7	„Die Prüfer wollen einen mit extra fiesen Fragen fertig machen, auf die keiner die Antwort wissen kann."	Das, was so oft als „extra fiese Frage" bezeichnet wird, ist in Wahrheit eine Einladung, mit Ihnen in das Gespräch zu kommen. Wenn der Prüfer also fragt, was sich „derzeit Interessantes in der Gesetzgebung" tut, dann will er damit sicher nicht eine ganz bestimmte und einzig richtige Antwort abfragen. Richtig ist doch: niemals ist es so leicht, den Prüfer auf „die eigene Wiese" zu locken, als bei einer derartigen Frage!
Nr. 8	„Das Vorgespräch dient ja nur dem gegenseitigen Kennenlernen."	Das tut es sicherlich auch. Aber darüber hinaus werden hier auch wesentliche Weichen für den weiteren Prüfungsverlauf gestellt. Hinterlassen Sie hier einen sympathischen und zielstrebigen Eindruck, bekommt die Prüfung einen ganz besonderen Schwung. Versuchen Sie also, „von der ersten Sekunde an zu punkten."

Mythos Nr.	Eine weit verbreitete Fehlvorstellung ist …	Richtig ist vielmehr …
Nr. 9	„Die beste Vorbereitung auf die mündliche Prüfung sind die Prüfungsprotokolle früherer Kandidaten."	Seien Sie realistisch – die Protokolle werden <u>nach</u> der mündlichen Prüfung geschrieben, wenn der erste Sekt geflossen ist. Die Protokolle können nur die – sehr subjektive- Sicht des Prüflings wiedergeben. Beachten Sie auch: in kaum einer Prüfung wird am Ende die korrekte Lösung durch den Prüfer zusammengefasst. So kann das Protokoll nur wiedergeben, was der Prüfling subjektiv für die korrekte Lösung hält.
Nr. 10	„In der Prüfung Ellenbogen ausfahren. Jeder kämpft für sich."	Die mündliche Prüfung im 2. Juristischen Staatsexamen ist eine Berufseingangsprüfung. Es soll getestet werden, ob sich die Prüfer Sie als künftigen Kollegen vorstellen können. Keiner möchte einen Kollegen, der anderen ins Wort fällt, dazwischenredet oder gar eine unrichtige Antwort eines anderen stark kritisiert. Bleiben Sie gegenüber den Mitprüflingen stets fair und höflich. So tragen Sie auch zu einem angenehmen Prüfungsklimabei. Andererseits gilt aber auch: die mündliche Prüfung ist keine Teamleistung – wenn Fragen freigegeben werden, dann versuchen Sie natürlich stets, zum Zuge zu kommen, auch wenn Sie bereits die Möglichkeit zu punkten hatten und andere noch nicht.
Nr. 11	„Viel hilft viel. Notfalls den Prüfer totquatschen."	Schlimmstenfalls haben Sie dann wertvolle Minuten „völlig an der Sache vorbei gequatscht". Antworten Sie lieber zielorientiert und konzise – und versichern sich durch Blickkontakt bei den Prüfern, ob Sie auf der richtigen Spur sind, weiterreden sollen oder die Frage vielleicht auch schon beantwortet ist.
Nr. 12	„Abgerechnet wird am Schluss."	Nein. Die ersten Noten werden in der Pause in der Mitte der Prüfung gebildet – und hier haben Sie dann auch schon Ihren ersten Eindruck beim Prüfer hinterlassen. Achten Sie also darauf, von der ersten Sekunde an präsent zu sein und den Prüfer mit einem guten Eindruck in die Pause zu entlassen.

IV. Übersichten, Statistiken, Empfehlungen

Für Sie zusammengestellt:[192]

- Übersicht über die Erreichbarkeit der Landesjustizprüfungsämter
- Übersicht über die Noten und Punkteskala für die Examina in den beiden juristischen Prüfungen
- Statistik zu Art und Gewichtung der in der staatlichen Pflichtfachprüfung in der Zweiten Juristischen Prüfung zu erbringenden Leistungen
- Statistik: Übersicht über die Zahl der in der Bundesrepublik erfolgreich abgelegten juristischen Examina (ohne Bayern und Rheinland-Pfalz)
- Empfehlung: Einige interessante Websites für Prüfungskandidaten

1. Übersicht: Erreichbarkeit der Landesjustizprüfungsämter

Hinweis: Die Webseiten der Landesjustizprüfungsämter bieten eine Vielzahl von wertvollen Informationen zur Anmeldung und zum Ablauf der Prüfungen und interessante Statistiken aus den vergangenen Jahren.

Bundesland	Website des Landesjustizprüfungsamtes
Baden-Württemberg	https://www.justiz-bw.de/,Lde/Startseite/Pruefungsamt
Bayern	https://www.justiz.bayern.de/landesjustizpruefungsamt/
Berlin	https://www.berlin.de/sen/justiz/juristenausbildung/gemeinsames-juristisches-pruefungsamt/ (gemeinsames Prüfungsamt Berlin und Brandenburg für beide Examina)
Brandenburg	https://www.berlin.de/sen/justiz/juristenausbildung/gemeinsames-juristisches-pruefungsamt/ (gemeinsames Prüfungsamt Berlin und Brandenburg)
Bremen	https://www.oberlandesgericht.bremen.de/informationen/justizpruefungsamt/ https://justiz.hamburg.de/2-examen/1290086/start/ (Achtung: gemeinsames Prüfungsamt für das Zweite Juristische Staatsexamen, Hamburg, Bremen und Schleswig-Holstein).
Hamburg	https://justiz.hamburg.de/1-examen/1289576/start/ (für das Erste Juristische Examen) https://justiz.hamburg.de/2-examen/1290086/start/ (Achtung: gemeinsames Prüfungsamt für das Zweite Juristische Staatsexamen, Hamburg, Bremen und Schleswig- Holstein).
Hessen	https://justizpruefungsamt.hessen.de/
Mecklenburg-Vorpommern	https://www.regierung-mv.de/Landesregierung/jm/justizministerium/aufgaben/Landesjustizpr%C3%BCfungsamt/

---

[192] Sämtliche Websites wurden zuletzt am 10.4.2021 abgerufen.

Bundesland	Website des Landesjustizprüfungsamtes
Niedersachsen	https://justizportal.niedersachsen.de/startseite/karriere/landesjustizprufungs amt/
Nordrhein-Westfalen	https://www.justiz.nrw.de/Gerichte_Behoerden/landesjustizpruefungsamt/ index.php
Rheinland-Pfalz	https://jm.rlp.de/de/service/landespruefungsamt-fuer-juristen/
Saarland	https://www.saarland.de/mdj/DE/themen-karriere/karriere/lpa/lpa_node.html
Sachsen	https://www.justiz.sachsen.de/content/1026.htm
Sachsen- Anhalt	https://ljpa.sachsen-anhalt.de/
Schleswig-Holstein	https://www.schleswig-holstein.de/DE/Justiz/OLG/Oberlandesgericht/ Justizpruefungsamt/ (für das Erste Juristische Examen) https://justiz.hamburg.de/2-examen/1290086/start/ (Achtung: gemeinsames Prüfungsamt für das Zweite Juristische Staatsexamen, Hamburg, Bremen und Schleswig-Holstein).
Thüringen	https://justiz.thueringen.de/jpa/

2. Übersicht: Noten und Punkteskala für die Examina in den beiden juristischen Prüfungen

Für die beiden juristischen **Examina** ergibt sich die folgende Notenskala aus § 2 der **Verordnung über eine Noten- und Punkteskala für die erste und zweite juristische Prüfung**. Die Verordnung kann abgerufen werden auf www.gesetze-im-internet.de.

Punktewert	Note
14,00–18,00	sehr gut
11,50–13,99	gut
9,00*** – 11,49	vollbefriedigend
6,50** – 8,99	befriedigend
4,00* – 6,49	ausreichend
1,50–3,99	mangelhaft
0–1,49	ungenügend

    * Ab 4,00 Punkten ist das Examen mit der Note „ausreichend" bestanden.
   ** Ab 6,50 Punkten spricht man manchmal auch von einem „kleinen Prädikat".
 *** Ab 9,00 Punkten spricht man vom „großen Prädikat".

3. Statistik zu Art und Gewichtung der in der staatlichen Pflichtfachprüfung in der Zweiten Juristischen Prüfung zu erbringenden Leistungen

Quelle: Bundesamt für Justiz – Ausbildungsstatistik Stand: 5. März 2020- Ergänzung Bayern

Die aktuellen Statistiken können auf der Website des Bundesamtes für Justiz abgerufen werden, https://www.bundesjustizamt.de/DE/Themen/Buergerdienste/Justizstatistik/Juristen/Ausbildung_node.html.

	Art der Leistung	Anteil Gesamtnote:
Baden-Württemberg	8 Klausuren	70 %
	mündliche Prüfung gesamt, davon	30 %
	Aktenvortrag	6 %
	Prüfungsgespräch	24 %
Bayern	9 Klausuren (die entsprechende Änderung der JAPO trat zum 1.12.2020 in Kraft; früher: 11 Klausuren bei einer etwas anderen Gewichtung von 75 %: 25 %)	70 %
	mündliche Prüfung	30 %
Berlin (die Länder Berlin und Brandenburg haben ein gemeinsames Prüfungsamt in Berlin)	7 Klausuren	60 %
	mündliche Prüfung insgesamt, davon	40 %
	Aktenvortrag	16 %
	Prüfungsgespräch	24 %
Brandenburg (die Länder Berlin und Brandenburg haben ein gemeinsames Prüfungsamt in Berlin)	7 Klausuren	60 %
	mündliche Prüfung insgesamt, davon	40 %
	Aktenvortrag	16 %
	Prüfungsgespräch	24 %
Bremen (die Länder Bremen, Hamburg und Schleswig-Holstein haben ein Gemeinsames Prüfungsamt für das Zweite Juristische Staatsexamen in Hamburg.)	8 Klausuren	70 %
	mündliche Prüfung insgesamt, davon	30 %
	Aktenvortrag	8 %
	Prüfungsgespräch	22 %

	Art der Leistung	Anteil Gesamtnote:
Hamburg (die Länder Bremen, Hamburg und Schleswig-Holstein haben ein Gemeinsames Prüfungsamt für das Zweite Juristische Staatsexamen in Hamburg.)	8 Klausuren	70 %
	mündliche Prüfung insgesamt, davon	30 %
	Aktenvortrag	8 %
	Prüfungsgespräch	22 %
Hessen	8 Klausuren	60 %
	mündliche Prüfung insgesamt, davon	40 %
	Aktenvortrag	10 %
	Prüfungsgespräch	30 %
Mecklenburg- Vorpommern	8 Klausuren	2/3
	mündliche Prüfung insgesamt, davon	1/3
	Aktenvortrag	1/6
	Prüfungsgespräch	5/6
Niedersachsen	8 Klausuren	60 %
	mündliche Prüfung	40 %
	Aktenvortrag	12 %
	Prüfungsgespräch	28 %
Nordrhein- Westfalen	8 Klausuren	60 %
	mündliche Prüfung insgesamt, davon	40 %
	Aktenvortrag	10 %
	mündliche Prüfung	30 %
Rheinland- Pfalz	8 Klausuren	70 %
	mündliche Prüfung insgesamt, davon	30 %
	Aktenvortrag	6 %
	mündliche Prüfung	24 %

	Art der Leistung	Anteil Gesamtnote:
Saarland	7 Klausuren	70 %
	mündliche Prüfung insgesamt, davon	30 %
	Aktenvortrag	10 %
	mündliche Prüfung	20 %
Sachsen	8 Klausuren	66,66 %
	mündliche Prüfung insgesamt, davon	33,33 %
	Aktenvortrag	6,66 %
	mündliche Prüfung	26,66 %
Sachsen-Anhalt	8 Klausuren	60 %
	mündliche Prüfung insgesamt, davon	40 %
	Aktenvortrag	10 %
	mündliche Prüfung	30 %
Schleswig-Holstein (die Länder Bremen, Hamburg und Schleswig-Holstein haben ein Gemeinsames Prüfungsamt für das Zweite Juristische Staatsexamen in Hamburg.)	8 Klausuren	70 %
	mündliche Prüfung insgesamt, davon	30 %
	Aktenvortrag	8 %
	mündliche Prüfung	22 %
Thüringen	8 Klausuren	65 %
	mündliche Prüfung insgesamt, davon	35 %
	Aktenvortrag	7 %
	mündliche Prüfung	28 %

4. Statistik – Übersicht über die Zahl der in der Bundesrepublik erfolgreich abgelegten juristischen Examina (ohne Bayern und Rheinland-Pfalz)

Quelle: Bundesamt für Justiz – Ausbildungsstatistik Stand: 5. März 2020
Die aktuellen Statistiken können auf der Website des Bundesamtes für Justiz abgerufen werden, https://www.bundesjustizamt.de/DE/Themen/Buergerdienste/Justiz statistik/Juristen/Ausbildung_node.html.

Hinweis: Die Anzahl derer, die das Erste Juristische Examen erfolgreich ablegt, spiegelt sich – gerade in jüngerer Zeit – nicht wider in der Zahl der erfolgreichen Absolventen des Zweiten Juristischen Staatsexamens. Das bedeutet allerdings nicht, dass so viel mehr Kandidaten im Zweiten Examen endgültig scheitern; vielmehr nimmt die Zahl derer zu, die nicht mehr in das Referendariat gehen bzw. zum Zweiten Juristischen Staatsexamen antreten. Dahinter steht nicht zuletzt der Umstand, dass aktuell auch Absolventen nur mit einem Ersten Juristischen Examen adäquat auf dem Arbeitsmarkt unterkommen.

Jahr	Erstes Juristisches Examen	Zweites Juristisches Staatsexamen
2000	11.893	10.366
2001	11.139	10.697
2002	10.838	10.330
2003	9.565	9.722
2004	9.655	9.639
2005	9.015	9.400
2006	9.903	8.573
2007	10.696	8.351
2008	7.865	8.345
2009	8.319	9.347
2010	7.976	8.358
2011	7.924	7.568
2012	7.646	7.711
2013	8.148	7.491
2014	8.185	7.529
2015	8.314	7.462
2016	9.353	7.460
2017	9.722	7.563
2018	9.338	7.829

5. Empfehlung: Einige interessante Websites für Prüfungskandidaten

Website	Name und Hintergrund	Inhalt
https://anwaltsblatt.anwaltverein.de/de/studium-und-referendariat	„Katzenkönig Online- das Portal für alle Jurakrisen" auf der Webseite des deutschen Anwaltvereins („Katzenkönig" ist der Name eines berühmten und skurrilen strafrechtlichen Falls, den der BGH zu entscheiden hatte)	Tipps und Tricks zu Referendariat und Prüfungen aus Anwaltsperspektive
https://www.azur-online.de	„JUVE Karriereportal für junge Juristen" Herausgeber ist der JUVE Fachverlag (s. u.)	Neuigkeiten und Informationen für Referendare und Berufsanfänger; interessante Übersichten zB zu Einstiegsgehältern, etc.
https://beck-online.beck.de/Home	Datenbank des juristischen Fachverlages C. H. Beck	Neben einer grundsätzlich kostenpflichtigen juristischen Datenbank (zu der Rechtsreferendare idR im Rahmen ihrer Ausbildung kostenfreien Zugang erhalten) gibt es kostenlos zahlreiche weitere Fachinformationen.
https://www.bmjv.de	Offizielle Webseite des Bundesministeriums für Justiz und Verbraucherschutz	Informationen zu aktuellen Themen, eine Reihe interessanter Publikationen zum (kostenlosen) Download.
www.brak.de	Offizielle Webseite der Bundesrechtsanwaltskammer	Interessante Webseite zu aktuellen juristischen Entwicklungen, Statistiken etc.
https://www.bsg.bund.de	Offizielle Webseite des Bundessozialgerichts, des obersten deutschen Gerichts in sozialrechtlichen Streitigkeiten, mit Sitz in Kassel	Hintergründe und Aktuelles zur Arbeit des Gerichts; Entscheidungen und Termine.
www.bundesarbeitgericht.de	Offizielle Webseite des BAG, des obersten deutschen Gerichts in arbeitsrechtlichen Streitigkeiten mit Sitz in Erfurt (Individual- und Kollektivarbeitsrecht)	Hintergründe und Aktuelles zur Arbeit des Gerichts; Entscheidungen und Termine.
www.bundesfinanzhof.de	Offizielle Webseite des BFH, des obersten deutschen Gerichts in der Finanzgerichtsbarkeit mit Sitz in München	Hintergründe und Aktuelles zur Arbeit des Gerichts; Entscheidungen und Termine.

Website	Name und Hintergrund	Inhalt
https://www.bundes gerichtshof.de	Offizielle Webseite des BGH, des obersten deutschen Gerichts in Zivil- und Strafsachen mit Sitz in Karlsruhe und Leipzig (dort einige Strafsenate)	Hintergründe und Aktuelles zur Arbeit des Gerichts; Entscheidungen und Termine.
https://www.bundes justizamt.de	Offizielle Website des Bundesamtes für Justiz (nicht zu verwechseln mit dem Bundesjustizministerium)	Interessant ist diese Website insbesondere wegen ihrer Justiz-statistiken, zB zu den Erfolgsquoten in den juristischen Examina, etc.
https://www.bundes verfassungsgericht.de/	Offizielle Webseite des Bundesverfassungsgerichts mit Sitz in Karlsruhe	Hintergründe und Aktuelles zur Arbeit des Gerichts; Entscheidungen und Termine.
https://www.bverwg.de/	Offizielle Webseite des Bundesverwaltungsgerichts, des obersten deutschen Gerichts in verwaltungsrechtlichen Streitigkeiten, mit Sitz in Leipzig	Hintergründe und Aktuelles zur Arbeit des Gerichts; Entscheidungen und Termine.
https://curia.europa.eu	Offizielle Website des Europäischen Gerichtshofes (EuGH) in Luxemburg	Hintergründe und Aktuelles zur Arbeit des Gerichts; Entscheidungen und Termine.
https://www.djt.de	Website des Deutschen Juristentags e.V.	Informationen zum alle zwei Jahre stattfindenden Deutschen Juristentag, der sich auf wissenschaftlicher Grundlage mit notwendigen Veränderungen des Rechts beschäftigt.
http://famos.jura.uni-wuerzburg.de	FAMOS- Der Fall des Monats im Strafrecht	Sehr gut geeignet zur Vorbereitung im Strafrecht. Ein interessanter Fall aus der aktuellen Rechtsprechung im Strafrecht wird referendargerecht aufbereitet. Viele Prüfer beziehen Anregungen von dieser Website.
http://www.juraexamen.info/	„Online Zeitschrift für Jurastudium, Staatsexamen und Referendariat"	Studien- und examensrelevante Rechtsprechung im Überblick, Tipps und Tricks.
https://www.juve.de	„JUVE online" Herausgeber ist der JUVE Verlag, der auch das JUVE Handbuch Wirtschaftskanzleien herausgibt und die JUVE Awards an Kanzleien vergibt.	Interessantes Rechtsmagazin angelsächsischer Prägung mit aktuellen Nachrichten (kostenloser Newsletter), Brancheninformationen und Hintergründen; Fokus auf Anwaltschaft/ Wirtschaftsleben. Für Referendare gibt es den Ableger *azur* (siehe oben).

Website	Name und Hintergrund	Inhalt
www.lto.de	„Legal Tribune Online"	Sehr interessantes, kostenfreies Rechtsmagazin angelsächsischer Prägung mit aktuellen Nachrichten (kostenloser Newsletter), juristischen Hintergründen, Tipps für Jurastudium und Karriere in verschiedenen juristischen Berufen.

Sachregister